国際強制移動とグローバル・ガバナンス

Forced Migration and Global Governance

KOIZUMI Koichi

小泉康一

御茶の水書房

まえがき

人の国際移動は、現代のグローバリゼーションの最も明白な現れの一つである。国境を越えたつながりが発展して、人間の移動（移住、以下併用）が急速に増加した。一九七〇年〜二〇〇五年、国際移動民の数は八二〇〇万人から二億人へと増加した。この数字は、世界人口の約三％にあたる。[1]数字には、旅行者や企業活動の従事者、留学生、外交官等の数百万の人々は含まれていない。より一般的には、世界中で経済移民が劇的に増えているが、人災や自然災害で避難を強いられる人々（forced migrants, 強制移動民）の数も増加している。強制移動の課題は、将来その規模と複雑さが一層増すと考えられる。

こうした中で、今日の発達した情報通信伝達手段、及び運輸補給制度は、世界各地で発生する緊急事態の対応に重要な意味を持っている。人道危機への対応で、マス・メディアとソーシャル・メディアが利用されている。インターネットも重要となった。おそらく通信革命の効果の中で最も重要なのは、アメリカのテレビ局ＣＮＮの放映効果であろう。人道危機を映し出すテレビの画像は、人道援助と軍事介入さえも、国民の支持・支援に大きな影響力を持つことが知られている。これは新しい現象ではなく、一九八〇年代にエチオピアでの飢餓報道をしたＢＢＣが有名である。

移動する人々は、その過程で、接触する社会と相互作用をする。人の移動は広範な過程により形成され、また形成を助けられている。移動民の社会編入で地域社会には戸惑いと軋轢が生じている。国家への、人の単一的な政治的所属というモデルが合わなくなっている。人の移動は本来、政治的である。国民ではない人の権利に国家が関わり、性質上、国際的である。

人の国際移動の量的な拡大は益々、政治化され、〝見える〟問題になってきた。移動は質的に変化し、〈南―北〉だけでなく、〈南―南〉移動を増やしている。人の移動は、社会、経済、政治的意味を与えられて、一層国家により政治化され、国際的に非常に重要な問題として出現している。各国は移動による利益を極大化し、費やす経費を最少にする方法を考え、移動を管理する方法を見出すのに腐心している。

人の強制移動の多くの分野は勿論、国連制度内にある。難民保護、人身売買、環境悪化による避難に関連する問題は国連制度内に強く囲い込まれ、国連フォーラム内で論議される。しかし〝北〟の主要な先進国、特にアメリカは合意で拘束されるのを非常に嫌う。国連自体が権威と信用という重要な問題に直面している。

グローバリゼーションが進み、国境を越えた相互のつながりが深化したことから、ガバナンス（統治）の必要が高まった。グローバル・ガバナンスの要求はグローバリゼーションと緊密につながり、国境を越えた流出（移動）に対応する必要が出た[2]ためである。ただし、「グローバル・ガバナンス」の用語は、まだ不明瞭で、定義としてはまだ成熟していないので、この本では作業定義として使用したい。ガバナンスは、国際社会には単一の権威ある規則制定者が存在しない限りでは、政府とは区別される。その内容は、国家の行動を統制する規範、規則、原則、決定手続きといったものである。その意味でガバナンスは、いくつかの段階で議題設定、交渉、実行、監視で行為者が競うプロセスを表している。

難民は、グローバルな移動の中では、制度として最も多国間主義が発展している。移動の分野では唯一、専門的な国連機関を持ち、国家の行動を規制する普遍的な条約がある。「一九五一年国連難民条約」（以下、難民条約）という公式の国家間合意があり、「国連難民高等弁務官事務所」（以下、ＵＮＨＣＲ）という国際組織が法令遵守を監督している。ＵＮＨＣＲは、難民への明確な委任事項を与えられ、広範な国際難民保護制度（以下、国際難民制度、あるいは単に難民制度）を監督する唯一の国際機構である。グローバル・ガバナンスではＵＮＨＣＲが中心となる。グローバルな難民制度は難民条約に基づき、ＵＮＨＣＲによる監督という役割を与えられて、人の移動の公式的な国際協力ではおそらく最も強い形である。

国際難民保護制度の基礎は、二つの世界大戦の間にあらわれ、第二次世界大戦後にそれまでの多国間主義が引き続いて採用され、制度は単に補足され、最新の形態に変えられた。一九三〇年代、四〇年代の迫害の経験、特にホロコーストの惨状が、第二次世界大戦直後の機運をなし、戦後の難民制度の重要なテーマとして人権が浮上し、迫害の犠牲者への対応が重大な影響力を持った。現代の難民制度は、国際保護と人権概念を基調としている。ＵＮＨＣＲは今や、難民だけでなく国内避難民（ＩＤＰ）や帰還民、無国籍者、その他関連の人々を援助している。冷戦の終結は世界の難民危機の緩和にはならず、それまでの〝伝統的な難民と人道制度が崩壊している〟と感じられた。解決の見通しが立たず、難民キャンプ等に難民が滞留する期間は、過去の二倍になり、平均一八年に及ぶ。世界の難民の三分の二は五年以上の亡命状況にある。(3) 時宜にかなった難民の恒久的解決の方法の開発が緊急に必要となっている。

難民救済の事業が拡大する中で、制度の中心をなすＵＮＨＣＲは、各国の難民への制限的・抑制的な対応が増し、また自分たちＵＮＨＣＲへの各国の財政負担が予測できない中で、難民保護を十分に果たしているとは言い難い。「ＵＮＨＣＲ規定」と難民条約は、ＵＮＨＣＲに難民条約を監督する権限を与えている。ＵＮＨＣＲに難民条約の下で、国家の行為を監視し評価する責任と、難民が危険にさらされる際には、国家の政策に注意を喚起する責任を与えられている。しかしＵＮＨＣＲ自身には、殆ど政治的な力はない。国家が支配的な行為者である。これまでＵＮＨＣＲは、主に国家への説得と国際社会への〝社会適応〟を説くことで、難民規範の教師としての役割を果たしてきた。

国連制度は、全ての国家が率直な対話に参加できる包摂的で開かれたフォーラムを提供する。また権利を基礎に、拘束力のある規則や規範を作ることを可能にしている。しかし多くの国々が、この包摂的な多国間主義の形は、非効率で、難民移動の現実に対応できていない、と考えている。事態の打開のため、近年は、国連機関ではないが「国際移住機関」（ＩＯＭ）のような機関が、公式の多国間調整は望まないが、二国間協力を促進する手段として、対話や情報共有に国家を関与させようとする動きがある。

戦後、国際難民制度の六〇有余年の発展は、人の国際移動の分野でのグローバル・ガバナンスの進展の非常に重要な事例である。国際社会はどのようにして、他の移動民の上に、難民保護という人権ニーズを優先的に与えてきたのか。この本は、強制移動民の中で重要な位置を占める難民に焦点を合わせ、他の強制移動民はその関連で言及することにしたい。

（１） Global Commission on International Migration（2005）, *Migration in an Interconnected World: New Directions for Action*, Geneva, p.5.

（２） Betts, Alexander（2011）, "Introduction: Global Migration Governance", in *Global Migration Governance*, edited by Betts, Alexander, Oxford University Press, pp.4-5. グローバル・ガバナンスの概念の起源は、政策と学問世界の双方に根を持つ。

政策的には、一九九〇年代に開かれたGlobal Commission on Global Governanceに見出せる。一九九四年の同委員会報告書『*Our Global Neighborhood*』は、環境、貿易、国際犯罪、金融、紛争のような分野での新しい脅威と課題に対処すべく、国家がどのように協力するかを説明している。この報告書により、グローバル・ガバナンスの用語は主流的な政策用語となった。学術的には、世界政治の中での国際制度の役割を理解するために、国際関係論から使われている。なお、政治学の副分野としての国際関係論は一般に、移動の国際政治には焦点を合わせてきていない。

（3） Loescher, Gil and Milner, James (2011), "UNHCR and the Global Governance of Refugees", in *Global Migration Governance*, edited by Betts, Alexander, Oxford University Press, p.204.

目　次

序章　国際強制移動とグローバル・ガバナンス

はじめに

人の国際移動には、様々な種類があり、各々は異なる政策でグローバルに管理されている。未熟練労働移動、専門技術労働移動、不規則移動、海外旅行、ライフスタイル移動、環境変化による移動、人の密輸・人身売買、庇護と難民保護、国内避難民などである。国際移動と国家の移住政策は互いに関わり、性質上国境を越えるにもかかわらず、国際移動の分野で国家の対応を規制する、一貫した多国間の制度的枠組みは殆ど全く存在しない。国連には、移住機関も国際移住制度もない。主権国家が独自に移住政策を決める自主権を持っている。

その中で、国際難民保護制度（以下、難民制度）は、その他の、人の移動（移住）分野と比べると、比較的強い多国間枠組みを持っている。難民制度の起源は、戦間期の国際連盟難民高等弁務官（the League of Nations High Commissioner for Refugees, LNHCR）にさかのぼる。戦後の一九四五年、国連の多国間枠組みが数多く作られた時、加盟国は新制度を作るのではなく、多くの場合、既にある制度が利用された。難民制度も同様で、国際連盟の多国間の枠組みはＵＮＨＣＲに引き継がれ、現代では戦火、暴力、人権侵害を受け、そして自国政府の保護外にいて〝難民のような状況〟にあるが、国境を越えていない人々（国内避難民[1]、internally displaced persons, IDP）に保護を与えるために新しく作られた国内避難民制度により補足されている。国内避難民制度はまだ初期の段階にあるが、形態としてはソフト・ロー[2]で、実施にあたっては関係の国際機関の間で責任を分掌するクラスター・アプローチ（cluster approach）が採られている。

難民は、グローバルな移動の中では、制度として最も多国間主義が発展している。人の移動の分野では唯一、専門的な国連機関を持ち、国家の行動を規制する普遍的な条約がある。この枠組みは、「一九五一年国連難民条約」（the Convention relating to the Status of Refugees, 以下、難民条約）と「国連難民高等弁務官事務所」（the United Nations High Commissioner for Refugees, UNHCR）からなる。ＵＮＨＣＲは、難民への明確な委任事項を与えられ、広範な難民制度を監督する、唯一の国際機構である。グローバル・ガバナンスでは、ＵＮＨＣＲが中心となる。

法的な区分をする時、その資格基準の範囲を明確にすることがとりわけ重要である。難民条約の難民の定義は、主要な二つの基準を持っている。「迫害」（persecution）と「外国人の法的身分」（alienage）である。条約は元々、地理的に対象が欧州に限られていたが、「一九六七年難民議定書」（the Protocol relating to the Status of Refugees）で適用範囲が世界的に拡大された。難民の概念は法的な保護の問題に閉じ込められたが、しかし徐々にそこから飛び出し始めた。一九六〇年代、七〇年代の反植民地解放闘争や内戦で、難民が大量に流出し始めると、地域では状況変化を考慮に入れて、より広い定義が導入された。一九六九年のアフリカでのＯＡＵ条約（the OAU Convention）と一九八四年の中央アメリカのカルタヘナ宣言（the Cartagena Declaration）である。これらの地域的な修正は、元来の難民の定義を組み入れつつ、難民逃亡の理由を新たに付け加えた[3]。難民の定義は以上のように、複雑な状況にある様々な人々を包含すべく、地域的な条約を通じて一九五〇年代から拡張されてきた。

加えて難民条約は、難民の一連の権利を定めている。裁判を受ける権利、労働権、教育権、その他多くの社会的、経済的、市民的権利である。迫害の待つ国へ難民を送り返すことを禁じた「ノン・ルフールマン原則」は、グローバルな難民保護の土台であり、国際慣習法の原則となっている。この原則により、国家は一般に、最低の一時的保護を領域内で難民に与える義務を持つと理解されている。この原則は広く適用されている。

条約以外の規範もまた、難民への国家の対応に適用されている。これらの規範は、難民条約や一九四八年世界人権宣言のような他の法律文書に由来するか、拘束力はないが、広く適用されている慣習法や合意に由来している。これらの規範で重要なのは、出国する権利、他国の領域へアクセスする権利、非政治的行為としての庇護の付与、国家は継続する解決策を与えるよう努力すること、である。同時に難民側も義務を持ち、第一に庇護国の法に従う、とされている。

さらに、一群の人権規範が存在する。国際人権法は、全ての移動民に、国家の重要な義務を含意している。各国にこれらの権利と義務が存在するという認識は高まりつつあるが、今ある制度では、これらの権利の充足を保証するまでにはいたっていない。国家はめったに、移動民には人権があるという事実を公に認めることはないが、彼らの人権擁護を保証する義務を持っている。

これらの国際的人権規範と地域的な難民規範、特にアフリカや中央アメリカの規範はより包摂的で、事実上、世界の難民の大半が該当する、一般的な暴力を逃れ、深刻な人権侵害を逃れるという現実に対応している。しかし、それらの状況下で庇護を求める人々は、難民条約が求める個人への迫害の証となる書類を入手することは非常に難しい。

以上のように、難民に対しては、国家の義務を定める多くの規範、規則、原則、決定手続きがあるが、最も重要なものは難民条約で、難民の地位の定義を与え、全ての難民に与えられる資格・権利を示している。条約は、制度を統制し、国際法に基づく規範的な枠組みを与えている。

他方、UNHCRは、グローバルな難民制度の中の主要機関になってきた。難民制度の基礎となる、難民への国家の義務を定めた難民条約の中心を占める規範や規則の遵守を監督する責任である。難民条約は、UNHCRに実施上の監督責任を明確に定めている。他の移住機関と違い、UNHCRは難民の保護を確保し、逃亡に伴う問題の解決を見出す特別の委任事項を国際社会から与えられている。UNHCRはまた、制度の中で、規範の作り手である。

UNHCRと国際難民制度が第二次世界大戦直後に作られた時、制度を作る上で、人権の原則が重要な役割を演じていた。一九二一年に国際連盟で設立された難民高等弁務官事務所の〝原型〟に従い、UNHCRは本部と現場にスタッフを持つ、独特の構造をしている。

一九六〇年代、七〇年代とUNHCRは、独立したての新興国に国際社会の一員として、難民規範を受け入れるよう、アジア、アフリカ、中央アメリカの国々へ説得し、そして同様なことを一九九〇年代に旧ソ連圏で行っている。冷戦の終結は、UNHCRにとって、世界各地で長期化した難民状況のいくつかを解決する機会となっただけではなく、同時にUNHCRに新しい課題を作り出した。UNHCRは、変化するグローバルな環境と変化する避難の力学の中で、国連内外の多様な相手と連携して働くことになった。

しかし近年は、UNHCRが難民制度で取り組む範囲が増大し、国際的な団結や負担分担をめぐって問題が数多く生じてきている。国家、特に〝北〟の先進国が、他国へ負担分担の責任を転嫁しようとしたり、責任の追加を避けて、国益追求の道をとっている。国家が、UNHCRの倫理上の権威に疑問を投げかけたり、単にUNH

ＣＲを無視し、その国独自のより制限的な庇護政策をとる傾向があるので、ＵＮＨＣＲは情報や専門知識での優位性を失っている。(4)

難民の移動で、それぞれの国家はどの程度、肯定的ないし否定的に影響を受けるのか。グローバル・ガバナンスを発展させれば、どのような集団的利益が得られるのか。結論から言えば、安全保障と人権の点から、与えられる難民保護の利益は、非対称的に国家間で配分されるが、問題自体は非競争的で、他国が得られる利益を減じない(5)、と見られる。ガバナンスへの貢献の度合いにもかかわらず、ある程度まで、利益は全ての国に及ぶ。人道主義が危険にさらされている現在、何が移動の国際政治を決定し、何が国家間の協力を動かすのかを探りたい。

（1）一般的に受け入れられた国内避難民の定義では、開発移転民も災害の避難者も定義には含まれない。これらの人々は、厳密には自国政府の保護下にあるので、難民のような状況ではない。

（2）Betts, 2011, p.310. 規範については、一般に新しく多国間条約を作ることに国家が抵抗するので、ソフト・ロー枠組みへの動きが見られる。「国内避難民の指導原則」(the Guiding Principles on Internal Displacement) は、その典型例である。この事例では、国家ではなく、非国家主体が最初から、新しい国際条約作りを求めず、代わりに人の移動に関して既にある国際人権法や国際人道法の基準を適用し、一つにまとめている。それが国家の行動に影響を持つようになった。こうした方法は、国内法への組み入れや国際的な合意の枠組みになるなどして、後には条文になり得る。既存の法からソフト・ローを作るこの方法は、条約を作るよりも国家には政治的に受け入れやすい。主な欠点は、定義上しばりがないことである。

（3）新たな理由とは、簡約すると、外国の侵略、占領、外国支配、公共秩序を深刻に乱す出来事（ＯＡＵ条約）。一般的暴力、外国の侵略、国内紛争、大規模な人権侵害、公共秩序を深刻に乱す状況（カルタヘナ宣言）である。

（4）Loescher, Gil and Milner, James, 2011, pp.194-195.

（5）Betts, 2011, p.312.

第一節　強制移動――用語と分類

強制移動という言葉は、あまり耳慣れない言葉かもしれない。強制移動に限らず、移動は多くの場合、〝移住と開発〟、〝移住と安全保障〟、〝環境と移住〟のように、他の問題領域との関連で理解されるのかもしれない。多くの場合、その関係は客観的な関係に基づくものではなく、学問的もしくは政策的論議を枠組みづけようとする考え方が背景にある。

それではまず、「強制移動」(forced migration) が何を意味するのかを考えてみたい。強制移動民 (forced migrants) の用語は、法的範疇の〝難民〟から属性が部分的に抽出され、国内避難民、開発移転民、環境悪化による避難民など、広範な部類の人々を指す名称として存在するようになった。以前は、移民に代表される自由意思による移動を「自発的移動」(voluntary migration) として、難民移動を「非自発的移動」(involuntary migration) と表し、involuntary の語が英語では使われていた。[(1)] しかし人間の移動というのは、程度はともあれ、少なくとも独立した意思の働きを意味し、私たちがする何かであり、私たちになされる何かではないことから、強制移動の言葉が使われるようになった。難民移動は緊急事態であり、逃亡の原因により、彼らの逃げる方向、期間、人数規模は異なるものの、逃げるという行為には必ず何らかの意思の力が働いていると考えられる。大量移動の場合に、逃亡は、個人への直接の政治暴力が脅威というより、暴力の一般的な状況がある時に発生している。

何かを概念化することは、定義とかすでにある何かを描写することよりも、構成することである。何かを知識の対象として構成する。私たちは、世界について考えるために概念を必要とする。そして、それを理解し、解釈し、行動する。概念とは、外界の何かをあらわす心理的表象である。

強制移動は、概念化の心理的プロセスの産物である。意味は性質上、固定されたものではない。それは、私たちの社会的、文化的慣行の結果であり、私たちが作るものである。私たちは意味を作り出し、構成する。強制移動は、私たちが発見したものではなく、作り出す何かである。

複雑で、多様な世界を抽象的に理解したいなら、概念を使わねばならない。概念化は世界を意味あるものにするプロセスであり、理解可能なものにすることである。概念は、互いに相違と類似性を持ちながら、体系的に関連している。私たちは、それらを比較し、現実をより良く理解することができる。

1　分類

移動が複雑になったことで、国家の移住政策の基準となる移民、難民という単一の分類は現状に合わなくなっている。人々は、相互に関連する広範な理由、例えば暴力紛争からの避難、政治的圧迫、人権侵害、求職、家族再会、留学、退職後の生活を求めて、移動する。人々の移住の動機は決して単純ではなく、国家が求める官僚的・法的な区分に合わなくなっている。自発的移動と強制移動の境界は曖昧である。また、強制移動の中でも難民とその他の強制移動民の間が不鮮明である。換言すれば、法的に定義された〝難民〟という範疇を他の強制移動民の範疇から分ける難しさがある。

一貫した方法で分けるのは益々難しくなり、難民、国内避難民、庇護申請者、経済移民等々の区別は不適切に見える。一般的な移民の移動（自発的移動）の範疇から、強制移動という副次的な範疇を分離し、さらに強制移動の中で、難民とその他の人々の区分とつながりをどうするかの問題がある。

その前にまず、私たちはなぜ、自発的移動と強制移動の区別をする必要があるのかである。理由はこれまでのところ三つある。(2) 理由はそれぞれ、相互に排他的ではないが、説得力はまだ十分とは言えない。

①強制移動民は、特有な経験を持ち、特別なニーズがある……この理由は、難民研究を分野として確立させる主要な理由の一つである。問題点は、難民に、共通の経験とニーズを強調することで、彼らを貧しく、受け身の犠牲者として、一様に見る危険性がある。それゆえ、〝難民の声〟のようなものはなく、あるのは難民の経験と声だけである。現実の難民は、受け身の被害者ではなく、意思と力を持つ、私たちと同じ人々である。何千人もの難民それぞれに経験があり、彼らはその意味とアイデンティティを避難・移動の中で形作っている。

②現代世界の強制移動民の大量の人数に焦点を合わせる……数の増大という現象は、世界での社会、経済変化という広い過程の産物だが、この過程は通常、グローバリゼーションと言及され、南北の生活水準の格差を生みだし、人間の安全保障、社会正義や人権擁護のギャップを絶えず拡大している。強制移動は、人身売買、人の密輸という〝移住産業〟(migration industries) を含み、この過程を調査し、事態を理解する機会を与えている。

③強制移動民のニーズや数に焦点を合わせるのではなく、私たち自身に焦点を合わせる……彼らではなく、私たち自身に焦点を合わせるこの見方は、最も説得力を持つ。この見方では、強制移動民は私たちに特別の主張をする。苦難の中にいる他人への私たちの責任とは何か。テレビの衛星中継で各家庭に映し出される世界中の他人。彼らは、私たちに市民権、民主的自由といった問題を考えるよう要求する。倫理的コミ

ユニティとは何で、何であるべきか、究極的には人間的とは何を意味するかを、私たちに問いかけてくる。

種類も質も様々に異なる強制移動民は、外的に与えられる抑制要因だけではなく、性別、年齢、富、ネットワークなどのような内的要因次第で、自分たちが入手可能な様々に異なる選択肢を持っている。このことは、移動する人々の意見や経験を理解しなければならないことを意味する。個人、家族、集団が限られた状況の中で決定を下す方法に関心を持つ一方、人々を一括りにすべきではないことになる。

強制移動は概念的に困難さがあるが、事象を種類として明確に区別できるとは考えない方がいい。強制移動の用語は作業上の用語として使い、そうすれば分析上では定義されないが、重複する考えや事象を全体としてまとめることができる。換言すれば、個々の種類についての考えや事象には、共通した単一の性格はないが、一種の〝疑似家族〟のように、互いに繋がっている[3]、と考えることができる。

2　用語

強制移動の用語には、非人間化した響きがある。用語は、「強制移動民」が独立した合理的な意思決定の余地が殆ど、いや全くないことを示している。彼らは単に状況への受け身の犠牲者である。この意味上の含意が、おそらく国家や国際援助機関が現場で援助を実施する際に使われ、管理運営されると考えられる。用語と実施には、密接なつながりがある。援助側は、個々の人間ではなく強制移動民に対応する。彼らは、名もなく、〝非人間化された塊〟である。

庇護能力、強制移動といった言葉は、移動民自身の言葉ではない。援助主催側の言葉である。ある国で庇護を求める人々は、そこの国民には単一の集団と見られるかもしれない（例えば、インドシナ難民）が、時とともに紛争や人権侵害の状況が様々に変化する多様な国々から来ている。一つの国から来た人々でさえも、民族、年齢、性別、政治的帰属、宗教的背景が異なる。その全ての要因が、彼らが直面した迫害要因である。

移動（移住）関連の言葉は、国家中心の視点から話される。ガバナンスの新しい制度は、人々の避難という彼らの苦難の知識の理解に先んじている。国家中心の視点から出た知識は、制度の新しい枠組みや規則を育て、戦略と実践を育んでいる。多種多様な強制移動民の中で、私たちが行う区別は、経験上の観察や科学的探究によるものではなく、むしろ政策的な関心から出た〝人工物〟である[4]。

種類が互いに異なる強制移動民の間で、区別のために使われる用語は、その場限りの政策的対応に基づき、往々にして科学的根拠は損なわれている。近代社会科学は、歴史的に従属を正当化するために、支配された他者についての知識を生みだすやり方で進化してきた[5]。

難民の調査研究は、これまで公共政策や難民個人の私的ニーズに焦点を合わせる傾向があった。一方で政策問題、他方で強制移動民の物理的、心理的ニーズに焦点を合わせてきた。しかし彼らが困難に立ち向かった時の彼らの力、能力に関して研究は手薄である。自分たちの社会の潜在的な一員として、苦難に遭っている見知らぬ人を見つけ出す想像力を増すことが重要となっている。

グローバル・ガバナンスの用語の使用に問題がないわけではない。現代の国際関係では、政策起源と学問起源の用語が益々、入り混じっている。グローバル・ガバナンスの定義、ガバナンスの段階、それが規制するもの、そしてどのようにが、必ずしも明らかではない。現在の強制移動の論説には、内的な一貫性という最低限の基本的なことが欠けている。それが、政策立案者の強制移動の概念化と、ＮＧＯ等の概念化の間に大きな隔たりを作

表１　人の強制移動で相互に関連する分野

強制移動のグローバルな環境 ・グローバリゼーションと強制移動のパターンと発展の間の関係 （経済的グローバル化とグローバル・ガバナンスの発展の単なる関連だけではなく、グローバルな文化と社会的な相互通信能力の出現を合わせて勘案する必要あり）
移住制度の中の個々の国家と地域の役割 ・人口、経済、社会、政治的変化と移動の型の関係 （変化する国民国家の性質と、地域及びグローバルな関係に埋め込まれた事情を見ることが必要）
草の根段階での移住の行動様式の性質 ・送り出し地域、受け入れ地域の双方でのコミュニティの変化 ・移動民の統合と彼らのアイデンティティや生活の国家を超えた性格 ・移住における社会・政治的、経済的に異なる集団同士の関係と関与
政策立案の環境 ・促進要因だけではなく、国境を超えた政策形成や協力を妨害する要因 ・変化する移動民への受け入れ国住民の認識と知覚される影響 （国家が国内的、国外的移動の双方を管理する上で、新しい圧力を作り出す）

（出所）　International Migration Institute, 2006, p.2 を修正して使用

っているように見える。

強制移動民の用語が初めて、政策と学術世界で使用されるようになったのはいつかを正確に知ることは興味深い。これはかなり近年のことに違いない。難民条約の難民の定義が各国で適用される際、実施現場で適用が狭められることへの反応であったと思われる。それでも、用語の概念が、個々の国家が絶対的力を持つ世界から、国家を越えて存在する制度で抑制され、事柄が形成される点に光をあてる限り、有用である。

グローバル・ガバナンスは、国境を越えた問題の出現に対応して発展してきた。国境を越えた移動は、政策分野では、環境変化、国際貿易、金融、伝染病のように、主に国連制度を通じて、各国は制度化された協力を発展させてきた。国境を越えるという問題の性質上、単独の国家の孤立した行動では問題に対処できない。これらは集団行動と協力が、単独行動や国家間の競争よりも、国の利益に効率的につながるという認識に基づいて作られてきた。国家はこれらの問題に対処すべく、制度的な国際協力の形を発展さ

せてきた。

3 方法論の問題

一般の移民から強制移動民を分離しようとする時、すぐに方法論的・倫理的に問題にぶつかる。今日の移動研究の主要な課題の一つは、過程が、動的で、多様、多層になり、新しい形をとり、従来とは異なる新規の人々や目的地があらわれ、常に変化するグローバルな世界に適応せねばならないことである。但し、マクロ次元での説明・解釈は、必ずしもミクロ次元には当てはまらない。例えば、人々は一般に、人口圧力や環境悪化のような抽象概念では動かない。移動動機を真に理解するには、個人、家族そして地域社会段階での意思決定や状況を詳細に見る必要がある。目に見えない表面下を探り、得られた、移動のミクロ次元の理解をマクロ次元につなげる必要がある。

自発的移動は、選択肢に、より幅があり、強制移動ではその幅が少ない。移動の方向は、内へ、外へ、前へ、戻る、留まる、の五つである。大半の移動民は、外的な抑制因と素因、そして引き金となる出来事という複雑な諸要因への反応で移動の決定を行っている（詳しくは、拙著『国際強制移動の政治社会学』を参照）。現実に、移動の原因は、経済のほかに政治的である。両者の間の区別は難しい。例えば、飢饉は経済的現象のほかに政治的現象である。飢饉で飢える人々は、食糧入手や政治問題への関与に不十分な資格しか持っていないので飢える。得られる食糧が不十分なためではない。

人々の選択肢の限界を理解し、決定の背後にある多くの要因を理解する努力をすることが出発点である。強制移動の研究は、常に強制移動民を特定の社会的、政治的、歴史的状況に埋め込まれた〝普通の人々〟、〝目的を持った行為者〟と考える[6]必要がある。これは実際に移動過程がどう動くかという意味で、現実的であるし、倫理的理由でもある。

移動民を選択の余地（選択の自由ありから、全くなし）という連続体の基準に沿って分類を行うと、全ての移動民の最も重要な〝質〟を無視する危険性がある。人間には全て、活動というものがある。ユダヤ人の強制収容所のような最も抑圧的な環境でさえ、人間は個人の決定といういくらかの領域を維持しようとする。そしてこれに成功した人が生き延びる。人はどのような場合でも、移動するかどうかだけでなく、いつ、どこへ、どのように移動するかの選択の余地をいくらかでも持つのかもしれない。課題に対処するには、個人や集団の決定に焦点を合わせることである。彼らに開かれた選択肢の量や程度で、人々を一つの塊として見ないことである。

（1）Turton, 2003, p.11. タートン（David Turton）によれば、involuntary は voluntary の正確な反対語ではない。正確には compulsory だ、という。compulsory は、選択肢がない状況を意味し、例として、アフリカの奴隷貿易や国家によるダム建設等の開発プロジェクトによる人間の移転、定住に使われる。involuntary の行為とは、考えずに行為がなされた、あるいは慎重さに欠けた行為の場合、例えば足に何かを落として悲鳴をあげる時に使うとして、タートンは両者を区別している。

（2）*ibid.*, pp.7-8.

（3）*ibid.*, p.11.

（4）*ibid.*, p.12.

（5）Chimni, 2009, p.23.

（6）Bakewell, 2008, p.449.

第二節　強制移動の現状——庇護危機と〝新しい〟人道主義

〝北〟の先進諸国での庇護危機は一九八〇年代に始まった。アフリカ、アジア、カリブ、中央アメリカ、中東から庇護（かばい守ること）を求める人々（asylum seekers, 以下、庇護申請者、もしくは庇護民として併用）が到着した。難民としての庇護申請数が特に顕著な伸びを見せた西欧では、一九七六年の二万件から一九九〇年には四五万件となった。(1)

庇護申請者は驚くことではないが、主に北の先進国に見出せる。彼らは庇護の要求をした人だが、その件はまだ認定されていない人である。「受け入れ国」（以下、ホスト国とも使う。同義）政府やその国民は彼らを、入国管理を出し抜くために庇護手続き（難民認定手続き）を使う経済移民だという疑いの気持ちがある。そのため、〝不法な人々〟の入国を防ぐ能力強化策は、国境管理、パスポート関係、犯罪科学に焦点が合わせられる傾向がある。彼らを難民として認定するには政治的理由が必要だが、それを明確に判定する難しさが現われた。庇護申請者とは、そのために出た新しい命名である。政治的な激変で庇護を求めるのは通常、暴力紛争、経済的困窮、人権侵害と密接な関係がある。

これより先、一九四八年世界人権宣言の第一四条は、第二次世界大戦直後の精神を反映して、誰もが迫害から逃れ、他国に庇護を求め享受する権利を持つとしている。いわゆる「庇護権」（right to asylum）は、その後の条約では採用されなかったが、重要な新しい歩みが難民保護の改善のためにとられている。UNHCRが一九五〇年に作られ、難民保護と最終的な彼らの統合（自国か他国で）が確保された。

一九九〇年代以降、北と南の国々は益々、庇護を抑制する政策をとってきている。南の国の中には、難民の到着を防ぐため、国境を閉じたり、難民を自国へ早期に帰国させたり、状況が整わない中で帰国させている。国家は、難民への庇護の質を低下させ、制限を加え、難民条約が定める移動の自由や職を求める社会・経済的権利を否定している。

特に北では、冷戦終結以降、庇護の供与から逆に〝封じ込め〟が顕著になっている。[2] 西欧で庇護申請数が一九八〇年代初めに上昇し始めたのは、部分的には疑いもなく、移民としての入国経路が閉じられたためだが、西欧各国は直接的措置として、ビザの制限、航空機への罰則、安全な第三国制度を採用し、難民条約を厳格に（狭く）解釈して、新たに入国する人々の数を制限した。これらの制限措置はしかし、彼ら庇護申請者の国境を越えた社会的連絡網、革新を遂げた運輸通信手段と人の密輸で破られてきた。

庇護申請者が入国に際し、移民ネットワークを使い、密輸業者の手を借りるという理由から、彼らの申請が〝本物〟ではないということではない。実際上、益々困難になってきているのは、経済移民から難民を選りわけることであり、そうした選別が庇護・入管政策の本質的な条件と見られていることである。入国を思いとどまらせるために、庇護申請者の拘留や社会援助を否定する抑制策がとられている。

イギリスでは庇護申請者の約一〇～二〇％が、難民条約の基準を満たすと考えられてきた。[3] その他の二〇～三〇％は基準を満たさないが、今彼らが自国へ戻るのは危険だというのが認められて、一時的な滞在許可を与えられた。このことは、五〇～七〇％の人は保護の必要がないということになる。彼らには控訴の権利はあるが、拒否されれば自国へ戻らねばならない。しかし多くの人はそうせず、不法にイギリスに滞在している。

二〇〇六年、イギリス内務省は庇護を拒否された人が、推定で一五万人～二八万八〇〇〇人、国内にいる、[4] と発表した。主な問題点は、彼らを探し出すのが難しいことである。多くの人が自身の民族コミュニティ内に潜み、不法に働いている。内務省は彼らを帰国させた場合の利益と、すでにイギリスに定住した民族少数者集団からの憤り・反発のリスクのバランスを考えて対処している。

かくして西欧での庇護の論議は、保護される権利よりも、抜け穴を封じるという考えで庇護を扱う政策立案者と、直接の危険のゆえに逃亡が単に必要になった人々として庇護申請者を見る、NGOや人権グループに二極化してきた。換言すれば、両者は共通の理解を土台として会話するのではなく、互いに自分の主張を述べ合うだけとなっている。

EUでは、移民政策（外国人政策）は、出入国管理政策と並行して移民の社会統合策が進められている。日本では、移民の社会統合策は未整備で、定住化が進む自治体は〝多文化共生〟を言い、国（内閣府）は〝定住外国人策〟と言い、考え方になお隔たりがある。先進国での庇護申請者への関心の高まりにもかかわらず、先進国は、より貧しい発展途上国よりも庇護を求める人々への負担割合は小さい。先進国はまた、個人毎に各申請を決定するだけの資金力を持っている。

北と南、双方での庇護の危機は、UNHCRには殆ど不可能な仕事である。難民の保護を確保し、彼らの逃亡への最終的解決をすることを国際社会から委任される一方、UNHCRは国家の協力なしに、この委任事項を実現することができない。

1　送り出し国と受け入れ国の力関係

移住について話す時、私たちは移動する人々を画一的な集団と見る。人々を非個人化し、非人格化する。このことは、私たちが彼らを〝脅威だ〟と見るのを容易にする。現下の経済再編と人口学的、社会的変化の中にある受け入れ国で、移動民は経済的、社会的に様々な立場を占める。移動はそれ自体、グローバルな変化の兆候だが、変化の根本原因と誤って解釈されてきた。移動民は、経済的不安や国家主権の損傷、文化的アイデンティティへの脅威として非難されてきた。特に立場の脆弱な難民は、グローバル化の〝生贄の羊〟とされ、極右の人種主義者の標的とされている。

受け入れは、例えばアメリカのように、以前は、多様な背景の人々を同じ一つの国民にするため、同化あるいは〝るつぼ〟が目標とされた。しかし、差別と民族的不平等を廃絶するという同化策が失敗して、新しい方策がとられることになった。それらの方策は、例えば多文化主義（multiculturalism）、民族少数者政策（minorities policies）、包摂・包含（inclusion）、統合（integration）のように、現在様々な名称で呼ばれている。受け入れ国は、文化的相違や宗教的違いを認めて公共政策を導入してきた。帰化しやすいように国籍法を修正し、移動民子弟へ市民権を付与するように変化した。しかしそうした政策は、不平等や違いの問題を解決できず、社会紛争も防ぐことができていない。

グローバルな段階では、重大なのは南北関係である。近年の傾向は、明らかに西側国家が難民に門戸を開いて安全な場所を設けるというより、強制移動民を彼らの自国内、少なくとも出身国のある地域内に止めようとしている。西側国家は意図的に、庇護の原則と実行を自ら破壊してきている。イギリスのように、公に難民条約の廃棄を叫び、彼ら移動民の出身国の地域内に難民を封じ込めるのを前提とした、新しい難民制度を要求する国もある。これらの動きは、南の庇護国に過重な負担を強いてきた。南の国々は、世界の難民の大多数を受け入れているが、各国は大量な難民の到着に対応し、質的にも量的にも、庇護に制限措置を加え、紛争の長期化で解決の見通しがつかない中で、難民の存在を長期化させている。南の多くの国家は、今や難民を地域社会から切り離し、地理的に隔絶した治安の悪い危険な難民キャンプ（以下、キャンプともいう）に止め、益々縮小する国際援助に全面的に依存し続けている。[5] 北のドナー（先進国）と南の受け入れ国の間での問題解決の行き詰まりと相まって、国家からの協力不足は、近年UNHCRの活動に挫折感を与えている。

送り出し国／受け入れ国の二分法は誤りで、実際上は多くの国々が同時に、送り出し、受け入れ、一時通過の国となっている。その区別はむずかしいのが現状である。一時滞在者はある国に仮に定住し、より良い目的国に移動する希望を持っている。しかし希望する最後の目的地は、移動過程で変わり得る。滞在予定が一時的だったのにもかかわらず、送り出し国と受け入れ国の経済要因、子供の教育ニーズ、そして多くの社会的要因により、移動民の滞在は長期となり、恒久的な定住になることもある。一時的定住は、恒久的定住の前兆ともなり得る。

送り出し国／受け入れ国の力関係では、受け入れ国が一般に優位に立ち、国益に従い、自身の移住政策を決定することができる。送り出し国は、受け入れ国の政策的な選択に影響を与えることができない。ただし、送り出し国が受け入れ国に対し力がなく、影響力を持たないわけでは必ずしもない。送り出し国は移住を他の分野の問題とつなげて、交渉能力を高めることができるからである。

また、グローバルな段階での、送り出し国／受け取り国の分裂は、しばしば南アフリカのような地域の主導国でも再現される。南アフリカは、人の移動により主権が減じられる制度的な地域的調整には後ろ向きである。[6] 移動での国家間の力関係は、多くの受け入れ国が移住の多国間協議になぜ反対するかを理解するのに役立つ。一方、多くの送り出し国は多国間制度を支持している。

他方で、地域は益々、移動に関連して重要な政治単位となってきている。新しい動きとして、公式の地域協議のほかに、非公式の「地域協議対話」（Regional Consultative Processes, RCPs）が移動のグローバル・ガバナンスの主要な特徴の一つとなってきている。ＲＣＰモデルは、国家集団を基礎にして、非公式に、定期的に移動についての非公開の対話を行い、必ずしも地理的に同じ地域の国々だけではない。[7] 最初のＲＣＰは、「庇護、難民と移住についての政府間協議」（the Inter-Governmental Consultations on Asylum, Refugees and Migration, IGC）で先進一六ヵ国により、一九八五年に作られている。常設事務局を持ち、当初は庇護関係での情報共有に主眼が置かれたが、今では益々、一般的な移動関係での情報共有を促進するための場となっている。

好むと好まざるとにかかわらず、人道的行為はグローバル統治の一部である。チムニ（Chimni）は、難民流出の原因と解決法には〝北の思考法〟が支配的だ、という。北の先進国の利益に寄与する、経済的ガバナンス、政治的封じ込め戦略と軍事行動の過程が同時に存在し、人道行為は時にそれに従属させられている、[8] という。南での移動に関連し、強力な北の国々が推し進める政策を統制する公式の制度的仕組みが存在しない中で、現状のような負担の配分は、おそらくグローバルな正義の規範基準では不公平であろう。

難民を受け入れることは、受け入れ国にとって重大な負担になるとみなされるが、結果はより多様である。ノーベル賞を受賞したアインシュタインのような著名な難民のほかにも、熟練、非熟練の難民たちは受け入れられた国で多大な貢献をしている。市民権と政治参加に基づく民主主義を持つ受け入れ社会は、移動民を社会に編入する方法を見出さねばならない。

2　政治的人道主義の席捲

迫害されている人、困難な目に遭っている人に避難所を与えることを含め、客人への歓待は多くの文化で価値あるものとされているが、他方、私たちの知らない人、その文化が自分たちのものと異なる人々への不信感という自然な感情もある。

グローバル化の現在、世界中の脆弱な人々への道徳的・倫理的責務が叫ばれ、彼らの基本的ニーズに合うべく、二国間と多国間で援助が主導されて実施されている。こうした援助は、一般に「人道援助」と呼ばれる。一九九九年、コソボ（Kosovo）では、兵士は人道援助者であり、爆撃は紛争を終結させるための手段であり、〝人道的戦争〟と呼ばれた。アフリカでアジアで、難民が兵士（難民戦士）として使われ、難民救済の人道物資が流用されたり、略奪されて武器購入の資金に使われている。武装勢力は、難民を庇護した国から、難民を軍事動員し、国境を越えて紛争を拡大、長期化させている。ここには、〝人道〟という言葉の危険性がある。

広く受け入れられた人道主義の定義は、直接の危険にある人々への公平、独立、中立の救済で、特定の政治的意味に反してあらわれ、救済志向の活動を非政治化するのを助けてきた。根っこにある社会関係を再構築したいという望みは、本来的に政治的である。人道主義は救済を与える。それは確かに、個人を助けるが、彼らを危険に陥れた根本原因の除去ではない。こう見ると、人道主義は国際的な秩序の中で、特有な役割を演じているのがわかる。政治から遮断された人工空間の創出である。

人道主義はその目的として、人間福利の増進をもたらす物質的及び文化的実践が全体的に調和することを目指している。(9) 人道的行為は常に、困難な状況にある人々への救済と援助をもたらす場合でさえ、文化的な意味の運搬装置である。しかし人道的実践の文化的意味は、その時代の政治的考えで作られる。例えば、文明化／非文明化という二分法は、植民本国の文物で植民地世界をはかるために使われた。その時代の人道主義は、「植民地人道主義」であった。

チムニによれば、人道主義自体は、植民地時代と現代は、冷戦政治により遮断され、そこだけが不連続ではあるが、連続性がある、[10]という。冷戦時代は、人道主義が政治目的のために非政治化され、〝模範的な人道主義〟が実施された珍しい時期であった。しかし冷戦終結とともに、再び政治化が復活し、人道主義の原則の廃棄を要求する〝政治的人道主義〟(political humanitarianism) と呼ばれる〝新しい人道主義〟が出てきた。

政治的人道主義は、不偏、公平、中立、独立の原則を強調する模範的な人道主義と異なり、原則に縛られるのを拒否する。このアプローチは、先進国の良い統治を実現すれば、途上国世界を変えられるという人道主義機関の望みがある、[11]という。救済という普遍的な世界観を標榜し、植民地時代のように、外部から改革するという考え方である。これは〝筋骨たくましい人道主義〟になる。

また、人道主義が政治に絡めとられる中で、資金が優位を占める〝マーケット人道主義〟なるものが、人道機関の活動に影響を与えるようになってきた。人道機関は、いわば新自由主義の人道主義をとるようになってきた。こうした機関は今や、機関同士の競争という人道環境の中で、資金と影響力の獲得を競い合っている。人道主義の実践は危険にさらされている。人道主義はもはや政治から分離することはできず、自分たちが活動する政治文化に非常に意を払わねばならなくなっている。

現代、変遷する人道主義の概念には、二つの次元がある、[12]と言われる。すなわち、今日の人道主義は、外に向かっては政治的人道主義、内に向かっては他者との間を（あきらめて）受け入れるようにする共同体的な数多くの政策〈多文化主義〉である。国際段階の政治的人道主義と、国内段階での〈移住—多文化主義〉の結合が見られる。

3　流出原因の除去と早期警戒

難民流出による救援を事前に準備するためには、流出の時期、方向、規模を知らねばならない。加えて、現代のような庇護危機の時代に、国家は、難民の出入国管理を行うために事前に情報を入手、分析して事態に対応せねばならない。しかし、安全地帯や国に留まる権利といった考え方は、必ずしも難民保護の新しい形と見られるべきではなく、難民の到着を防ぐ〝道具〟の含みを持って主張される傾向がある。

難民移動の「早期警戒」(early warning) は初め、人道支援組織がより良い難民救援をするための予測制度として開発された。早期警戒は、初めは情報活動と似て、平和維持活動の保護のための情報収集であった。難民の早期警戒への関心は、難民で悩む多くの国々のほかに、国際・国内で強制移動が始まった一九七〇年代後期、一九八〇年代初めに、出てきた。しかし冷戦の終結で、明らかに大量流出を発生させる原因を防ぐ方向に変わっていった(13)。難民移動は人権侵害や武力紛争と関連していたので、早期警戒モデルは、より一般的な形で発展し、難民移動は、防ぐ必要のある人災の一つと見られることになった。問題は主流となったが、過去のように難民に特化した分析は少なくなった。

人道的な早期警戒は、気候学と経済予測に根を持つ(14)、といわれる。研究者は一九七〇年代に指標を使って戦争原因の理解を試みたが、早期警戒は飢饉予測で人道問題に導入された。そのモデルは、科学と強く結びつけられ、救援を準備するために自然災害の成り立ちを理解することであった。考え方としては、実際に災害を防ぐことではなく、損害と人的被害を最少にすることであった。飢饉の早期警戒の進展に伴い、難民の早期警戒は、災害防止よりも被災者援助に焦点が合わされていた。

飢饉の早期警戒の進展に伴い、次第に規模が大きくなりつつあった難民流出への適用に関心が高まった。難民関連の最初の研究は、国連人権委員会の特別報告者アガ・カーン（Sadruddin Aga Khan）による一九八一年の報告書である[15]。同報告は、事例研究を通じて、難民の早期警戒を考えたが、災害を防ぐよりも、流出方向、規模といった災害の型を理解することが主要目的であった。この研究は、主に人権と政治的文脈に焦点を合わせたが、その他の根本原因や押し出し要因を指摘している。例えば、人口増加率のために経済機会が得られないこと[16]、地球規模の食糧安全保障と食糧の不足状況、伸長するインフレと失業、環境悪化などである。最後に、難民逃亡の説明に初めて、いくつかの潜在的な引っ張り要因を加えた。これらの要因には、発達した情報制度、旅行連絡網、入管政策の自由化、難民キャンプのような制度化された援助があげられた。

その後、理論面で、難民の早期警戒の体系的な開発が国連外で発展した。ワシントンの「難民政策集団」（Refugee Policy Group）が、クラーク（Lance Clark）の主導下でアガ・カーンの研究を拡大し、体系化し、難民逃亡での〈押し出し―引っ張り〉の複雑な因果関係を捉えようとした。このモデルは、研究での指標分類の基準を設定している。その後も多くの研究者がクラークの仕事を拡大したが、単にモデルを洗練するにとどまった。研究自体は、主として理論面にとどまり、経験面の知識とは統合されなかった。冷戦終結後、難民の早期警戒は、強制移動の根本原因と紛争防止の理解に徐々に変化し始め、この分野の研究は行われなくなった。

国連制度は、政治的、官僚的な障害から、早期警戒を早期の対応に結びつける適切な仕組みを持っていないが、早期警戒の実施上での主要な失敗原因は、政治意思の問題とされている。貧弱なガバナンス、人権侵害、武力紛争のような押し出し因を除去することにより、強制移動は防ぎうる。難民研究者や実務家は人間の安全保障のために、この方向へ転換する一方、政治家は大半が国家領域と国境を保全することを考える。

正確に発生を予測するよりも、出来事を予期することの方が容易である。長期的な予測をする場合には、紛争を導いたり紛争の拡大を促進する構造や機会を減じ、理想的には原因を変えたりなくしたりする長期の予防行動と同時に行われるのが最善である。九・一一は、情報体制の失敗と見られたが、それは必ずしも早期警戒の失敗ではない。早期警戒は、九・一一のような出来事を正確に予測することに力を注ぐのではなく、第一に発生の可能性を減らす長期的な防御の仕組みを見つけるために、事前にそうした出来事の可能性を予測することである[17]。情報機関は国境を越えてテロリストの動きの手がかりをつかむことに失敗したかもしれないが、早期警戒は国家機密に触れることなく、一般に利用可能な情報に依存して活動し、考え方が異なる。

ただし、人道災害を防ぐために早期警戒を使うことと、テロを逃れる人々の入国を阻止するために早期警戒を使うということの間にはジレンマがある[18]。人道機関、NGO、研究者が蓄積した人の逃亡の知識を、国家が人道目的ではなく、封じ込め等のために利用するというのを防ぐ手立てはない。このジレンマの解決策は、人間の安全保障と国家の安全保障のバランスをとって、まず第一に、移動ニーズを緩和する早期の防止措置をとるとともに、強制移動を引き起こす要因のモデルの開発ということになるかもしれない。

先進国は南北格差を、開発援助、貿易改革、そして決定的には移住政策の自由化で、縮小することが可能である。それゆえ、強制移動は確かに焦点を合わせる価値がある現象である。国家に人間的な憐憫の情がないことを嘆くことよりも、情報で得られる予測の力と、人道的な早期警戒を一緒にすることの方が、より利益がある。

4　政策と事業の評価

今日、UNHCRは国連難民機関として、広く認識されている。「一九五〇年UNHCR規定」は、難民の保護と、恒久的解決（つまり再統合）の二つの主要な事柄に焦点を合わせた明確な委任事項を持っている。UNH

CRはまた、広範な国際難民制度の守護者でもある。

しかし近年、西側国家でUNHCRの委任事項と難民の定義の実用的な拡大に大きな抵抗がある。北の先進国では、難民条約の定義の解釈の際、個人そして迫害に特別に焦点が当てられ、庇護と定住を判定する際に使われている。もし帰国すれば、死や暴力という深刻な身の危険があっても、しばしば〝一時保護〟(temporary protection)という簡便な措置がとられている。世界的な庇護危機があらわれたので、国家は一般に、UNHCRを除外し、益々自分たちの領域から、庇護を求める難民をそらすために、対応策を工夫している。

今日、UNHCRは絶え間ない資金危機にある。資金不足は、難民以外の他の〝難民然の人々〟にも援助しているためである。他のいくつかの国連機関と違い、UNHCRの場合、国連本体からの資金は最小の割り当てで、他は自己調達のため、二～三の主要ドナー（アメリカ、日本、EU、スウェーデン、オランダ、イギリスなど）に資金を依存せざるを得ない(19)。事実、UNHCRにとって最も重要な関係は、ドナーとの関係である。創設以来、UNHCRはどうしたら事業資金が得られるかという課題に直面してきた。不安定な資金とドナーへの依存は、UNHCRを政治的に危険な立場に置いてきた。その計画は、比較的少数のドナー国の関心を反映するようになっている。政治的現実主義者から見ると、UNHCRは富裕な西側諸国の手先であり、行動が外部者により決定されている、と主張されている。

国連制度は、難民、子供、食糧、保健、その他と分野ごとに分かれている。業務に従事する職員は、組織が注目と知名度を競う官僚世界に住んでいる。国連制度は、ドナーたる各国政府から資金を集め、支出し、直接間接にNGOを計画の実施者として契約し、実施している。UNHCRが、異なる意向と利害を持つドナーに応じることは、NGO活動との重複になり得る可能性がある。NGOは、資金獲得のために、緊急事態の中で、自分たちの評判を求めて競いあう。ＵＮＨＣＲのあるスタッフは、これを〝人道市場〟と呼んだ。[20]この方法は、しばしば誰も、どの組織も、実施上の過ちに説明責任を持つことができない状況にあり、透明性に欠けている。[21]その一方で、国連機関としてのＵＮＨＣＲの委任事項には限界があり、保護と援助が必要な人への範囲と継続性で絶えずギャップを生じている。ＵＮＨＣＲには、援助機関としての限定された委任事項と利用できる資源が乏しい中で、その資源を拡大しなければならないという広範な問題と大量な数の人間に果たして援助が向けられるべきかどうか、という点が存在している。

難民の人道活動の評価には、共通の過ちが認められ、繰り返し同じような政策提言が提出される。論点は例えば、貧弱な調整、重要な関係者の不十分な参加、主要因の評価不足などである。援助機関は、自分たちの活動を目立たせることに関心があり、報告と評価制度は全てそれに合わせられている。[22]

ＵＮＨＣＲは外部からの圧力を受けるが、自治権を持つ行為者として、精一杯委任事項を守り、生存を図るために変化する環境に適応を試みている。ＵＮＨＣＲには評価の部署が長いこと存在したが、計画の評価を政策分析に結びつけたのは、極めて近年のことである。過去には、評価が行われても内部で眠ったままになるか、曖昧な内容要旨が公表され、批判的な内容のものは隠された。[23]評価はしばしば、ＵＮＨＣＲの透明性の確保や、援助活動の現実を適切に表明・公開できていなかった。しかしその後、外部者の意見を評価過程に取り込み、結果を公表する試みが進んでいる。

計画の評価にも進展が見られた。ＵＮＨＣＲは自機関から独立して透明性ある評価をする「事業評価・政策分析課」(Evaluation and Policy Analysis Unit) を作った。ＮＧＯ側にも動きが出て、一九九〇年代、ＮＧＯは初めて、人道援助計画の最低基準を開発するため、「スヒィア・プロジェクト」(the Sphere Project) を作成した。人道援助の主要なＮＧＯにより作られたこの人道憲章と諸基準では、水、保健衛生、栄養、食糧、住居、計画地の選定などが決められている。同プロジェクトではまた、国際赤十字が採用している行動規約にも注意を払った。

ＵＮＨＣＲもＮＧＯも政府も、評価能力の一層の強化が必要となっている。ドナーから資金を受け取る国際機関であれ、ＮＧＯであれ、自分の役割に、より批判的になることが必要となっている。ドナーは、益々イヤーマーク資金（使途が制限された資金）を拡大しており、そのことが実際に現場での援助と保護にどのような影響を与えているか評価する必要が出ている。

（1）Loescher and Milner, 2011, p.197.
（2）最も著名な例は、ＥＵ内の調整である。庇護申請者の身元確認をするために、ＥＵを横断した制度（EURODAC）があり、国境管理機関（FRONTEX）のように、不規則移動と国境管理に関連した共通の対外政策がとられている。国境を越えた人の移動に関連した協力の多くは、安全保障に焦点が合わせられている（Betts, 2011, p.310）。
（3）Koser, 2007, p.87.
（4）*ibid.*, p.88.
（5）Loescher and Milner, 2011, p.197.
（6）Betts, 2011, p.315.
（7）開催目的は、公的に拘束力のある合意をすることではなく、情報の共有、良い事例の開発、共通基準の採用を促進することである。ＲＣＰモデルは、世界の殆ど全ての地域に広がっている。
（8）Chimni, 2009, p.13.
（9）*ibid.*, p.20.
（10）*ibid.*, p.11. チムニは、人道主義の歴史と植民地主義との関係を重視する。人道主義は、過去には帝国主義の正当化の役割を果たし、時の強国の行動の正当化に使われた、という。彼が問題にするのは、人道主義のイデオロギーと慣行が展開される形態と手法である。それゆえ、例えば研究で得られた成果（知識）を、法的範疇へ言い換える際は常に、政治権力の都合の良い利用法に巻き込まれる怖れがある、という。

（11） *ibid.*, p.22.
（12） *ibid.*, p.13.
（13） Schmeidl, 2004, pp.150-151.
（14） *ibid.*, p.131.
（15） *ibid.*, p.132.
（16） 経験的研究は、主に経済要因と人口要因が果たす役割に焦点を合わせる。低開発と貧困は、おそらく強制移動での根本原因として、最も引用され、いくらかの支持さえ得ている。しかし、貧困と強制移動の間の直接の因果関係の証拠は確定的ではないように思われる。難民は貧しい国々から出るが、貧しい国が全て難民を生み出しているわけではない。貧困は直接の根本原因ではなく、困難な政治環境の中で、触媒として働くと考えられる。人口要因は、難民流出の際の人口規模に影響するかもしれない。但し人口規模は、難民流出を見出す最良の手がかりでは必ずしもない。
（17） Schmeidl, 2004, p.150.
（18） *ibid.*, p.151.
（19） Loescher and Milner, 2011, p.201. 初期の時代、ＵＮＨＣＲの活動は、主に欧州での法的保護だったので、僅かな予算で済んだ。しかし一九七〇年代、八〇年代になると、ＵＮＨＣＲの予算は劇的に膨らみ始める。予算は今や、年平均で一〇億ドル。国連本体の通常予算からＵＮＨＣＲへの配分資金は、三％以下まで下降している。資金は、比較的少数のいわゆる伝統的ドナー国から来ている。
（20） Helton, 2001, p.205.
（21） *ibid.*, p.219.
（22） Bakewell, 2008, p.440.
（23） Martin, 2001, p.241.

第三節　制度擁護と国際協力

国際難民保護制度は、急速に変化する世界政治の中で、難民への義務を果たすよう国家を説得するという困難な課題に直面している。冷戦、冷戦終結直後、そして九・一一以後といった事態は、世界政治を形成するだけでなく、国家が難民に対応する方法に強い影響力を与えた。ＵＮＨＣＲは、制度の要となる規範の擁護という試練と国際協力の奨励という課題に直面している。

北と南で難民への庇護供与の機会が下降し、難民条約への国家の幻滅という、保護枠組みでの明らかなギャップが出て、ＵＮＨＣＲは二〇〇〇年末に、難民保護のニーズに国家の関心を高めるために主導権を発揮している。ＵＮＨＣＲの意図は、国際保護の枠組みを支え、新しいアプローチを通じて、保護を促進することであった。「国際保護についてのグローバル協議」（the Global Consultations on International Protection）はほぼ二年続き、同協議は一九九〇年代に南と北の国家により表明された、難民条約が対象としていない問題も含めて、広範な問題を討議した。

難民条約五〇周年を記念して二〇〇一年一二月、ジュネーヴで開かれたこのグローバル協議には、一〇〇ヵ国以上から国の代表、専門家、ＮＧＯが参加し、宣言が採択された。宣言では、国際難民保護の基礎として、難民条約の重要性を再確認し、国際保護と恒久的解決を進める委任事項を持つ多国間機関として、ＵＮＨＣＲの重要性を再確認した。最も重要な成果は、『保護への覚書』（*the Agenda for Protection, AFP*）の是認で、翌二〇〇二年に国連総会で承認された。同覚書では、国家の関心事項に合わせて行動や優先順位が概説され、難民と庇護申請者の国際保護が強化されている[(1)]。

しかしこの覚書には、視野が包括的だという利点はあったが、影響力には限界がみられた[(2)]。それにはいくつかの理由があった。すなわち、①指針の範囲が、余りに広過ぎた（個々の問題に深く焦点を合わせず、広範囲の問題を扱ったことがある）。②指針は拘束力のない合意であった。③ＵＮＨＣＲ内で広い支持が得られなかった、ことがある。

特に、最後の③について述べれば、グローバル協議は、ＵＮＨＣＲの保護部局が企画を推し進め、緒方難民高等弁務官時代からの継承であった。緒方氏の後任の新高等弁務官ルベルス（Ruud Lubbers）は、グローバル協議が終了する前に、新計画である「コンベンション・プラス（難民条約・プラス）」（Convention Plus）を発表してしまった。これはＵＮＨＣＲ内に深刻な混乱を招き、資金を出したドナー側には失望があった。彼らドナーは、グローバル協議にかなりの資金を拠出していた。結果として、覚書は難民制度の中で位置づけが曖昧となり、一般に実現されなかった。この件には、ＵＮＨＣＲの構造、決定手続き、外部者との関係、ドナーの重要な役割など、内外の力学が作用していた。

国家が、移動問題をどう理解するかを考える際には、国家が国際移住の政治にどうアプローチするかを見る必要がある。いわゆる「国益」の問題である。国際移動の分野では、国益は国内政治によって大きく決定され、国内を見る必要がある。国内のロビー活動や人権グループの情報が、国家の立場を決める重要な役割を果たしている。他にメディア、種々の国民の情報、擁護の主張、政治キャンペーンなど全てが、国が移住問題での利害を理解する基礎となっている。また国益は、他領域の政治によっても影響される。移住政策は、安全保障、開発、人権の利害と密接につながっている。

しかし究極的に国益は、コストと利害で構成されている。とりわけ国家は絶えず、安全保障への懸念と庇護供与の釣り合いを考える。庇護と難民保護の政治は、国家の利害で形成されている。彼らは自らの経済と安全保障上の利害を基礎に、移住政策を決定する。国益は固定的なものではなく、世界について抱く考え方で変化する。考え方には順応性があり、それが国益の本質的な条件である。

国際政治での国家の国益は、経済的利益と安全保障上の利益を極大化することである。強国は、自らの利害で移住政策を決められる。自分たちの欲しい移動民をとり、好まない移動民は引き取り手がいない。この不公正は、南北関係で鋭くあらわれる。定住や財政支援を通じた「負担分担」（burden-sharing）に寄与する北の国々には、公式上の負担分担の義務はない。難民制度は、庇護に関連した規範（国家は領域内で保護を与える）を確立したが、負担分担（他国の領域内にいる難民に保護を与える）についての規範は欠けている。

この文脈では、移住の国際政治の力学は、国家が国際的に占める位置に緊密に関連している。受け入れ国は一般に、自国の利害に応じて移住政策を決めることができ、送り出し国は一般に、受け入れ国の政策的な選択肢に影響を与えることができない。この基本的な、力の非対称性が南北関係を動かし、域内の国々の間で、力学を働かす。域内ではまた、その中の有力な受け入れ国が主導して、自身の条件で域内移動のガバナンスを形作っている。

ＵＮＨＣＲは、庇護国に対し、難民問題の解決のために物質的な援助を与え、関心をつなぎとめようとしてきた。難民の生命を守るために、物質援助計画はＵＮＨＣＲの重要な〝梃子（てこ）〟であった。説得と、国家の国際社会への〝社会的適応〟と物質援助を混ぜ合わせて、ＵＮＨＣＲは事業を進めた。加えて、難民条約への加入やＵＮＨＣＲ執行委員会（Executive Committee, ExCom）への加入を勧めた。

国家が、ＵＮＨＣＲへの影響力を行使して、彼らの資金がＵＮＨＣＲにより、どこで、どのように、何に使われるかを特定することが増えている。このやり方は、「イヤーマーキング」（earmarking, 使途制限）として知られ、ごく普通になっている。(3)

全てのドナーのうち、ＵＮＨＣＲに最も影響力を持つのはアメリカである。アメリカは何十年もの間、絶対額で最大のドナー国で、ＵＮＨＣＲ予算の三〇％以上を拠出（ちなみに、二〇一一年は三九・八九％）[4]している。アメリカは国際難民制度の指導国である。その影響力と規模は、第二次世界大戦以来、アメリカ国内で難民が演じてきた役割と相まって、世界の難民保護制度に莫大な資金を拠出してきた。アメリカの卓越した指導力で、ワシントンはＵＮＨＣＲ内での多くの政策と決定に関与してきた[5]。

ＵＮＨＣＲは、難民保護という委任事項を果たすために、国家の行動から独立して、独自の影響力を持つ必要がある一方、他方でＵＮＨＣＲは事業を続けるために、任意の拠出金を引き出す必要がある。そして、主要ドナーに活動が適切であると見られ、彼らの関心に応えられねばならない。ＵＮＨＣＲは、特に南の国から、北のドナーの言いなりになっていると見られている。これらの認識が、難民制度で、必要な国際協力の意思を弱めている。

国家がＵＮＨＣＲの活動を綿密に調べるように、国家の側でも難民保護と援助で、自己の役割に注意を払う必要がある[6]。国際政治の多様な分野では、規格化、標準化が起こる。標準化は、物事への対処にあたり、コストを削減し、適正な規模にする可能性があるので、国家にとり重要だとみなされている。ＵＮＨＣＲ執行委員会の常設委員会の仕事を通じて、難民保護の中心原則の再確認が重要である。メンバー国は、国際難民規範を侵害したり、保護での好ましくない先例を作る政策を控えて、制度を蝕まないことである。

１　膨張したＵＮＨＣＲ――役割と活動

難民制度の中で、ＵＮＨＣＲの役割は時の経過で変化してきた。委任事項に対するＵＮＨＣＲ自らが下す解釈と理解のあり方は、大きく変化してきた。過去数十年、委任事項そのものは現場の事情に合わせて解釈されてきた。UNHCRの活動は、過剰とも言えるほど、膨らみ続けてきた。仕事の範囲は拡大を続けた。一九六〇年代、七〇年代になると、UNHCRは東欧の共産政権を逃れる難民に法的保護を与える活動から焦点を移動し、南の難民状況に関与した。一九八〇年代、東南アジア、中央アメリカ、南アジア、アフリカの角、南部アフリカで何百万人という難民キャンプの難民、滞留状況の難民に援助を与えた。一九九〇年代、同機関は、旧ユーゴ、アフリカ、アジア、中央アメリカで大量の人道援助を与え、帰還事業に従事した。一九九〇年代末と二〇〇〇年代初めは、大規模な自然災害の犠牲者と国内避難民の保護に大きな責任を持った。計画実施上で、UNHCRは現場の政治的現実と力学、利害に機敏に反応せねばならなかった。

変化する避難の状況とUNHCRの委任事項の解釈の進展が存在した。同時にUNHCRは益々、真にグローバルな存在感を持つ複雑な国際機関になってきた。結果として、UNHCRの仕事は拡大し変化し、しばしば物議をかもした。UNHCRは、委任事項の保護と解決を果たしていないのではないかという否定的な声が、学者やNGOから聞かれるようになった。懸念されたのは、難民保護の委任事項を否定したり損なったりする国家に、UNHCRが利用されているという懸念であった。

UNHCRは、避難・逃亡を引き起こす力学の変化と、国家の利害の変化の結果、その力と影響力を侵食される制度の中に存在している。国家とUNHCRとの関係は、時とともに大きく変化してきたが、これらの関係で最も重要なのは、ドナーとの関係である。彼らはUNHCRの仕事の進化と方向を管理する。

テロ、安全保障、移民管理の問題は今や、ドナーの関心を占める。現代世界の広範囲にわたる問題領域、例えば安全保障、環境、経済が、難民への国家の対応に影響を与え、国際協力や制度の管理という課題で、UNHCRを悩ませてきた。これらの関心に無批判に関わることは、UNHCRの委任事項の本質を危うくする。逆に、国家の利害を疎んじるとＵＮＨＣＲが敬遠される怖れがある。国家の利益とＵＮＨＣＲが求める規範との間で、どのようにかじ取りするかは、歴史上ＵＮＨＣＲを難しい立場に置いてきた。

ＵＮＨＣＲの今後の方向は、委任事項を際限なく拡大したり、移住機関になったり、開発機関になることではない。むしろ、他の行為者が難民に関連して責任を果たせるよう、触媒的役割を果たすことが言われている[7]。多くの責任を引き受けるのではなく、唱道、調整の分野に力を注ぎ、戦略的に働くことで、委任事項を効果的に果たしうる。ＵＮＨＣＲは事業の数を少なくすることで、より多くのことができるようになるかもしれない。ＵＮＨＣＲは、新しく、かつ潜在的に矛盾の多い分野に活動を拡大していくのではなく、中心的な責任事業に焦点を絞り、活動を再活性化させる必要がある、のかもしれない。そうした役割のために、ＵＮＨＣＲはガバナンス、透明性、安定した資金入手能力の向上に取り組まねばならない[8]。

2　国際協力――調整と協同

国際移動は新しい事柄ではないが、比較的近年にその影響力の大きさから国際協力の論議が必要な、重要なグローバル問題として認識されてきた。国際関係において、制度的な国際協力は、一般に効率性に基づいている。国際協力には、与えられた目的達成のために共通基準の採用を意図する「調整」（coordination）と、相互に合意された目的により、集団行動に寄与する「協同」（collaboration）がある。

調整の課題は、関係者が自己のいわば独占的な基準をやめるよう合意する条件を作り出すことである。調整は強い主導力が必要で、難民制度ではアメリカの基準が採用される傾向がある。対照的なのはＥＵで、地域に有力な主導国が存在しないために、各国での庇護、移住の共通基準の採用が課題となっている。国内避難民の指導原則では、集団的アプローチ（クラスター・アプローチ）が採られたが、それは異なる組織間で人道問題の責任を分ける協同である。

移住は、UNHCR、IOM、ILOのような組織だけでなく、他の組織の仕事とも関わる。問題の性質から、UNHCRは、構造的、そして活動上、他の様々な関係者とつながっている。ドナー、受け入れ国、他の国連機関、国際・国内のNGO、その他である。

UNHCRは、国家の領域内で活動を行うために、その国家の招きで事業を進めねばならない。独断で入国し、勝手に事業を進めることはできない。相手国の事前の許可がいる。そのため、多くの難民を受け入れている国、特に南の国と交渉せねばならない。他方、北の受け入れ国は一般に、自分たちの二国間の任意の取組みを制限する調整に関わるのを嫌がる傾向がある。南の送り出し国はしばしば、国連制度を通じて、より大きな制度的調整を推進しようとする。結果として、UNHCRは、北のドナー国と南の送り出し国（庇護国）の間で、協力を促進するという困難な立場に置かれる。他国の領域内にいる難民に保護と恒久的解決を与える負担分担での拘束力ある規範は存在せず、多国間の調整と協同には限界がある。移住については、各国家がそれぞれ考え方を主観的に持っている。それゆえ、問題への共通理解のないことが多国間協力の障害となっている。

他の国連組織とUNHCRの関係も重要である。国連制度内では、難民はUNHCRの問題だという認識が広く浸透している。しかし、難民を効果的に保護し、難民が抱える問題の解決には、国連を横断したアプローチが必要である。難民制度それ自体、UNHCRの範囲を超えている。UNHCRが難民への特定の委任事項を持つ唯一のグローバル組織である一方、その委任事項を独立に追求することは不可能となっている。しかし、国連組織間の互いの境界と競争があるため、国連全体として、難民に深く関連する分野への他の関係者の関わり方が明確ではない。

難民はＵＮＨＣＲの責任だと、排他的に見られるべきではない。ＵＮＨＣＲはこれらの機関との間で、提携を文書で取り交わし、彼らの専門的知見を引き出す必要がある。[9] 国連事務総長と国連総会は、他の国連機関が難民への責任を理解し、ＵＮＨＣＲと協力して働くよう、指導力を発揮することができる。

明らかなことは、現代の難民保護という複雑な状況の中で、多様な関係者と様々な利害が存在することである。各機関はそれぞれ独自の利害を持ち、組織規模と事業範囲を拡大しようとしていることである。難民制度は、多国間で調整と協同が最も良く見られる分野である。国家側はこれまで、難民に同一の保護基準を広く提供できるよう、多国間で調整を続けてきている。

異なる背景をもつ関係者の間で、どうすれば建設的な論議が行えるようになるのか。答えは、元々の委任事項の点から、ＵＮＨＣＲ執行委員会の役割と構成を再検討することで、ＵＮＨＣＲの効率は高めることができる。特に執行委員会は、公式の説明責任の仕組みを整える上で、重要な役割を果たすことができる。

今日、執行委員会はＵＮＨＣＲの予算と計画を承認する責任を持ち、政策問題に結論を出し、ＵＮＨＣＲの管理、目的、優先順位に指針を与えている。しかし決定母体としての同委員会の効率性には、いくつか懸念される点がある。[10] ①まず、八五ヵ国という規模の大きさがある（二〇一一年一二月現在）。第一期会議は二五ヵ国だったが、莫大な増加数である。国連加盟国の増加で、メンバー数は緩やかに増えてきたが、冷戦終結後、数は著しく増加した。急激な数の増大の結果、委員会のメンバー数は許容限度を越え、運営・決定が厄介な組織になった。余りに多くの参加者がいる一方では、議題の数が多く複雑で、会議は組織を指導するフォーラムとして機能しなくなってきた。②南北の国々の政治的立場の違いで対立が生じた。会議には、先進国と途上国の間の広範な国際政治上の対立が反映される。分裂を避けるため、南北で議長職を交代する方式を採用したが、更なる改善が必要となっている。③近年の懸念は、メンバー国の中に重大な違反行為をする国があることである。メンバー国は、難民問題解決への関心を持ち、解決に向けて貢献しなければならないが、中には国内の難民政策で保護基準への深刻な違反をしている国がある。長い間メンバーであったタンザニアやアメリカが、難民に違法な追い返しをしたり、アルジェリア、バングラデシュ、ケニアは難民の自由な移動を制限したり、職業機会を厳しく制限している。

執行委員会は一九五八年に国連総会により設立され、その構成メンバーは当初、難民問題解決への関心と関与を勘案して、これらの国々の中から可能な限り、地理的配分を考えて選ばれ、二〇～二五ヵ国程度で構成される予定だった。国連総会は、ＵＮＨＣＲの事業を管轄する一方、執行委員会に執行と助言を委任した。難民制度の決定母体としての重要な役割である。したがって、国連総会が果たす重要な役割の一つは、委員会の規模と会員資格の決定である。

しかし現在は、委員会機能が果たせないため、個々のドナーやいくつかの重要な受け入れ国は、委員会とは別の場所で、ＵＮＨＣＲの計画を決めるようになってきている。執行委員会は、組織の機能と能力を監視する強力な顧問団の創設で、ガバナンスを整備し、能率化することができる。(11)

（1）　Loescher and Milner, 2011, p.198. 覚書は、次の五点からなる。①ＵＮＨＣＲ、国家、ＮＧＯに難民条約の諸原則を促進させる特別の行動を求める、②難民移動の安全保障上の含意に対応する、③第一次庇護国との負担分担の促進、④恒久的解決をより予想可能にする、⑤難民女性と子供が持つ特定の保護ニーズに対応する。

（2）　*ibid.*

（3） *ibid.*, p.201. ＵＮＨＣＲによれば、二〇〇六年、ＵＮＨＣＲへの資金の五三％に、特定国家の特定の活動に厳格に使用が義務づけられ、二八％が特定地域での使用に使途が軽く義務づけられていた。制約がなかったのは二〇％余りであった。アメリカは他国より、使途制限を行い、ＥＵ、日本も行っている。他方、北欧諸国やオランダは伝統的に、制限の程度は低い。使途制限は、ＵＮＨＣＲの事業に対し、ドナーからのかなりの影響力がある。一九九〇年代末、国際社会はコソボと東チモールの危機に関心をよせ、かなりの資金が集まったが、アフリカの紛争と避難の惨状は殆ど無視された。ドナーは、数少ない著名な危機に不釣り合いな量の援助を与える。ドナー自身が認識した利益を基礎に、ＵＮＨＣＲに資金を寄付するのは、発言権がドナーに集中するという問題を生じさせている。二〇〇六年、ドナー上位一〇ヵ国は、アメリカ、ＥＵ、日本、スウェーデン、オランダ、ノルウェー、イギリス、デンマーク、ドイツ、スペインであった。他は、全部まとめてもＵＮＨＣＲへの出資金の四分の一以下である。その結果、比較的少数の北の国の関心が、ＵＮＨＣＲの活動計画の決定に影響力を持つことになっている。

（4） Global Policy Forum, 2013, http://www.globalpolicy.org 二〇一三年五月二四日アクセス。

（5） Loescher and Milner, 2011, p.202.

（6） *ibid.*, p.206.

（7） *ibid.*, p.205.

（8） *ibid.* ＵＮＨＣＲ事業の改善で話題にされるのは、庇護申請者の強制送還についての決定、拘留からの解放、第三国定住、ないし人道援助の適格性などである。ＵＮＨＣＲはあまり、難民の人々やその指導者たちと組織的に対話しない、と言われている。

（9） *ibid.*, p.206.

（10） *ibid.*, p.200.

（11） *ibid.*, p.206.

おわりに

人の国際移動には、それぞれに異なる政策がたてられており、国際移動のグローバル・ガバナンスの異なる構造を反映したものとなっている。それはまた、学問的知見が分割されていることの反映でもある。その中で、難民のグローバル・ガバナンスは、移動の他の分野のガバナンスとは違って、よりしっかりしたものとなっている。国際的に、多国間の制度的枠組みが難民流出への国家の反応を統制し、ほぼ六〇年が経過した。各国政府はまた、UNHCRにより監督される国際合意や規範を発達させてきている。

国家の安全保障と人間の安全保障の間には幾分争いがあり、一方で国家内部のまとまりという統合性の問題があり、他方に人間の生活への脅威という現実がある。複合的な緊急事態と強い政治的人道主義が一方にあり、他方に境界を制限する共同体的な哲学がある。移動に関するグローバル・ガバナンスは、国連中心の多国間主義の一つの制度で、これで全てを賄うということには無理がある。益々、動的で複雑な世界で、一貫し対応可能な枠組みを作る必要がある。

移動（移住）はまた、より広い視野から見られる必要がある。移動のガバナンスとしてだけでなく、安全保障、開発、貿易ガバナンスの一部である。それらは全て、人間移動の基礎となる原因に影響力を持っている。移住は、問題を横断して協力可能な誘因を作り出すやり方で、一層他の分野と関連づけて交渉されている。[1]

国家が集団的に、難民保護の実施に価値があるとする限り、難民保護の供与は各国の間で非対称的に経費と利益が配分されるにもかかわらず、供与する国家には殆ど誘因がない。部分的な理由としては、人道的かつ保護により生み出される利益の性質が余りに広いためである。難民保護は、グローバルな公共財と考えられる。

グローバル・ガバナンスには、正当性の問題がつきまとう。「正当性」（legitimacy）には二つの意味がある。権利の視点から、客観的基準としての規範的意味と、権利を本来持つという社会一般の判断たる社会学的な意味である。[2] 正当性は人々の支持を得る必要がある。人災は一つ以上の国に影響を与える。私たちは特定の社会的、政治的な歴史状況の中に埋め込まれていることを強く認識せねばならない。

庇護危機で権威と正当性が結果として揺らいだが、UNHCRはまだ国家に対して難民の対応の仕方で影響力を持っている。いくらかの国家は、難民保護で深刻な後退はあるが、国家は政治的、法律的、倫理的な理由から、難民制度の中核的要因を守る傾向（例えば、ノン・ルフールマン原則の侵害は、一般に他国から非難される）がある。UNHCRの中心となる委任事項が適切であることは、依然重要である。避難の性質は、今世紀の初めから根本的に変化している。特にグローバリゼーション、〝テロ戦争〟、そして紛争の性質の変化はカギとなる課題である。事柄は、移住、安全保障、開発、平和構築のような広い分野と複雑につながっている。

また、難民帰還と第三国への定住数が鈍化して、恒久的解決が失敗し始めた。UNHCRは、その権威と正当性をどう保つかを考えねばならなくなった。冷戦終結で、共産国家から逃亡した人々を政治的な難民とする外交政策はなくなったが、一方アメリカでは、特に国内からの圧力があり、定住計画が持続し、同国への定住のための選別活動は地理的に一層、多様なものになった。アメリカは世界の他の全ての国々よりも、より多くの難民を定住させてきている。

定住は長いこと、難民危機への国際的対応として代表的なものであった。冷戦中、アメリカに指導された西側政府は、定住を、保護が必要な人々への手段としてだけでなく、共産主義制度の失敗を強調する政治的な宣伝手段として使った。そのため、大規模な定住は特定の難民集団に集中し、西側国家の外交政策に影響される傾向にあった。現在、限られた数の国々だけが、難民定住の分野で、UNHCRと自由意思に基づき協力している。

難民定住は、国家の任意の行動であり、定住国とUNHCRは、近年協力して、国際定住政策の新しい分野を開発している。UNHCRは、三つの恒久的解決策の相補的な性質を強調し、滞留難民状況への包括的対応の一部として、定住の戦略的使用と様々な集団の特別のニーズを強調している。これらの新しい政策は定住を、国際保護の手段、恒久的解決、そして国際的な団結と負担分担の表明として、定住の種々の利点を強調している。定住のこれらの利点は、定住が戦略的で、かつ広範な保護と恒久的な解決戦略に支えられ適用される時、最も効果的だという認識が育っている。(3)

定住は、実施上では、頭脳流出を促し、不正や乱用、さらに人数的に限られた数の難民にしか利にならないという、定住批判があることも確かである。UNHCR執行委員会は、国家やUNHCRが定住を、国際保護の重要な手段として、他の二つの恒久的解決策とともに、戦略的に使われる恒久的解決策となることを望んでいる。そして可能なら、保護の包括的なアプローチの一環として、特に大量難民の状況、滞留難民状況に取り組んでいる庇護国に対し、国際的団結の表明と負担分担の手段になることを期待している。定住は、UNHCRと国家の間で、重要で協力の成長が将来見込まれる分野である。定住の使用が、庇護国に取り残された難民に、可能な解決策となるかどうかは明らかではないが、難民のグローバル・ガバナンスの中で、将来の導入に重要な分野である。この本の中でも、各章において定住の問題が繰り返し取り上げられている。

政策段階では、定住という方策が、規範的に望ましく、政治的に実行可能な枠組みとなるよう、新たに開発せねばならないということがある。ガバナンスの核となる目的と境界に関しては、受け入れ国の有権者が抱く定住への考え方が、大きな影響力を持っている。国際組織は、そのための有力な考え方を作るための役割を果たすことにある。

移動という現象は、国家についてだけ関連するわけではない。それはまた、移動民と市民という人々について関連する事柄でもある。移動のガバナンスを判断する重要な規範的な基準は、個人の権利をどの程度尊重するかである。NGOはしばしば、人道危機の犠牲者に寛大な援助と効果的な保護を訴える唯一の声である。人々の権利や資源の入手に関わることを調べるのは、人々に対する政策のために重要なのは当たり前だが、分析的な社会学的研究による、人々の生活、行動、望みに共鳴することは、本質的な意味を持つかもしれない。難民概念に焦点を合わせ、難民あるいは他の強制移動の範疇に入る特定の個人にもっぱら焦点を合わせるだけではなく、より広範囲の社会的移動の過程を見ることで、国境越えの移動を分析することが必要である。

移動することは、私たちがする何かであり、私たちになされる何かではない。人々を動かし避難はさせられるが、彼らを移動させることはできない。国際協力が必要な分野を見つけ出すために、移動のグローバル・ガバナンスは、分析による知識能力が必要とされている。知識は事態を解放し、前向きの行動につながるという楽観論はあるが、そうした楽観論は修正が必要である。人道組織、NGO、研究者は、知識が、何が人々に家を離れさせるのかの理解を高めるのに役立って欲しいと思うが、そのような知識は国家により、人道的な目的のために使われるかの保証は全くない(4)。

人道世界は、社会的世界である。人道事業へ介入する外部者（研究者）への抵抗はどこにでも見られる。新しい学問の誕生は、歴史と無関係の動きではない。現代は、どうするかという、手段の世界化ばかりが進んで、哲学・倫理学の後退を言う声がある。社会科学全体を問い直す大きな問題を、どう小さく具体化して提示できるか。タートンによれば(5)、「強制移動の研究」は、第一に、彼ら強制移動民を特定の社会的、歴史的状況に埋め込まれた目的を持った行為者とし、現場で強制移動民の状況を理解することである。第二は、強制移動に関してすでにある概念の適切さと有用性を調べる必要がある。第三に、当然視されている前提を疑問視することで、研究は、政策上も実施上でも、最も役立つ影響力を持ちうる。

研究は、調査すべき現象を見出し、意味ある分類へそれらをまとめることである。これらの分類は、特定の視点で観察し、洗練され、常に広い見方をもって訂正される。これらの条件が満たされないなら、科学的探究というより、現実の政治ニーズに合うよう意図された単なる分類になる怖れがある。この方向へ発展することは、支配的な社会・政治勢力の利害と世界観を反映することになるだけである。

最後に繰り返しではあるが、強制移動民を〝普通の人々〟ないし、〝目的ある行為者〟と考えることが重要である。私たちが見つけ得る普通の人として、強制移動民を見ることができればできるほど、彼らの逃亡を傍観者として無視することは難しくなる。それは、私たちが誰であるかを考えること、人間とは何かを考えることである。

（1）　Betts, 2011, p.317.
（2）　*ibid.*, p.27.
（3）　Loescher and Milner, 2011, p.203.
（4）　Schmeidl, 2004, p.151.
（5）　Turton, 2003, p.15.

第一章　忘れられた〝緊急事態〟

――滞留難民、見すごされてきた紛争の〝源〟――

外国での酷《むご》い人権侵害から自分を隔離する方法はない。人権侵害は、私たちの戸口を叩きに来る難民、亡命者を生みだす。私たちは、戸に閂《かんぬき》をかけ、増え続ける悲惨と暴力を外に追いやるか、戸を開けて、自分たちの福利の幾分かの費用を払うか、選ばねばならない。

(Stanley Hoffman)

はじめに

世界の難民人口は近年、下降しているが、解決を先延ばしされ、主として途上国に滞留する難民（protracted refugees）の数が増え続けている。滞留年数は益々、増加を続けている。難民数は、一九九八年末の約八〇〇万人から、二〇〇九年末には五五〇万人となり[1]、主たる滞留の場所は一九九八年の三九ヵ所から、二〇〇九年の三〇ヵ所に減少[2]（ＵＮＨＣＲ調べ）したものの、難民数の減少で、長期に亡命している難民の割合が逆に高まった。滞留状況が発生するのは、一般に解決への見通しがたたないか、国際社会からは忘れ去られているためである。

一九九三年末、一六三〇万人を数えた難民数のうち、四八％が滞留難民であったが、一〇年以上を経過した二〇〇四年末、九二〇万人の中、六四％が滞留難民であった[3]。平均滞留年数は、過去一〇年でほぼ二倍、一九九三年の九年から、二〇〇九年には二〇年近くとなった[4]。

世界の難民の三分の二を超える人々は〝緊急状況〟にあるのではなく、「滞留難民状況[5]」(protracted refugee situations) にある。多くの場合、貧しい第一次庇護国（以下、単に庇護国とも使う）は、難民をキャンプに収容し、難民が誰の目にも見えるようにして（難民の可視化）、ドナー（多くが先進国）から財政支援を得ている。難民は、庇護国で必要な保護を見出すが、多くの場合、亡命中に一層の人権侵害を被る。難民は、人権を著しく制限され、難民キャンプでの性的、物理的暴力は大きな懸念事項である。彼ら難民は、難民キャンプに滞在するか、キャンプを逃れ、世界の中心からはほど遠い、治安上危険な町や都市で、生き延びるために日々格闘している。彼らの大半は、長期間の亡命生活を続けている。中には、数十年にわたる人もいる。

人道問題は別として、解決の努力を払わず、難民を長期に滞留させることは、しばしば政治的、安全保障上の数々の懸念につながる。巨大な数の難民・避難民が長期にわたって存在し続けることは、国内及び国外（近隣諸国内と、域内の国々の間）で、情勢を不安定にし、紛争の源になる怖れがある。こうした状況は、国際難民保護制度と国際社会には大きな問題となっている。

難民のうち圧倒的多数の人々は、世界でも貧しく、慢性的に最も不安定な地域、そして脆弱な国のいくつかから発生している。例えば、難民を生み出しているのは、アフガニスタン、ミャンマー、ブルンジ、リベリア、シエラレオネ、ソマリア、スーダン、イラクである。これらの国々では、紛争と迫害が何年にもわたって続いている。滞留難民を抱える地域は、東アフリカ、西アフリカ、南アジア、東南アジア、コーカサス、中央アジア、中東である。サハラ以南は最大の滞留地域で、特にタンザニア、ケニア、ウガンダ、ザンビアが、最も多く難民を受け入れている。逆に、中央アジア、南西アジア、北アフリカや中東は、滞留難民の場所は数としては少ないが、滞留人数では大きな数を占めている。パキスタンとイランに滞留するアフガン難民だけで、約二〇〇万人である（UNHCR調べ）。他に、UNRWAの委任事項下にあるパレスチナ難民三〇〇万人以上がいる。[6] パレスチナ難民は、状況から見ても人数的にも、最大の滞留難民である。

過去二〇年間、難民の祖国への「帰還」は、国際社会とUNHCRが、世界の難民問題への最も有効な解決策として重視してきた。他の二つの恒久的な解決策である「現地統合」と「第三国定住」はあまり重きを置かれず、名目上の存在でしかなかった。これら二つの解決策は、世界の難民のわずか一％以下に適用されたにすぎなかった。[7] 一九八〇年代初め以降、冷戦とは無関係な文脈で、南の途上国から北の先進国へと難民流出が増加した時期から、UNHCRは「自発的な帰還」は〝理想的な解決〟として、大々的に取り上げるようになった。しかし一九九〇年代、国家は益々、帰還は〝自発的でなければならない〟という基準遵守に我慢することができなくなった。紛争下での帰還が始まり、難民の大半が〝自然に〟自国へ戻ったという、幾分曖昧な用語が使われ始めた。

その一方で、庇護国には、大きな数の難民が残った。〝自然に帰還した〟ことと、自分の意思によらない帰還の区別は曖昧になった。[8] 国際社会の難民との関わりは一般に、大量流出状況、難民の緊急事態をうけて、難民と戦火の被災民に、人道物資を配布し、現場の規模が大きければ、早急に大規模の帰還計画を作り、帰還を促すことであった。それゆえ焦点は、難民を早く自国へ返すことであった。たとえ帰還の継続性を保証できなくとも、援助側に彼らの自国での再統合のニーズに関する十分な知識がなかろうと、また長期的な開発への条件が整わずとも、帰還させることであった。しかし今では、難民への帰還主体のやり方は失敗だ、[9] といわれ始めた。何人かの研究者がこれまで忘れ去られた「現地統合」を語り始めた[10]。

難民キャンプの悲惨で貧しい状況を逃れ、庇護国内の町や都市に移動を図る人々が出てきた。彼らの一部は、西欧諸国など先進国を目指した。ルーマニア、ブルガリアなど、旧共産圏諸国からの多くの貧しい人々や、その他の移民に混じって、入国のために難民の庇護制度を使用した。彼らのように、技術も労働ビザもなく、家族とのつながりもなく、留学もできない人々に、唯一残された法的な手段は「庇護申請」であった。欧州では、流入する難民集団と受け入れる欧州各国民は、文化背景が大きく隔たり、大きな懸念を引き起こした。EU各国は、それぞれの文化、社会のあり方と、政治制度の発展度合いに基づいて、非常に異なる政策をとっている。

欧州諸国では、一般に移住、特に庇護は、国民の関心が高い政治問題である。一九九〇年代、旧ユーゴの崩壊による難民危機では、人の密輸と政府の入国管理能力の不十分さが日々拡大した。庇護と入国政策の関係の論議が高まりをみせた。論議の根底には、自分たちの中に入ってきた外国人を同化し我慢するという、西欧国民の気持ちに深いためらいがあった[11]。これらの感情は、民族的・宗教的偏見で強められ、西欧各国政府にとって、解決することが困難な社会的・政治的問題となった。西側政府とその国民の間には、自分たちの国境管理が失われ、難民・移民は、自分たちの社会のアイデンティティへの脅威だという広範な感情があった。政治家の多くは、難民と庇護申請者を社会の凝集力への脅威、雇用への悪影響、さらにはテロリスト侵入の脅威とも重ねて、否定的な見方をした。

この見方は、二〇〇一年のアメリカでの「九・一一同時多発テロ事件」以後、加速した。アラブ出自やイスラムの人々は、特に九・一一以来、差別の対象とされた。反移民・反難民感情が起こり、大衆の反発という事態は、極右政党だけでなく、欧州の主要各政党の間で政治的に利用されている。欧州各国とアメリカは、庇護の権利を犠牲にする怖れのある方策を急いでとり出した。難民・庇護申請者を、犯罪とテロに結びつける傾向が強まった。しかし、UNHCRや組織としてのEUは、テロリストが目的を遂げるために、庇護という方法を使うという懸念は、いくつもの理由から根拠がないとしている。例えば、一九五一年難民条約は、「人道に対する罪」、「深刻な非政治的犯罪」、「国連の原則に反する罪」に該当する、ある種の個人を難民の地位から除外している。欠けているのは、国家がこれらの条項を適切に運用することだ、という。[12]

先進国は国際難民制度を通じて、難民救援と援助のために資金を負担している。しかしそれは全体像の一部にすぎない。自分たちの国々に庇護申請者の数が増えているので、難民の地位の認定への手続きと、庇護申請者の援助にかかる費用が増大している。先進国でのそれに関わる費用は、推計で二〇〇〇年に一〇〇億ドル、この額はその年のUNHCRの支出の約一〇倍であった、という。[13]

庇護申請者から入国目標とされる北の国々は、庇護申請の処理を迅速化し、人々の帰国をはかどらせることを考えた。絶えず、庇護制度を新たにし、人々の保護を求める誘因を取り除こうとした。次々と新たな理由で、要求を拒否する法律を制定し、申請が拒否された人の帰国数を高めようとした。申請中の人には、現金支給の代わりに、「引き換え券」を導入し、待遇の程度を落とし、悪くした。[14]

また、庇護を申請する人々（庇護申請者）の入国までの旅行経路を管理しようとし、入国ビザを要求したり、正規の書類を持たない乗客を運んだ航空会社への処罰、第三国に入国管理官を配置するなどの行政手続きを行って、彼らの入国を遮ろうとした。「難民受け入れセンター」を使った隔離（保護の義務の完全な拒否）から、原因国での強制行動（介入）まで、多元多岐にわたる措置がとられた。入国経路の制限は多くの形をとり、その影響は、国内事象、通過の道筋・方法、地域の国々に及んだ。各国は何と、「庇護申請者の保護」から、彼らから

「国家を保護」することへと転換した。その結果、難民条約下で難民と認定される人々の割合は下降し、人道的理由での特別許可ないし〃Bの地位〃(B status)のような、条約上の難民ではない弱い地位が与えられた。庇護制度は、保護の必要のない他の人々に乱用されるだけでなく、入国機会を庇護だけに最初から限定し、次いで、たとえそれが必要な人々が入国しようとした時でさえ、庇護が制限されるようになった。庇護は、国家によっても乱用されうる、こととなった。[15]

先進国が、「地域的解決」(regional solutions)、「原因地域での保護」(protection in region of origin)、「領域外審査」(extra-territorial processing)のような考えに関心を示した時、南の途上国の懸念は高まった。[16] これら南の国々は、難民、庇護民を国内のより貧しく、より不安定な地域に隔離し、閉じ込める方策をとった。難民を受け入れている途上国側でも、より制限的な難民政策をとり始めた。

不法入国を管理できず、入国手段として難民条約の条項が悪用されて、先進国でも途上国でも、いくつかの国は思い切ったやり方をするようになった。例えば一九九八年、EUは入国者から自国を守るために、EUの周りに防御線を敷くこと、さらに難民条約の完全な廃止要求まで出した。[17] 同じ要求は、他の欧州諸国やオーストラリアからも出た。

庇護制度は重大な危機に陥った。先進国でも途上国でも、政府は庇護申請者の流入、戦火による避難民の流入に対し、法的及び物理的な障害を設けてきた。現在の政策は、移動防止を掲げることで、移動を望む個人に、密入国、人身売買という不正な手段、しかし彼らにとっては、唯一の手段をとるよう仕向けている。途上国の難民には、しばしば合法的な移動の機会がなく、このことが彼らを不規則な移動方法へと押しやっている。

難民条約は、抽象的な難民の定義と「迫害の待つ国への送り返しの禁止」(ノン・ルフールマン原則)という基本的な規範を定めたが、明確な形で、難民が庇護国に入国する時の決定的な問題に対処・言及してはいない。本来、条約で守られねばならないのは、難民が潜在的な庇護国と接触する必要性である。これが不十分なことは、難民制度のアキレス腱である。国家は、自国の境界へ個人の接近を妨げる自由を持ち、保護の必要な人が、難民条約ないし他の人権法の保護規範に訴える事態を避けようとしている。

悪化する庇護申請者の取扱いに対し、ＥＵは、一九九九年フィンランド・タンペレで首脳会議を開き、一九五一年難民条約を基礎に、庇護を求める個人の権利を再確認し、移住管理の前に、庇護権を置くことを確認した。タンペレ決議は、移住問題、政治問題、開発問題と、原因国、通過国での人権問題などへの包括的な方策を含んでいた。[18] しかし、タンペレ精神がどの程度、実際にＥＵ全体の庇護法になるかは不透明である。ＥＵでは一九九三年以来、公式に政策調整が行われてきたが、共通の実施措置や一時保護は発展せず、各国の庇護制度の下で異なったやり方がとられてきている。

庇護危機は、かなりの程度、一時しのぎが行われていることは事実である。先進国は、原因国の国内が不安定な状況のため、実際には人々を送還していない。これらの人々は、庇護統計の上では〝申請を拒否された人々〟となるが、実際上は事情次第で、法的な地位は不安定ではあるが、保護が与えられている。[19]

密入国や不法移民への対策が取り沙汰される中で今、新たな非合法の問題が起きている。[20] 世界のどの国でも正規の保護を得ることが困難になって、保護を求める人々は、公式に当局やＵＮＨＣＲに申請するのは、果たしてそれだけの労力に見合う価値があるのかどうか、疑念を持ち始めている。むしろ、自分たちの私的な連絡網を頼りにして、庇護申請はせず、当局やＵＮＨＣＲとのあらゆる形の接触を避けようとし始めた。彼らは、地下に潜ることで、庇護につながる利益や物質的援助は失うが、勾留や強制送還といった不利益からは免れる。こうした現象が、先進国でかなりの規模で起きている。庇護国での〝非常に洗練された〟入国抑制策で、法の保護を奪われ、その結果生み出された〝非合法の人々〟である。

その一方で、欧州、その他の国々で入国管理が厳格化する中で、大半の難民は、途上国に滞留し、極度の貧困と人権侵害に直面している。彼らは特に、「移動の自由」を否定されている。移動の自由は、経済的、社会的権利など他の全ての権利を利用するために基本的なものである。これらの権利を利用するには、ノン・ルフールマン原則に守られた、難民としての地位の認定が、まず必要になっている。

グローバル化で、難民と他の移民が入り混じって移動し、公的な政治論議で、難民と移民の区別を曖昧にしている。加えて、難民移動は時間の経過の中で、二次的になり、混じり合い、不規則な移動となっている。人の可動性は、益々複雑になり、それは現実の移動と「受け入れ社会」（ホスト社会）に影響を与える。人の移動は、社会を変えるので、特に安全保障面で敏感な問題である。

世界の貧しく不安定な国から移動する人々が急速に増え、非常に目につくようになり、各国で高度に政治化された問題となってきたので、この現象は、国際社会とマス・メディアから多くの注目を集め始めた。しかし、UNHCRや他の人道機関は、滞留難民問題には、これまで余り関心を払ってこなかった[21]。その理由としては、滞留難民の問題は概念的に、常に〝新しい緊急事態〟への対応を迫られる政策担当者や、報道価値のある話題を選ぶマス・メディアから、話題としての重要性がないと見なされ、〝余り価値のない人道問題〟として隅に追いやられてきたことがある。さらにこの問題は、上記のように庇護国、とりわけ先進国への入国への懸念が引き起こされ、一般に曖昧にされる傾向があり、事柄自体が複雑になったことがある。しかしその一方で、長期間にわたる亡命者の問題が世界で、国際人道問題のより中心的な課題になってきたので、この問題に対し、正当で効果的に対処するために何がなされるべきか、が問題となっている。滞留難民についての正確な調査と解決を望む声が、高まってきている。[22]

この章では、国家が難民に反応する政策の背景を探り、どのような条件の時に、国家が滞留難民の解決を図ろうとするのかを考える。そして国際社会が、人の移動の結果にどのような対応ができるかを考えるために、国家が考える安全と、難民の移動との関係を経験的事例を基にして調べ、概念的に探究する。そうすることで、難民政策の政治的、法的、概念的な枠組みを見出したい。

（1）ＵＮＨＣＲの統計（推計）による。ただし、ＵＮＨＣＲの統計を使う場合には、少し注意がいる。統計には、長期化し、慢性的な難民問題の多くは含まれていない。同統計にはまた、世界中で、都市に滞在し、秘密裏に生活する多くの難民・避難民や、同胞の他の難民が帰国後も、引き続き庇護国に留まる、数的には僅かだが、そうした人々が含まれてはいない。さらに、「国連パレスチナ難民救済事業機関」（ＵＮＲＷＡ）の下にある数百万人のパレスチナ難民も含まれていない。また、中東地域に滞在する二〇〇万人を超えるイラク難民も含まれてはいない。二五〇〇万人以上という国内避難民（ＩＤＰ）も含まれていない。統計は、ＵＮＨＣＲの委任事項下にある難民だけを含むほか、ＵＮＨＣＲと庇護国との間の〝特別の力学〟（しばしば不正確な庇護国提出の数字の受け入れ）の結果を反映して、信憑性が限られる。多くの場合、庇護国は、難民キャンプや定住地に収容させる人数を限定し、難民数を制限するが、必要な場合には、援助目当てで数の水増しを行うこともある。庇護国が入国者に、難民としての登録や、キャンプ収容を認めない場合には、ＵＮＨＣＲの委任事項には入らず、ＵＮＨＣＲは関与ができなくなる。過去二〇世紀は武力紛争で、推定一億人が死亡したといわれるが、過去百年の信頼に足る難民数の統計はない。

（2）主たる難民危機を引き起こした紛争の多くが終息し、何百万人という難民が帰国した。二〇〇五年と二〇〇六年、一八〇万人以上の長期滞留難民が自国に戻った。そのうち、アフガン難民は一〇〇万人以上を占めた。アフリカでも、かなりの数の人々が帰国した。特に、アンゴラ、ブルンジ、リベリア、スーダンである。これらの事例では、相対的に数は少ないが、迫害の怖れや、帰国を拒否する人々が、彼らを受け入れた庇護国に残った。各政府は、彼らの「現地統合」を進めている（Fielden, 2008, p.5）。

（3） Loescher and Milner, 2008-a, p.26.
（4） Loescher and Milner, 2009, p.9.
（5） Loescher, Milner, Newman and Troeller, 2008, p.3. 国際社会の難民への取り組みは、主に大量の流出状況と緊急事態に焦点を合わせる。世界の難民総数は、一〇〇〇万人を超えるが、その七〇％（七七〇万人）は〝緊急事態〟ではなく、滞留状況に囚われている。
（6） 登録を行ったパレスチナ難民四三七万五〇〇〇人が、ヨルダン、シリア、レバノン、イスラエル占領地域の国連キャンプに滞在している。さらに、多くのパレスチナ難民・避難民が世界中に散らばっている。シリア、ヨルダンでは、彼らは政治的、経済的な統合を許可されている。問題発生以来、六〇年を超え、彼らの人口は増大している。多くの人々は、欠乏状況の中で生まれている。同難民は、世界で最大の難民人口であり、人口に対する難民の比率は、他の難民状況と比べても非常に割合が高い。パレスチナ難民問題は、人道的にはもとより、政治的に緊急の事柄であり、地域の紛争解決の枠組みの中で、解決策が見出されねばならないと考えられる。
（7） Chimni, 2004, p.195.
（8） *ibid.*, p.197. 問題は、庇護国の政策が、難民に何か、帰還以外の選択肢を残したかどうかであった。
（9） Verdirame and Harrell-Bond, 2005, p.336. ハレルボンド（Barbara Harrell-Bond）によれば、「帰還」は、広範な歴史的視野から見れば、時代錯誤だという。歴史を通じて、大半の難民移動は永久亡命になる傾向があった。ドナーの近視眼的な発想から、帰還という〝安価で〟、〝容易な〟解決策がとられた、という。
（10） 例えば、現地統合の見直しを主張するのは、UNHCRのクリスプ（Jeff Crisp）とアメリカ・タフツ大学の研究者ジェイコブセン（Karen Jacobsen）である。
（11） Loescher, 2004, p.35.
（12） Newman, 2004, p.10.
（13） Loescher, 2004, p.33.
（14） Noll, 2004, p.278.
（15） van Selm, 2004, p.86. 国家が難民の地位を乱用するのは、「一時保護制度」の場合に見られる。この保護制度は、大量流入か大量流出状況で、個々の認定での長期の手続きによる、長期にわたる負担を個人や国家にかけず、一時に大量の数の人々の保護ができることに利点がある。その一方、個人が長期間、相対的に不安定な状況に置かれた時に、地位が曖昧なことから、国家によって乱用されやすい欠点がある。なお、「入国ビザ」を与えることは、保護の供与と同じではない。入国ビザの目的は、単に差し迫った危険を回避することであり、安全な場所で正当な認定手続きをするためのものである。コソボでの事例のように、「一時しのぎ」はまだ、国家が大量の人権侵害へ対処する際の標準的なやり方と見られている。

（16）Slaughter and Crisp, 2008, p.127.

（17）Troeller, 2004, p.59.

（18）*ibid.*

（19）Noll, 2004, p.288.

（20）*ibid.*, p.300.

（21）Slaughter and Crisp, 2008, pp.129-130.

（22）例えば、一九九九年、ＵＮＨＣＲの「事業評価・政策分析課」（Evaluation and Policy Analysis Unit）がプロジェクトを開始し、この問題で多くの報告書を出した。続いて、インターネット上で“Refugee Livelihoods Network”など、いくつかの事業が立ち上げられた。アメリカの著名なＮＧＯである「アメリカ難民・移民委員会」（US Committee for Refugees and Immigrants）は、改善のためのキャンペーン（Campaign against the 'Warehousing' of Refugees）を行った（Fielden, 2008, pp.4-5）。

第一節　〝忘れられた緊急事態〟――一般的背景

上記のように、世界の難民数は現在、何年もの間、最も低い数字にあるが、滞留難民の数と彼らの滞留年数は増え続けている。圧倒的に多数を占める地域は、世界の最も貧しく、最も不安定な地域のいくつかに見られる。アフリカはそれが最も深刻な所である。サブ・サハラ地域の約九八％の難民は、五年以上の亡命生活を送っている。[1]一九九〇年代初期、冷戦がらみの紛争の結果として避難させられていた、途上国での長期滞留の難民たちは帰国した。これらの紛争が解決する中で、主な滞留場所は一九九三年に、二七ヵ所、総計七九〇万人であった。[2]

その後、新しい国内紛争で一九九〇年代、新規の難民が大量に流出した。紛争と国家崩壊で、ソマリア、アフリカ大湖地域、リベリア、シエラレオネが難民を流出させた。しかし一九九二年以降、内戦の数は二〇〇四年までに四〇％減少、現在の滞留難民は一九九二年以降の内戦で残った人々である(3)。

滞留難民は典型的には、特定の地理的場所に集中し、キャンプ難民や都市難民を含むが、国内避難民と同様に、UNHCRの統計には含まれない。UNHCRの統計で得られる数字は、主にキャンプに収容された人口で、普通一万人以上から数えられ、それ以下は含まれない。それゆえ、実際の難民数は、統計の数字よりは高くなる。彼らは、静的な人口ではなく、長期にわたり、慢性的で、循環する、大きな難民人口である。人口自体の中で変化があり、全体的な人口にも増減がある。UNHCRは、滞留難民の基準として、数量的には二万五〇〇〇人以上が、五年以上亡命状況にあるものとしている。この基準を使えば、今日の世界の難民のほぼ三分の二、六〇〇万人以上が該当する。滞留難民は、世界の殆どの大陸で発生しており、難民キャンプ、農村定住地、都市区域といった広範な場所で見ることができる。庇護国での滞留難民は、通常出身国別で数えられているが、実際上巨大な滞留難民の場合には、南スーダン人、アフガン人、ビルマ人のように、いくつかの庇護国に分散している。さらに同じビルマ人の中でも、カレン族、ロヒンギャ族などのように、いくつかの集団に細かく分かれて滞留している。南アジア、東南アジアにミャンマー（ビルマ）からの難民が長期に存在するのは、特有の強い地域力学がある。これらの力学は、地域の論議と因果関係に敏感に反応するだけではなく、地理的に異なった場所にいる滞留難民の間の動きや、その中の個々の難民の動きにも関連している。いずれにしろ、解決は地域を基盤に求められる必要がある。

1　定義

「滞留難民状況」(protracted refugee situations) の概念は、大量の難民が、長期にわたり、慢性的であり、再発する、ことである。[4]一般には、初期の緊急事態はすぎたが、解決が近い将来に見出せない状況を指している。UNHCRの公式的な定義では、「難民は長期に継続し、対応が困難な状況にある。生命は危険な状況にはないが、基本的な権利や主要な経済的、社会的、心理的ニーズが、亡命中、何年も満たされない状況が続く。この状況の難民は、外部からの援助に強制的に依存させられる」[5](著者抄訳)。

しかし、このUNHCRの定義には、いくつかの点で限界が指摘されている。[6]いくつか論点をあげれば、①滞留難民のイメージを、静的で、変化せず、受け身の集団としてしまう。現実を十分に表していない。②定義は、静的な面だけでなく、慢性的で、未解決で、再発するという面を含むべきである。③原因国と庇護国が双方とも、この問題に関与することを明らかにすべきである。④この問題に関わる、国際社会、地域政治の関係者、グローバル・メディアにより、なにゆえ無視されるかが明らかにならない、ことである。

ここでは、①の難民の「可動性」について考えてみる。国際社会からの保護と援助は、〝じっとしている〟人々にのみ与えられることを意味し、難民は帰還か、定住させられる時以外は、〝移動しない〟、と仮定されている。[7]難民たちは受け身とは違い、近年のギニアのリベリア難民、ケニアのソマリア難民の場合では、難民自身が自分たちで問題解決を図り、自国での政治的、軍事的活動や、西側先進国への移動手段を探していた。タンザニアでは、難民の全体数が約五〇万人で、一九九七年～二〇〇三年には相対的に安定していたが、この時期、難民自体は動的で、年平均、約五万五〇〇〇人が帰国、一方、八万人が新たに入国している。[8]

難民が動くこと、それは管理しようとする国際援助機関や庇護国には都合の悪いことだが、難民にとっては動くこと自体が解決策と見られている。キャンプ内で自活できないことが、キャンプ外への第二次移動の主要な原因としてあげられている。キャンプから逃げ出して都市に住む難民（都市難民）は、しばしば自活を達成することができるし、世界の別の場所への移動に成功した家族の一員が送ってくるお金は、例えばケニアのソマリア難民キャンプでの暮らしに役立っている。しかし現実の援助体制には、可動性を自活促進の資産として考える代わりに、援助の焦点は逆に、移動を阻止するために自活を勧めることになっている。「可動性」は、最も広範囲に及ぶ生計戦略であり、それはドナーからの資金は必要ないが、UNHCRやドナーからは問題とされる。第二次移動は、例外的現象と見られ、UNHCRの書類では、第二次移動は問題とされており、同機関にとってはこの動きは減らし、防止すべき現象となっている[9]。主たる理由は、第二次移動は無秩序で、予想がつかず、不規則だからである。不規則移動は、管理という国家の権限を損なう。UNHCRもまた、こうした移動は、解決に意を払う国際的な努力を不安にすると見ている。難民の可動戦略は、難民制度それ自体をかき乱している。

先進国の戦略は、難民問題の地域での解決を謳い、難民を地域に閉じ込め、もっぱら定住計画を通じて限られた数の難民を、秩序だった形で確保することのように見える。かくして難民とは、迫害や戦火からの避難所を庇護国に見つけた後、もう動くことはないと考えられている[10]。しかし国際的な可動性と人々への効果を考える時、可動性は問題として考えられるよりも、むしろどうしたら生計を戦略的に高められるかを考えることの方が重要だと考えられる。

滞留難民状況と滞留難民数は違う。数だけに焦点を合わせれば、「慢性的で再発する、より広範な要因」から、滞留の問題を切り離してしまう。難民の滞留状況を作り出す政治的原因は、どのくらいの規模となったら滞留難民状況となったといえるのかや、何年経過せねばならないのかといった数量的物差しでは、問題の本質を知ることができない。状況の判断は、ある程度、政治的な判断である。ある難民集団が、解決への見通しもなく、かなりの期間存在していたら、それは滞留難民状況といえるかもしれない。

2　ドナーの関心の薄れ

冷戦の終結後、滞留する難民への優先度が相対的に低下したことは、よく知られている。滞留難民は、政策担当者の間でそれほど重要ではないと見られ、政府は取り組みを躊躇した。この問題は、一般に〝古い問題〟であり、さらに早急な解決策もない。ドナー側の疲れもあるし、国際社会に関心の薄れがある。西側諸国の政治課題の中で、政策担当者にとって、紛争管理という大きな課題の中で、難民は二次的な存在でしかない。政策担当者は、最初に、どのようにして戦争を終わらせるかを考える。彼らにとっての関心事項とは、問題の政治的・軍事的ニーズに焦点を合わせ、囚われの市民に安全を確保することである。紛争下の難民の危機状態を解決することではない。長期にわたる難民状況は、原因国及び庇護国での良い統治の崩壊、不在の結果である。これらの状況は、難民に失望を生み、地域の不安定化を増し、国家の不安定から崩壊に通じ、政治的に過激なテロリズムの温床にさえなりうる。難民問題、特に滞留難民の解決は、平和の達成に必要なことである。

問題なのは、原因国での状況、庇護国での政策対応とがあり、他方ではその他の広範な関係者が十分に関与しないことにある。(11) 滞留難民問題も、それに対する国際社会の取り組みも決して今に始まったことではない。一九五〇年代から六〇年代半ばまで、UNHCRは第二次世界大戦で欧州に残った大量の滞留難民の定住に尽力した。各国政府に資金と定住場所を与えるよう要請して、UNHCRの仕事は、欧州の長期の避難民の恒久的解決に寄与した。一九六七年の難民議定書で、難民条約のそれまでの時間的、地理的制約が取り払われ、UNHCRの仕事は南での滞留難民の解決に移った。冷戦中、長期の亡命は、アフリカ、ラテンアメリカ、アジアで共通の事象・事柄となった。ＵＮＨＣＲは、多国間アプローチという解決策の開発を試みた。この歴史的経験から得られた知見は、南での長期亡命に多くの示唆を与えた[12]。

滞留難民の問題は多くの原因があるが、典型的には原因国と庇護国双方で、問題が袋小路に入り、庇護国が難民への制限的な政策対応を行い、他方、外部とりわけドナーが関与を減退させることにある。問題が表面上、慢性的で、解決不能のように見えるのは、原因国で進行する政治的、民族的、宗教的紛争のためである。難民は原因国での状況に変化がないために、庇護国での制限と不寛容を耐え忍び、沈滞し、滞留する。庇護国、特に途上国の庇護国は、彼ら難民の移動を抑制するため、雇用に制約を加え、難民キャンプに閉じ込める。世界に滞留する難民は、かなりの割合で、先進国、途上国の双方の国家がとった政治行為と、政治的無作為の結果である[13]。一九九〇年代のアフリカ大湖地域での紛争と虐殺の勃発は、長期に滞留する難民集団を国際社会が無視し続けてきた例[14]だ、といわれている。

3　キャンプへの閉じ込め

先進国での制限的な庇護政策と、途上国の難民政策には密接なつながりがあり、部分的に難民滞留に大きな影響を与えてきた。ドナーは、問題が発生した域内の諸国内での恒久的解決を望む。解決策は、「現地統合」か、「帰還」である。しかし「統合」という解決策は、庇護国には一般に魅力的ではない。そして、「帰還」は政治的に不可能である。ＵＮＨＣＲは両者の間に立ち往生し、ドナーの資金に依存し、ドナーの戦略的な関心に依存せざるを得ない[15]。

西側先進国は、国際難民保護制度を損ない、同時に途上国の難民の封じ込め策を強めてきた。国際法は、難民に包括的な人権を与えるが、滞留状態にある難民の現実は全く違う。多くの庇護国は、自国の安全保障と政治的懸念から、難民の隔離政策をとり、国の中心から隔絶し、政治的に不安定な地域の難民キャンプに押し込めている。典型的には、政府の所在地からはほど遠い国境地域に設営されたキャンプに、難民は全員収容され、労働や、通学のためにキャンプを出ることも許されず、著しく自由を束縛されている。タンザニアは過去、寛大に大量の難民に帰化を認めたが、現在は難民が、キャンプから四キロメートル以上旅行するのを禁止する法律を作っている。[16] こうした政策は、難民が必要な資金を稼ぐ能力と機会を減じている。多くの庇護国が、難民をキャンプに閉じ込め、移動の自由を奪い、教育も与えず、職に就くことも自営業も認めない。難民は労働市場に参入できず、自活する手段もないので、自分たちのニーズに合わない人道援助に依存を強いられている。[17] 経済権、社会権の侵害は、市民権の侵害となる。人道機関は、滞留中の難民に、人間としての誇りと安全の中で生きるための援助を与えることができていない。この傾向は近年、難民の"warehousing"と呼ばれ、否定的な現実に対し、人権と経済的意味の重大さを私たちに喚起している。

難民をキャンプに閉じ込めることは、難民が通常の生活を送る自由や、新しい社会の生産的な一員になる道を奪ってしまう。彼らに、庇護国での地域開発と国家建設へ寄与することを妨げる。難民が持つ専門家としての証明書や学位証書は、一般には庇護国では認められない。教育、医療、その他の、国及び地方の社会福祉事業の利用機会も限られている。キャンプで生まれる子供は、正式な書類も国籍もない。高度の医療水準、住居、食料など、適切な生活水準への社会権、経済権は一般にはない。これらの制約に直面して、難民は最低限の援助に依存せざるを得ない。基本的な物質ニーズが満たされない状況の中では、性的・ジェンダーに基づく物理的な暴力は普通となる。

暴力の様相と程度は、重大な懸念事項となっている。そうした状況に置かれた難民の多くは、何もせず、絶望し、時と場合に応じて、些細なことで暴力事態に至る。貧困とストレスが蔓延する。タイの難民キャンプの現地NGOスタッフの、あるビルマ・カレン族難民はいう。「長期間、キャンプにいることは良くない。すでに一世代経ってしまった。人々は援助で生きている[18]」。その結果、非常に多くの人々が生命と時間を浪費し、資源を浪費し、身の安全が脅かされている。積極的な隔離、そうした政策は道徳面から強い非難を浴びてきた。

一九九〇年代、世界ではUNHCRの長期難民の事業計画には、相対的に余り関心が払われなかった。一九九〇年代半ばまでには、武力紛争のために早期解決への見通しが殆ど立たない中、UNHCRは巨大なキャンプの経営を行った[19]。この期間、UNHCRが行った活動の名前は、「生活維持計画」(care and maintenance programmes) であった。

難民・避難民は、多くの国や地域で、個人の安全、保護の欠如、帰国への圧力にさらされた。スリランカでは、難民がサービスを依頼するか、あまりに要求すると当局から脅かされた[20]。その反対に、難民が地方経済に関わるのを許された場所では、難民は農業生産に寄与し、安い労働力を提供し、中には主食材料の販売をして、露天商の収入を増やし、地方経済に肯定的な影響を与えているところもある。ケニアのロキチョーギオ (Lokichoggio) では、キャンプができたことで、商品の新しい市場となり、雇用機会が作り出された[21]。

キャンプの外に住む難民に、都市区域での居住を認める南の庇護国は、一般に、有用な職に就く権利、通学する権利、医療の利用、そして適切な住居を与えていない[22]。他方、特に都市区域に難民が居住することを禁止する庇護国では、彼ら難民は不安定な生活に直面する。彼らは社会の底辺に住んでいる。都市に長期滞在する難民は、通常滞留難民の中には含まれていない。しかし何万人もの人々が、秘密裏に都市区域に住み、当局との接触を避け、法的地位もなく生活している。人数が大きな場所だけをあげると、ブルンジに約四万人のコンゴ人都市難民、イエメンに三万六〇〇〇人以上のソマリア人都市難民、エジプトに約一万五〇〇〇人のスーダン人都市難民、インドに約一万人のアフガン人都市難民、コートジボアールに五〇〇〇人以上のリベリア人都市難民がいる[23]、といわれている。難民の多くは、正規の証明書がなく、公式の法的地位もない。都市区域に住む難民と避難民は、その数が近年著しく増加したと見られるが、脅迫や搾取の対象とされ、危険な状況にある。彼らは、職もなく、地元民よりもはるかに低い賃金で働き、広範な差別にあっている。不健全な住居に住み、家から追い立てられ、庇護国から追放されさえしている。キャンプ難民と違い、国内外の機関からの援助はめったにない。庇護国の教育、医療、社会福祉制度の利用は困難である。また絶えず逮捕の恐怖に怯えて暮らしている。彼らの存在は、より目に見える人々へ焦点を合わせがちな国際社会からは、その存在が〝見えず〟、ドナー、国際機関からの保護と援助は殆どないのが実状である。

彼らには公的書類のないことが、社会的弱者としての脆弱性を呼ぶが、その脆弱性がさらに移動を進める誘因となっている。移動しないという考えなら、できるだけ早期に登録し、証明を受けることが重要になる。しかし登録を早めに行うと、彼らの可動戦略を妨げるかもしれない。この点から、当局に彼らの姿が〝見える〟ようになることは、法的に他の目的地に行くことを不可能にしてしまう。移動の必要とは例えば、彼らが、より保護の水準が高い国を見つけ、その国への庇護を申請すること、魅力的な労働市場の所へ行くこと、家族再会する場合である。こうして個人は、身元を明らかにすることを先延ばししようとし、できるだけ長く人目につかないままでいようとする。難民は、ＵＮＨＣＲの伝統的な〝三つの解決策〟の外を動いている。

4　庇護国の安全か、難民の安全か

滞留難民は、政策担当者の庇護への態度、とられる政策で、先進国でも途上国でも固有の病理を生み出す。難民・避難民は、特に大量流出の場合、稀少資源への圧迫や、庇護国の政治的安定、アイデンティティ、社会の凝集度に脅威と見られている。難民の滞留という慢性的な難民問題が続くことは、当の庇護国には勿論、隣国、そして地域の国々へ政治的、安全保障上の数々の懸念を生み出す。武器の密輸、子供の兵士の徴募・補充、傭兵、薬物密輸、女・子供の人身売買のような安全上の懸念が起こる。

懸念は、広範囲にわたるが、「直接的脅威」と「間接的脅威」に分類しうる、[24]かもしれない。庇護国が直面する直接の脅威とは、周辺に紛争が飛び火し、溢れ出すことであり、もう一つは難民の中の武装勢力（難民戦士）の存在である。これは、難民が紛争に関わり、難民と紛争が直接に最も強いつながりを持つ場合である。冷戦終了後、紛争の論理は変化したが、難民戦士が状況に適合していることには変わりがない。

難民危機の長期化はまた、間接的な安全上の意味を持つ。難民は優先的な扱いを受けていると庇護国社会からは見られるので、難民と地元民の間に、摩擦が生じうる。国内の最貧地区に避難民が流入した時、スリランカのあるイスラム牧師は地元民の妬みを次のようにいう。「流入当初、地元の人々は避難民を助けた。後に避難民だけが援助をもらい始めた時、彼らの生活だけが良く成り出した。地元社会は無視され、ほっておかれ、そして今や感情を傷つけられ、怒りになっている[25]」。

ところで、難民個人の視点から見ると、安全上で、別の重大な結果をもたらす。滞留状況に囚われた難民は、権利を様々に侵害され、重大な危機に直面する。グルジアの一〇万人の避難民は一五年間、老朽化した一六〇〇ヵ所の一時施設である集合センターに住んでいるが、中には崩れかけた病室もあり、子供たちが注射器やその他の医療廃棄物の中で遊んでいる。ボスニアでは内戦終了後の一五年間、国内避難民七〇〇〇人（大半が、老人、身体障害者、精神障害者、その他の弱者）が、内戦中に緊急シェルターだった場所で、生活を続けている。[26]

子供は学んでも将来、職の機会がないので、途中で通学をやめる率が高い。武装勢力の支配下にあるキャンプでは、子供が兵士に徴用される。若者は道徳的な退廃の中で失望し、未来への展望を描けない。難民キャンプでは、性的暴行、強制結婚、親と一緒でない子供への無視、殴打、拷問、勾留、殺人まで起こる。タイ、ケニアでは家庭内暴力と性的暴行が著しく増加した。[27] 難民ニーズは、本質的に性別とは関わりがない。しかし、難民の約七五〜八〇%は、女性と子供である。女性は紛争、避難で受ける被害が異なり、特別のニーズがある。逃亡・避難の経験は、男と女では異なった意味を持つ。人権侵害は、男女の役割のために、男と女では異なる形をとる。

キャンプ内の侵害の多くは、外部者には報告されない。例えば、スリランカのいくつかの国内避難民キャンプの人々は、キャンプ管理の役人、国際機関の保護スタッフが事例を記録しているとは考えていない。キャンプの多くの人々は、国際機関が十分に義務を果たしていない、[28] と不満を表明している。難民状況が長期化する中で、人々の中には誤った情報が流れ、過剰な期待を生んでいる。[29]

しかし逆説的だが、国際的な援助関係者とのつながりで、難民女性が責任を持ち、指導力を発揮する機会が増すこともある。女性たちは、権利を教育され、これまで彼らの社会内で占めていた地位を見直す契機となっている。

5　新しい動き

問題が重要度を高めているにもかかわらず、滞留難民の問題は国際政治の重要な課題にはなっていない。UN

HCRのような人道機関が、長期亡命の否定的な影響を和らげようとして、これらの忘れられた人々の世話をしている。しかしこれらの活動は、この問題の解決には至っていない。そうした対応は、地域の安全を損ない、原因国での平和構築を損ない、滞留難民の安全に応えるようになってはいない[30]。

二〇〇〇年以降、UNHCRは滞留難民問題に、より積極的に取り組み始めた。UNHCRがこの問題に関与するようになった理由は、三つある[31]。①世界の各地域での難民危機の沈静化。イラク危機やスーダンのダルフール危機はあったが、危機の規模と頻度が一般に二〇〇〇年から減少したことがある。加えて、大規模な帰還（アフガニスタン、アンゴラ、リベリア、シエラレオネ、ソマリア）で世界の難民数が減少し、UNHCRは過去優先度の低かった問題に焦点を合わせられるようになったことがある。②UNHCR自身が、滞留難民の負の側面に直面させられたことがある。生活の質が悪化し、未来が見えない人々は、キャンプから動きを進め、都市区域に移り住むか、世界の遠方の国に庇護を求めた。彼らは搾取の対象となったり、生活のため、盗みその他の犯罪に関わったり、性的搾取の犠牲者となった。加えて、彼らは武装勢力に、政治的、軍事的活動に誘い込まれ、そうした活動は「難民という地位」の厳密な人道的性質やUNHCRの委任事項と矛盾した。③さらに、この問題が、UNHCRにとって新しい調査対象となったことがある。一九九九年、上述のようにUNHCRの「評価・政策分析課」が滞留難民プロジェクトを開始し、以後この問題について大量の報告書が出てくる。報告書はウェブでも公開され、実務者や研究者の情報交換の場となった。

同じ時期、新難民高等弁務官ルベルス（Ruud Lubbers、オランダ前首相）は、一連の施策である、「難民条約・プラス」（Convention Plus）、「難民への開発援助」（Development Assistance to Refugees）、「現地統合を通じた開発」（Development through Local Integration）を打ち出した。これらは全て恒久的解決への取り組みであった。UNH

CRは、同執行委員会に滞留問題を上程し、また効果的な取り組みを求めて、二〇〇一年一二月、「アフリカ諸国大臣特別会議」を開催した。[32]問題は、難民保護を論じたUNHCRの「国際保護についてのグローバル協議」[33]（the Global Consultations on International Protection）の場や、引き続いてUNHCR執行委員会でも論議された。しかし論議は主に、生計、負担分担[34]（burden-sharing）の問題に集中し、域内諸国の安全保障、慢性的な難民状況、あるいは庇護国に難民がもたらす安全問題との関係の論議は深まらなかった。[35]

現場では関係国と協力をして、UNHCRはウガンダで「難民自助戦略[36]」（Self-Reliance Strategy for Refugees）を行い、開発志向の「ザンビア・イニシアチブ」（Zambia Initiative）を実施した。ケニア、タンザニア、タイでは新しい「保護強化プロジェクト」（Strengthening Protection Capacity Project）を手段に、長期滞留の難民の権利と物的環境の改善を求めた。

次の難民高等弁務官グテーレス（Antonio Guterres、前ポルトガル首相）は、西アフリカで現地統合の機会を模索した。これらの事業は、成果をあげられず批判もあったが、UNHCRの滞留問題への新しい取り組みであった。[37]

現地統合は一般に、解決策として可能性があると思われてはいない。主流とされている自発的な帰還政策が重視されるあまり、現地統合の過程で、難民と庇護国民の関係がどうなったかの結果について、相対的に殆ど注意が払われなかったせいもある。滞留難民への関心が幾分高まったことで、その直接の結果として、現地統合が国際社会の恒久的解決の論議の中で、再び現れてきた。[38]

現地統合は実際上、忘れ去られた解決策ではない。第一次庇護国の現地統合と第三国（主に先進国）の統合の間には、違いがあるが、難民が滞留する状況では、特に解決策となり得る。先進国での受け入れでは、市民権の取得が定住難民には普通だが、正確な数の把握は困難である。多くの国で、難民は他の外国人と統計上分離されていないためである。

以上のように、問題が重要度を増しているにもかかわらず、滞留難民問題は、国際的な場で取り上げられるようになったばかりである。UNHCRの高等弁務官が二〇〇八年一二月、ジュネーヴでの対話を契機に、この問題への対処の機運が高まり、UNHCRは二〇〇九年、同執行委員会に解決への方策を提案している。しかし、定義、国際協力と負担分担、恒久的解決の方法、国連制度内での難民の位置づけをめぐって、問題は継続している。[39] 滞留難民への国際的な反応は依然、主に人道援助に焦点を合わせる傾向がある。

（1）Sharpe and Cordova, 2009, p.47.
（2）Loescher and Milner, 2008-a, p.25.
（3）Morris and Stedman, 2008, p.72.
（4）*ibid.*, p.71.
（5）UNHCR, Executive Committee of the High Commissioner's Programme, 'Protracted Refugee Situations', Standing Committee, 30th Meeting, 10 June 2004, p.2.
（6）Loescher and Milner, 2008-a, pp.21-23.
（7）Scalettaris, 2009, p.59.
（8）Loescher and Milner, 2008-a, p.21.
（9）Scalettaris, 2009, p.58.
（10）*ibid.*, p.59. 換言すれば、難民は、難民制度の三つの恒久的な解決策以外に、解決の道を自身から探さないと思われている。
（11）Loescher and Milner, 2009, p.9.
（12）Betts, 2008, p.162.
（13）Slaughter and Crisp, 2008, p.129.

（14）Loescher, Milner, Newman and Troeller, 2007, pp.2-3. UNHCRは、一九六〇年代のルワンダ難民問題を国際社会が適切に解決しなかったことが、一九九四年の虐殺につながった（UNHCR, *The State of the World's Refugees: Fifty Years of Humanitarian Action*, Oxford University Press, 2000, p.49）、という。問題の発端は、一九五九年〜一九六二年にルワンダを逃亡した難民とその子孫が「ルワンダ愛国戦線」（the Rwandan Patriotic Front, RPF）を組織し、一九九〇年一〇月にウガンダからルワンダに侵入したことにある。彼ら難民の多くは、三〇年以上もの長きにわたって亡命生活をしていた。この教訓はしかし、滞留難民を抱える国々で失われている。

（15）Newman and Troeller, 2008, p.379.

（16）Loescher and Milner, 2008-a, pp.29-30.

（17）人道援助は圧倒的な力で、難民を「依存」に陥れる。プラスチックシートは家の大きさを決め、配布食料は三〇日間と定められ、食料はキロカロリー換算といった具合で、品質の評価によるものではない。配布食料は、一〇日以内になくなり、食料を生産するに足る土地もない。十分な収入を得る仕事はなく、教育は無料だが、本、鉛筆、制服、靴など関連する費用は、自分持ちである。親には収入がなく、子供が自分でやりくりする。彼らの生命の多くを支配するのは、お金を持つ平和維持部隊の兵士、援助関係者などである。二〇〇二年のUNHCRとNGOの報告書では、リベリア、ギニア、シエラレオネで、平和維持部隊の兵士などによる難民少女への性的虐待があったことを伝えている（Ferris, 2008, p.89）。

（18）Brown and Mansfield, 2009, p.15.

（19）Slaughter and Crisp, 2008, p.128. タンザニアのキゴマ地区でブルンジ・フツ難民を調査したマルッキ（Liisa Malkki）は、難民はUNHCRを〝ライオン〟、タンザニア政府と地元民を敵であるツチ族と同じく〝悪霊〟と描いた（Slaughter and Crisp, 2008, p.132）。また、タンザニアのルコレェ・キャンプ（Lukole）でのブルンジ難民を調査したターナー（Simon Turner）は、UNHCRのイメージは、白人であり、一般には国際社会のイメージと混じり合っている、という。難民女性にとって、UNHCRは実の夫に代わっていろいろ物をくれるので、〝良い夫〟だ（*ibid*）、という。UNHCRは家長の役割を果たしている。伝統的な社会構造は、この状況下で崩れる。ある難民は、「変化が起きた。人々は自分の生活の面倒をみようとしない。彼らは赤ん坊のようにUNHCRの腕の中で、生活するだけだ」（*ibid*）という。一九九〇年代のUNHCRの活動を示すこのモデルは、UNHCRが国家の代わりをし、自身の領土（難民キャンプ）、市民（難民）、公共サービス（教育、医療、水、衛生など）、そしてイデオロギー（コミュニティ参加、ジェンダー平等）さえ与えている、といわれた。この状況下で、庇護国の難民への「責任」の話は弱まり、他方UNHCRは益々、その役割を引き受けた。UN

ＨＣＲは人道機関から、一つの国家の中で、ある種の機能を分担する組織へと変貌した。

（20）Brown and Mansfield, 2009, p.17.

（21）*ibid.*, p.16. ただし、難民が帰国し、援助機関が撤退すると、援助も経済機会もなくなった。

（22）Harrell-Bond, Building……, p.1. そのため、難民が本来与えられている権利を利用できるよう、ＮＧＯその他の関係者は努力する必要がある、という。ただし彼女（Barbara Harrell-Bond）によれば、ウガンダ・カンパラの都市難民は例外的に、地元民と同じ金額を払えば、市が経営する診療所、病院で治療を受けることができるし、通学もできる、という。

（23）Ferris, 2008, p.94.

（24）Loescher and Milner, 2008-a, p.33.

（25）Brown and Mansfield, 2009, p.16.

（26）Mooney, 2009, p.66.

（27）Harrell-Bond, Enhancing and Promoting ………, p.1.

（28）Brown and Mansfield, 2009, p.17.

（29）Slaughter and Crisp, 2008, p.138. 情報の真空状況の中で、難民に、明確かつ組織的に情報を伝えることは、とりわけ重要である。例えばそれがＵＮＨＣＲなら、難民に対し、自分たちの組織が難民にできることと、その範囲、難民の資格、義務、将来の選択肢を明瞭に示すことである。

（30）Loescher, Milner, Newman and Troeller, 2007, p.1.

（31）Slaughter and Crisp, 2008, p.133.

（32）*ibid.*, p.134.

（33）この協議の目的は、実践上で論議のある点について、共通理解を作ることだった。難民条約はもはや時代に適合していない、廃止しないのなら吟味されるべきだとなって、ＵＮＨＣＲは二〇〇〇年、二つの目的、すなわち①条約の意義を再確認し、②国際難民保護制度の再活性化を図る、ために世界的な協議を開くことを決めた。審議には、政府関係者、学者、ＮＧＯ、ＵＮＨＣＲが参加した。会議では、迫害の非国家主体、ジェンダーによる迫害、安全な第三国のような、条約上で解釈が異なる事項を論議した。加えて、審議は条約が言及していない、大量流出状況、負担分担、一時的保護のような実際的な問題を扱った。審議は、二〇〇二年半ばに終わったが、アメリカでの九・一一同時多発テロの影響で、庇護権の犠牲の上に、移住管理が強化されるという皮肉な結果になった。

（34）人道機関の多くは、負担分担の言葉の代わりに、「責任分担」（responsibility-sharing）の用語の方を使う。
（35）Loescher and Milner, 2008-b, p.361.
（36）ウガンダの定住地計画は、難民自助戦略の一部だが、ハレルボンド（Barbara Harrell-Bond）によれば、庇護国社会での統合という目標には程遠い（Verdirame and Harrell-Bond, 2005, p.337）、という。難民は治安上、非常に危険な地域に置かれ、隔離され、地元と分離されたままである。社会経済的に重要な、移動の自由、労働の権利といったものが考慮されていない。経済手法も時代遅れだ、という。「自助」という手段はまた、彼女によれば、難民が自助を達成し統合されるのは、彼らが援助への〝依存症候群〟から抜け出すためだという言い訳をＵＮＨＣＲに与えている、という。ＵＮＨＣＲは計画から手を引き、いくつかの定住地を地方当局に引き渡した。しかし当局は定住地には関心がなく、何年もの間、計画を損ないさえしてきている。自助は、難民状況を改善する概念から、状況を悪化させるものへと変化し、矛盾したものとなった。ＵＮＨＣＲの自助政策への批判は、他にもある。フェリス（Elizabeth Ferris）は、ニューデリーのビルマ・チン族難民の例を引き、労働の権利がない中で、ＵＮＨＣＲの自助政策は、ただ不法労働を進めるだけだ（Ferris, 2008, p.94）、という。同様に、ネパールのブータン難民の場合でも、ネパール政府がまだ彼ら難民に、労働の権利も与えず、他の自助活動をすることを認めていないのにもかかわらず、ＵＮＨＣＲが援助を削り、自助を進めている、という声がある。
（37）Slaughter and Crisp, 2008, p.134.
（38）Fielden, 2008, p.5.
（39）Loescher and Milner, 2009, pp.10-11.

第二節　安全と人権――両者は協力関係

難民は長いこと、重要ではない問題と考えられ、政策立案者には任意の〝慈善事業〟と見られてきた。教育、医療、食料をキャンプの難民に配ることは、一般に慈善と見られてきたが、しかし今では、現実の事態に何かなさねばならないこと、と考えられている。難民は〝目に見えるようにされた人権侵害〟（元・アメリカ難民調整官）である。近年は、「権利に基づく」（rights-based）という方法が開始されている。多くのＮＧＯがこの方法を、自分たちの人道、開発事業の中で採用している。この方法は、国際人権基準に規範的に基づき、実行上では人権の推進と保護を目指した、人権発展のための概念的枠組み[1]である。

難民移動は国際政治の中で、歴史的に前例のない役割を果たしてきた。強制の下、国境を越えて人の移動があれば、純粋に国内問題であったものが、国際化する。ネパールのブータン難民の解決は、地域の緊張の原因であり、庇護国ネパールと原因国ブータンは、インドのような地域大国を巻き込んでいる。大規模な難民流出は、特に難民が国境地域に集中している場合、地域の平衡を崩し、被流入国の反目を生む。一九九一年のイラク北部のクルド人の武装蜂起の結果、彼らクルド人が敗北してのトルコ流入から、コソボ、東チモールでの大量流出は、その例である。国際の安全と難民との関係は、少なくとも過去二五年以上前に認められていた。一九八六年、国連の報告書（*the Report of a Group of Governmental Experts on International Cooperation to Avert New Flows of Refugees*）は、全体としての国際社会に、政治、経済、社会的に大きな負担になることを認識していた。同報告は、国連総会の場で承認され、そうした流出を平和と安全への脅威として定義している。

1　安全とは何か

「安全」は本質的に論議のある概念[2]である。安全は、国際法の論議の中で、主に集団的な意味を持つ。国際法で安全の概念は、国家の安全を目指す。安全の概念は、〝緊急事態〟、〝例外的〟、〝力の正当性〟の概念に緊密に関連している[3]。安全は、緊急で根本的な事柄なので、本来不釣り合いで過剰と考えられる例外的行為を正当化してしまう。例えば、アメリカでの九・一一事件以降、安全概念は、国家、市民、外国人に、概して同じように適用される中立概念ではなくなった。アメリカをはじめ各国政府にとって、「庇護」は安全の構成要素になってきた。難民の庇護と入国が、国家の安全とつながるようになってきたので、驚くべき方策が安全の名のもとに正当化されている。何かを安全の対象として「ラベル貼り」することは、政治的に中立な行為ではない。それは対象に、特別の地位を与え、本来正当ではない行為をも正当化してしまう。こうして国家は、広範な方策の正当化のために、安全概念を使うようになってきた。

難民、国内避難民、庇護申請者などの互いに異なる集団は、それぞれ異なったやり方で安全を脅かされ、あるいは脅かされたと感じている。国家は自身の安全を定義し守るだけではなく、個人の安全利益を定義する力を持っている。他方、個人は自らの安全には殆ど声もなく、個人的な利益を守る自律的な力も極めて限られる。安全の概念に単一の定義がないため、こうした強制的に移動させられる人々の権利や利害を捉えることができないのは明らかである。強制移動では、国家と個人の間の見せかけの調和というのは実際上存在しない。他国への移住という権利は、入国への権利と一致しない。国際法は、自国民の人口構成を管理する力を国家に認めている。安全という用語を使って、国家の利益と庇護申請者の利益を概念化しようとするのは不正確になる。庇護申請者の個人的安全は、国家の集団的安全に従属する。難民条約は、国家の義務を定めたものであり、個々の難民の権利を定めたものではない。[4] 論議は、権利が侵害された個人の利益と、地域社会や国家の利益の間を往復する。安全の用語は、異なる行為者により、ある種の行動様式や行動を正当化するのに使われている。[5] しかし滞留難民の安全問題は、難民隔離の言い訳であってはならない。

安全の概念は、個人と国家を同じ概念で扱うのは魅力的に見えるが、しかしこのやり方は二者の間の「力」と「自律性」という巨大な違いを無視し、余りにも簡単に両者を結びつけてしまう。また安全概念は、干渉主義的な特徴がある。例えばEUでは、庇護申請者という安全の対象者が明確に定義されないまま、国境警備の技術的専門家を動員するなどして、法的、行政的に安全管理が行われている。安全の概念は、非対称的で、究極的には干渉的なやり方で使われうる。(6) しかし、益々グローバル化する経済の中で、滞留難民の問題は、学者や政策担当者に、国際関係の分析の基本単位として、国家を使うことは適切ではないと感じさせている。現代の国際法は、国家間関係の調整をこえて、多くの異なる行為者の安全への要請が認められるようになってきた。人権法、難民法、人道法が〝個人の安全〟に関わっている。(7) それゆえ、個人の安全よりも、個人の人権をいうのが賢明である。(8) 国家の安全の伝統的な概念は必要だが、人間福祉の十分条件ではない。

もう一つ忘れてはならないのは、「安全」は、欧州中心の見方から研究されてきたことである。大半が、自由で民主的な国家に関連する方法や概念では、途上国の脅威の性質・状態を正確には捉えられない。途上国の政府は、必ずしも国家の安全と生存に関心を持っているわけではない。むしろ現政権の安全と存続に、より関心がある。安全政策は、国民の安全より、支配層、その支持基盤を守ることに向けられている。(9)

安全を研究する学者と政策立案者は、難民を暴力紛争の〝副産物〟と見る。難民が独立の行為者で、紛争の原因の一つだとは考えない傾向がある。紛争を解決すれば、難民危機は終わり、難民は自国へ戻ると信じている。それゆえ政策担当者は、平和交渉に熱意を注ぎ、平和合意の実施に熱心になる。(10) 平和が定着すれば、難民危機は終わると信じている。難民と安全の考え方の間には、人道と政治の間に溝があるように、大きな溝が残ったままである。難民は益々、被害や紛争の犠牲者ではなく、国内、国外の不安定の〝源〟と見られている。(11) 難民と国際安全保障・紛争管理の間の溝を埋めようとする、例外的な試みはいくらかあるが、依然両者の間には深い裂け目がある。国際難民制度が、政治から人道を切り離されていることによる。滞留難民問題の多くは、明らかに紛争とつながっている。

2　難民は紛争の独立変数

難民が庇護社会に与える脅威と費用の感じ方は、しばしば誇張されたり操作されたりするが、大量の難民移動で庇護国や地域社会の安全が脅かされる例は数多い。世界の難民の約九〇%は最貧国にいる。そこでは、経済が下降し、慢性的な失業、土地不足、その他の資源不足が難民への抵抗を引き起こし、受け入れ社会の人々の間にあからさまな敵意さえ生み出している。特に民族抗争がある国では、大量流入は、社会的、経済的な安定性を損ない、危険に陥れる。そこでは中央政府が弱体だったり、政治制度の正当性の合意が欠けていたり、主要な資源が限られていたりする。特に政府が、外部から強制的に課せられた民主化や経済自由化の圧力に直面させられ、民衆から高まる生活向上への期待で圧力を加えられると、難民の存在は、以前からある緊張を悪化させ得る。

庇護国の安全への懸念は、物理的に難民を管理できるか、どうかの問題で始まる。難民政策の重要な点は、「管理」である。これは「国家の安全」と「人間の脆弱性」の間の最も重要な論点である。国家は、難民の管理を願うが、その力は難民条約が標榜する、人間の脆弱さへの懸念で制約を受ける。流入された国での選択肢は限られており、多くの国は難民を〝安全上の脅威〟と主張して、本来は許されない行為を正当化しようとする。難民は、保護と援助が必要な人々というだけでなく、特に二〇〇一年の九・一一以降、国家の安全への潜在的な脅威、武装テロの潜在的な源とさえ見られている。

直接には、難民流入は、国際的（主に域内諸国）な紛争の源である。東アフリカでは、ケニアとタンザニアが、戦火で隣国から逃れた人々の国内での長期滞在に重大な懸念を表明した。特にケニアでは、近隣諸国からの紛争の飛び火とテロ活動に不安を感じた[12]。

長期にわたって難民が存在することは、庇護国と原因国の間の外交関係に一層緊張を与える。タンザニアでは二〇〇〇年～二〇〇二年、長期に滞在するブルンジ難民の中にいる、反政府の侵攻武装勢力の存在で二国間関係が著しく壊れた[13]。

難民の存在はまた、近隣諸国を不安定にし、介入を招き、時に難民キャンプ内に〝難民戦士〟(refugee warriors) の基地を与える。難民戦士は、亡命社会の組織された要素であり、難民の中にまぎれ、庇護国の中に基地を持つ。彼らは原因国への広範な武力活動に従事する。キャンプは、侵入、抵抗、テロ組織の源になる[14]。ケニアでは、ソマリア人武装勢力がダダーブ難民キャンプ (the Dadaab refugee camp) から人道援助を吸い上げ、ソマリアでの戦いに使用した[15]。ギニアでは、難民キャンプはリベリア人武装勢力の基地になった[16]。難民の中にいる武装勢力の活動は、難民の保護と人権を損なうだけでなく、国際の平和と安全への脅威となる。難民の滞留は、脆弱国家の存続を危うくするだけでなく、紛争の継続と不安定さを増す。

難民の中の武装人員への最良の対応策は、彼らを物理的に分離することと、難民の地位からの法的除外であるが、それを行うのはUNHCRのような人道機関の能力を超える。UNHCRは、地域の国際機関や、国際機関の軍事部門に協力を要請した。しかし、一〇年以上が経過した現在でも、難民戦士の問題に対処する国連制度内の広範な協力には問題が多い[17]。難民キャンプや難民定住地の軍事化は、難民の保護と地域の安定、原因国での平和構築を損なっている。

難民はまた、しばしば庇護国で政治勢力になり、原因国との関係で特に庇護国の政策に影響が出る。難民は野党と提携し、自らの利益のために政府への圧力の梃として政策を使う[18]。長期にわたり難民危機を未解決のままにしておくと、その殆どが庇護国と地域の安全保障への逆の結果を持たらし、難民社会を政治化させ、武力闘争に駆り立てているのが見られる。ある場合には、庇護国自身が、原因国への敵意から、難民の中の戦闘集団を武装したり、武装化を援助するが、そうなれば事態は、管理不能となる。アフリカ大湖地域は一九九〇年代末に、域内諸国全体を不安定な状況に陥れた[19]。

庇護国にとって直接の脅威はまた、ソマリアのような破綻国家の場合である。同国内には軍事指導者が割拠し、不安定が続いている。ソマリア国内にソマリア・イスラム原理主義が存在すること、ソマリアに中央政府がないこと、そして長い歴史を持つ民族統一主義運動のつながりの結果である。庇護国であるケニアは、こうした事情から、国内に滞在するソマリア難民を安全の観点から見ていた。

多くの地域紛争が示すのは、滞留難民は、不満を募らせ、情勢を悪化させ、反乱を推進する力になるという現実である。未来に希望もなく絶望して、難民の中には、テロリストの誘いに容易にのるかもしれない。不満に満ちた環境を利用して、武装民兵や犯罪分子が難民キャンプに紛れ込み、キャンプを彼らの元気回復の場に使い、自国での戦闘のために兵士を徴募し、動員する。

彼らは庇護国と自国の国境を越えて襲撃し、人道援助関係者を攻撃し、難民、市民を攻撃する。二国間そして域内諸国に政治的、外交的に緊張が高まる。例えば、ルワンダ、コンゴでの紛争のように、難民たちは紛争の触媒であり、原因となる。一九九〇年代以降、ＵＮＨＣＲは「難民キャンプの軍事化」の問題に対処するいくつかの方策を開発した[20]。軍事化された状況下での難民の保護は、難民や市民を守る目的で作られた人道規範を、庇護国と原因国がどれだけ守ろうとするかの意思と能力次第となっている。

認識するのは中々難しいが、先にも述べたとおり、直接的脅威と同じく国内を不安定化するものとして、間接的脅威がある。間接的脅威は、難民の存在が、庇護国での以前からある緊張を悪化させる時に起こる。難民移動は、しばしば民族的、文化的、宗教的、言語的に地元民の人口構成を変えることで、主要な社会的価値を損なう。地域社会内の力の均衡を変化させ、地元民の間に不満を生じさせる。加えて、キャンプにいる難民へのドナーからの援助は、時間とともに減少する。難民と地元民の乏しい資源をめぐる競争は、激しさを増し、不安定さが増す。同時に、援助が減ると、キャンプ内の難民の中には、盗み、盗賊、売春のような、生活のための対処戦略をとるようにさせる。それがまた、地元の懸念材料となる。他方で、難民はしばしば武器の密輸などの犯罪、盗賊、売春、アルコールや薬物中毒に、生活のため、やむを得ず関わるかもしれない。多くの途上国の場合、庇護国は遠隔地での法と秩序を維持するための能力は持たないし、その意図もない。

しかし全ての難民が脅威と見られるわけではない。被流入国が、難民を社会の同じ一員と見るか、外国人と見るかの意識の違いで、その一応の説明はできる。間接的脅威は、調査や政策立案の際、見すごされがちだが、重要な点である。庇護国へ脅威となるのは難民ではなく、難民が存在する文脈である。

難民は紛争での独立変数であり、紛争研究と強制移動研究（難民研究）を有機的に結びつける必要がある。アフリカ、アジアの多くの国々では、終わりのない負担と安全上の懸念で彼らを見てきた。(21) 彼ら難民は受け身の犠牲者ではなく、原因国だけでなく、庇護国そして域内諸国の政治に関与する活発な当事者である。純粋に人道的な立場から、恒久的解決を図ろうとするのは貴重なことだが、それのみでは必要な資金も人々の関心も生み出せない。滞留難民の問題は、広範な安全論議とつなげて考えられねばならない。(22) こうした安全への懸念が発生する根幹には、庇護国との国際連帯と負担分担の失敗がある。人間の避難・逃亡は、それ自身、国内、国際の主要な要因であり、広大かつ多面的な安全保障モデルを認識した政策対応が必要である。紛争と難民の関係の理解には、国連平和構築理事会のような国際的組織と地域組織の役割を考える上で、特に重要である。

3　人権

国境を越えての襲撃やゲリラ活動は、紛争へ庇護国を引きずり込む（事実、これが武装勢力の戦略）。難民に避難場所を与えることは、それ自体原因国からの軍事的仕返しを招く。難民キャンプは益々、軍事目標になってきた。難民キャンプや難民定住地は、頻繁に直接的な軍事襲撃の目標であるばかりでなく、難民たちはまた、他の様々な脅威により物理的安全を脅かされている。強姦、武装強盗、強制徴兵、任意の逮捕と投獄、難民と地元民の間の暴力事態、異なる民族間の武装対立、難民社会内の異なる集団間の闘い、家庭内暴力、性的暴行、……。

脆弱国家や破綻国家では、滞留難民の問題は、難民の人権と生活に特別の影響を与える。一九四八年世界人権宣言は、難民保護に重要な多くの権利を含んでいる[23]。人権と難民保護の法的つながりは、人権宣言の第一四条に見出すことができる。第一四条に規定された〝庇護を求め享受する権利〟は、迫害から逃れ、他国で庇護を求め享受する権利を確認している。しかし現実には、難民の架空の特権のままである。第一四条は法的な拘束力はなく、政治的、象徴的なものとして影響力が限られている。難民条約には入国する権利が明記されていない。同条約は、抽象的な難民の定義と、迫害が待つ国への追い返しの禁止を定めたが、〝迫害〟の定義や、効果的かつ明白な形での庇護国への入国の問題を定義していない。これは国際難民制度の〝アキレス腱[24]〟である。基準は、他の三つの法的文書、すなわち世界人権宣言、一九六六年の二つの国際人権規約である。そのほか、難民・避難民はいくつかの条約に関わっている[25]。しかし、国家は領土への人の接近を阻止できる。かくして保護の必要な人は、難民条約や他の国際人権法に訴えるのを避けてしまう。

難民は、難民の地位につながる人権を特別に享受している。「難民の地位に関する条約」(the 1951 Convention relating to the Status of Refugees) と「難民の地位に関する議定書」(the 1967 Protocol relating to the Status of Refugeeo) は最も明確で包括的な条約で、難民の主要な権利を定めている。同条約は、国連の約三分の二の加盟国に承認されてきた。加えて難民については、人権を標榜する地域条約や、宣言、指針、原則といった国際ソフトローもある。これらは国際法や条約ほどの重みはないが、国際社会の関与を示している。[26]

歴史的に人権は、ユダヤ人大虐殺(ホロコースト)により、その動きに弾みをつけただけでなく、一九三〇年代、四〇年代の少数民族の権利保護から、個人の人権へと力点が移動した。一九四八年から現在まで、二四の国際人権条約が作られている。国家主権の国益重視の中で、倫理的な釣り合いが図られている。冷戦中、難民条約は、アフリカでのOAU条約 (the OAU Convention) やラテンアメリカでのカルタヘナ宣言 (the Cartagena Declaration) のような地域条約で補われた。これらの条約が対象としたのは、一般的暴力や公共秩序の崩壊の結果、避難した人々であった。

難民保護の問題は、非常に長いこと国連の人権の仕組みの枠外にあった。難民の人権が脇に置かれたのは、難民政策の国際的な監視を各国政府が望まなかったことにある。加えて、難民は国連が作った特別の機関(UNHCR)の責任事項であった。国連の人権計画とは別に、UNHCRの努力にもかかわらず、滞留難民には深刻な人権侵害があるので、人権機関の関与は重要である。難民キャンプとアフリカによく見られる、難民のための農村定住地は、庇護国の法律がほぼ停止する場所である。そこでは、法の規則が及ばない。それゆえ人道機関が作った、ともすれば抑圧的な規則と難民社会独自の種々の慣習的やり方が支配する、[27]といわれている。また、先進国は益々、難民を送り出す国々での人権の改善の必要性を強調する。しかし同じ国々が同時に、より洗練された手段で入国の道を閉ざしている。

避難のための〝出口〟があるというのは、個人の生き残りには極めて重要である。難民救済ＮＧＯは、この間隙を埋め、重要な保護機能を果たすことができる。ＮＧＯは、政府とも反政府勢力とも緊密な接触を持っている場合があり、現場での重要な情報を持っている。それは人権を監視するのに非常に役立つ。現場で活動する人道組織が持つ人権侵害についての情報は、広く関係者が見ることができるよう、ウェブ等での閲覧も含めて、伝達経路を改善した、報告のシステムが作られるべきである。国連の援助で、ＮＧＯスタッフに人権の原則と現場での保護技術を訓練することも有効である。国連の人権制度が十分に機能するまで、ＮＧＯ、特に人権ＮＧＯは、保護の面で多くの責任を引き受けねばならない。

一九九三年「国連人権高等弁務官事務所」（ＵＮＨＣＨＲ）の設立は、国連制度内での人権意識を高め、危機の際の保護の監視機能を高めた。同事務所は、滞留難民状況での人権侵害の理解を図っており、また現場での人権スタッフの存在も数が増えたが、こうした関与を現場での行動になかなか結び付けることができていない[28]。今後のカギは、現場で保護の役割を果たす能力を高めることである。しかし、過去そうであったように、人権擁護の大きな弱点は、当該の国が人権担当官や監視官の入国を認めず、しばしば妨害することである。また、ＵＮＨＣＨＲは、資金的にも大幅に不足している。かなりの程度改善されてきてはいるが、国連内での人権に関する組織間の調整と業務の配分の問題が残っている[29]。

滞留難民への対処法は、理論的面と政策面の両面で、安全と人権のバランスをとる必要がある。安全に由来する庇護国側の消極的な姿勢は理解できるが、しかし人権は最も重要な原則である。

（１）Ferris, 2008, pp.97-98. このアプローチは、全ての人は物質的、精神的福利の視点から、一定の水準への資格が与えられているという、倫理的立場から始まる。人々は慈善や援助の受益者というより、権利を主張できる人として捉えられている。過去十数年、「説明責任」の問題はＮＧＯにとって、主要な問題であった。ＮＧＯは、権利に基づく共通基準を発展させようとしてきた。一九九七年に「スヒィア・プロジェクト」（the Sphere Project）が始められ、援助の質を改善し、人道活動の説明責任を高めるために、権利に基づくこのやり方がとられることになった。二〇〇〇年には、***the Humanitarian Charter and Minimum Standards*** が発行され、栄養と水・下水設備の分野で世界的基準が提案された。これらの基準は、難民の権利が侵害されている場所でＮＧＯの関与に役立った。過去二〇数年、難民保護でのＮＧＯの重要な役割と、保護と援助のつながりに認識が深められてきている。

（２）安全は、「脅威への脆弱性の度合い」である。中立で客観的な単一の定義はない。用語の核となるのは、中心的価値の保護と基本的生存手段の保護である。この概念には、「脅威」と「対象（物）」という二つの要因がある。対象となるのは、国家、地域、集団、価値、アイデンティティ、制度、個人である。安全をどう定義し理解するかは、政治的考えと実践上での重要性次第である。安全の定義は、イデオロギー上の立場や政策課題で異なる傾向がある。安全の用語は、特定の利益を守り、促進するのに使われている。伝統的には、軍事的な観点から、定義される。問題は、危険にさらされているのは誰の安全か？　安全の特性とは何か？　である。それが、多様な理論的学説から説明される。現代の国家が正当化されるための最も初歩的な点は、必要な安全を市民に与えることなので、この市民を国から逃亡させる国家は、主権のまさに土台を問題にされる。近年は先進国を中心に、広く、政策関係者と学会で概念が再考され、非軍事的な側面（環境、社会、経済……）を含む概念に発展し、広範な政治問題を推進するために広く使われる言葉になってきた。安全の新しい考え方は、一九八〇年代に政治課題、特に環境問題が、変化する中で始まり、冷戦の終息で著しく加速した。一九九〇年代初めには、コペンハーゲン学派が「社会安全」（societal security）を唱え、もう一つの重要性を加えた。安全は政府の主な義務である。

（３）Noll, 2004, p.280.

（４）Frost, 2004, p.115.

（５）Betts, 2009, p.79.

（６）Noll, 2004, p.280.

（７）*ibid.*, pp.279-280. 国際法が目指すのは、①国家による力の行使に対し、個人を平和な状態に戻すこと、②国家が、個人の

（8）基本的保護に積極的行動をとり、資源を使う義務を果たすようにすることである。これらの個人保護の規範は複雑で、時には外部者を混乱させる。
（9）*ibid.*, p.282.
（10）Betts, 2009, p.72.
（11）Morris and Stedman, 2008, p.71.
（12）Loescher, Milner, Newman and Troeller, 2007, p.3.
（13）Loescher and Milner, 2008-a, p.35. ケニアの国境警備は弱体な上に、地域の外交及び商業の中心地としての地位が、一九九八年と二〇〇二年に国際テロ攻撃の標的になった。ケニアはまた、主にソマリアから都市に流入する小火器に懸念があった。
（14）*ibid.*, p.36. タンザニア西部にブルンジ人武装勢力がいて、ブルンジに対し反政府活動の軍事基地になっていることは、タンザニア政府の頭の痛い問題であった。問題は、両国の緊張を増し、互いへの敵意から、国境を越えての迫撃砲の応酬となった。タンザニアの都市には、ブルンジから小火器が流入し、銃による犯罪が増加した。タンザニア政府は、ブルンジ難民に制約を加え、強制的に早期の帰還を実施した。同政府は、難民は自国の安全地帯に居住を限られるべきだと主張した。
（15）武装勢力は侵攻を支えるため、難民キャンプを物資の調達と、人員の調達に使った。平和には重大な脅威となった。歴史的な事例としては、一九七〇年代、八〇年代のパキスタン国内のアフガン・ムジャヒディン、タイのクメール・ルージュ、中央アメリカのニカラグア・コントラなどがこれに該当する。アフリカでは難民戦士社会は、アフリカの角地域での代理戦争の産物であった。国家解放戦争（南部アフリカ）や独立後の紛争（アフリカ大湖地域）の場合が著名である。
（16）ケニアは一九九二年以来、一三万五〇〇〇人のソマリア難民を受け入れ、ダダーブの町近くに三ヵ所の難民キャンプを設立した。一九九〇年代、これらのキャンプは、世界で最も暴力に満ちたキャンプとして知られた。
（17）Loescher, Milner, Newman and Troeller, 2007, p.2.
（18）*ibid.*, p.5.
（19）Loescher, 2004, p.34.
（20）*ibid.*, p.35.
（21）Loescher and Milner, 2008-b, pp.358–359. まず、状況に備えていくつかの選択肢を用意する。次いで、人道安全確保官や

「国連平和維持活動局」（the Department of Peacekeeping Operations, DPKO）からの軍事顧問をアフリカのいくつかのキャンプに配置した。UNHCRのこの政策が最初に適用されたのは、タンザニア西部とケニア北部と、ギニアでの難民移転の際であった。同じような事業が二〇〇一年半ば、UNHCRとDPKOの手で、コンゴ民主共和国で難民から武装分子が分離された。事業で得られた教訓は、DPKO、関係国政府、地域機構との具体的な連携作業の重要性であった。UNHCRは、DPKOと協力関係を築けたが、一方で互いの方法の違いや、政治的、財政的圧迫が問題として残った。他方で、UNHCRのような人道機関が軍隊との関係を深めることは、機関が本来持っている公平さと中立性を損なうことが危惧されている。一方、関係の政府側には、こうした事業に軍隊を使うことにためらいがあった。

（21） Loescher, Milner, Newman and Troeller, 2007, p.3.

（22） Loescher, Milner, Newman and Troeller, 2008, p.6.

（23） 例えば、それらは生命、自由、安全への権利、残虐で非人間的扱いを受けない権利、移動の自由の権利、国を離れ、かつ戻る権利、恣意的な逮捕や勾留を受けない権利、国籍への権利などである。難民条約は、人権宣言の考えを法的に拘束した一連の人権条約の最初である。

（24） Newman, 2004, p.26.

（25） 例えば、「女子差別撤廃条約」（the 1979 Convention on the Elimination of All Forms of Discrimination against Women）と「児童の権利に関する条約」（the 1989 Convention on the Rights of the Child）である。そのうち、児童の権利条約では、子供は生誕後、ただちに登録され、名前、国籍への権利を持ち、難民の地位を求めるか、難民と見なされる子供は適切な保護と援助を受けるとなっている。他の重要な条約は、「拷問等禁止条約」（the 1984 Convention against Torture and Other Cruel, Inhuman or Degrading Treatment or Punishment）や「ヨーロッパ人権条約」（the 1950 European Convention for the Protection of Human Rights）である。さらに、無国籍者には、「無国籍者の地位に関する条約」（the 1954 Convention relating to the Stateless Persons）がある。無国籍者とは、同条約の第一条で、法の支配下にあるいかなる国によっても、国民と認められない人である。しかしこの定義は、法律上の無国籍に限定される（Chimni, 2004, p.210）。

（26） 例えば、一九九三年国連総会決議によるthe Declaration on the Elimination of Violence against Womenがある。

（27） Verdirame and Harrell-Bond, 2005, p.334. こうした事実は、現場でのフィールドワークの成果である。難民研究は、人類学、社会学、地理学のような学問が優位を占め、これらの分野の学者が、人権侵害や紛争の犠牲者に焦点を合わせてきた。

（28） Ferris, 2008, p.92. 部分的には現場でのUNHCRの能力不足によるし、機関としての委任事項の理解不足がある。また同機関には、ＵＮＨＣＲに見られる保護と援助の有機的な関係がない。むしろこの分野は、ＵＮＨＣＲの仕事だと考えている。しかし機関として、ＵＮＨＣＲの役割の補足はできる。同様にまた、国内の民間人権組織の活動もあまり活発ではない。

（29）　Loescher, 2004, p.44.

第三節　難民帰還と平和構築

一九九〇年代が「帰還の一〇年」とされてから、ＵＮＨＣＲにとっては、各国に難民の帰還を呼びかけ、巨大な数の人々を自国に帰すことが、機関としての目標達成事項になった。庇護国は帰還の前の〝待合室〟と見られ、ＵＮＨＣＲは庇護国での統合をほぼあきらめ、代わりに難民を庇護国の片隅においやり、難民キャンプに隔離した。(1)帰還を正当化する必要から、新しく柔軟な概念が必要になった。そうした概念の一つに、「〝紛争後〟社会」がある。ＵＮＨＣＲには、ある特定の国家が紛争状態から、何らかの形の移行が開始されたと正確に捉えうる基準はない。(2)にもかかわらず、帰還の問題は、様々な段階で難民政策の支配的な要素になってきたし、難民の保護に大きな影響力を持った。他方、帰還が中心的な問題ではない場合もある。(3)これには多くの理由があり、帰還が平和合意にとっては重要でない場合である。平和の到来で帰還民が自国に留まった人と同じ権利が与えられる場合である。難民の帰還が、平和合意での重要事項にはならないためである。

法的には、難民が帰国したら、もはやＵＮＨＣＲの委任事項には入らない。彼らは再度、本国政府の保護下に入ることを決めたからである。しかし「ＵＮＨＣＲ規定」は、ＵＮＨＣＲに自発帰還を促し、国連総会の一つの決議（UN General Assembly Res. No. 31/35 Nov 1976）は帰還民の復興に援助を与える権限をＵＮＨＣＲに与えている。ＵＮＨＣＲはかくして、これらの条件下で旧難民を援助できるが、範囲的にも時間的にも、実施上ではこの援助を制限してきた。ＵＮＨＣＲの参加は通常、帰還民への援助では一年と制限され、場合によっては二年と定められている。

１　平和構築

平和構築の論議は一般に、難民を二次的事柄と見て、代わりに原因国での平和を固め、紛争への後戻りを阻止することに焦点を合わせている。このやり方では、平和構築と難民の関係は一方向に限られ、難民帰還は、平和構築の成功を図る〝物差し〟でしかない。難民帰還と平和構築をめぐる第一番目の問題は、難民の問題は、地域の平和構築事業の一部として取り組まれねばならない、ということである。前項で見たように、滞留難民は、慢性的な紛争の結果でも原因でもある。それゆえ、彼らは紛争の終結と平和構築活動の中心である。難民問題の解決が、平和構築の問題には第一であり、副次的ではない。難民は、国内そして域内諸国の安全の中心要因である。

ＵＮＨＣＲによれば、平和構築は「国家による保護と法規範が再び確立する過程」であり、具体的には、社会的・政治的暴力がなくなり、法手続きが確立されて効果的に働き、政治的には複数政党制が導入され、資源の公正な配分がなされることだ（ＵＮＨＣＲ難民白書、一九九七年）、という。しかし一般に実際の支援事業では、アフガニスタンに見られるように、依然不透明な状態が続いている。近隣諸国に長期滞在している難民は、平和構築活動の中で、分離した要因として扱われるべきではない。長期に難民を存在させることは、いわゆる難民の中に平和の到来を「台無しにする人」[4]（spoilers）を生み出したり、早く難民を帰したいという庇護国からの圧力で、平和構築を壊す可能性がある。[5]

第二の問題は、原因国の国内に、難民が安全かつ持続して帰還できるという必要条件ができる前に、大規模の帰還を行うことである。長期の滞留状況から帰国した多くの人々によると、帰国の決断は、自分たちが心の準備をする前に、外部の予定と優先順位で決められ、帰国させられた、という。[6]しかし多くの場合、そうした帰還は滞留難民の問題の解決には役立っていない。難民帰還は、「自発」を基礎とし、安全と尊厳をもって行われるべきだという十分確立した法原則があるのに、アフリカでは特に、かなりの割合がこの基準に合わない中で帰国している。そのため、元々自分たちが逃亡・避難した根本問題には手がつけられないままの状態が続き、帰還が継続して実施できる条件の見通しは立たないままである。これは紛争の再発につながり、いつ何時また難民移動が起こるかもしれない。こうしたことが起こる背景には、解決策自体が、庇護国での統合を奨励するよりも、帰国の決意をさせることが最優先されたために、結果的にそれは、紛争を悪化させる要因としても働いてしまっていることがある。

難民帰還の結果についてＵＮＨＣＲ執行委員会が言及し、保護への懸念を初めて示したのは、一九八五年である。それから随分と年月は経ったが、帰国した難民たちに何が起きたかについては、情報は殆どないのが実情である。アフガニスタン、リベリアその他では、長期の亡命後、帰還した難民は、その後国内避難民になっている。[7]滞留難民が、今度は国内避難民になるのでは、難民状況が改善されたとはとてもいえない。帰還は「難民の循環周期」（refugee cycle）の結末となるが、また新しい循環周期の始まりでもある。

強制的かつ時期尚早の帰還事業は、平和の到来とともにドナーの関心が、庇護国から原因国に移ることにより、生じてくる。ドナーは、現場・地域内での解決（現地統合か帰還）を望み、庇護国は地域での解決より、もっとそれ以上の負担分担を望む。ＵＮＨＣＲは庇護国に対し、難民への彼らの責任を果たすようにとはいうことができない。途上国の貧しい庇護国は、豊かな先進国が難民を避けようとしているので、負担の過剰を感じる。焦点を外され援助が削減される庇護国は、難民庇護への態度を厳しくし、益々早期の強制帰還に向かうことになる。タンザニアでは、ブルンジでの平和の兆しで、二〇〇二年初めにタンザニアでの難民計画からドナーが離れたため、同政府はブルンジへの帰還民を一挙に三倍にして国境から押し出した。帰還した八万五〇〇〇人は、ブルンジの〝か細い平和〟への重荷となった[8]。庇護国の意向が考慮されないなら、庇護国は早期に、かつ強制的帰還を行おうとする。早期の帰還は、自発ではなく、強制して、あらゆる理由で難民を帰そうとする貧しい途上国に、益々支持されている[9]。早期帰還は、ドナーも支持している。旧ユーゴ紛争が終わると、ドナーは難民の帰国を望んだので、彼らは難民が事態に対応できるよりも早く、帰還に優先度をつけ、資金を拠出した[10]。庇護国のニーズと関心を考えない過ちである。

大事なことは、ドナーの関心が、近隣国での難民援助の犠牲の上に、原因国での平和構築に急速に移らないようにすることである。代わりに庇護国の関心や懸念が、平和構築活動の地域的力学の一部として、十分に考慮されることである。そうした方法は、庇護国による持続性のない早期の帰還を避けられるだけでなく、庇護国の難民滞在地域の修復・再建にも役立つ。庇護国とドナーの懸念に十分応えながら、帰還が永続性を持ち、滞留難民の否定的な問題を解決するために必要なことを、十分説得する努力が大事である。

第三は、国外要因に関心を払うことである。国外要因を見ないと、紛争後社会の回復を妨げるばかりか、逆に覆してしまう[11]。リベリアでは一九九〇年代末、国外事情を考えなかったために、紛争が再発し、難民が流出した。ソマリアでもリベリアでも、紛争は近隣諸国に広がった。難民帰還と再統合だけが平和構築の成功を占う指標になる限り、長期滞留の問題と平和構築活動、そして難民の平和構築への〝組み込み〟の間の理解は限られる。庇護国や原因国だけでなく、近隣諸国の難民集団に早めに関わることは原因国での平和構築活動に利益がある。難民と紛争の地域力学の潜在的な役割を平和構築活動に組み入れることは重要である。両者は、原因国での平和構築活動を阻害することも、支援することもできる。より広い地域の力学に心を配らない平和構築は、活動を阻害する要因を無視する危険性がある。例えば国連安全保障理事会は、紛争の根本原因に言及し、主として紛争の国内的要因に目を向けるが、国内紛争の国際的原因を理解することなく、平和構築活動を続けることは、長期的には不可能である。同じようなことは、「平和構築理事会」(the United Nations Peacebuilding Commission, PBC) にもいえる。同理事会は二〇〇六年六月、ニューヨークでの最初の公式会議で、仕事の場をブルンジとシエラレオネに決めたが、もっぱら国内活動に焦点を合わせた(12)。紛争の地域的な性格や関連する難民には、殆ど注意を払わなかった。国家の紛争は、より広い地域の力学と近隣の紛争と結びついている。難民の問題は、紛争の結果であり、原因である。安定化と平和構築は、滞留難民問題を解決するための最初の必要条件である。平和構築活動と滞留難民の問題をつなげる様々な方法が必要である。

第四番目の問題は、ドナーによる援助の早期撤退と援助疲れである。ドナーは、緊急事態は押さえられたと思った時、望ましい大きな変化が十分に期待できる前に、撤退してしまう。一国の政治的、社会的、そして経済的目標を好ましい状況下で達成するには一〇年、あるいはそれ以上必要だが、ドナーや国際機関は委任事項に従い、単年度ごとに計画を作り、資金を出す。そして、状況の如何にかかわらず、決められた時期がやってくると撤退してしまう。国際介入(援助)が好ましい成果を作り出していると見られる場所でさえ、国際機関は任意に決められた撤退計画のために、この成果を持続できないでいる(13)。和解は見せかけとなり、外部から押しつけられたという感情だけが残る。ボスニア・ヘルツェゴビナでは、帰還した人々は小地所を与えられるか、地方当局の手で定住させられ、さらに追加的な援助があるといわれたが、実際は何もなかった。[14] 持続可能な開発とは、単なる開発以上のものである。帰還民、市民社会、国の間の建設的関係を固め、帰還民の物理的、物質的安全を確保することである。具体的には、四つの危険、[15] ①物理的危険、②社会的・心理的危険、③法的危険、④物質的危険、を取り除くことが、平和構築、そして再統合につながる和解を早める。帰還も再統合も二つの分離した事業と見られるのではなく、一つのまとまりで考えられねばならない。それゆえ帰還計画は、事前に長く時間をかけて準備される必要がある。人道援助活動に典型的な、〝大規模介入〟と〝大急ぎの解決策〟では、めったに解決策とはならない。ただし反対に、ドナーが長く留まり、もっと関与すれば良いというものでもない。旧ユーゴのいくつかの計画で発生したように、逆にその国の主体性を抑えてしまう怖れがある。[16] 紛争後の国際介入は、いつまでも終わりがないということではない。「出口戦略」を持つことは、残された問題に取り組む、現地の人々の能力を強化することにつながる。大事な点は、ドナーと国際機関が如何に現地の関係者と協働し、継続的な関与を行うかである。

第五は、過去一〇数年の教訓が示すように、平和構築が効果的に行われるためには、帰還民に影響を与える広範な問題に対処する必要がある。難民の要求は、土地・財産の回復と、自発的で安全な帰還の方策を持つことと、祖国社会への再統合である。[17] ボスニアでは人道援助が当初沢山あったにもかかわらず、国際社会は少数民族となった難民・避難民に、彼らに敵意を持つ地域で、帰還民に自分たちの家を取り戻す要求をする雰囲気を作り出せなかった。[18] 和解は、再統合に先立たねばならないので、「和解」と「再統合」の関係は重大である。和解にあたり、現地の制度や手段を活用する必要がある。人道機関と人権機関は、帰還民と地元民の橋渡しのセミナーを開催できるし、必要なら紛争解決の集会も開くことができる。地元ラジオ局を使って、なぜ紛争は起きたのか、どうしたら再発を防げるのか、を自分たちで分析できるようにすることもできる。再統合は、帰還民や他の地域社会の成員に、先の四つの危険から、安全を次第に大きく高めていく過程である。例えば、社会公正、正義、和解、住居と財産権、人権監視、疲弊した経済の中での暮らしへの補助……。現在の平和構築活動の考え方は、難民本国でのインフラとサービスのような再統合の前提を作ることで、問題を解決しようとしているように見える。特に、個々人相手の段階では、被災者の声を聞かず、外部者の一方的な思い込みで事が進められているように見える。二〇〇四年に起きた東南アジアの津波被害者も多くが、「収入があれば、自分たちで家は再建できる」といって、「家を再建する援助よりも、生活手段の支援の方」を望んでいた。[19]現在は、問題の解決が、インフラや国家建設をどうするかに焦点が合わせられ、UNHCRが過去成功できなかったアフリカでの農村定住地での〝自助〟の促進事業の経験が思い出されることはない。NGOは、UNHCRが自助の名の下に、難民に労働権、移動の自由、住居選択権が十分ではなく、さらに十分な教育、医療を受けていない状況の中で、援助から徐々に手を引くことに反対している。[20]

第六は、難民は平和構築で重要な貢献をするということである。難民参加は、平和と紛争後の経済回復を固めるのに必要である。難民が亡命中に取得した特別の技術は、復興に役立つし、帰還前の平和教育や和解活動から、平和交渉への直接参加までを含め、寄与できることはたくさんある。難民は安全を確保するために、自身の宗教、文化、制度的手段を持つことが重要である。

2　復興開発――機関間の活動調整と包括的計画（1）

人道機関と開発機関が活動上で協働を強めようとした歴史は古い。この試みは、アフリカでは一九六〇年代からＵＮＨＣＲの手で実施されているが、冷戦終結後の一九九〇年代に改めて注目されるようになった。救援と開発というつながりは、計画実施上の提携といった狭い概念を越えて、代わりに、より全体的に国の状況を見ることである。開発の図案《デザイン》を決める上で、二国間、多国間ドナーは議題を設定する上で大きな力を持っている。一九九〇年代末、ＵＮＨＣＲは〝紛争後の社会〟での活動の調整を視野に、世界銀行やＵＮＤＰといった開発機関と協議を重ねた（いわゆる、ブルッキングス・プロセス）。その意図は、計画上の初期段階で長期的対応を折り込み、救援と開発の協力を強めることであった。ＵＮＨＣＲはその後、開発機関側との調整を経て二〇〇三年、「新恒久的解決構想」（New Framework for Durable Solutions）を採用、ＵＮＨＣＲとＵＮＤＰ、世界銀行の間の緊密な協力と、それぞれの分野で他の専門機関であるＩＬＯやＵＮＩＣＥＦなどとの提携を打ち出した。その骨子は、「（難民を含めた）地域開発アプローチ」（Development Assistance for Refugees, DAR）、「現地統合を通じた開発」（Development through Local Integration, DLI）、原因国での「帰還・再統合・復興・再建」（Repatriation, Reintegration, Rehabilitation and Reconstruction, いわゆる 4Rs）であった。この構想は、いくつかの計画で実施された。[21]

救援から、復興開発に途切れることなく移行するには、国内、国外の双方で、戦略や計画面で、多くの関係する機関同士が密接に連絡をとり、事業は効果的に橋渡しされねばならない。開発機関の役割は、紛争予防を含む、全ての段階での全体的な事業である。滞留難民問題で開発機関が持つ強みは、問題を巨視的に見る点である。彼らの強みは、紛争の元となる長期的な要因に対して、資金を出すことができる。難民問題に直接手を下すことは主流の開発事業ではないが、開発関係者は計画に、難民を含む紛争関連の事柄を入れることに注意を払い始めた。

滞留難民の問題で、他の関係者と開発機関が協力を強める重要な点は、治安は開発の脅威になるということである。開発が成功するためには、治安の良さが大きく影響するという事実である。開発と治安（安全）が交錯するのは、治安部門の改革である。この改革は、元兵士の再統合援助と並行するものと考えられている。二〇〇五年、OECDの開発援助委員会（DAC）は治安部門の改革について、包括的な指針を出している。しかし、開発機関と治安関係者の現場での協力や、機関同士の関係はバラバラで、一般に調整されてはいない[22]。それぞれの機関の役割や委任事項への認識が異なるために、それぞれが持つ利点が十分に発揮できていない。この分野でカギを握るのは、二国間ドナーである。彼らは、関与するにあたり組織としての限界はないし、そうした微妙な問題を通じて、外交的な影響力を行使することができる。治安は微妙な問題で、多国間機関は関与することに慎重である。世界銀行が軍隊、警察関連の事業に直接関わることはない。ただし、改革を進めるには、治安関連の費用が必要であり、財政管理と財政再建が不可欠となっている。

「武装解除・除隊復員・社会復帰プロジェクト」（Disarmament, Demobilization and Reintegration Project, DDR）は、UNDPや世界銀行などの開発機関にとって予算の重要な獲得源となってきた[23]。プロジェクトの目的は、元兵士を社会復帰させることで、紛争の要因を除去することである。効果的に進めるためには、所得創出事業の成功次第だと思われた。しかし実際上、DDRは短期ではおさまらず、長期化という他の難民関連事業と同じような問題が発生した。アフリカ大湖地域の多国間プログラム（MDRP）ではあまり参加国がなく、加えてDDRが本当に平和構築に役立っているのか、その程度は、という妥当性をめぐり、いくつかの深刻な問題が出された。プロジェクトは元兵士の社会復帰という目標よりも、彼らに社会的な〝烙印〟を押すことになって逆効果が現れた。資金面でも、ドナー間の協力が必ずしも十分ではなかった。加えて、治安という政治問題に遭遇し、〝技術的〟機関という開発機関にとっては、委任事項に抵触する怖れがあった。そのため世界銀行は、DDRに関連した運輸のために軍事インフラを利用することは制限された[24]。開発活動は決して非政治的ではないのに、計画の実施に当たっては、意識的に非政治的だといわざるを得ないことが、特徴的に現れた。

紛争予防とその緩和は、「貧困削減戦略」の重要な要因である。過去一〇数年、世界の最貧国二〇ヵ国のおよそ八〇％が戦火の被害を受け、平均して、戦火のあった国の四四％が五年以内に紛争を再発させている。[25]平和の回復後、復興が急速に進展した場合でさえ、戦前の水準に戻るには一世代以上かかるといわれている。二〇〇四年の時点で、世界銀行の「紛争後資金」(Post-Conflict Fund, PCF) の支出の約三分の一は、難民と国内避難民に振り向けられている。その際世界銀行は、難民・避難民は通常、開発事業の対象となってはいないが、彼らを〝弱者集団〟に含めることでプロジェクトを行う、[26]としている。

開発機関は、紛争防止とその緩和、紛争後の再建に関わるが、問題がないわけではない。UNHCRは、世界銀行の「構造調整計画」は、短期的には紛争原因を悪化させることを認めている。ルワンダ、ソマリア、シエラレオネのような国で、深い戦火の傷を癒している時に、壊滅的な経済を立て直すために、正当な構造調整策を実施するのは非現実的[27]だと、いうわけである。

開発機関にとって、UNHCRのこれらの計画は元々、自分たちの主流事業ではない。例えば世界銀行は、UNHCRのDAR／DLI／4Rsにはまれに参加するだけであった。[28]参加する場合は、一般に上記のような、特定の信託基金の場合か、パイロット事業であった。世界銀行は主に、資金供出の役割を果たし、実際の活動は控えた。同様に、UNDPもあまり積極的とはいえなかった。組織の中では、「危機防止復旧局」(the Bureau of Crisis Prevention and Recovery) が担当したが、活動は相対的に特殊で、機関の主流活動からは外れていた。難民関連の活動は別個に展開され、大規模の援助計画の中では、紛争に関連する事項は些細なことと見られて、あまり考慮されず含まれることもなかった。[29]

世界銀行は危機の元となる社会経済要因に継続して関与が可能だが、滞留難民の問題では実行上、開発事業からは逸脱したものと見ており、一般に開発機関から滞留難民の問題は無視された。開発機関に働く職員には、こうした分野を担当することは主流の業務から外れるので、経歴上不利だと見られている。機関内では、脆弱国家や紛争国家という悪条件下で働く場合には、内部的な報奨をつけるべきだ、といわれている。(30)

また、国内外の多くのNGOが、救援と開発で働いているが、多くの国際NGOにとって、長期にわたる開発事業より、難民援助で資金を集める方が容易である。事態が落ち着いた滞留難民より、初期の緊急段階にある難民の方が、明らかに資金は集まりやすい。特に、開発という役割は、国内NGOが果たすべき分野である。しかし彼らは、その能力が不足するかもしれない。国際NGOは、国内NGOの能力開発を行ってはいるが、両者の間には競争という要因も働いているのが実情である。

3　復興開発——機関間の活動調整と包括的計画（2）

逃亡・避難を引き起こした問題には、包括的なやり方で対処する必要がある。対応への要点は、二つに分かれる。一つは、まず現在の問題に取り組むことである。二つ目は、包括的な解決策を発展させることである。現在のような〝生活維持策〟(care and maintenance) という援助形態から脱却して、より問題解決型のやり方をとる必要がある。難民の〝自活〟を高める計画では、滞留難民問題の解決にはならない。これらの短期介入は、解決が見出されるまで、ただ状況の管理を助けるだけである。長期的には、問題の解決は、包括的な解決策の策定と実施を通じてのみ達成される。そのため、多国間の協力が必要である。人道、平和・安全、政治、開発などの問題と解決はつながっている。不幸にも、先進国も途上国も、多くの国々はこの考え方をとらない。滞留難民の問題には、戦略的に殆ど統合されたやり方がなく、現場でも殆ど効果的な協働がなされていない[31]。滞留難民の状況には、多面的な方策が必要なのにもかかわらず、政策担当者の全体としての反応は、安全、人道、開発などの分野に区分され、各々の問題がそれぞれ異なる場所で論議されている。換言すれば、平和構築には戦略としての体系的な論理と法的な枠組みがなく、紛争後の社会、もしくは帰還する難民に固有な諸問題への明確な理解を欠いている。

解決への方策が、難民・避難民との相談で決められることはめったになく、またその方策はしばしば強制的で、新自由主義の経済理論に基づいている。それは国内紛争の国際的な原因に関心を払わず、参加型の〝紛争後の国家〞を建設する可能性を排除する。国家建設を持続的に推進する適切な方策をつかむ認識論が乏しい。代わりに、難民・避難民への援助の程度・数量を決めるのは、主に政策担当者の政治的・地政学的な関心と、マス・メディアの報ずる優先度を反映している。その結果、一般に広く認められる援助の調整不足、重複、バラバラの計画、支出できないほどの大量の資金[32]等々の問題が出現してくる。ここでいう、滞留難民問題への意味ある全体的な解決策とは、これらの分割に打ち勝ち、代わりに広範囲にわたる関係者の計画・政策を組み入れることである。

それゆえ「包括的行動計画」(the Comprehensive Plans of Action, CPA) とは、次の三点に関係してくる[33]。①包括的……恒久的解決策の全てを利用する。②協力的……国家間の負担分担。地域機構、国際社会の関与である。③協働的……国連機関とNGOの参加、平和・安全機関、開発機関の継続的な参加、である。こうした包括的な計画の下で、資金は優先度の高いものに重点的に振り向けられ、戦火が残した暴力、避難といった負の遺産に絶えず注意を払いながら、開発と制度改革への援助が進められることになる。結果として、真の包括的な解決とは、持続性ある政治的、外交的、経済的、人道的な関与を原因国と庇護国で行うことである。

包括的な行動計画が成功するためには、いくつかの政治的、実践的な必要条件がいる。ベッツ（Alexander Betts）によれば、政治の面では、関心、つながり、指導力があげられる。実践の面では、UNHCRと国連本体の原因国での関与、関係者の積極関与、機関間の協働、国連の強い地域関与、である。[34] 近年、「包括的行動計画」の概念が滞留難民対策として、UNHCRの「難民条約・プラス」（Convention Plus）の文脈の中で復活してきた。[35] 一般的にいえば、この計画は対象となる地域の文脈の中で、恒久的な解決を実施する多国間アプローチである。

CPAの成功には、政治的な〝弾み〟が特に重要で、それをつけるには明確な未来図が欠かせない。未来図は実行段階のあらゆる詳細を網羅する必要はなく、計画の政治的立脚点を明確にすることである。よくある拠出金の制約会議ではなく、政治的意思と関与に焦点を合わせた会議である。それが、計画に勢いと確実性を与える。[36] 繰り返しになるが、包括的な解決には、政治意思と各国政府、政府内機関、市民社会からの関与が必要である。この問題に持続的な関わりを続けるためには、国連全体の関与が必要である。「クラスター・アプローチ」（cluster approach）の導入に加え、「一つの国連」（One UN）概念には国際的な支援がある。ドナーからは近年、“joined-up”とか、“whole-of-government”という、脆弱国家に対して協同して取り組もうという声が聞こえる。[37] 成果は、広範な関係者の継続的な関与次第である。平和を定着させようとする国際社会、地域の関係者の側で失敗があれば、紛争と避難は再発する。

国連内、そして広く国際社会内で、互いに調整・協働を強める必要があるという認識が高まる一方、協働には深刻な障害がある。国連機関とNGOもそれぞれ同様に、自分たちの領域を守ることに熱心で、不幸にも資金を求めて、国連機関間、国連とNGO間、そしてNGO間で、一層の競争、縄張り争いは普通である。[38] 各関係者は互いを理解し、信頼することが必要になっている。そして共通の枠組みに沿って、関係者の間の協議を進め、大変難しいことではあるが、自分たちの領域への根強い防衛本能を幾分か捨てることが必要となる。

最後に、滞留難民への包括的な解決策は、西側先進国の懸念に応え、難民の保護というニーズに合致し、庇護国の懸念に応えるものである必要がある。そして、これらの状況を解決する協調行動が大事である。

（1）Verdirame and Harrell-Bond, 2005, p.335.
（2）Chimni, 2004, p.197.
（3）Morris and Stedman, 2008, p.78.
（4）平和構築への最も重要な問題の一つは、難民キャンプの中、及び難民が滞留している国境地帯にいるこうした人々（スポイラー）である。彼らは紛争の沈静化を妨げ、遅らせ、頓挫するよう、活発に活動する集団である。いわゆる〝難民戦士〟の同類で、一九五〇年代以降、難民移動の際の優勢な特徴の一つである。教育あるエリートが、経済的、政治的力から排除され、働く機会もなく、キャンプに取り残されるのが原因と見られている。彼らの中には、過激で暴力的な政治運動をする人もいる（Verdirame and Harrell-Bond, 2005, pp.335-336）。いかに難民が、戦争をそそのかし、長引かせ、平和の障害となっているかを見ることは重要である。
（5）Loescher, Milner, Newman and Troeller, 2007, p.4.
（6）Brown and Mansfield, 2009, p.15.
（7）Loescher and Milner, 2008-a, p.39.
（8）Loescher, Milner, Newman and Troeller, 2007, p.5.
（9）Chimni, 2004, p.204.
（10）Brown and Mansfield, 2009, p.15.
（11）Loescher and Milner, 2008-b, p.372.
（12）Loescher and Milner, 2008-b, pp.371-372. 同理事会の活動は、主題として包括的なので、地域の滞留難民の問題と平和構築に向けることが可能である。
（13）Newman, 2004, p.24.
（14）Brown and Mansfield, 2009, p.15.

（15）Chimni, 2004, p.200.
（16）Fagen, 2004, p.245.
（17）Sharpe and Cordova, 2009, p.46.
（18）Fagen, 2004, p.244. 後に平和維持部隊が「デイトン合意」（Dayton Accords）を守るよう政府に圧力をかけ、徐々に改善が図られたが、しかしその時には人道援助の資金は底をついていた。帰還民の財産権を守るのは、原因国の一般的な義務である。何万人もの帰還民は、元の家に戻ったり、財産を取り戻すこともできず、代わりの補償も受けられないでいる。平和合意に、強制的な返還の条項が含まれていないためである。デイトン合意で作られた「難民・国内避難民の不動産請求委員会」（Commission on Real Property Claims of Refugees and Displaced Persons, CRPC）でさえ、五万件の要請書のうち、わずか三％が返還を受けただけである（Chimni, 2004, p.208）。紛争後の社会で、公平で自由に、住居と財産の争いが解決されないのは、好ましいことではない。敵意ある中で、資産を取り戻すのは容易ではない。住居と財産の返還は、紛争後の和解と復興の最も重要な課題の一つである。
（19）Brown and Mansfield, 2009, p.16.
（20）Ferris, 2008, p.96.
（21）Mattner, 2008, pp.114-115. 4Rsでは、開発機関と人道機関の協力は、例えばシエラレオネやスリランカの難民の再統合事業で実施され、いくらかの協力はアフガニスタンでも見られた。ＤＬＩには、「ザンビア・イニシアチブ」（Zambia Initiative）があり、ザンビアの難民居住地域で地元民のニーズに応えた開発機関の参加を考えた。いくつかの二国間開発機関が支援し、ザンビア政府の国家開発計画に組み込まれた。プロジェクトは有望に見えたが、二〇〇二年アンゴラ難民の大量帰国で頓挫した。また西部地区の有力な地方指導者が難民の統合よりも、アンゴラ人の帰国を望んだことも災いした（Fielden, 2008, pp.11-12）。
（22）*ibid*., pp.116-117.
（23）*ibid*., p.116. 例えば、アフリカ大湖地域の多国間プログラム（the Multi-Country Demobilization and Reintegration Program for the Great Lakes, MDRP）だけで、世界銀行は五億ドルのプロジェクトを実施した。これらのプロジェクトは、大湖諸国、アンゴラ、中央アフリカ共和国を対象に、平和と安定の枠組みを与えた。
（24）*ibid*.
（25）*ibid*., p.108.

（26）Ferris, 2008, p.100.

（27）Chimni, 2004, pp.199-200. これに対し世界銀行は、紛争後の状況の中で、広範かつ即座の民営化を強調しても、公平で持続可能な開発を進めることにはならないだろう、と反論している。

（28）*ibid.*, pp.115-116. 不参加の主な理由は、世界銀行独自の、より規模の大きなプロジェクトがあったことと、構想自体の〝政治性〟を嫌ったためであった。

（29）*ibid.*, 2008, p.116.

（30）Mattner, 2008, p.120.

（31）Loescher and Milner, 2008, p.362.

（32）Fagen, 2004, p.222.

（33）Loescher and Milner, 2008, p.360.

（34）Betts, 2008, p.178.

（35）*ibid.*, p.162.「包括的行動計画」（ＣＰＡ）の最も著名な例は、「国際中央アメリカ難民会議」（the International Conference on Central American Refugees, CIREFCA）と、「インドシナ包括的行動計画」（Indochinese Comprehensive Plan of Action, ICPA）で、両方とも一九八九年に行われた。その後ＣＰＡは、ＵＮＨＣＲにより二〇〇四年ソマリアで、「ソマリア難民包括的行動計画」（the CPA for Somali Refugees）で、パイロット・プロジェクトとして使われたが、二〇〇六年までには関係者から政治的、経済的な支援を得られず失敗した。しかし原因は、ＣＰＡ概念が適切さを欠いたのではなく、欠点は過去の教訓に学ばないＵＮＨＣＲや国連本体にあった、という声がある。

（36）*ibid.*, pp.179-180.

（37）Loescher and Milner, 2009, p.11.

（38）Ferris, 2008, pp.100-101.

第四節　現地統合

国や大陸を越えて移動する人々が益々増える中で、難民を庇護国に定住させる、いわゆる「現地統合」が解決策として考えられねばならなくなってきている。近年、UNHCRの政策の中で、恒久的解決策として、現地統合が重要度を増している。二〇〇五年のUNHCR執行委員会では、負担分担としての現地統合の重要性があげられている。恒久的解決策としての現地統合が再び見直されるようになったのには、いくつか理由がある。[1]

まず第一は、イラク、スーダン・ダルフールの危機のように、今世紀に入ってからの新しい難民緊急事態もあったが、主な危機状況は著しく減ったことがあげられる。このことが、UNHCRその他の人道機関に、以前は無視されていた難民危機、特に彼らの長期滞留状況に注意を払う時間的余裕ができたことがある。

第二は、長期の滞留の否定的な徴候が出てきて、それに伴い研究報告が相次いでなされたことである。難民たちが、自活する機会もなく、何年もキャンプに閉じ込められた状況で様々な問題が現れてきた。難民キャンプの難民は、栄養状態が悪く、病気にかかりやすい。また、精神的な問題を発症し、女性は特に、性的、ジェンダーに基づく暴力を受けやすい。

第三は、これらの難民が移動を始めたことである。彼らは生活環境の悪化と、将来への見通しがないことから、キャンプを離れ、都市区域へ、あるいは世界のより遠い国で庇護を求めるようになってきた。現代世界の政治的、経済的、社会的条件が、そうした解決策を許容するようになってきた。

現地統合の原則は、難民条約の中に明記され、恒久的解決を果たす上で、市民権の重要性に焦点を合わせている。UNHCRは、同化の用語を嫌い、現地統合を支持するが、難民条約は、「統合」と並んで「同化」の概念を使う。現地統合の概念を狭く解釈すれば、難民は庇護国で帰化した時点で恒久的解決策となる。他方で概念を多元的に広く解釈すれば、難民が現実に帰化（国籍取得）することなく、法的、経済的、社会・文化的に、社会に統合されることは可能である。[2]

歴史的には、現地統合の計画に国際社会からの資金を獲得するのは困難であった。ドナーは、統合事業が必然的に持つ活動の長期化には関心が薄かった。難民は、心理的にも政治的にも、国際及び国内機関にはその存在・姿が見えなかったし、最後には帰国するという考えを抱いている難民には、選択するのが難しい解決策であった。庇護国もまた、定住や統合の可能性を制限することで、帰還が促進されると考えた。開発という手法が、難民の恒久的解決の基礎として必要な一方、最も大きな障害は、開発志向の支援をドナーが望まず、また庇護国側にも開発アプローチにためらいがあることである。大量流入の場合には、現地統合の方法はめったに使われず、その場合には全く解決策とは見られなかった。国家は、帰還を〝好ましい恒久的解決策〟と見る傾向があった。

現地統合はこのように理論上、庇護国が必ずしも歓迎しないが、実行上では地方当局は、難民の流入、そしてその後の滞在を事実上の統合と見なしている。例えばシエラレオネでは、現地統合を進めるために〝自活戦略〟(self-reliance strategy)の用語を使うことが好まれた[3]。庇護国の国民と難民の間に存在する言語、民族、文化的類似性(心理的適合性)の程度が、どれほどかというのは現地統合の重要な要素である。庇護国とその国民が、難民と類似性が高い途上国の場合には、現地統合という解決策が広く使われてきた。アジア、アフリカのいくつかの国では、難民が統合され、帰化してきた[4]。

ただし、庇護国が難民の現地統合に反対する場合、「実際的な理由」と、「感覚的な理由」があることは留意すべきである。いくつかの事例では、同じ国内で異なる民族の難民集団に、非常に異なる政策が適用されている。ウガンダでは、国内の北部で武装闘争が続いており、難民への解決策は事例ごとにとられている[5]。文化的類似性は、疑いもなく統合を円滑にするが、民族性は統合の無条件な前提ではない。一つのやり方が全てに当てはまるわけではなく、地域の事情に十分に通じた知識を踏まえた柔軟性が必要となっている。

とはいえ、現地統合は、難民と地元民に対し、潜在的に多くの利点があるのも確かである。彼ら難民は、庇護国社会に経済開発面で多くの機会を与える、技術を持った新しい労働力となる。一九七二年、ブルンジ難民のタンザニア流入で見られたように、難民により、遠隔の西部地域で農地開拓が行われ、国と地方の経済の発展に貢献した。(6)

近年の政策的な論議では、経済的な生産活動に関与させて、難民の潜在能力を開発する必要性や、開発の参加者としての難民を育てること、庇護国社会への援助を含みながら、地域社会を基礎とした援助の推進がいわれている。難民が庇護国で過ごした時間の長さは、現地統合を考えさせるもう一つの重要な要因である。長期に滞留した難民には、現地統合が最も適切であるように見える。(7) 長期滞在は、特に、言語と教育での同化を通じて、事実上の統合の助けとなる。こうした適応は、特に若い人々の間で進み、地元民の外国人嫌いを弱める傾向にある。

援助側の人々は、途上国に滞留する難民に、亡命期間中に高い水準の自助ができるようにすること、難民と地元民双方に利益と機会をもたらす地域開発を促進することを望んでいる。しかし現実には、この方法は、庇護国側の同意を得ることが難しく、実施が困難である。(8) 庇護国側に現地統合策がないため、難民が帰還しようとしても、帰ることができない場合もある。南アフリカの多くのモザンビーク人は、庇護国での法的地位がないために、滞在する国で職につけず、祖国モザンビークでの再出発に必要な最低の資本を貯めることができなかった。(9)

難民問題への解決が常に特定の歴史的、政治的文脈にあったとすれば、グローバル化の時代に、多くの難民にとって〝家〟に込められた意味は、唯一つではない。各人は自国に住むべきで、もし亡命を強いられても、その国に戻るべきだという政策はあまり効果がないことが、合意されてきているように見える。滞留状況では、人々は一般に〝祖国〟に住んだことのない場合がある。タンザニアで一九七二年に登録されたブルンジ難民の八五％

は、庇護国タンザニアで生まれ育った。祖国を離れ、難民キャンプで育った子供には、見たこともない祖国は、家とは見なされない場合もある。この意味で、現地統合は最も現実的な解決策になる。難民がキャンプ等から移動するのは、現地統合策が失敗したからだといって、恒久的解決を現地統合以外に見出そうとするのは賢明ではない。現地統合策は、滞留難民状況でのみとられる例外的な方策だとすることはできない。一体誰が、ある難民状況は滞留するか否かを、前もってどのようにして知ることができるだろうか?[10]

難民は一様な集団ではなく、紛争後の状況にそれぞれ異なる反応の仕方をする。難民個々人は、ジェンダー、階層、世代が異なる。全ての難民を同様に扱うと、個々に異なる難民が異なる条件で帰り、異なるニーズを持つことを正しく理解できなくなる。

現地統合は結局、歴史的に有力な解決法だったし、おそらく最も成功する解決策の一つかもしれない。UNHCRは庇護国に対し、難民をキャンプに閉じ込めるよりも、このやり方の方が価値があり、利益にもなることを説得して難民を助けることができる。[11]統合は、複雑な社会経済的、文化的な過程で、異なる変数の組み合わせの結果である。しかしいずれにしろ、統合の成功に欠かせないのは、大きな妨害物となる法的障害を取り除くこと[12]である。現地統合は、小人数の難民しか定住させられないし、困難なように見えるが、統合の問題は帰還でもたらされる問題と比べて、その困難の度合いが少ない。ひとたび家（自国）に帰還したら、また新しい数々の暴力が始まる。難民にとって、自国への再統合は困難で、しばしば庇護国への統合よりも難しい。

（1） Fielden, 2008, p.4.
（2） 恒久的解決策としての現地統合には、三つの次元がある。①法的過程……難民は庇護国で広範な権利を得る。②経済過程……持続的な生計と生活水準を確立する。③社会・文化過程……難民が庇護国の社会生活を受容し、差別の怖れなく生活できるよう、適応を図る。

（3） Fielden, 2008, p.4.

（4） 実際上、途上国では驚くほどの受容性がある。パキスタンやイランにいる何百万というアフガニスタン人、トルコでのブルガリアからの同族の人々、スーダンのエチオピア人、ソマリアのオガデン地方からのエチオピア人、ウガンダでのスーダン南部からの人々、ジブチでのイサク系のソマリア人、マラウイでのモザンビーク人などである。彼らは、庇護国の国民と民族的、言語的な特徴が似ていることで地域に受け入れられてきた。難民と地域住民の「親近性」と、「共通する集団的アイデンティティ」の重要性は高い。庇護国社会が、流入する難民を〝我々の一員〟と意識すれば、前向きで寛大な考えが出てくる。逆に、難民が異なる集団の人と見られれば、態度は敵意あるものとなる。

（5） Mattner, 2008, p.118.

（6） Fielden, 2008, p.3.

（7） ザンビアの難民キャンプで、それまでの人生のほぼ全てを送った若いアンゴラ人女性は、完全な英語を話すが、帰還した母国の言語であるポルトガル語は全くできない。亡命中のザンビアで中等教育を修了し、国際ＮＧＯで仕事を得ていた。アンゴラへの帰国は、相対的に生活が安定したザンビアから、全く不確かな生活に移ることだった。アンゴラでは、ポルトガル語を学ぶことも、英語教師としての仕事も見つけられなかった。彼女は生活のため、村内の他の家族が使う木を集めたり、レンガや水運びをしている。彼女のように、帰還した難民の多くは、キャンプでの生活の方が良かった（Brown and Mansfield, 2009, p.15）、という。

（8） Slaughter and Crisp, 2008, p.130.

（9） Verdirame and Harrell-Bond, 2005, p.339.

（10） *ibid.*

（11） *ibid.*, p.338.

（12） *ibid.*

おわりに

「滞留」という目に見える現象は、原因の背景を問うことなく、原因の多くを覆い隠す。出てくる処方箋は、あまりに一般的になるか、誤ったものとなる。まずは、原因と、亡命状況の視点から、滞留状況の区分をすることである。滞留状況は、世界の多くが不安定で、脆弱国家や破綻国家、内戦と迫害による紛争があるという現実の証である。現代は一方にグローバリゼーションの力があり、他方に民族紛争、分離主義運動、地域社会の暴力がある。そのため、政治論議のテーマとして、良い統治、市民社会の育成、個人の人権保護、個人の主権、人道的介入が議論されている。これらのテーマは、少なくとも相互につながりを持ち、人の移動や強制避難に明らかに結びついている。前者は、〝南〟と〝北〟の富の不平等と市場経済の強力な力と影響に結びつき、後者は、直接に武力紛争、迫害、広範な人権侵害の結果、大量の人間の強制移動に関連している。滞留難民は、保護が危険にさらされ、人権侵害を受け、人間の尊厳が脅かされている。難民保護と人間の安全を、より広い人権の擁護に結びつけ、難民問題を優先度の高い国際問題にし、新しい国際活動を作り出す必要がある。

難民状況は、国家や人々に、単に人権や人道問題を強いるだけでなく、安全、平和構築で直接に中心的な役割を果たしている。滞留難民の発生源、その発展と多面的性質を理解することである。滞留難民の原因を理解することは、解決を見出すという長期的な目的のためだが、難民、庇護国、域内の国々にとって、この問題の広範囲にわたる結果の理解にもつながる。政治的・外交的主導性を持って、開発援助、人権の監視、民主制度の建設を通じて、市民社会を強化することである。そうした努力が、早期に始められ、十分な経済資源が与えられ、政治支援があれば、暴力発生や人の大量避難を防ぐことができる。難民流出を防ぐことは基本的に重要だが、ここでのポイントは、難民状況は「滞留しないようにする」ことである。帰還に焦点を合わせた現在の政策は、今日の大多数の難民にとって、実行可能な解決策ではない。第三国定住は、非常に少数の集団には、可能な選択肢かもしれない。(1)

滞留難民が発生する主な原因は、原因国への働きかけの失敗と、効果的で持続する平和構築ができないことにある。滞留難民は、いわゆる〝弱体国家〟、〝破綻国家〟の現象と結びついている。滞留難民の問題は、脆弱国家の力学にあり、この問題に対処することが効果的な平和構築になる。二つの因果関係は、多くの面でつながっている。(2)状況の解決には、長期の地域紛争の解決が中心部分とならねばならない。基本的な原因は、問題が袋小路に入っており、それが安全、人権、民主主義、平和構築といった他の問題に密接に関連している。滞留難民の問題は、新しい分析思考が必要となっている。カギとなる解決策は、これら他の問題と難民問題をつなぐことである。(3)解決できないのは、ドナーの間で、戦略的、政治的、財政的関与のないことが原因である。解決をめぐって、関係者の間には異なる利害があり、管理能力の違いがあり、制度や文化も違う。この問題には多面的な方策が必要なのにもかかわらず、政策担当者の対応は、平和・安全、開発、人道に分かれたままである。戦略段階で統合した方策が殆どなく、現場での効果的な調整も殆どない。(4)

国際社会は第二次世界大戦後、長いこと欧州に残る難民の問題を解決し、一九八〇年代には一〇〇万を超えるインドシナ難民と、中央アメリカの難民状況を解決することができた。滞留難民の状況は政治危機で発生し、それを終わらせるのはまた政治解決である。全ての難民問題は、政治的意味を持つ。滞留難民への対応は、まだ主に人道援助に焦点を合わせる傾向がある。問題の解決には、国家の安全と安定が中心部分を占め、人道分野を越えている。問題が広範囲にわたることから、より全体的で、継続した論議が必要である。政策に滞留難民問題を組み込むことも必要になる。そして、人道分野と政治分野の隙間を埋めながら、広範な市民社会との対話、協力、調整が行われねばならない。近年、国連制度内に平和構築理事会も作られたし、平和構築基金も設けられた。また、「一つの国連」への国際支援も高まっている。国連はまた、戦火で被災した国々へ統合代表団を派遣している。滞留難民の論議が、人道関係者だけで行われ、他の平和、安全、開発の関係者が関わらない限り、影響力は限られる。

滞留難民の問題については、一九七〇年代、八〇年代に研究者によるいくつかの重要な研究があった。しかし一九九〇年代を通じ、調査も政策的関心も殆どなく、一般に無視された。(5) 状況は〝忘れられた緊急事態〟であった。難民の長期の亡命は紛争を終結できない証であり、滞留する難民は平和構築活動を不透明にする一方、紛争を継続させる。それは、避難の始まりと継続につながる、原因の政治分析を工夫する必要がある。難民問題は多面的な政治現象であり、集団的な政治意思と多国間の広範な関係者が関わる。解決には、人道機関のみでは不可能である。安全の伝統的な定義からすれば、難民・避難民は政治の周辺に置かれる。しかし、人間の避難・移動は社会内、社会間の紛争の原因であり、結果である。

滞留難民の状況には、独断的で硬直した定義は役に立たない。各状況は、原因、その影響、性質がはなはだしく異なり、一様ではない。一つのやり方が、全ての状況に当てはまるわけではない。解決は、その事例ごとになされねばならない。問題はその規模や地理的特徴もまた異なる。地理的に集中した場所が多いのは現実だが、それればかりで分析を始めることはできない。親類・縁者を頼り、地域に分散して住んでいたり、都市に住む難民は見えにくいが、それ自身の力学があり、ニーズがある。類型論は、問題を概念的に明確にはできるが、状況の中に存在する様々な型には、それぞれ異なった解決策がある。理論的には、個々の事例は、中心に共有された性質を持つ、一般的現象と見ることである。

国家が無視できない国際法の最低原則はあるが、難民受け入れでの国際的連帯は一般には存在しない。庇護国は南も北も、難民移動を違法化し、彼らのあらゆる旅行経路を閉ざすことで難民数を減らそうとする。難民救援は、西側先進国から遠く隔たった距離に難民を置くためだ(6)、という声もある。先進国には、現場で援助を与えるスタッフはいくらでもいる。人道機関は時として、現代世界の不規則な移動をする人々の複雑さを十分に理解できていない庶民に、難民の非現実的なイメージを流してしまう。また近年のマス・メディアが難民・庇護民について報じる影響は見逃せない。マス・メディアは、難民に対する世論の認識に影響を与え、政府の政策に影響し、ドナーの行動に影響を与える。もし、国家が世界の難民の逃亡・避難に無関心なままであれば、自身の住む社会は、社会的、政治的側面で害を被る。国家の難民への対応を見れば、その国の人権の健全さと、民族、人種的少数者への寛容度がわかる。

多くの国々は、入国者の管理という自分たちの権限を守るために、移住について多国間で話し合いをすることを歓迎しない。そして、移民の特別の範疇である、難民についてのみ、例外を取り決めようとする(7)。意味ある「負担分担」がなく、多くの国で外国人嫌いが広まっている。負担の現実は、難民問題が国内と国際領域をつなげるという認識が強くなっている。コソボ危機で、マケドニアが国境を閉じた時、NATO諸国は同国に政治圧力をかけ、国際的な努力で受け入れ負担を分担するようにした。しかし国際社会は、この負担を分け合うことにあまり前向きではない。その結果、庇護国は滞留難民に関わる気が失せてしまう。難民の受け入れは、善意、連帯、負担分担の証である。それは、庇護国に国際援助を与え、責任ある国際社会の一員としての地位を得ることである。[8]

この問題に対する青写真と必要な道具がすでにある中で、問題なのは、行動を起こすための新しい制度を作る「政治意思」である。先進国の意思は、触媒の役割を果たすために、十分な資金が集められねばならない。

グローバルな市民社会で、私たちが使う言葉の意味は、国境なしの世界のことである。私たちは自分自身の権利を要求し、どこであれ、必要な基準にあう他の人間にそれらを認める。彼らが一つの、あるいは他の特定の領域内にいる時のみ、権利があるというのではない。人が領域を離れたために、権利を失うということではない。市民社会では、彼らが他の市民の権利を侵害しないという制約のみに従い、市民はどこへでも自由に移動し、移住し、避難所を求める。市民として、私たちは他の全ての市民が、移動の自由という基本的な権利を持つものとして、見なされねばならない義務が出てきた。選ばれる解決が何であれ、難民の人権の尊重が、本質的前提である。これは、法的、道徳的に避けられない。冷戦終結後、国際安全保障は、もはや安全保障を、単に国家に与えるものではなくなっている。二一世紀は、個人と地域社会が益々、法的、倫理的、政治的に問題の中心になってきた。人権に関連する国境を越えた規範が出現してきた。

現在、国連、より一般的には国際制度は、人権侵害と国家建設から派生する諸々の事柄に対処する準備がまだ十分にできてはいない。しかし、権利保持者としての他の人々への尊敬の気持ちは、自国の国境で止まるものではない。[9]グローバル時代にこのつながりを無視することは、単に大きな孤立と損失に至るだけである。それは、怒り、欲求不満、テロを生み、地域、国際の安全と秩序への新たな脅威となる。道徳義務として、国境を越えて人々を助けるべく何かをするという意識は高まったが、しかしこの規範が実行に移されるかどうかは明らかではない。

難民の法的権利、制度的対応、そして支援の構造は、現代の相互依存の中で、より広い安全の枠組みの中で、新しい方向に向けられねばならない。滞留難民問題は、現代の紛争の複雑な性質を表している。全ての難民状況は、人道的緊急事態であり、人権は恒久的解決策の最も重要な根拠である。自国で保護が得られない人々を保護するために、他の国が少なくとも短期間、個人を委託されるべきである。保護を与えることは、単に人を滞在させることと同じではない。保護を与えると決めることは、他のいかなる保護も持てない個人の危機を取り扱うこと[10]、である。

滞留難民状況にある大半の人々は、帰還も現地統合も第三国定住も、全て遠い夢である。国家制度がなければ、彼らはグローバルな市民社会のどこにも、移動が自由であったろう。北への移動制限が緩められても、人数が非常に大きいので、難民の大部分は南の庇護国に残る[11]、と見られている。

忘れられた人道危機に対する国際的な反応は、受け身的で、自己利益中心で、一時的な取り組みではなくなってきている。人権侵害、市民の強制避難、そして地方、国内、域内、国際の安全とそのつながりへの国際理解が進んでいる。私たちは遠くの国で起き、私たちが殆ど知らないこと、私たちに関係ないことを放っておき、目をそらしたりするという否定的な贅沢はもはやない[12]。国内目的のために立案された計画・政策が、国外に出るやいなや、それ自体が国際的な論議と行動に道を開いている。難民、避難、庇護についての倫理的な義務がグローバル社会の連帯の中で再評価されねばならない。現代のグローバル政治の問題の一つは、人の移動に関するもので、これは基本的に倫理問題である[13]。この問題を単に、技術的、法的、政治的・行政的な事柄として見続けるのなら、対応を見誤る怖れがある。難民を分析する際に、国家主権、安全保障、アイデンティティといったすでに与えられた概念は再検討する必要がある。代わりに、社会及び国際的に、安全の焦点は何かが問われねばならない。その根拠は、人道的な義務からだけではなく、啓発された自己利益からである。難民への倫理的枠組みは、国境を越えた倫理的責任として、グローバル社会の連帯の考えの出現から考えられねばならない。

（1）定住を〝戦略的に〟活用しているのは、カナダである。カナダの外交政策は、同国の価値を反映した国益を進めることだが、長いこと難民への恒久的解決策に関心があった。国外では、他の関心ある国々（オーストラリア、デンマーク、オランダ、ニュージーランド、ノルウェー、アメリカ）そしてUNHCRと協力して、ネパールのブータン難民のような、特定の滞留難民の定住を進めている。国内では、二〇〇七年二月、滞留難民問題についての各省庁間の作業グループを作った。“whole-of-government”というやり方である。同グループは、相互に関連する三つのカギとなる分野（外交、開発、難民定住）で、専門的知見の維持に努めている（Dion, 2009, pp.28-29）。

（2）Newman and Troeller, 2008, p.381.

（3）Loescher, Milner, Newman and Troeller, 2008, p.7.

（4）Loescher and Milner, 2009, p.10.

（5）Loescher and Milner, 2008-b, p.360. 近年の研究は、アフリカその他で、新しい局面を見出したが、調査の主たる点は、難民の日常的な安全への懸念と、難民の暮らしに向けたものであった。過去の研究から明らかになったことは、滞留難民問題の広い政治的、戦略的文脈から孤立した方策では、解決に至らないことであった。解決策は、他の関係者の利害に訴えかけ、地方、地域の安全と滞留難民のつながりを踏まえることであった。この分野の研究は、わずかに近年、学問や政策志向調査の分野で輪郭を整えた。

（6）Newman, 2004, p.28.

（7）二一世紀の一つのカギとなる変化は、移住を規制しようとする政府の動きである。特に、入国管理で、難民という特別の地位を与えられる人々を定めることである。政府が入国管理をし、入国者の範疇をどう定めるかの問題は、人々に、国家と市民と法的居住者の安全に関わる問題として、移住を見るようにしている。

（8）オーストラリア、カナダ、アメリカといった限られた数の先進国が、定住計画で難民を入国させている。この原則が、これまで国際難民保護制度を支えてきた。南に関しては、北の国々が負担分担の概念に背を向けている。

（9）Frost, 2004, p.124.

（10）van Selm, 2004, p.89.

（11） Harrell-Bond,Building the Infrastructure……, p.1.
（12） Troeller, 2004, p.63.
（13） Frost, 2004, p.109.

第二章　社会資本か社会排除か？

——主にEUの難民政策の比較分析を中心に——

はじめに

欧州連合（以下、EU）では一般に、各国内で移民の労働力への需要がある一方で、実際上の移民・難民[1]の流入で、受け入れ国の社会、経済、安全に与える影響が、その国の国民の懸念事項となっている。反移民感情は、難民、〃人道上の難民〃と経済移民の区別をせず、また合法と非合法の地位の区別なしに論じられている。移民による社会への影響に懸念があり、また移民が社会に喜んで統合するのか、果たしてできるのかに疑いの気持ちがある。この疑いや懸念は、個々の移民の法的地位や滞在目的にかかわらず、全ての移民に向けられている[2]。移住とテロの関係や、不法入国と移民の密輸業が増えて、「市民を外部者から守る」という国家の役割に疑問が生じている。事情は、EU各国ごとに独自性はあるが、しかし各事例はより一般的で、普遍的な特質を持つと見られる。事実、西欧にどう入国したかにかかわらず、不法移民が庇護を申請するやいなや、「庇護申請者」という法的地位を受ける。彼らは審査の間中、労働はできないことが多いが、滞在が許可される。申請が認められれば、

「難民」と認定される。難民とは認められないが、一時保護や〝人道的地位のような（人道上の難民）他の地位〟での滞在許可が与えられることもある。

とはいえ、これらの事例の多くは、全てではないにしても、かなりの程度国家の政策に影響される可能性がある。受け入れ国の移民政策は、入国を許可された人々が与えられる教育や技術の特性・程度を決める。政府はまた、移住の規模と供給先（具体的には出身国名）を決定する。以上の事柄について、政府は常に管理できるというわけではないが、不法移住の大きさと性質・特徴に影響を与えている。政府は、誰に市民権を与えるか、どんな権利と便益をどの種類の移民に与えるかを決めている。政府は、住居への措置や教育政策を通じて、新着民の社会への統合を奨励したり、抑制したりすることができる。各国内の政治勢力は一般に複雑で、分裂し、緩慢な経済成長の中で、政府が上述の政策を調整するのは難しい。多くの国々で移民の統合は、なぜ問題が多いのか、そして特に短期的になぜ軋轢を生むのか、である。その理由は、いうまでもないことだが、全体的文脈が不変ではなく、それ自体変化するからである。それぞれの国の固有の政治的、経済的背景、域内と国内の事情というマクロ要因は、定住する難民とその社会にそれぞれ影響を与えるので、定住・統合の結末の理解には重要な点である。

それでは、どのような国内的、国際的要因が国家の政策を実際に作り上げているのか。まず国内的要因から、その要因を探ると、次の二つの要因が考えられる。すなわち、①移民・難民への対応と管理（入国管理・移住政策）と、②長期的居住者と民族的少数者の社会への同化・統合（移民政策）、がある。〝長期居住者〟とは、受け入れ国に何年も住むか、あるいは受け入れ国に生まれたにもかかわらず、市民にはなれない移民を指している。〝民族的少数者〟は、帰化したか、受け入れ国の市民として生まれた人である。

移民政策を見るには、法制面だけではなく、政党政治、政治制度、移住のイデオロギー、移住についての国民世論をある程度詳細に見なければならない。具体的にいえば、誰が入国を許可され、その特徴や傾向とは何か？永久に滞在できるのかどうか？　自分や子供は市民になれるのか？　国家や国民にどう思われ、どういう待遇を受けるのか？(3)　など、である。これらの事柄は事実上、入国を許可した政府と、入国が許可された人の間の「社会契約」になる。

ところで、これらの社会契約は、移民と受け入れ社会の間の関係を作り上げる基礎となるものである。これらの要因は、移民を吸収する社会の能力には多様性があることを示す、最も決定的な要因の一つである。社会契約の内実は、入国規則の中に埋め込まれ、続いて移民受け入れで政府がとった政策の中に見られる。こうして政策は、「入国政策」(immigration policies) と「移民（難民）定住政策」(immigrant policies) という、二つの異なったものに分けられるが、両者は互いに関連している。前者は、入国許可に関する政策、後者は入国後の移民の待遇について定めている。

難民の国際的保護を定めた「一九五一年国連難民条約」は、ＥＵ加盟の国々が入国しようとする人々に、〝航空機への罰則規定〟、〝恣意的な勾留〟といった制限措置を実施することで侵害されてきた。各国は、不法移民から国境を護ることが、今ある経済や生活水準を維持する上で必要であり、望ましいと見ている。国家にとって移民の入国制限は、国内での職業機会や住居供給の不足を防ぎ、詰め込み教育を避けるためである。入国制限はまた、国民の保健医療サービス、福祉制度への過重な負担を避け、限られた資源への競争を緩和する方法だと考えられている。しかし入国制限措置は実施されると、期待される経済目標の達成や人権上の問題を生じる。「管理」と「封じ込め」に焦点を合わせることは、結果が直ちに人々の目に見える形で得られ、国民の反響が得られ、政治家・官僚には魅力的だが、問題の持続的な解決にはつながらない怖れがある。

次に国際的要因である。人の国際移動の研究はこれまで大半の研究が、出国と入国の二つの分野のどちらかに焦点を合わせてきた。具体的にいえば、国境を越える移動の原因（難民を含む出国原因）か、移動の結果（入国許可と受け入れ社会での定住）に焦点を合わせてきたといえる。しかし近年の研究は、「入国」と「出国」は相互に関係するという認識のもとに、よりグローバルな分析が進められてきている。

国際移動の因果関係を分析するための理論的方法には、次の三つがある。[4]

①古典的方法……プッシュ・プルで因果関係を説明し、難民の同化を考える。
②近代主義の方法……マルクス主義的視点と構造的不平等から事態を分析する。
③社会的世界に介入する包括的方法……多文化主義と社会的移動、そして市民権という視点から事態を考える。

①は、二〇世紀初めに現れ、一九六〇年代末頃まで力を持った。プッシュ・プル論と同化論から成る。主に、経済要因を重視し、移動は均衡を取り戻すという均衡理論である。②は、一九七〇年代初めに始まり、ネオ・マルクス主義を含む世界システム論である。進展する世界経済、政治秩序の中に移動原因を求める構造・紛争理論である。③は、一九八〇年代末から出現した新しい理論で、まだ多様性があり、内的な論理にも一貫性が見られない。
三つの論は、それぞれに焦点の置き方が異なるとはいえ、出国と入国という見方は、全体的に釣り合いのとれ

た見方である。①の見方は、すでに古いものとなった。②の世界システム論は、社会の複雑さを分析するには利点があるが、事例を個別に見ていくと適用上では限界がある。この論は、送り出し国の政治的要因を強調しすぎる傾向が見られる。また、モデルは殆どが労働市場といった経済的枠組みへの偏りが見られる。③の分析方法はまだ不完全で、②の理論に完全に置き換えられたということはできないが、現時点では最も有望に見える。

ＥＵ各加盟国の個々の移民・難民政策は、それぞれの国の国情と歴史を映し出して多様だが、一九八〇年代からＥＵ間の協力が進められてきている。しかし移住政策で、国家の主権を超える決定がなされることには、まだ合意が見られていない。ＥＵ内では主体者間に緊張した状況[5]、がある。ＥＵとしての共通政策を作り出すには、まだいくつかの大きな障害が存在している。この章では、ＥＵ、並びに各国での難民移動とその結果の理解のために、各理論の有効性を使いながら論を進めていきたい。

（1）　現在、移民と難民の区別が曖昧化し、そのどちらともつかない〝曖昧〟（グレイエリア）、〝グレイゾーン〟の人々が増えている。その区別とつながりを明らかにすることが本章の目的ではないので、移民という言葉を使い、基本的に難民を移民の中に含める。必要な場合にのみ、難民として言及する。

（2）　Boswell, 2003, p.2. 反移民論議の多くは、誇張され、移民にかかる費用と影響についての誤った情報に基づいている。そうした論議はしばしば、社会経済的変化や政治的変化、そして社会的一体性が崩れるといった怖れを広めている。国民のこうした怖れを政治的に動員することは、問題をふくらませることになる。

（3）　この場合、「国家」とは、一定の領域を支配する法的、政治的組織である。「国民」は、共通の伝統と運命を持つと信じる人々の政治的統一体である。

（4）　Heisler, 1999, pp.118-119.

（5）　ＥＵには、三つの主要組織体があり、各国の思惑がそこでぶつかり合う。「欧州理事会」（the European Council）は、加盟国が意見を交わす場で、三つの組織の中では、最も力が強い。「欧州委員会」（the European Commission）は、法案を準備するEU公務員と、政治的に任命された理事の集合的名称である。「欧州議会」(the European Parliament)は、議員が直接に選挙で選ばれる。同議会は、一九九七年アムステルダム条約で、権限が新しく与えられ、移住政策の中で、司法面と内務面に権限を有している。現在は、理事会と委員会の間に、業務上の重複があり、不必要な緊張が見られている。

第一節　西欧での移民・難民政策

1　国際環境と入国管理

欧州、とりわけ西欧での政策形成の過程は、一九七〇年代初め以降、はるかに複雑になった。移住の問題は長いこと政治化し、イギリスやフランスは国内でかなりの軋轢を抱えてきた。一方、ドイツで問題が生じたのは近年のことである。また、イタリアが移民を受け入れたのは、比較的近年のことである。移民・難民政策は、西欧で今日、最も論議のある政治問題の一つとなっている。この問題は、中央、地方の選挙の中心テーマである。しかし、移住問題が政治化したのは、大半の国々で比較的近年のことである。背景には、移民に絡む問題で、政治家が選挙民に関心を持たせやすくなったことと、その論議の中で移民問題が一層情緒的に扱われるようになったことが、あげられる。

第二次世界大戦後の三〇年間、移民・難民問題は公けの議論では余り関心を引かなかった。今日に比べ、移民の流入数が少なかったからではなく、大半の西欧諸国では、一九五〇年代末と六〇年代、移民を大量に労働力として導入していたことがある。大半の西欧諸国では、政策は、この問題で利害関係を持つ社会組織との相談のもとに、エリートが主導し、国内の労働力需要と外交政策の優先度を勘案して、決定されていた。欧州大陸部の大半の西欧諸国では、労働移民は、労働省、経営者、労働組合の間で合意された。ドイツ、フランス、ベルギー、オランダ、スイスのような欧州の移民受け入れ国では、労働移住の政策ではおおむね一致していた。一方、以前の植民地とか、冷戦といった国際政治的な事情のために、特定の国々から入国する人々には、比較的寛大な入国政策がとられていた。一方、難民への政策は、冷戦政治で作られ、また旧植民地宗主国のイギリス、フランス、オランダといった国々では、アフリカ諸国、カリブ海諸国、アジア諸国との特別な結びつきがあり、入国には特別の便宜が図られた。この時期、移民・難民政策は比較的、各国の政党の間では、論議の対象とはならなかった。

一九七〇年代以降、外国人労働者は湾岸産油国で重要となった。一九八〇年代からは、アジアの新興工業国でも重要性が高まった。労働移動は、資本移転の増大、不均質な経済発展、輸送手段の改善と遠隔地域での新しい機会の創出への認識が高まったことの結果である。全ては典型的なグローバリゼーションの側面である。その一方で、湾岸諸国では何百万人という外国人の契約労働者が、政治的権利や社会的権利がないまま、経済的搾取と差別、恣意的な国外追放にあっている。

欧州での移民問題と庇護問題は、一九七〇年代、八〇年代に一層政治化され、一部の政治エリートによる政策立案という形は、もはや不可能になった。難民に対する受け入れ社会の態度は、一九九〇年代に大きく変化した。外国人の流入にどう立ち向かうのか、といった政治的論議や、マス・メディアでの外国人嫌いの言説に明らかなように、人種差別と偏見と近年の選挙結果は、これらの潮流の結果である。EU内での、難民の「再定住制度」への国民の支持は、明らかに下降している。各加盟国は、庇護申請者数の増大に直面して、定住計画が一時的に停止、[1]されている。

イギリスでは、庇護申請者の数が増大し、一九八八年以降、政策的な対応を迫られた。移民は、社会問題、失業、福祉国家、文化的アイデンティティや、公共秩序に重大な影響を与えると見られ始めた。[2] 懸念が大きくなったのは、移民の流入の規模と構成が変化したことにある。同国では、民族少数者集団に属する人々の失業率が、一九八四年~八六年は白人のほぼ二倍、一九八七年~八八年には六〇%ほど高かった。失業率は、パキスタン・バングラデシュ系の人々が一番高く、続いて西インド系の人々であった。国民の間には、反移民感情が生じ、[3] 政党はこの問題を通じて選挙での集票という近視眼的対応を行い、一方政府は、増え続ける福祉予算に懸念があり、これらの事情が相互に連関し、国内の難民庇護政策に影響を与えた。こうして一九八〇年代末から、イギリスで進められた移民の入国制限政策は、庇護申請者と難民を社会の隅へ追いやった。[4]

スウェーデンでは、一九五〇年~八五年の間、約九万人の難民に庇護を与えてきた。[5] 人口規模からすると、他の欧州諸国よりも、多くの庇護申請者を難民として受け入れただけではなく、快く庇護を与えてきた。しかし、そのスウェーデンも一九八九年、それまでの寛大な難民政策を一時停止した。スウェーデンでは、それ以前の四~五年、庇護申請者数が大きく増加していた。彼ら申請者は、アフリカ、特にソマリア、エチオピアから、そして中東、アジアからの〝新難民〟であった。彼らの大半は、前触れなく同国にやってきたが、旅券や必要な証明書も航空券もなく、難民認定のための審査は、極度に困難で、多くの時間を要した。そのため一九九一年までには、庇護が与えられる人数は、庇護申請者数の半分以下となり、国外退去の措置が厳格に、とられるようになった。こうしてスウェーデンは以後、他の欧州諸国で一般に実施されている入国制限策に近づき、EU内の難民政策の調整に活発に動いてきている。[6]

EU加盟国の政府は、程度の差こそあれ、移住政策で、国民の要求を満たさねばならない、という法外な圧力の下にある。移民問題が政治問題化したために、多くの西欧諸国では、政党やマス・メディアが非現実的な要求を意見として出すきっかけを作った。その結果、対応を迫られた政府がとった措置は、厳しい国境管理、庇護措置乱用の絶滅や、移住の完全停止まで、広範囲に及んだ。移民問題が政治化して、欧州の国々は入国制限策へ向かった。

長期的視点から、移民の流入を減らすのを目的とする加盟国間の協力という形態では選挙民の支持は得られない。政党は、寛大な移民・難民庇護政策をとり続けて、選挙民の支持を失うということはできなかったが、(7)そのために国内の様々なところから、異なる反応が出た。移住管理の厳格化は、経済的利益とぶつかる。実業界は移民労働が欲しいために、より柔軟な対策を望んだ。労働組合は、非正規の移民労働者から、組合員たる正規の移民労働者を守るために、一層連携を強めた。乏しい住居の数と、職をめぐる競争は、移民社会と土地の貧困層との関係を悪化させる。(8)未熟練労働者の合法、不法の受け入れは、移民を同化させる思いに否定的影響を与えてきた。

他方、入国と庇護制度を厳しくすることは、真の難民を不利な立場に追いやる。将来の定住・統合にとって、庇護申請者の勾留は、たとえ短期間であっても、個人に永続する影響を与え、社会への適応や統合、特に子供やトラウマを持った人々の心に影響を与える。人権団体や難民援助団体は庇護申請者や難民のために、ロビー活動を行っている。人権の侵害だという声が大きくあがった。

しかし、〈管理〉対〈保護〉というジレンマへの万能薬はなかなか見えてこない。ただ純粋に、入国管理のみを目指したやり方は、より危険な不法入国手段へと人々を追いやる。人の密入国を扱う仕事はもうかるゆえに、関係業者に組織的で洗練されたやり方を工夫させる結果になっている。かくしてEU加盟の多くの政府は、国内的・国外的規範や目標と、軋轢を生まない、もう一つの入国制限策をとってきた。これらの圧力と否定的な現実に直面させられて、各国政府は国内の移住管理問題に立ち向かうために、国際協調の道を模索してきた。

2 管理と国際協調

ＥＵ加盟国政府は全体として、国内政策の欠点を解決し、国民の関心を引くために、国際協調に力を入れてきた。共同行動という要求が出た背景には、庇護申請者や不法入国者は、入国のためにＥＵ国境の最も警戒が手薄な所を狙い、加盟国の国内法だけでは効果的な対処ができないことにあった。ＥＵの新規加盟国の中には、ＥＵとしての新たな外的国境を十分に管理できるよう、財政支援や他の援助が必要となった所もあった[9]。

イギリスとドイツは、従来移民を受け入れてきたが、それぞれ違ったやり方で移民を遇してきている。国際協調が必要になった道筋も異なる。イギリスでは第二次世界大戦後、直ちに移民論議が開始されたが、政策決定は国家の指導層が行い、公けの議論はなかった。論議は一貫したものではなく、焦点を欠いたものであった。移民受け入れは、すでに一九四〇年代、東欧からの戦争捕虜と難民の受け入れ・定住のように、短期的には国内が労働力不足であり、長期的には人口構成面での政府による配慮があった。背景となる考え方は、同化主義であった[10]。移民は、一九七一年移住法、一九八一年英連邦国籍法、一九八八年移住法、一九九三年庇護・移住控訴法だけではなく、それ以前の外国人法で管理されている。一九九三年法は、庇護申請者に指紋押捺を求め、住居制限を加えた。滞在期間の短縮も行った。一九六二年以前は、英連邦諸国と植民地在住の人々は、制限なくイギリスに入国することができた。しかし一九八〇年代末以降、庇護申請者の受け入れで目立たなかったイギリスが、ＥＵ内でも最も重要な国の一つになってきた。しかし、政府の対応は全体として受身的で、一九八八年以降劇的に増加した庇護申請者に対し、制限的な法律を導入[11]してきている。ＥＵ加盟の多くの国々で、移民は不法に入国するよりも、まず一般滞在ビザで入国、その後、期間を超過して滞在し、不法居住者になるのが普通である。このやり方は、イギリスで顕著である。(12)

ドイツは、他のＥＵ加盟国の入国管理が厳格さを欠いていたために、移民の目的地となり、一九九〇年代初めと半ばに、庇護申請者と移民が劇的に増加した。ドイツは、ＥＵ内での政策調整が必要だ、と考えた。同国政府は、各国の庇護法制間の調整と、不法移民の管理で調整が進めば、この負担はいくらか軽減されると期待した。しかしＥＵ内の政策調整は進まず、他の国々は、ドイツが提案した負担分担計画にあまり関心を示さなかった。そのためドイツは、単独での対応に転換し、国内措置を変更し、特に庇護制度を厳格化し、庇護申請中の人々の生活への待遇・サービスを低下させるようにした。政府の難民認定の審査手続きは簡素化され、認定要件の基準は狭く設定された。一九九三年、九四年と同国への移民・難民の流入数は下降したが、にもかかわらずドイツは、他のＥＵ諸国よりも多くの庇護申請者を受け入れ続けた。ドイツはまた、中央ヨーロッパや東ヨーロッパの移民流出国や、ドイツへの移民の通過国と個別に協定を結んで対応した。(13)

ドイツと同様に、イタリアも不法移民の問題で国際協調の形を自分で作り出すよう迫られた。対象国は地理的に同国と近い、イタリアの南や、東にある送り出し国や通過国との協力を強めることであった。一九九八年、二国間でモロッコ、チュニジア、アルバニアと合意し、不法流出への管理を強め、移民圧力を減らす目的で、その見返りに開発援助を追加して供与する、(14)ことになった。

イタリアでは、一九八六年の「単一ヨーロッパ議定書」(the Single European Act, SEA, ＥＵ間で物、資本、人の移動を自由化し、それを一九九二年までに達成する）と「シェンゲン協定」(Schengen Agreement) は、相反する結果をもたらした。ＥＵ域内の国境の廃止は、不法入国者がイタリアから、オーストリア、フランス、ドイツへの通過を容易にし、この点からはシェンゲン協定は役に立った。しかし、イタリア経由で他のＥＵ諸国へ入国を希望する移民へのプル要因となったため、他国へ移動する移民の多くがイタリアを目指し、遂には長期間滞在し、当局を悩ませることになった。移民の規模は大きくなり、政府がイタリアの海岸線を効果的に管理できないことから、危機感が生まれた[15]。

イタリアを含め、各国の庇護法制のあり方だけが、移民・難民にとって、目的とする国を選ぶ上で唯一の要因ではないが、各国の法制の違いが、流入に大きく影響してきたのは確かである。庇護法を共通化すること、国家間で責任を平等にすることが、下降する一方の難民保護を止める手段と考えられた。法制を調和させる努力が始まったのは、一九九〇年代初めで、一九九二年に「マーストリヒト条約」(the Maastricht Treaty, ヨーロッパ連合条約)が、司法・内務面での協力を取り決めている。ただし、この初期の協力では、決議の法的基礎が弱く、形態も提言、決定、共同行動といったもので、実際の拘束力はなかった[16]。

人の密入国業の取締り・防止は、世論の支持が得られやすい分野である。この分野は国家間の協力が行われる可能性が高い。国家にとってこの種の協力は、主権がからむ国境管理や入国措置よりも、政治的にはるかに受け入れやすい。根本的解決よりも、目前の事態の解決を優先する対症療法的な方法は、最も良くとられる方策である。この分野で利益がある、イギリスとイタリアの活動が、ＥＵとしての協力関係の中で目立っている[17]。しかし、ＥＵでの移住と庇護について、国民の懸念を和らげる協力の形が、今後どのようなものであるべきかについては、考える余地がある。

3　外交と開発援助

時の経過で、ＥＵの近年の関心は、次第に移民管理と、国内での彼らの定住・統合や、送り出し国との協調が、議題となってきている。[18] 二〇〇二年六月、セビーリャ（Seville）で開かれた欧州理事会で確認されたことは、国境管理の改善、移住管理と、非認定になった人々の再入国を認めるよう、送り出し国を説得することであった。[19] 過去、難民・避難民を含む強制移動の根本原因に取り組む必要性は認識されてきたが、ＥＵのこれまでの政策の主眼は、入国制限つまり、流入管理であった。

しかし、移住の根本原因に取り組むという包括的やり方は、ＥＵ加盟国間の調整という、強い仕組みなしには実現しない。そうした調整への勢いは、一九九七年の「アムステルダム条約」（the Treaty of Amsterdam）で強められた。ＥＵの共通政策のはしりは、一九八〇年代末であり、移民状況の変化とＥＵの統合としての結果であった。一九九七年、このアムステルダム条約は、移住と庇護に関する法的枠組みを強化した。条約は、協力への法的根拠を変更して、ＥＵに広範囲にわたる役割を与えた。

一九九八年一二月、「庇護・移住の高級作業グループ」（High Level Working Group on Asylum and Migration, HLWG）が、オランダのイニシアチブで作られた。同グループによる行動計画は、強制移動を含む移動の原因に取り組むために、ＥＵ共通の取り組みがなければならない、という前提に基づいていた。ＨＬＷＧは、特定の移民送り出し国の根本原因に取り組むために、行動計画を作成するグループである。ＨＬＷＧはそのため、ＥＵに入国する強制移動民の送り出し四ヵ国（アフガニスタン、モロッコ、ソマリア、スリランカ）と一通過国（イラク）の行動計画を作成した。さらにアルバニアの中間報告が作られた。

行動計画は、外交政策、開発援助、移住・庇護という三つの統合された分野で関係する国との協力を提案している。行動計画は、送り出し国や通過国の状況に、包括的で一貫したやり方を定義した最初のものであった。行動計画は、アムステルダム条約で意図された庇護・移住のEU内での協力の具体的表現であった。その意味で、同条約は、EUの移住・庇護分野での権限を固めた、といえる。

一九九九年一〇月、フィンランド・タンペレで開かれた特別会議で欧州理事会は、四点からなる共通政策の原則を決定している。[20] タンペレ会議で欧州委員会は、「庇護・移住の高級作業グループ」の委任事項を継続することで合意した。[21] タンペレでは、難民条約への関与を確認したが、他方で例えば〝非国家主体〞により迫害された人々を難民としての資格から除外するなど、難民条約で保護される人の定義の範囲を狭く解釈する国々の数が広がりを見せた。

HLWGプロセスは、特別の計画や提案を生み出す仕組みであったが、多くの点で問題点が生じた。[22] 内容をかいつまんで述べると、グループの活動があまり効果的でないのは、第一に、強制移動の根本原因に立ち向かうには道のりが長すぎることであった。取り組みが効果を生み出すには、計画が包括的で、長期間実施され、状況の変化に柔軟に反応されねばならない。HLWGには、その準備がなかった。第二に、対象とされる送り出し国の数が限定されていた。六つの行動計画は、単にEUに入国する庇護民の上位一〇ヵ国のうち、四ヵ国を取り扱うだけにすぎない。モロッコとアルバニアは、強制移動というよりも、主として経済移動であった。さらに行動計画の中の三ヵ国（アフガニスタン、ソマリア、イラク）には、国際的に認知された政府が不在であった。第三に、送り出し国との協力という原則にもかかわらず、関係国間での協議が不十分であった。モロッコ政府は、移住の原因表記での文言と調子を批判、いくつかの送り出し国も、EU側が一方的に抑圧的措置をとるように感じられ、協力には消極的であった。第四に、政策を横断して一貫性がなく、庇護や入国の政策の間で、衝突が見られた。

例えば、EU外のカナダとオーストラリアは、政治、行政の段階で、常に対話し、情報を交換している。また移住管理のグローバル化を反映して、アメリカ、イギリス、EUの間で、行政担当者が同じような協議を行っている。こうした対話がうまく成り立たなかった。第五に、最も重要な批判は、内容的に新しい考え方がなく、行動上での目立った提案がない、(23)ことであった。第六に、委員会が設立され、調査が行われ、報告がなされるが、その提言は無視されたり、選別して実施される傾向があったことである。移住問題は、高度に政治問題である限り、各国政府には、この種の措置に関わる緊急の必要性はうすかった。

NGOは、HLWGの包括的なやり方は歓迎したが、行動計画については、送り出し国での人権侵害に目をつぶり、出国せざるを得ない人々への保護が適切ではない、と批難した。(24)HLWGの活動は、送り出し国との根回しで不十分な点はあったが、関係する全ての分野を横断し、強制移動を防ぎ、加盟国を参加させる調整措置を作り出した点で、EUの最も大胆な試みであった。

移住の根本原因に取り組むことへの必要は認めるが、実際のこととなると動かない。アムステルダム条約以後の進展は、見られない。(25)政策立案者は、〈移住〉と〈開発〉がつながっていることを認めるが、〈援助政策〉と〈移住政策〉は互いに目標が異なり、支持者も異なるという点から、移住政策と開発援助政策を分けて考えている。開発援助と外交政策は、比較的つながりがあるし、これまで何年にもわたり、結びつけられてきた経緯がある。一方、移住はこれまで外交政策と結びつけられてきた。政策上ではそれゆえ、移住と開発援助の間のつながりは新しい。(26)しかし、経済的原因と政治的原因は、互いに相反するものではなく、一つの連続体である。同様な意味で、〈紛争〉と〈開発〉を分けることには疑問が残る。なぜなら紛争は、経済的・社会的開発を実現したり、民主制度を導入し、人権を守ることに失敗したことだからである。欧州委員会は、移住問題をEUの外交政策へ統合しようとしており、その試みは地中海諸国、特にモロッコとの関係で進展している[27]。この方法は、選挙民政治にわずらわされないため、というEU官僚の立場の反映だが、実現すれば、長期的な展望を描くことができるかもしれない。

4　負担分担と再定住

EUは前項で見てきたように、加盟各国間で、建設的で調整された協力関係を樹立することが、益々必要になってきている。〝庇護漁り[28]〟(asylum shopping or country shopping) 問題の解決と、負担分担は、各国の協力を通じてのみ、可能だと見られた。EU諸国の間で一時保護の人々を分散するという負担分担を、一九九四年にドイツが提出したことがあった。デンマーク、オランダは、難民受け入れの負担が減るので賛成したが、フランス、イギリスなど大半の国々は、配分の固定化に消極的で、現状を上回る難民受け入れの制度を作ることを望まなかった[29]。EU内で実際に負担分担が行われたのは、コソボへのNATO介入後のことであった[30]。

「負担分担」は、各国に努力を要請して、移民と庇護申請者を受け入れ、経費を支出してもらい、責任を分散させ、協力の輪を広げることである。負担分担は、資金援助と庇護申請者の物理的な分散受け入れ策を通じて、可能となる。負担分担には、資金や人間の分担といった直接的なものと、潜在的な庇護申請者・移民に働きかける措置をとって、特定の国への流入・集中を避ける間接的な負担分担とがある。

負担分担で過去、国際的に著名なのは、一九七九年に開催された「インドシナ難民国際会議」である。同会議は、東南アジア地域内での難民の一時庇護と包括的な域外定住に基づく「負担分担制度」を導入した[31]。難民定住は、〈移住基準〉と〈人道基準〉の二つを包み込む、割り当て制度を基に実施された。「国連難民高等弁務官事務所」（ＵＮＨＣＲ）は、「合法的出国計画」（Orderly Departure Programme, ODP）の作成を助け、ベトナムからの合法出国を進めた。

欧州での負担分担の問題は、シェンゲン協定と単一ヨーロッパ議定書（ＳＥＡ）の導入、そして司法・内務面での加盟各国間の協力関係が始まると、ＥＵ内で重要な事柄になってきた。域内での協力は、当時ＥＣであった、一九八〇年代から始まっている。最初は域内で、加盟国の市民同士が自由に移動するものであったが、次いで移住と庇護の問題で、ＥＵ以外の人々（非市民）に移った。ともあれ一九八五年、フランス、ドイツ、ベルギー、オランダ、ルクセンブルクが自国での国境管理を外し、他方ＥＣという共通の国境では、入国を厳重にするシェンゲン協定を批准した。ちなみに、移民国カナダでは、非ヨーロッパ系移民への法的な制限を殆ど全て、一九六二年に廃止している。

一九八六年の単一ヨーロッパ議定書は、一九九二年までにＥＣの国々間で、商品、資本、労働者の自由な移動を達成する、という目標を設定した。これらの国々は、庇護、移住、ビザ、警察間の協力、移民局と警察の間で情報交換することを始めた。しかし、時が経過すると、ＥＣは巨大な数の庇護申請を経験した。シェンゲン協定を批准した国々は、効果的に移民を管理するために益々、相互に依存することになった。ところが、ＥＣ内の他の国々（移民の通過国）は、自国以外のＥＣ加盟国へ通過するだけの不法移民を逮捕することには、あまり積極的ではなかった。これは移民の目的地となったドイツのような国にとっては、大きな懸念となった。ドイツは、ＥＣ内の他の加盟国経由で一九九〇年代、多大な庇護申請書が提出された。ドイツは一九九〇年代初め、負担分担を最初にいい出す国となった。この時期、庇護申請者の多くは、旧ユーゴスラビアから出てきていた。[32]

ドイツやその他一部の国々は、比較的に庇護を寛大に与えたために、〝庇護国漁り〟の犠牲者と見られた。背景には、ソ連の崩壊、ユーゴ内戦、途上国からの人の密輸があった。EU内の特定な国へ不釣合いな数の人々が流入して[33]、EU中央で一元的に管理された〝負担分担〟の要求が出てきた。共同行動を要求したのは、過剰な負担をしたドイツ、オーストリアであった。他方、負担が少なかったイギリスやアイルランドは、その国独自の対応と、二国間での対応を望んだ。イギリスは、ヨーロッパ大陸経由でやってくる不法移民と庇護申請者の問題に強い懸念[34]が、あった。そのため、自国による国境管理にこだわり、シェンゲン協定には不参加で、EU共通の入国政策からは距離を保っている。

繰り返しになるが、負担分担の主な意図は、多数の難民や不法移民を受け入れた国の負担を軽減することにある。実際の流入では、人々の流入する方向が突然変化したり、規模が大きく変化するなど予測できない事態が起こるので、流入先の国では対応上、不確実性や危険性が発生する。負担分担は、それらのリスクを減らすことにある。分担を前もって制度上合意しておくことは、一種の保険である。

ドイツは過去に、EU各国間の負担分担と政策の協調を熱心に進めていたが、今はそれほどでもなく、自国の庇護法制の厳格化で庇護申請者の人数を減らしてきている。イタリアとイギリスは、不法移民と人の密輸業の取り締まりで、国家間の取り組みに重点を置いてきている。

他方、EUの中で、現在、難民受け入れが少ない国々については、再分配という拘束制度に同意することはむずかしい。イギリスは今や、そうした制度の方が利益があるにもかかわらず、直接的に負担をおう制度には抵抗してきている。イギリスは代わりに、法制度の調整による間接的な負担分担を望んできている[35]。

負担分担をめぐっては過去、様々な展望を持った色々な案が示されてきた。大がかりなものは、〝(出身国が位置する地域の)域内受け入れ〟で、これは域内に難民や紛争地の国内避難民に保護を与える「安全地域」の設定を意図するものである。その対極には控えめに、出身国の隣国の「難民キャンプ」で難民の生活維持を図るために、資金を増やそうという小規模のものまである。難民キャンプ支援は、難民が、海外に庇護を求める必要がないように、通常の保護・援助活動を行い、それを任務とするＵＮＨＣＲや庇護国を支援することを意味する。その他、国連やいくつかの国家集団が庇護国から土地を借り受けて設置する「国際保護区域」（Internationally Protected Areas, IPAs）の構想がある。この案は、難民条約の原則を犯すことなく、安全地域や、国際保護地域へ、難民や庇護申請者を戻すことを考えるものである。この案を採用すると、例えば欧州への入国許可を得るには、第一次庇護国の領事館での難民性審査、そして入国ビザの発給という手続きとなる。この計画の利点は、出身地域内の庇護国から、特に弱者や生命の危険度の高い人々の定住枠の拡大へとつながるかもしれない点である。再定住というこの考え方は、近年イギリスをはじめ、いくつかのＥＵ諸国で関心を持たれている。

難民の負担分担の問題は、コソボ紛争の際にも再び話題にのぼった。二〇〇〇年春の難民危機のピークでＵＮＨＣＲは、「人道的避難計画」（Humanitarian Evacuation Programme）を提案、マケドニアにいるコソボからのアルバニア系難民の域外での負担分担を意図した。二〇〇〇年四月、ＥＵ首脳はルクセンブルクに会し、難民の分担受け入れを討議したが、各国は固定された割当て数をあてがうのではなく、各国それぞれが自分の意思で割り当て数（クォータ）を決定できる、緩やかな取り決めを合意しただけであった。[36]

このような事態を見ると、自然に、次のような疑問がわいてくる。国家の義務は、地理的なきまぐれによるのだろうか？　定住計画を始める国の動機は、一般に「人道主義」である。つまり、難民の保護、恒久的な解決、他国との連帯がある。庇護の義務を国家が受け入れることは、他国への義務だという考え方から切り離すことは困難である。[37]　この原則を踏まえて、国家は難民を受け入れる義務があると一旦認識すれば、国家間で庇護に伴う負担を公正に分担する問題が出てくる。

負担分担の努力はEUでまだ始まったばかりだが、限定的とはいえ、費用の分かち合いで意味を持つかもしれない。一方、庇護申請者や不法移民の受け入れが少ない国では、実質的に負担の再分配となる計画には及び腰である。包括的な取り組みの一環として、「再定住」は、それに関係する個人を保護し、第一次庇護国の善意を確保するために、負担分担の基礎となりうる。難民の定義を広くとることと、選別基準を広げることは、大量流出の際、第一次庇護国の負担を迅速、効果的に減らせるので、重要な方法であろう。

EUでは再定住の問題は、加盟国間の負担分担の仕組みを作る、という中で扱われてきた。再定住はそれゆえ、国際保護が必要な個人に、域外で定住を与えることではなく、EU内にすでにいる難民と庇護申請者を公平に配分する制度を作り出すことであった。しかしまだ枠組みは不十分で、論議が続いている。EUは、共通の基準の下に、難民受け入れで、EU加盟国の間で受け入れ数を分けるべく、負担分担の制度を考え出す必要に迫られている。当面、直ちにそこまではいけないにしても、法外な数の人々を受け入れた国々には、EU本体から資金を受け取る[38]、道も考えられている。

5　防止策

人間への抑圧や暴力が発生する前に、避難・逃亡の原因に取り組む（介入）ことは、意味があると考えられる。人権の改善が遅い所では、人々は国家の国境管理の〝緩み〟を利用して逃亡する。国が民主化し、統治に改善が見られ、人々の流出が減り、帰国さえ始まるまでには、長い時間がかかる。防止策は大別して、短期策と中・長期策に分けられる。短期の策では、送り出し国での出国原因に直接取り組むものであり、長期の策では、紛争防止と開発の問題に根本的に取り組むことがある。短期の対応策では、①人身売買や不法流入の取締り、②再入国合意、③他国での事前審査、④出身国域内での受け入れ、がある。これは一時的で、発展途上国に負担をかける可能性がある。移民・難民の流れを管理し、封じ込めるために、送り出し国や通過国との協力を行うことができる。この項では、中・長期的な防止策について述べる。

問題の根源への予防・防止という取り組みは、国際社会では一九八〇年代初期から始まっている。[39] 欧州委員会は一九九一年に、すでに根源への取り組みをいい始めていた。その考え方は、一九九八年から発展が見られた。計画実施の上で、制度的、財政的な手配で当初は懸念があったが、二〇〇一年欧州議会は、一千万ユーロを承認した。[40] 欧州委員会が、防止策の開発に取り組むようになるのは、特に一九九九年のタンペレ会議以降のことである。

防止策へのEUの転換という事態は、送り出し国での人権や紛争の問題に取り組む上で、国際行動の可能性が新しく開けたという確信に基づいている。冷戦の終結は、外部からの介入に関する高度の政治的、軍事的リスクを取り除いた。しかし、ここでいくつかの異なる障害にぶつからざるを得ない。どこで、どのような状況で、紛争が起こるかの予想の確かさをめぐって問題が生じる。さらに、今直ちにという緊急性がない問題に資金をまわす、という政治的意思が働くことは難しい。

防止策は、経済移動では、職業機会の不足、低賃金、不充分な社会福祉サービス、貧弱なインフラのような、人々に移動を促す典型的な社会経済要因に取り組むことを意味する。潜在的に難民になる可能性のある人々には、個人的迫害であれ集団的迫害であれ、一般的紛争であれ、逃亡の原因を緩和することにある。この種の予防策は、前項までに若干触れた、外交手段、開発協力、人権擁護、少数民の権利保護や紛争防止が含まれる。

ただし、予防という概念に全く問題がないわけではない。まず第一に、一体外部者の「誰が」移住、逃亡の原因に取り組めるのか、という実際上の限界がある。移住は、移動という可能性を生み、次いで他国での受け入れの可否を生む、政治的、経済的、社会的要因の結果である。移動の原因を防止する援助は、〝優れた実行者〟か、どうか次第である。さらに被援助国側に、適切に、経済、社会、政治改革を導入しようという意志と能力があるか否か、という問題がある。

第二に、経済開発は、短・中期的に人々の出国を増やす傾向がある。経済再編はしばしば失業を生み出し、社会福祉を減じ、重大な社会激変となりうる。その一方で、経済開発は外国投資と貿易を拡大し、多くの人々に先進国の豊かな生活状況を知らせ、出国の誘因となる。いわゆる、「移民の瘤」(migration hump)である。送り出し国での開発という政策は、目に見える解決ではないために、移民・難民の受け入れ側の国民には不評で、移住の激減を達成して選挙民の支持を得たい政府にとっては、あまり食指が動かない考え方である。

EU内では予防外交策をめぐり、いくつかの理由から問題を生じた。各国はそれぞれに、関係国との外交的つながりが異なり、EU合意を実際上で達成する妨げとなった。ドイツは、コソボへのNATOによる介入がドイツへの難民流入を押さえる上で有効だと見て、実行に加わった。しかし、高額の費用がかかる援助計画と、国民の懐疑的で不人気な軍事行動を正当化するための方便として、予防外交の論議を使った[41]、といわれている。逆にイギリスは、コソボ介入を通じて移住を防止するという考え方には、控え目であった。ドイツと違って、コソボへの介入の理由を、難民の流出を防止するため、という考え方をとることには消極的であった。イギリスはむしろ、一般的な考え方をして、懸念したのは、人道危機と紛争が、近隣諸国へ飛び火することであり、それを防ぐことにあった[42]。

EUでの再定住についての政治意志は、伝統的に人道主義に関係してきた。二〇〇三年、EUは国際的保護の必要な人が〝管理され秩序だって到着〟する方法として、再定住という手段をとる政治意志を示した。この場合、再定住で期待されているのは、難民への保護が継続されると同時に、移住管理の問題に取り組める良い方法だ、ということである。再定住では、個々の難民認定よりも、「集団認定」が定住の効果を高める。このやり方は、UNHCRにとっても、定住を戦略的に使えて都合がいい。

次に具体的に、この再定住という方策の利点のいくつかを述べてみる。第一は、先進国、特にEUにやってきて庇護を求める人々の多くは、いわゆる一九五一年国連難民条約にいう、国際保護が必要な人々ではない。他方、紛争や迫害の犠牲者の幾人かは、様々な理由から、単に庇護制度を利用することができない。この種の人々への恩恵があり得る。第二は、域内での審査は、保護の必要な人々の少なくとも一部には恩恵がある。第三に、再定住は同時に、不法移住を制限する一つの方法と見ることができる。流出国の近くに、公的経路で保護を求めることができるなら、EU入国のために人身売買や人の密輸業者を利用する必要はない、という考え方である。しかし、以上の利点も、選別基準に注意しないと、国際保護の必要な人のEU入国には殆ど、影響がないかもしれない。(43)

送り出し国の出国原因に直接、そして根本的に取り組む包括的政策の必要性が、少なくとも国際的には一九九二年から、公式に認められてきている。〝紛争ダイヤモンド〟の不法取引のような、ある種の貿易は現実に紛争を起こし、継続させる。国内紛争を停止させるために、世界的に規制を強化するか、禁止されるべきことは言をまたない。中央アフリカのような、ある特定の地域に産するコバルト等の資源も、石油とともに禁輸品目に加えられる必要がある。市民を迫害する政権や暴力的な国内紛争、他国への侵略戦争を行う国へ武器の輸出を停止することは、難民の数を減らす最大の一歩である。しかし、政策と実際の間には乖離があり、とられた措置の成果は入り混じっている。今後の対応のために、体系的な評価の必要性がある。

人権、難民を擁護する人々にとって、防止策を考える出発点は、西欧で庇護政策の運用が益々厳しく制限される中で、難民保護のために運用上の制限の問題を回避することであった。その際、実業界、人権団体などだけが、移民政策の寛大さを求める唯一の勢力ではなかった。西欧各国の政府もまた、移住の制限という彼らの措置が、逆にその実施を妨げるという構造的な仕組みがある。民主制度が持つ憲法、裁判所、進歩的な官僚文化などが様々な観点から、移民・難民の基本的権利を損なう政策の導入を防いでいる。その他、民族関係という国内事情からの制約もある。例えば、民族少数者の人々は帰化し、広範な政治的権利を持っている。すでに居住者となった移民・難民に、あからさまな差別はできない。ＥＵ各国ではまた、人権や難民法への関与、送り出し国との関係、ＥＵ諸国間の協調もまた幾分、国内政策の束縛要因となってきた。ＥＵ間の協力も新しい束縛の要因となっている。

人々の避難原因に対し、外部からの介入が行われるのは、国家がすでに深刻な抑圧を行っているか、暴力的事態が発生した際にとられる傾向がある。当事者が権力保持に向かっているこの時点で、外部者が抑圧国家への影響力を行使することは、極度にむずかしい。この時点で逃亡を止める唯一可能な選択肢は、軍事介入以外にないかもしれない。しかし介入自体、被害者の数を増やし、避難する人々を作り出すきっかけとなるのは過去の事例が示している。コソボのように、軍事介入が人々の避難を引き起こす主要な原因の一つになる場合もある。破壊が進めば、長期にわたる再建計画が必要となり、その費用は高価なものとなる。軍事行動は、功罪相半ばし、巨額の費用と人的費用を要し、その正当化はむずかしい。

民主化や良い統治を進めることは、効果が出るまでに時間がかかる。外部からの介入は、激変を引き起こし、短期的には移民・難民の流出を生むかもしれない。[44] 十分な裏付けのない、送り出し国との短期的な協力は、開発を損ない、移住を起こす要因となる怖れがある。開発と民主化は、強制移動を減らす、と単純にいうことはできない。先に述べたように、経済開発の初期段階、国内での職業機会が十分に改善されないために、開発で得た資金を元手に、多くの人々が出国するからである。

開発計画は、移住に影響を与える可能性があるので、開発関連の介入の際、移住という結果が起こることを、政策立案者には十分認識してもらう必要がある。そうした結果が起こることは、開発計画ではしばしば想定されていない。いくつかの送り出し国ではまた、高度な技術を持つ移民の獲得競争で、途上国からの〝頭脳流出〟が起こる可能性がある。開発計画へ注意を払うことは、送り出し国との協力を行う上で外交上、良い基礎となる可能性がある。

開発が、長期的には紛争防止となり、それゆえ強制移動の減少に大きな影響力を与えうることは明白である。〈紛争を防止し庇護申請者の流出を減らす措置〉と、〈移住〉との直接の関係は、あまりないと思われる。むしろ、〈通商貿易政策〉と〈移住（移民と難民の双方）〉の間に、強い因果関係がある、との指摘もある。

間接的な負担分担の場合のように、防止策は、人々の「移動の決定」に影響する要因を作り変えることにある。政策措置の多くは、国内というより外交分野の責任が大きい。国際開発政策と外交政策を担当する人々の目標と優先順位は、国内で庇護と移住の衝撃・影響を担当する内務の省庁のそれとは明らかに異なる。目標とすべき点は、どの国を選ぶか、という人々の選択に影響を与えることではなく、むしろ潜在的な難民・移民に自国に留まるよう奨励したり、それを可能にすることである。防止策は従って、自国での人々の安全と生活条件を改善することでなければならない。政策的には、EUを見ても、これまで資金量が十分ではなく、加盟国間で互いに調整を欠く一時しのぎの措置で、根本原因に的を絞らないものが沢山存在する。防止策が、送り出し国（原因国）で、移民・難民に効果的な影響力を与えるようになるのは、まだこれからのことである。

（1）Sianni, 2000, p.2.
（2）Richmond, 1994, p.164. またイギリスと大西洋を挟んだカナダでは、黒人、アジア人は、モントリオール、トロント、バンクーバーのような大都市に集中している。人口学的要因と社会経済要因を考慮に入れた時、特定の民族集団が他の人々よりも犯罪に走る可能性がある、という統計上信頼に足るデータはないが、不幸にも外見上から、黒人とアジア人の若者が警察の取り調べの対象となっている。
（3）Griffiths, David, Sigona, Nando and Zetter, Roger, 2005, p.2. 多くの批評家が指摘したのは、一般化された〝他者への怖れ〟であった。
（4）*ibid.*, p.6. イギリスでとられた政策には、倫理的に混乱があり、また目前の選挙民相手の必要性から出た、という批判がある。また同国の難民庇護政策は、現実に基づいた研究にあまり依拠していない、といわれている。
（5）Hammar, 1993, p.104.
（6）*ibid.*
（7）移民政策の問題は、不十分な情報に基づき、高度に情緒的な議論となりやすい。ともすれば、実現できそうもない政治的要求が作り出される。大衆迎合的な政治家は、民主主義や国際的約束などを無視して、選挙民の意に沿おうとする。イタリア、オランダ、ドイツ、フランスの右翼政党は、民族少数者集団の懸念やEUへの協力といった、国際・国内の人権条項には注意を払わない。選挙民の支持を得るため、政党側は急進的な入国制限策をとるよう圧力をかけられることになる。
（8）アメリカやカナダでは、移民の多くが事前に仕事の手配をしていなくとも入国を許可され、それが純粋に新たな職の機会の創出につながっている。しかしイギリスでは、移民が国民から職の機会を奪う可能性があるなら、国民は移民の増加を認めていない、と政府は考えている（Kymlicka, 2003, p.205）。
（9）Moraes, 2003, p.129. 例えば近年、国境管理が比較的〝緩い〟とされたのは、ポーランドとウクライナの間である。

（10）Weil and Crowley, p.139.
（11）Griffiths, Sigona and Zetter (2005), pp.1-2. 政策の傾向としては一般に、入国前の管理を強化し、庇護申請者の福祉への権利を制限し、様々な便益をとりやめた。その背景には、福祉財源の削減と将来の庇護申請数を減らすことが意図されていた。
（12）Boswell, 2003, p.105.
（13）*ibid.*, p.103 & 106. この対応策は、一九九〇年代初めにＥＵの加盟国が、域外の通過国と締結し、一旦通過国へ戻すという、再入国合意の先駆けとなった。このやり方は、各国で有効だと認識されて、以後ＥＵが採用するようになっている。ＥＵは、不法移民に対処するための枠組みを主要な送り出し国である中国（二〇〇〇年一一月）、西バルカンの国々（二〇〇一年三月）と、組織犯罪防止の取り決めをロシア（二〇〇〇年）やウクライナと結んでいる。
（14）*ibid.*, p.104.
（15）*ibid.*
（16）*ibid.*, p.110.
（17）*ibid.*, p.105.
（18）Moraes, 2003, p.116.
（19）Castles, Crawley and Loughna, 2003, p.61.
（20）*ibid.*, p.35. 四点とは、①送り出し国との協力、②共通の庇護手続き、庇護申請者の一様な地位につながる欧州共通の庇護制度の樹立、③第三国の国民の正当な取り扱い、④流入移民の効率的管理、である。
（21）*ibid.*, pp.36-37.
（22）*ibid.*, p.57.
（23）*ibid.*, p.38.
（24）*ibid.*, p.37.
（25）Boswell, 2003, p.110.
（26）Castles, Crawley and Loughna, 2003, p.59.
（27）Boswell, 2003, p.120.
（28）〝庇護漁り〟、あるいは〝庇護国漁り〟とは、庇護を申請しようとする人々が、彼らにとって、最も好ましい受け入れ条件があるEU内の国か、滞在許可が出る可能性が最も高いEU内の国へ移動すること、をいう。庇護国漁りの防止・対抗措置として、ECは、「ダブリン条約」(the 1990 Dublin Convention)を導入したが、条約が最終的に発効した一九九七年、対抗措置の実施は不可能だということがわかった。申請者の旅行経路を知るのが困難なことと、他国への送還手続きが厄介、という事情があった。また、東欧圏からの移動が一九八九年~九〇年に解除されたことと、イタリア、スペイン、ギリシアが、EU内に共通の移住空間を作る、「シェンゲン協定」へ加入したことで、EUの国境が弱くなったことがある。

(29) Boswell, 2003, p.108. このやり方は、難民を強制的に分散することへの人道上の懸念から、民間ボランティア団体からも批判があがった。その結果、一九九五年九月の欧州理事会決議では、連帯結束の精神で釣り合いのとれたものに改められた。

(30) Moraes, 2003, p.119.

(31) しかし一九八〇年代後半から、国際的な援助状況は変化を見せ始める。UNHCRの文書は、一九九一年の第四二期UNHCR執行委員会を契機に、一九八〇年代に東南アジアで同機関がとった大量定住活動の代わりに、一九九〇年代は益々、保護活動が重視されるようになり、定住数も減少した(UNHCR Resettlement Section, 1997, p.1)と書いている。一九八九年の「第二回インドシナ難民国際会議」で決定された「包括的行動計画」を除けば、再定住の人数は、UNHCRが一年に関与する難民全体の一%以下となっている(The International Institute of Humanitarian Law and Spanish National Committee for UNHCR, 1997, p.7)。

(32) ドイツは、一九九二年だけで二〇万人以上を受け入れた。この数字は、EU全体で受け入れた庇護民の数の半分以上を占めた(Boswell, 2003, p.105)。

(33) 一九九〇年~九六年、一五〇万人がドイツ一国に庇護申請をした。この期間、ボスニア、コソボからの受け入れでは、ドイツ、オーストリア、オランダ、スウェーデンが人々を過剰に受け入れる一方、スペイン、ポルトガル、イタリアの受け入れ数が相対的に少なかった。オーストリア政府は、この時期、約四〇〇万人の庇護申請者が西欧に入国したと見ている(Moraes, 2003, p.118)。

(34) 例えば、フランスのカレー港近くにあった「サンガット不法移民収容センター」(Sangatte)問題。ここに収容された人々は、ユーロトンネルを使ってドーバー海峡を越え、イギリス入国を図る。二〇〇二年一二月、最終的に、両国間で収容者を分けあい、センターを閉鎖することで解決が図られた。興味深い点は、EUとしての解決ではなく、英仏間の二国間交渉だったことである。イギリスの世論とマス・メディアは、入国管理という国の主権と引き換えに、EUの入国管理に協力することには非常に懐疑的である。英仏の両国は、植民地時代、及び植民地以後の政策が、移住の動向に大きな影響を与えている。

(35) Boswell, 2003, p.109.
(36) *ibid.*, pp.108-109.
(37) Gibney, 2004, p.23 & p.56. 国際倫理についてここでは深入りしないが、若干の補足をしておきたい。すなわち、寛大な民主主義国家の場合、もし彼らの行動の動機が単に倫理的考慮だけだとしたら、難民にどう反応するのか？　国家の入国許可政策は、倫理的にどんな基準に基づくのか？　を考えておきたい。反応は、二つ考えられる。一つは部分主義である。この立場は、入国許可の決定で、国家は難民よりも市民の利益に優先度を置く自己決定権を持つ主体だ、とする考え方である。もう一つは、平等主義である。世界主義的な倫理を持つ機関として国家を見て、難民と市民の利益を平等に考えることが、正当な入国政策だとする立場である。いずれの立場をとるにしても、常に倫理の問題はついてまわってくる。
(38) Moraes, 2003, p.130.
(39) 最初の議論は、サドルディン・アガ・カーン（Sadruddin Aga Khan）により、国連人権委員会に提出された ***"Human Rights and Massive Exoduses"*** という報告書から始まった。それ以後、多くの学者がこのテーマを深めた。しかし議論は、西側政府、ＥＵと国連機関が、従来の移民管理政策に戻った一九九〇代初めに頓挫した。
(40) Boswell, 2003, p.115.
(41) *ibid.*, p.114.
(42) *ibid.*, p.115.
(43) Migration Policy Institute, 2003, p.vii.
(44) Castles, Crawley and Loughna, 2003, p.65. 民主化は〝難民の瘤〟(refugee hump) を作り、それがいくらか、自由貿易や開発による〝移民の瘤〟と並行する。

第二節　再定住計画

難民の再定住の舞台は、受け入れ国の国内である。この問題を扱った研究の多くは、これまで経験的分析手法をとっている。そして分析の際、トップダウンの方法をとり、主に制度の構造的な側面や組織的側面に焦点をあわせる傾向がある。政府が主導する、この統合計画の影響を調べる経験的な研究は、状況で異なる各国ごとの定住・統合政策の分析と、それらの構造や組織が、定住過程にどう影響したかの分析を行ってきた。他方、定住する難民側に立ち、彼らの主導権への影響とその結果を問う研究には、あまり深まりが見られなかった。さらに従来の多くの研究では、政府の立場から見て、政府が如何に巨大な数の難民の流入に対処したら良いのかや、政策手段があるのかないのか、それが難民の受け入れ社会への包摂をどう促しあるいは阻害したか、を調べることが重要とされていた(1)。ここでは、政策（政府）と難民は相互作用するという前提に立って、難民側が政府のこの施策・介入をどう認識し、彼らがどういった心構えになり、彼ら自身が統合への戦略をどう形作るかを問題としたい。

1　再定住という解決策

ＥＵでの再定住を語る前に、まず世界の難民が置かれている現在の状況について述べておきたい。世界の難民の大半は、紛争の長期化で長期間、第一次庇護国（単に、庇護国とも使う）の難民キャンプに収容されている。何年もの間、難民キャンプに閉じ込められて、人間としての能力を奪われ、精神的にも物理的にも、否定的な影響を強く受けている。こうした状況の中では、特に若い男性の不法行為が目立っている。現今の難民の状況を考える際には、上記の事情を踏まえた上で、〈自国に留まる権利〉と、安全な状況で〈帰国する権利〉をどう考えるかが、重要な鍵となっている。それらの事情を考慮の上、第三国定住（再定住）という解決策を考えていかねばならない。難民問題の解決策には、よくいわれる三つの解決策（自発的な帰還、現地統合（庇護国定住）、そして第三国定住）がある。留まる権利と帰国する権利は、国際法では十分に定義されていないが、庇護を求める権利には、ノン・ルフールマン原則があり、条文上の拘束力がある。

過去、第一次庇護国にそのまま定住するという難民問題の解決策には、国際社会からの支援が比較的少なかった。実際上は、非常に多くの数の難民が、特にアフリカで、国際援助なしに、地元民の中に入り、自主定住（self-settled）した事実があるが、(2) 世界の多くの国々は一般に、難民を定住させることにはあまり乗り気ではない。むしろ、一九九〇年代以降、〝自発的帰還〟の名の下に、難民をその本国に戻す措置が広くとられてきた。その中で、庇護国に永久に定住することは、冷戦期の難民移動では確かに重要な役割を果たしたかもしれないが、難民の帰国する権利を無視し、冷戦イデオロギーだ、と批判されてきた。

難民問題の恒久的解決では、一つの解決策が、他の二つの解決策を排除するゼロサム・ゲームではないので、第一次庇護国定住という解決法をとったとしても、逃亡の原因がなくなったら、自発的に帰還するという解決策は、あり得る選択肢である。第一次庇護国定住は、一時的措置として活発に実施されるべきだが、そうした戦略は、受け入れ国の政治的意思、ドナーの財政資金、そして開発機関の専門的知識が、必要となっている。それをおいてもこの場合、第一次庇護国での定住は、費用の問題と見られるのではなく、地元の開発と域内国家の平和にとっての投資である、と考えることが殊の外重要である。

上述の現実認識が重要である一方、難民問題、そして「難民の問題」の解決には、自発的な帰還という手段だけでは、十分ではないのが実情である。難民の多くが自国に安全に帰りたいと願う一方、他の人々はそうできない、と感じている。その背景には、庇護国との緊密な社会経済基盤の確立もあるが、彼らを国から追い出した状況が、非常に不快で、国に帰れないし国に帰りたくない、という事情が存在している。こうした人々には、第三国定住という道しか残されていない。ただし、受け入れ国側（多くは先進国）の援助制度が、民族を越えた共存という考え方に配慮したものでなければ、民族の分裂にも関わる怖れが、出てくる。戦火を逃亡した難民には、入国後も民族的緊張と分裂は引き継がれ、それがまた新しい状況に移植されるかもしれない。

第三国定住はこれまで、人々の輸送や受け入れ国での統合費用が高くつき、手間のかかる解決策と見られてきた。そのため、しばしばとりうる最後の手段だとされてきた。難民への特別のケア、カウンセリングや施設が必要となり、また異文化間の仲介者や通訳が必要となる。受け入れが適切さを欠けば、逃亡前・逃亡中のトラウマを悪化させ、永続化させてしまう。彼ら難民は、家族からの分離、無業状態、社会的排除と周縁化、未来への不安、周囲からの無視・敵意・蔑視が続けば、精神状態が悪化する。

そのため代替策として、先述のように、難民を流出させた地域内の国々・地域への定住が構想されてきた。この方法は、費用も安く、家族があまり別離することもない。もし自発的帰還の機運が生じた場合には、その対応がうまくいくことが期待できる、という。[3] 主たる受け入れ国である先進国側からすれば、域内での再定住は、域内に焦点をあわせて国際的に協調して取り組めば、自分たち先進国側に入国する〝不規則移動〟を減らせるかもしれない、という思惑がある。不規則移動は、ＵＮＨＣＲにとっても、保護と援助への障害となる。[4]「域内受け入れ」という方法には、安上がり批判に加え、以下のような批判もある。すなわち、難民保護の責任を、貧しい国々や流出国の存在する地域へ押し付けるものであり、西側先進国の身勝手な〝封じ込め策〟だ、[5] という根深い不信感である。ＥＵにとって好ましくない移住を止め、送り出し国の域内での〝難民封じ込め〟を目指す協力は、短・中期的には国内世論をなだめることができるかもしれないが、本来の流出原因には取り組んでいないために、最終的には逆の結果にさえなるかもしれない。

ＵＮＨＣＲの再定住計画[6]は、国際的な連帯の証しだが、規模はまだ相対的に小さく、難民の大量流出状況には対応していない。第三国定住は、例外的で最後の手段であり、現代の難民の大量流出状況にはあまり適合していない。流出国の域外での再定住は、非常に例外的な場合にのみ行われてきた。

２　政策実施上の手順

再定住の手順は、難民の選別[7]と、輸送からなる。保護の必要な人が、受け入れ国に管理可能な形で入国することである。再定住の全体的な流れは、現場で難民を選び出し、各機関に照会し、受け入れるという作業、そして当該国へ入国させ、恒久的な定住に至る、という過程である。輸送は、彼らが保護を求めた国から、永住の地位を認める第三国への輸送である。

ところで、国家が再定住を行うと決定したら、いくつかの基本的な政策上の問題を解決せねばならない。政府の政策は、①受け入れ社会への難民の統合をどう形成・達成するかという点と、②難民という〝分裂したアイデンティティ〟の感覚をそのまま永続化させるか否か、に大きく影響を与える[8]。考えねばならない点は、まず第一に、一体なぜ定住計画が行われるのか、第二に、誰が定住計画の過程に参加すべきか？　それはなぜか？　第三に、難民は何人定住させるのか？　それはいつから？　そして第四に、過去からどんな教訓を学ぶべきか？　である。

入国では、二つの問題がある。一つは「入管手続き」、そして到着時の「法的地位」である。定住する難民は、広義の難民基準におおむね該当するが、必ずしも難民条約上の難民（条約難民）ではない。それに伴い次に出てくる点は、適切な「法律的根拠」の問題がある。法的根拠が必要かどうかは、再定住がどのようなものとして考えられているかによる。再定住は通常、行政上の措置と考えられており、新しい立法措置を必要とするものではない。法的根拠が必要な場合には、必要な事項を条約や協定の中に見つけることができる。必ずしも、UNHCRとの関係で法的枠組みを求めることは必要ではないが、政策には柔軟性[9]のあることが重要となる。

再定住計画の「規模の決定」では、多くの問題がある。定住枠、上限、目標値を設定すべきか？　定住数を国内の各地域にどう割り振るのか？　受け入れ枠を特定集団のために使うか、それとも個人か？　出身国の地理的区分を考慮するのか？　保護の必要の状況で選ぶのか、援助の必要度か、あるいは第一次庇護国への配慮を考えるのか？　の点が考えられる。

いずれにしろ、最終的には予算的な裏付けをもって、定住枠、人数の上限が設定される。手順としては、受け入れ総数を決定後、これらの要因を勘案して、その中で個々の目標が定められる。目標が決まれば、「選別基準[10]」と「選別方法[11]」が決まる。上限と下限の定住数を設定する。計画の時間的長さからは、単年度か多年度にわたる計画に分けられる。目標値が小さければ、厳しい基準になり、目標値が大きければ、基準は寛大となる。定住で使われる基準は一般に、国内での再定住の成功か、失敗かという見方に影響されるが、これらの基準は、再定住が必要な難民の数を制限するかもしれない[12]。

計画の規模が大きくなると、委託・調整機関として、NGOが必要となる。しかしNGOは、複雑な難民状況の中で、自らの事業や役割と齟齬がある場合には、参加を断るかもしれない。一つのやり方は、個々の難民への問い合わせよりも、UNHCRからの集団照会が利用できるかもしれない。

選別から出発までの時間は、二、三週間から二、三ヵ月までと長くなる可能性がある。この時間を有効に使って、健康診断や旅行文書の作成ができる。言葉の訓練は、一般に手続きの開始時に始められるべきであり、受け入れ社会の情報が伝えられることが望ましい。難民が、受け入れ国で生活するためのオリエンテーションで、言語と文化を学習することは、長期の統合に役立つ。

空港では誰が出迎え、滞在先は一時的場所か、恒久的住居に連れていくのか、がある。定住する難民の処遇では、最初の数週間の使い方で、様々な方法がある。入国後の最初の適応期間を、「集団的一時滞在施設」（レセプション・センター）に数週間から数ヵ月滞在し、オリエンテーションを行う方法もあれば、難民の負担を考えて、直接に恒久的な住居に連れていき、NGOのケースワーカーが配置され、オリエンテーションと生活必需品が配られる方法もある。二つの方法は、どちらが良いというわけではなく、受け入れ国側で明確な指針をもって受け入れる、ことがポイントとなっている。(13)

難民が初めて受け入れ社会との相互作用をするレセプション・センターは、将来の統合にとって重要である。「受け入れ政策」（reception policies）は、受け入れ社会からの孤立化と分離を最小限にし、効果的に言葉と職業訓練が与えられるよう、計画される必要がある。

しかし、計画が組織化されすぎているのも、難民にとっては息苦しい。ドイツでは、難民のためにレセプション・センター、子供の教育、資金援助など、全てが完全に組織化されている。しかし入所者には移動の自由がなく、まるで囚人のようだ、という。(14) デンマークのボスニア・ヘルツェゴビナからの難民は、その多くが同国の福祉で生活している。彼らは自尊心を失い、多くの人が薬物中毒かアルコール中毒になる。早く年をとり、物事に無感動になる、と報告されている。(15) デンマーク、ドイツ、スウェーデン、オランダ、ノルウェーでは、生活水準が高く、状況は恵まれている。にもかかわらず共通しているのは、受け入れ・統合計画自体が、個人の創意・自発性を難しくしている現状である。自由な移動や労働する権利といった基本的な権利を制限し、自尊心を崩しているように見える。その結果、難民は内向きになり、過去に捉われ、社会的に孤立しているように見える。これに対し、イタリアでの難民は、政府やNGOからの援助はこれといってないが、行動の自由があり、どこにでも行ける。何よりも重要な点は、働くことができる点である。職種にかかわらず労働できたことは、難民の気持を前向きにした[16]。イタリアの事例は、中央集権化された福祉制度はない方が、状況次第では、統合のいくつかの局面で、難民にとってプラスに働くかもしれないという例である。単一の画一的な政策だけでは、事態に適切に対応できないことを示している。

3　EUでの再定住

EUでは、共通の庇護制度、具体的には共通の庇護手続きへの進展が見られるので、再定住計画でも、共通の選別法と手続きを考える必要が出てきている。後述のように、イギリスは、UNHCRの再定住計画への参加を表明し、再定住計画を実施中だが、計画を今後拡大するかどうかは熟慮中である。しかし、こうした定住計画は、移動する力も資源も欠く、域内の第一次庇護国のキャンプに滞留する難民の場合にはいくらかの援助になるかもしれないが、先述したように、先進国、とりわけ西欧に入国しようとする庇護申請者の数の劇的な削減にはつながらないと思われる。再定住は、移動が困難・不可能な、いくらかの人々の保護の必要は満たすかもしれないが、移住の流れ（方向・強さ）の問題は解決することができない。イギリスが採用したような再定住計画は、最初から西欧へ入国しようという経済移民のプッシュ要因を減らすことにはならない。多くの研究が示しているが、「域内での審査制度」は、受け入れ国の庇護制度の代用にはならない。再定住計画も、域内での審査制度も、まだ不完全であり、先進国の庇護国は、自分たちの領域に入国しようとする庇護申請者へ、庇護の道を開いておく必要がある。

一九五〇年以降、スウェーデンは年に一二五〇人という難民受け入れ枠を持ち、国外の難民キャンプから人々を受け入れてきた。また年あたり、二〇〇〇人～三〇〇〇人の庇護申請者に定住を許可してきた。以前の統計では、難民と他の移民の区別立てはしていなかった[17]。スウェーデンは、イギリスやオランダとは違い、以前の植民地からの移民はいない。また、ドイツやスイスのような外国人労働者制度もとらず、独自の「定住モデル」を開発してきた。スウェーデンの政策の特徴は、国内の労働市場を守るという労働組合との協調であり、他の北欧諸国との協力を強めることにあった。移民・難民は入国が許可されると、北欧市民に開かれた共通の自由な労働市場に参入できた。一九七二年以降、労働移住は停止されたが、代わりに家族再会と難民の入国は許可された。厳格な法律と永住という「スウェーデン・モデル」は、同国の社会福祉制度を守ることであり、労働組合がこのモデルを推進してきた。一九七〇年代半ばには、たいした政治的論議もなく、民族の多元的共存がこのモデルに含められた[18]。

二〇〇二年、イギリス内務省はＵＮＨＣＲの再定住計画への参加を表明し、ＥＵ内で何らかの形で再定住計画を持つのは、七ヵ国となった。再定住計画は、国際的な保護制度と連携せねばならないので、政治的な仲間が必要である。他のＥＵ諸国は、ＵＮＨＣＲからの特別の要請で、例えば近年では、旧ユーゴからの人々を、一時的に難民として受け入れている。ＵＮＨＣＲに年次受け入れ枠を申し出て、再定住計画に参加している国は一〇ヵ国である。他に一〇～一二ヵ国が、特別な場合に限って難民を受け入れている[19]。再定住国は、受け入れ容量について、自国の社会・経済状況と人口規模を強調する[20]。ニーズが見出されても、国によっては受け入れ基準が抑制的だったり、手順に時間がかかる場合がある。緊急事態で、柔軟性を持つ受け入れ国は意外と少ない。さらに年

間の定住枠で、治療の必要な難民や重病人、障害者難民の特別計画があっても、その機会は限られている。(21)

UNHCRはいくつかの政府から財政支援を得て、再定住国の数の増加に努め、定住の機会を多様化している。これより先の一九九五年、非公式の定住作業グループが再定住の一〇ヵ国とUNHCRの手で作られている。(22) 作業グループには「国際移住機関」(IOM)も加わり、一ヵ月おきに定期的に会合している。また地域的な会合が、欧州、アメリカ、カナダ、オーストラリア、ニュージーランドの関係各機関との間で持たれている。(23)

4 政策の不在

EU加盟国の中には、難民定住政策がない国もある。その場合、難民には一体何が起こるのだろうか? イタリアでは、NGO組織の数が少なく、資金力が乏しかっただけでなく、政府に、難民を助ける制度的な戦略自体がなかった。(24) 福祉制度が十分にまだ発達せず、それが不十分な統合計画となり、援助は庇護を与えられた個人への一時的方策となっている。同国での社会的保護と福祉制度の性格から、難民と庇護申請者への援助は最小限度のものである。そのため、難民と移民は、自助制度を作り、相互の連絡網の中で自分たちの問題を解決してきている。難民への援助が乏しく、情報が不足することは、難民の生活状態を悪化させた。

しかし、イタリアでの旧ユーゴ難民の定住の場合には非常に重要なことだったが、彼ら難民は、社会の非公式な接触の場で、人種主義や外国人嫌いを経験しなかった。このことが、難民たちに自民族以外の人々との社会接触を容易にし、難民一般の個人的な満足につながった。(25) この感覚のために、イタリアでのボスニア・ヘルツェゴビナ難民は、彼らが直面した困難にもかかわらず、イタリアに留まった理由の一つとなっている。同難民をイタリアで調査したコーラック(Maja Korac)は、難民が政治に関与することに消極的で、それには二つの関連する要因があった、と述べている。[26] 彼女の調査自体が限定されたという状況はあるが、一つは、インタビュー調査したのは、非民主的な政治制度の中で育った若い世代だったことである。インタビューに応じたのは、二〇歳〜四〇歳代の比較的年齢が若い人々で、都会的で教育もあった。多民族が同居した都市の出身者で、自身も民族的に混血していた。彼らは定住の地で、同民族の人々だけでなく、イタリア人を含め、他の民族の人々と付き合い、民族を超えたネットワークを作り上げた。彼らは、独身か子供は同行せず、共同生活をしていた。二つ目は、旧ユーゴでの初の政党選挙で国粋主義政党が政権についたことへの失望があげられた。彼らには、紛争前の平和的な多民族の共存と、友好以外の経験はなかった。彼らには、政治は〝汚れた仕事〟との意識があった。

定住政策が不在だった例は、他にもある。一九二三年のギリシア・トルコの「強制的人口交換」[27] で、ギリシアに帰国した人々の定住地（難民定住地）の事業は、成功したと一般にいわれるが、仔細に見れば、はるかに複雑で、様々な過程があった。通常いわれている、単に〝成功だった〟といういい方には、問題がある。ギリシアの都市、コッキニアでの都市難民の定住地は、一九二三年のギリシアとトルコ間の強制的な人口交換の結果、帰還したギリシア系の人々を大量に定住させる計画の一部として作られた。貧しいギリシアへの帰還難民の大規模な流入で、地元民と難民の間に起こる軋轢は避けられなかった。地元民は、新着者に憤りを示し始めた。[28] 帰還民は小アジアの異なる地域からきており、強い地域差と偏見から、直ちに一体感を持つことは難しかったが、地元民との関係で、急いで仲間意識を作り上げねばならなかった。帰還民は、貧しさと住居の保有条件が足かせとなって移動はできず、現地に定着を迫られた。ギリシアの都市難民の定住計画は、物理的インフラに乏しかったが、他方で共通の文化価値、慣行、家族中心の活動、地元民と分離したアイデンティティを保って、強いコミュニティを形成した。

定住計画では、経済と社会文化の関係をどう評価するかの問題がいわれるが、ギリシアのこのケースは、社会要因が一定程度、経済的混乱からは独立していたと思われる。詳しく述べる余裕はないが、マクロ的には、国内での政治分裂を引き起こし、経済効果でも全てが肯定的なものばかりではなかった。

5　ローンと私的保証人制度

定住での財政面では、ＥＵに限らずどの地域でも、難民が支払わねばならない「ローンの問題」がある。移動した際の航空運賃を支払うローン制度が、アメリカ、カナダにはあるが、ＥＵ諸国にはどの国にもない。移動距離で価格に違いがあるので、一律に同価格というわけにはいかない点もある。しかし、例えばスウェーデンのように、ローンを無利子にすること[29]は、適切なアイディアかもしれない。難民は、借金ばかりしている人ではなく、自分の費用を支払うために一生懸命働いている人だ、ということをＥＵ国民に知らせることになるからである。ＥＵでは、定住計画を資金的に支える独立の「欧州難民定住基金」の創設が提案されている。基金は、定住難民の社会への統合で、各自治体が直面する諸問題の解決に役立つものと考えられる。また、再定住活動を支援する目的で、「ＵＮＨＣＲ信託基金」（UNHCR Trust Fund）が新しく作られ、北欧諸国の進取的な活動と関係が深められている。[30]

その他、再定住に関わろうという政府の政治意志を高める手段として、民間組織や各種グループが、難民を保証する「私的保証人制度」（Private Sponsorship）を考えることも意味があるかもしれない。考え方としては、保証人は、難民の到着後一年間、難民福祉に責任を持つことに同意する。そして、難民の住居や職探しを手伝い、語学教育や教育の便宜を図り、ごく一般的な〝情緒支援〟を行う。この制度はカナダで始められ、難民の定住計画の中で、コミュニティの参加を促し、定住難民への支援の枠組みを作り出した。この制度のおかげで、カナダでは何千人もの難民受け入れが可能となった。[31] しかし、この保証人制度は、国から民間への援助の肩代わりではない。

（1）Korac, 2003, p.399.
（2）Crisp, 2004, pp.5-6.
（3）The International Institute of Humanitarian Law and Spanish National Committee for UNHCR, 1997, p.5.
（4）UNHCR Resettlement Section, 1997, pp.4-5.
（5）Boswell, 2003, p.118.
（6）一九五〇年代、六〇年代、ＵＮＨＣＲの定住活動の大半は、欧州にいる難民たちであった。この時代、定住という解決策に問題がなかったわけではないが、類似した民族背景を持つ欧州の国々や、北アメリカ、オーストラリア、ニュージーランドで受け入れられた。一九七〇年代、定住の焦点は、欧州から南アメリカ、アフリカ、そして東南アジアへと移った。一九七二年のウガンダでの事件で、大量のアジア系ウガンダ人の定住問題が生じ、多くの人々はイギリス連邦諸国に定住した。続いて、南アメリカで保護の問題が生じ、約一万五〇〇〇人が西側諸国に定住した。一九七〇年代後半のインドシナ三国での紛争で、一九七六年～一九八九年に一二〇万人以上のインドシナ難民が、ＵＮＨＣＲの手で、主として西側諸国に定住した。一九八〇年代末から九〇年代、積年の難民問題の解決のため、東南アジアでは「包括的行動計画」（ＣＰＡ）、中央アメリカでは「中央アメリカ難民国際会議」（ＣＩＲＥＦＣＡ）、アフリカでは難民援助の二つの国際会議（ＩＣＡＲＡⅠとＩＣＡＲＡⅡ）が開かれ、難民問題解決の三つの古典的解決策が、政治状況に応じて使われた。
（7）ＵＮＨＣＲによれば、緊急に再定住を行う必要があるのは、生命に危険がある場合や、医療の問題がある場合である。中でも優先度が高いのは、迫害・逃亡に直接に関係した医療問題（心理的トラウマ、拷問、戦火による障害、強姦など）や、ＨＩＶ／ＡＩＤＳと診断された難民である（UNHCR Resettlement Section, 1997, pp.2-3）。
（8）Hirschon, 2000, pp.402-403. 難民という感覚を持続させた例としては、小アジアから避難したギリシア系難民がある。彼らが居住したギリシアのコッキニア（Kokkinia）という都市難民の定住地は、一九二三年のギリシアとトルコ間の強制的な住民交換で作られた。定住地は、大規模な定住計画の一部として作られ、この定住地に居住したトルコから強制的に移動させられたギリシア系の人々は、ギリシア政府からの補償を期待したことと、同政府の介入・取り組みを期待したために、人々は援助への依存状況を続けた。彼らの期待は一九六〇年代まで続き、〝難民〟としての感覚を永続化させた。また、貧困な都市住民として共産党を支持したために、主流政党とのつながりを欠き、周縁化が進んだ。その他、この例で興味深いのは、共産党への支持とともに、宗教への強い傾斜が見られたことである。

（9）柔軟性とはこの場合、計画を効果的に、そして難民に配慮した形で実施する鍵となる事柄なので、法律の条文での詳細な記述は、定住国では一般に行われない。

（10）選別基準は、①定住国側の要望と、定住国言語の知識の有無、②定住国在住の家族の有無、③原因国ないし第一次庇護国と、定住国間の歴史的なつながり、④宗教的結びつきなどによる、特定の難民集団への定住国民からの支援の態様とその強さ、がある。

その他、選別基準には社会的弱者か、年齢はどうか、医療の必要度があるか、などがある。定住国は基準のどれを優先し、他は削るのかを選択する。集団を対象とした基準を作るかどうかも決める。選別の手続き中、ＵＮＨＣＲやＮＧＯが加わるのか、加わるとすればどのようにするのか、がある。全ての手続きは、明瞭で透明でなければならない。

（11）選別方法は、一般に「書類選別」と「面接選別」の二つがある。あるいは、その二つの組み合わせである。書類選別は、現地までの旅行の必要がないので、時間的に早く、安価である。しかし個人への面接がないので、担当者にとっては、状況への知識・経験が蓄積できない。他方、面接選別は、実際に現場を訪れて面接を行うので、定住での適切な判断や現場での最新の情報の入手の面で利点がある。その際、人員を現地、あるいは隣接国に駐在させる場合と、本国から代表団を派遣する場合とがある。そして、緊急の場合にのみ、書類のみでの決定をする。

個別面接は、難民にとっても有用で、正確な情報が伝わり、定住への心構えがあらかじめできる利点がある。欠点は、選別側に、現場での安全確保と財政上の負担が大きく、年に一〜二回、一、二ヵ所への派遣しかできないことである。また、汚職防止の観点から、定住計画で入国許可を与える官吏は、最初から最後まで一人の官吏がケースを担当しないことも経験上、必要な事柄となっている。

（12）UNHCR Resettlement Section, 1997, p.5.

（13）Migration Policy Institute, 2003, p.xiii.

（14）Korac, 2003, p.407.

（15）*ibid.*

(16) *ibid.*, p.408. それは、難民の次の言葉（Korac, 2003, p.407）に表れている。「私がカリタス（ＮＧＯの一つ）に何かをもらいに行ったら、隣人は私を違った目で見るでしょう。（そうはせず、自活したので）こうして彼らは私を尊敬したのです」（ボスニア・ヘルツェゴビナ出身の四五歳の女性、一九九二年からローマで家政婦、二人の子持ち）。

(17) Hammar, 1993, p.104.

(18) *ibid.*, p.106.

(19) 伝統的な再定住国は、次の一〇ヵ国である。オーストラリア、ニュージーランド、カナダ、デンマーク、フィンランド、オランダ、ノルウェー、スウェーデン、スイス、アメリカ。一九九〇年代末、ＵＮＨＣＲは再定住国として、新たに次の八ヵ国を発表した。アルゼンチン、ベニン、ブラジル、ブルキナファソ、チリ、アイスランド、アイルランド、スペイン。しかし、これら全ての国が十分な意味での計画を持っているわけではない。

解決が地域外で求められる場合には、再定住する難民個人は通常、上述の主要一〇ヵ国に照会される。これらの国々は、再定住の受け入れ枠か、定住受け入れの打診の際、対応可能な上限を持っている。他の国々は、特別の一時受け入れを行い、またいくつかの国は医療上の特別の必要がある難民を受け入れる特別計画を持っている。

(20) UNHCR Resettlement Section, 1997, p.5.

(21) *ibid.*, p.6.

(22) The International Institute of Humanitarian Law and Spanish National Committee for UNHCR, 1997, p.7. 設立の目的は、定住活動の情報を共有し、他の国々に注意を喚起し、定期的に定住計画に参加してもらうことである。

(23) UNHCR Resettlement Section, 1997, p.5.

(24) Korac, 2003, p.399. イタリアでは一九九八年、新しい移民法が作られ、庇護申請者は政府運営のセンターに収容されることになっていたが、その設置が遅れた。イタリアには、受け入れ、そして統合に付随する社会計画の法的な枠組みが存在しなかった。

イタリアは司法上、〝人道上の難民〟を認めず、難民といえば、難民条約上の難民のことである。従って、一般的暴力や武力衝突から逃れた一九九〇年代のアルバニア、旧ユーゴからの人々は、特別法で一時滞在を許可された。特別法は一九九二年に作られ、一九九二年～九七年の間に旧ユーゴから逃亡した七万七〇〇〇人に一時的な定住を許可した。彼らには市民権は与えられず、人道的理由から一時的に滞在が許可された。政府からの許可はすぐ与えられ、人々は労働も勉学もできた。しかし定住上での援助はなかった。政府は、一五ヵ所にセンターを開いたが、一九九五年末には徐々に閉じ始めた。

（25）*ibid.*, p.415.

（26）*ibid.*, p.416.

（27）Hirschon, 2000, p.410. 発端は、ギリシア軍が小アジアに攻め込んだが、一九二二年に全面敗北したことにある。それに伴い、何万人というキリスト教を信奉する人々がギリシアの港に到着した。一九二三年にスイス・ローザンヌで取極めが結ばれ、両国間で「強制的な人口交換」が行われた。人口交換は、平和安定のための前提で、両国に残る宗教的少数者を取り除くことであった。

人口交換の特徴のまず第一は、帰還の規模が大きく、百万人を超える人々がギリシアへ戻った。その数は、ギリシア全人口の四分の一であった。ギリシア政府の負担は大きかった。ギリシア政府は財政難で、十分な経済支援はできなかったが、それでも住居のみ援助することを決めた。住居は低価格で、必ずしも恒久性のあるものではなかった。第二に、人口交換は、ギリシアへの帰還事業ではなかった。交換の対象となった人々は、それぞれの国ですでに長期にわたって生活しており、この移動を帰国とは考えず、逆に〝亡命〟と見ていた。以前の家を訪ねたいという思いは、半世紀を経てもなお根強いものがある。第三は、帰還した人々と受け入れたギリシア国民は、同じ宗教で、同じ言語等、多くの点で共通点があったが、両者は容易に混じり合わず、互いに異なるアイデンティティを維持し続けた点にあった。

（28）*ibid.*, p.404. 地元民は、帰還した人々に〝トルコの種・トルコの子〟（tourkospori）の言葉を使い、蔑んだ。新旧住民の間の偏見と軋轢は、統合プロセスの話題の中心を占めた。

（29）Migration Policy Institute, 2003, p.192.

（30）UNHCR Resettlement Section, 1997, p.6.

（31）Migration Policy Institute, 2003, p.viii.

第三節　難民の地理的分散策――排除と包摂の力学

移民・難民が流入する社会では、彼ら異邦人に対する治安や社会・経済上の問題から、彼らを分散して配置することを望む。同じ数でも、国内に不法移民や難民が、政府が管理できない形で流入すれば、管理され規制された形で入国する場合と比べ、国民には脅威と感じられる度合いが高い。先述のトルコから帰国したギリシア系の難民は、貧しい祖国ギリシアで、地元民と乏しい資源をめぐって競争となった。失業率が高く、改善する見込みがない場合には、地元の低所得層の移民への敵意は大きくなる。彼ら都市難民とその子孫には、住宅問題は常に不満の種であり、補償要求の焦点であった(1)。

また、ある民族少数者集団が、他の集団よりも成功をおさめれば、マス・メディアは成功した集団を称賛し、そうでない集団は非難される。難民には入国後、受け入れ国の市民と接触する中で、〈排除〉と〈包摂〉というベクトルの向きが互いに異なる力学が働く。この力学は、二つのレベルで働く。一つは、国家の制度と、より広範な受け入れ社会の人々というレベルである。もう一つは、難民と地域社会の人々との日々の接触というレベルである。二つのレベルで、社会的に相互作用し経験したことが、私たちと難民、そして彼らと広い社会の間の境界の作られ方に影響を与える。そして、その中で難民自身の「帰属という概念」の作られ方に影響を与える。接触のあり方は、受け入れ社会へ難民個人がどう関わり交渉していくのかという過程と、市民権の意味の推察・価値評価と、帰属感覚の濃淡という問題に影響してくる。

イギリスでは一九九〇年代初め以降、庇護申請をする人々の数が急激に増えて、政策上の混乱が見られた。EU諸国と比較すると、イギリスは一九九〇年代を通じ、法律的対応が立ち遅れた。一九九三年、一九九四年とドイツ、オランダが実施したように、包括的に庇護策を整備するというよりも、入国前管理の強化と国内での制限策の実施を混和した一時的措置をとった。再三法律が作られ改定され、難民への影響は甚大であった。一九九三年法、一九九六年法に続き、特に重要なのは「一九九九年移住庇護法」（Immigration and Asylum Act 1999）で、庇護政策の根本的な変化の転換点となり、新たな出発点となった。この法律により、難民の居住場所、庇護政策、資金の面で、従来の地方自治体による事業実施から、中央で調整し、資金を支出する制度に大きく変化した。同法は、二〇〇〇年四月から施行され、宿泊所が必要な庇護申請者を強制的に地域に分散し、中央で一元的に庇護申請者の支援を調整する「国家庇護支援サービス」(the National Asylum Support Service, NASS)を設立した。「分散策」の意図は、彼ら庇護申請者の地位が確定するまでの間、ロンドン地区から離し、ロンドンやイングランド南東部での住宅需要を緩和するためであった。

NASSの役割は、分散計画を指揮監督し、地方自治体が設立を促した地域の共同事業体に資金を援助し、この共同事業体が、分散された庇護申請者に資金を与え、社会福祉サービスを与えることになった。この制度の下で、NASS、地方自治体、ボランティア団体、難民コミュニティ組織(Refugee Community Organizations, RCO)が協力することになった。受け入れに関係する機関間の協力は新しいものではなく、内務省、ボランティア団体間の以前からの協力の伝統を踏襲したものである。新しい点は、庇護申請者の新規の受け入れで協力体制を制度化したことと、地方自治体と民間の連合体との間で、定住過程を地域で行うようにしたこと(事業の地域化)である。難民コミュニティ組織が、受け入れと統合で、初めて公式的に事業に参加することを許された。五万人を超える庇護申請者が分散されたが、二〇〇三年~二〇〇四年には、庇護申請者の数が急激に下降したために、分散は停止された。[2]

イギリスでは、分散策により配置された地で同胞からの支援が得られず益々、自分たちの非公式の連絡網に頼らざるを得なくなった。難民コミュニティ組織は、以前からロンドン及びイングランド南東部に存在し、十分に確立し、援助を行っていた。分散策は、難民・庇護申請者と、この難民コミュニティ組織のつながりを壊してしまった。こうして一層、分散された地では、非公式の連絡網の成長が見られるようになった。分散策で庇護申請者が一層、社会の隅っこに置かれる中で、新しい土地で難民を基盤とする互助組織が増殖し、[3]同組織には新しい役割が生じている。しかしこの社会資本は、難民の社会への統合を育み、コミュニティ活動を中心になって推進し、市民社会に活気を与えるという本来の役割ではなく、難民状態の危機と彼らの社会的排除への反応であることに疑問が残る。イギリスでの分散策は、庇護申請者が耐え忍ばねばならない苦難の観点から、倫理的に問題があり、ロンドン市当局の負担を和らげるという純粋に経済的理由では、少し合理性を欠く、[4]という意見もある。主流社会との社会接触は、統合の重要な目標であり、難民が自分たちの状況をどう見るかに際して、重要な役割を果たしている。

スウェーデンでも、難民と庇護申請者を全国へ分散した。[5]同国で、定住計画が改革されたのは、一九八四年である。新しい制度は「スウェーデン全国戦略」（Sweden-wide Strategy）と呼ばれ、国内の殆ど全ての自治体へ難民を分散配置した。スウェーデンの分散策の元々の考え方は、主要都市での過重な負担を避け、難民と庇護申請者を地方の適切な場所に配置すれば、彼らはその土地で定住し、統合されるというものであった。政府は、大量の難民を扱うことができるのはこの方法しかない、[6]と述べた。さらに政府は、スウェーデン人に難民と出会う機会を作り出し、難民の背景・事情を知らせ、スウェーデンでの彼ら難民の実情を国民自らが学べるように意図した。こうした制度を採用したことで、国民は否応なく様々なレベルで接触し、さらに地域の政治家が、以前よりも難民問題の論議に関わらざるを得ないようになり、このことが難民に対し、国民の側の好ましい態度を生み出し、国民の難民への態度がより寛大になる、と政府は考えた。しかし、その後政策は改正され、分散配置は、三年間の時限措置と見られるようになった。その結果、定住場所がどこかというのはあまり重要ではなくなり、難民は第二次移動をする前の一時居住場所となる、あまり条件の良くない地域に定住させられるようになった。

　スウェーデンの分散策は、公式には難民側の自発意志を尊重することだったが、実際の場面ではそうならなかった。割当てられた場所にいくことを拒否した難民たちは、しばしばセンターに留まり、次の割当てを待った。何人かの人々は、仕事と住居を自分で見つけたが、多くの人々はできなかった。かくして、制度の上では個々の事情にあまり考慮が払われることもなく、強制的な分散策が実施された(7)。政府は、地域への均等な配置を望んだが、難民たちは主要な都市へ、第二次移動した。

　スウェーデンでは当初、「第二次移動」は定住・統合の失敗と考えられた。また、地方でのサービスが適切ではないからだと見なされた。しかしその後は、政策目標が、もはや永久の分散配置ではなく、一時的配置となったので、政府の考えと態度は改められるべきことになった。そしてそのうち、別の見方が現れ、第二次移動は、難民個人が自分で行動する能力を持ち、仕事と住居を探す能力を身につけたためだ、と肯定的に解釈されるようになった。とはいえ実際上では、こうした肯定的な態度に変化することは中々むずかしかった。地方で難民の定住を担当した関係者は、難民が地域に統合すべく最善を尽くすよう依頼されていただけに、難民がその土地を離れると、多くの場合、ストレスを感じた(8)。これまでのところ、スウェーデンでは、誰が最初に配置された場所に留まり、一体どの位の人数が第二次移動で大都市へ移動していったのかは、誰にも分からない。

　イタリアの場合は、ちょっと特殊である。難民の分散策自体が存在しない。イタリアでは先に見たように、資金と制度による国段階の難民統合策自体がなかったために、政府機関と民間団体の双方が、絶えず〝場当たり的に〟緊急事態に対応することになった。民間ボランティア団体が、庇護申請者と難民を援助することになったのは、比較的近年のことである。ボランティア組織の多く(9)は、一九九〇年代初めに作られている。こうしたイタリア独特の事情から、難民は定住の最初の局面で重大な困難を引き起こすことになった。雇用や教育を媒介とした、機能的な経済・社会統合にも問題を生じた。体系だった援助計画がなかったために、難民個人が自らの力量で生活を再建することを余儀なくされた。難民は、同国人や社会的つながりを持ったイタリア人から、物質的支援と情緒的支援を獲得した。[10] 難民は職を選ばず、仕事をした。

しかし反面、入国手続きにあまり時間を要しなかったので、イタリアでの滞在許可や労働、勉学での不確実さからくる難民への過度の圧力はなかった、といわれる。審査の長期化は、特に子供に与える影響が大きい。[11] イタリアでは、それもなかった。これは難民にとって、大きな利点であった。なぜなら、長期にわたる庇護審査は、受け入れ社会での、社会的、経済的、文化的な統合を果たす上で、大きな障害になるからである。認定手続き中は、難民は不安を感じ、労働等の活動ができないことから、難民の精神衛生を損ない、うつ、依存、無関心、自信喪失を招くことがある。たとえ認定されても、その後の就職と社会的適応を損なう可能性がある。UNHCRは、庇護申請者に労働を禁止するのは、最大六ヵ月、[12] としている。イタリアの場合は、その影響が少なかったと考えられる。

イタリア政府の支援、そして十分なコミュニティ組織のないことが、難民に自分で解決する道を選ばせることになった。支援組織がないため、難民たちは自らを追いたてた逃亡の原因や紛争について語る必要もなく、政治論争からも距離を置くことができた。[13] 難民が援助に頼れなかったという事実は、逆に難民にイタリア人との日々の付き合いで、彼らに利得があることを気づかせた。現地イタリア人との付き合いで難民たちは、自分が必要とするものを直接手にできただけではなく、自国文化と受け入れ国文化の出会いの場となった。出会いは、自発的で、あらかじめ作られた偏見や紋切り型のイメージによるのではなく、個人的に直接相互作用する、双方向性を持った行動であった。

多くの難民は生きていくために、一年目から民族をこえて接触を始めた[14]。その際の連絡網は、民族的背景が異なるにもかかわらず、全員に対し、日々の共通な必要物の入手という直接的な問題を解決した。分割され、荒廃した国を逃れた人々は、破壊された社会関係と共存を、新しい土地で自らの手で作り出さねばならなかった。難民は、新しい社会環境を認識し、適応能力を強めた。要は、援助計画や統合戦略がないのが良いのではなく、実際に行われる援助の法的、制度的手段や、その他の構造的な手段の性格とその結果を考えることの重要性を教えてくれることにある。

欧州での分散策の研究では、分散策は、難民の統合の上では長期的に見て解決にはならない[15]、といわれている。イギリスでは、ベトナム難民が入国当初、政策で各地に分散配置されたが、一年経つとロンドンのような大都市に移動した。彼ら民族少数者集団が一ヵ所に集住すると、受け入れ社会との間で別の問題が出てくる。例えば、ある民族少数者集団が新天地で受け入れ社会と関係を持たず、閉鎖的な「少数民族の居住地区」（エスニック・エンクレイブ）を作ることになれば、同化・統合の上で問題を生じる。イギリス、フランス、ドイツでの〝イスラム原理主義集団〟のような極端な分離主義は例外だが、少数民族の居住地区は、時には新着者が受け入れ社会の言葉と文化を学び、同化する上での障害と見なされている。と同時に、少数民族の居住地区は、しばしば移民を新しい環境に適応させる準備の場所、と見なされているのも事実である。移動の初期には、移民集団は普通、群れになって居住し、新しい社会状況に対応するために、商業、宗教施設や協会といった、彼ら自身の基盤を発展させる。しかし、時が経つにつれ、主流社会と経済的・社会的につながりのできた移民は、他の場所に出ていく。その移動を人種差別、暴力や経済機会の制限で阻害されたら、移民・難民は、民族社会内での活動に力を注がざるを得ない。これは逆に、主流社会の人々の疑念を生む。

いずれにしろ、要は、少数民族の居住地区が、永久の「強制居住地区」（ゲットー）になるのか、それとも社会復帰の一時的な場所になるかである。社会復帰の場なら、社会的に移動可能な人々は、自由に主流社会に移動が可能だが、主流社会側から住居や雇用で制限が加えられれば、ゲットーに閉じ込められてしまうかもしれない。難民は単に、迫害の犠牲者であったり、援助の受け手だけでいるわけではない。生き残り戦略を考え、物事に対処する能力を持つ、考える個人である。難民が、受け入れ社会にどう組み込まれるかは、難民組織と援助の方法に大きく影響を与える。難民統合に関する政策は、それゆえ柔軟性を持ち、難民集団ごとに異なる、多様なニーズに対応せねばならない。

（1）　Hirschon, 2000, p.400.

（2）　Zetter, Roger, Griffiths, David and Sigona, Nando, 2005, p.171.

（3）　*ibid.*, pp.178-179. ゼッター（Roger Zetter）たちの調査によれば、二〇〇四年現在、調査した四〇の難民コミュニティ組織のうち、四〇％以上が一九九九年以降に設立され、二九％が一九九〇年以降であった。さらに詳細に見ると、ロンドンでは、一九九〇年以前に設立された一四団体のうち、実に一三団体がこれに該当した。そして、この一三団体（六五％）に対し、三団体（一五％）のみが一九九九年以降に設立されていた。決定的な違いは、ロンドンにある古い難民組織は、ベトナム人、ソマリア人、タミール人のもので、一九八〇年代初期に作られ、すでに基盤ができ、成熟していたことである。一方、分散地区で調査した二〇の難民コミュニティ組織では、六五％（一三組織）が一九九九年以降に設立されていた。分散地区の組織は明らかに、近年になって出現したものであった。

イングランド中央部の西の地区には、アルバニア人やアフガニスタン人の組織が一九九九年に作られ、この時期庇護民の出身地が変化していることを示した。一方、リバプールでは、難民集団は新着の人々で、彼らはコンゴ人、イラク人、クルド人であった。コンゴ人の難民組織は一九九八年に作られ、他は二〇〇三年に組織が作られていた（Zetter, Roger, Griffiths, David and Sigona, Nando, 2005, pp.171-172）。

（4）Griffiths, David, Sigona, Nando and Zetter, Roger, 2005, p.2.
（5）スウェーデンは高度な福祉先進国だが、国土への国民の居住は不均質である。人口の三分の一、約二七〇万人が三つの大都市、ストックホルム、イェーテボリ、マルモに住む。人口増加率は停滞し、老齢化しているが、土地、水などは豊富にある。
（6）Hammar, 1993, p.110.
（7）*ibid.*
（8）*ibid.*, p.111.
（9）その団体も国内に偏在し、従来から存在した教会系の組織に比べ、非宗教系の民間ボランティア団体の数は少ない。教会系の組織は、難民を含め、一般に貧窮者に援助を与えている。政府が設定した緊急の援助政策に沿って、民間ボランティア団体と教会組織は、入国当初の基本的な必要物をみたすよう努めている。
（10）Korac, 2003, p.417. ボスニア・ヘルツェゴビナ難民が、イタリア人と緊密な社会的絆を作ることができたのは、①援助関係者が不在で、自分で何とかせねばならなかったこと、と②イタリア文化が自国の文化と親近性があったこと、があげられている。
（11）子供とともに、若者への影響がいわれる。若者は時と場合によっては、彼らの両親よりも同化に熱心である。自分たちの文化的アイデンティティの主張のために暴力にはしる場合もある。これらの問題は、未解決のまま残っている。
（12）UNHCR Bureau for Europe, 2007, p.62. また早期に、職業訓練を施し、難民に労働を認めることは、受け入れ社会の費用を減らし、不法な雇用を防止する、という利点がある。難民が経済的に独立し、職業的な技術を習得した庇護申請者が帰国する場合には、自国での定着に役立つかもしれない。
（13）Korac, 2003, p.411.
（14）*ibid.*
（15）Hammar, 1993, pp.115-116.

第四節　定住上の社会資本

移住は、家族にとって外的衝撃を和らげる合理的な選択である。国によっては、元来少ない雇用機会が益々減少する場合、彼らにとって、移住は残された〝最後の手段〟となり得る。再定住計画は、庇護以外の目的で人々に不正に使われる怖れがあるが、特に「家族再会」（family reunification）の場合、その危険性が高い。[1] そうした否定的面はあるが、家族と再会することは非常に重要である。受け入れ社会で、個人が社会から排除され、無力さを感じると、高度に鬱積した欲求不満になり得る。それが他人への攻撃的行動になる場合もある。家族再会は、難民にとって基本的な権利であるだけではなく、再定住での人々の社会統合を容易にするために行われる。途上国では文化の違いで、拡大家族の成員間のつながりが非常に強いが、ＥＵはじめ先進国では、家族と再会する権利が、一般に主要な家族構成員に限定されている。家族は、難民への受け入れ社会からの支援の受容を強め、それにより社会への統合を促される。家族に基づく民族的な連絡網と文化的な事象は、移民の適応の要因である。逃亡前、同じ住居内に居住していた他の構成員との再会を認める、柔軟で現実的な方法が必要となっている。[2]

新着民が、受け入れ社会内で社会関係を再建し、新しく作り上げる過程で、ＮＧＯを含めた人道援助機関の働きは、彼らの生活再建の中で重要な役割を持っている。しかし、計画は、中々思惑通りにはいかない。アメリカでは、地域に定着したコミュニティ組織が、新着の移民の多様さと、様々なニーズに対応することがむずかしく、現実とのギャップに苦しんでいる。近年の移民・難民の民族的・人種的多様さが元来、集団の権利とエンパワーメントで組織された団体に、難しい問題をつきつけている。[3] 民族集団内の権力関係の変化や、ジェンダー関係の立場の変更もある。また援助する側にも、問題点はある。アメリカでは、まだボランティア精神の士気は高いといわれるが、社会福祉機関はプロジェクトの結果を評価する際、市場原則に依ることにしたので、金で雇われた専門家は、ボランティア事業本来の世話と手助けという価値よりも、金銭的考慮が優先している、[4]と懸念する声がある。援助に関わる様々な主体、すなわち政府の各省庁、NGO、移民・難民の自助組織の間には、問題設定の違いがあり、決定能力に違いがあり、資金量も違う。ただ一つのコミュニティ組織に、多様で、軋轢と利害のからむ問題をまかせるのは無理がある。定住・統合の援助を行う上で、資源の管理と配布の問題は、基本的ポイントである。異なる行為者間には、こうした力の不均衡があり、その関係の分析をすることが重要となっている。

1　難民コミュニティ組織

家族を含め、受け入れ社会で新着民の支えとなるのが、先に移民した人々である。何らかの社会資本の存在である。この場合、「社会資本」という言葉が意味するのは、共有された目的の追求と、一緒に行動することを可能にする、連絡網（ネットワーク）、規範、信用といった、社会生活の諸々の特徴である。社会資本の概念と同時に、移住理論の中では「連絡網」の概念が研究されてきたが、連絡網は、現代の移住を考える際の中心的な事柄となっている。連絡網のつながりは、人々に種々の種類からなる資源という社会資本の形をとる。それがまた、信用を生む。この場合、「資源」とは、外国での雇用を助け、賃金を確保し、それを貯金し送金するための基になるものである。後続の移民のために、資源は新しい関係や資源を新たに作り出す方法である。「信用」という関係は、個人の間で、社会関係の任意の規則の上に作られた共通の価値である。信用は、互恵性、連絡網、そして任意団体の基礎となる。

難民はまた、連絡網を使って定住上の諸問題について、他のEUの国々に亡命中の友人、親戚と連絡しあい、それぞれの経験を比較考量し、事態の大局的な見方につなげていく。人々は、国境を越えた連絡網を使って情報交換し、自らの考えを形成する。連絡網は、移民・難民の物事の判断材料となり、好機を選ばせ、特定の目的地に人々の関心を向けることが知られている。

社会資本という用語は、同じような境遇を持つ者が〝互いにかばいあう〟場合に使われ、以前からの慣習・慣行、信念の束である。目的の共有と連絡網の具体的な形が、「難民コミュニティ組織」(5)（以下、難民組織と略称）である。難民が作り、難民に基礎を置くこの組織は、難民に対し一味違う、何か別の新しい助けを与えるために作られる。ボランティア団体や法的扶助団体のような既存の組織では、できないサービスを満たそうとする。しかし難民組織は、新着民の社会適応で中心的な役割を果たしながら、あまり研究の対象とはされてこなかった。先のゼッターらのイギリスでの難民組織の調査では、非公式の連絡網が、統合を目的に公式に作られた制度・組織よりも重要かもしれない(6)、といわれている。

難民社会の組織に関して一般に受け入れられた定義はないが、ここではゼッターらの定義を使うことにする。それによれば、難民コミュニティ組織は、「民族あるいは難民、庇護申請者に支援され、彼らのコミュニティの中に根ざし、難民や庇護申請者自身か、あるいは彼らの到着以前に作られた組織(7)」のことである。EU加盟国に限らず、その他の地域の国々でも、多くの受け入れ国で、移民・難民の組織の設立が進められ、政府その他から資金を援助され、彼らが新着者を助ける役割を果たしている。さらにこれらの組織は、祖国と何らかのつながりを持ち、移民・難民の自己表示とアイデンティティを確認・肯定する場となっている。

イギリスでは先に見たように、政府による分散策は、難民の効果的な連絡網の形成を妨げた(8)。分散された土地

表２―１　難民コミュニティ組織の長所と短所

長所	短所
①個々の難民のエンパワーメント	①ある種のグループ（女性、老人、政治的意見の異なる人）の排除。代表権をめぐる問題
②難民の声を代弁	②不安定な資金と短期目標
③柔軟で即時の対応	③スタッフの回転が早いことと、過度のボランティア依存
④難民とサービス供与者の間の仲介・調整	④個々のケース（法的助言や住居など）にかかわり、中・長期的なコミュニティ開発や定住事業で難点
⑤コミュニティの連絡網の創造と維持	⑤他から寄せられる期待と役割のギャップと曖昧性
⑥雇用の提供	⑥難民個人の自発性より、組織に依存
⑦既存のサービスでのギャップを満たす	⑦コミュニティ全体の組織というより、限られた人々の動員組織

（出所）Griffiths, Sigon and Zetter, 2005, p.20 から作成。

で、庇護民は自分たちの手助けとなるコミュニティ組織と連絡網を見つけ出すのに苦労した。彼らは、既存の連絡網なしに組織化を余儀なくされた。少なくとも、社会資本につなげる証拠は殆ど見当たらない。分散策には、新しい土地で難民組織の設立をしかるべく支える公共資金は支出されなかった。資金は、分散計画の中で緊急の宿泊施設の斡旋やサービスをする、推挙された一握りの難民ＮＧＯに与えられた。(9) すでに乏しい資金を求めて競い合っている難民組織には、新しい場所で組織を作るのは非常に難しかった。これは、移民集団の「社会排除」となる可能性がある。分散配置された移民は益々、他の利害関係者が作り出した舞台で、自分たちのアイデンティティを形成し、ニーズを手配せざるを得ない。

分散策は新しい地域で難民組織の増殖を刺激したが、この〝社会資本〟の創出は、先述したように、彼らの危機と社会排除への反応であり、市民社会側からの活発な動きでも、政府がコミュニティ組織や社会統合を進めようとした好意的な動きでもなかった。

分散策に固有な構造上の矛盾点は、イギリス内務省の「国家難民統合戦略」（National Refugee Integration Strategy）に予想されている、制度的な枠組みの中での難民組織の位置づけにあった。[10] この戦略の中で分散策は、庇護申請者の永続的なイギリス滞在よりも、一時的な滞在という考え方に立っている。難民組織は、政策の中で重要な位置を占めてはおらず、そのため任意の組織として、難民の長期の定住ニーズよりもむしろ、直前の一時的ニーズに限られた活動をしている。分散策は、入国抑制の主要な手段となっている。かくして難民・庇護申請者は、社会への統合という事柄から切り離され、定住に必要とされる支援サービスから切り離される。難民組織は、存在の正当性が欠如するほか、短期の資金に依存し、資金的な制約がある。事業上の訓練と技術の習得も課題である。

同様にイタリアでは、難民組織が受け入れ国政府から支援や資金援助を得ることはできなかった。そうした中では、難民間の絆や連絡網は主に非公式のものとなり、自分の集団の必要を満たすために、自発的に作られる。[11] イタリア・ローマでのボスニア・ヘルツェゴビナ難民の結びつきは弱かった。ただし、難民同士のこの弱い結びつきは重要であった。なぜなら、彼らは多様な連絡網をつなぎ、連絡網の構成員に資源を増やしたからである。社会的な相互作用が民族集団を越えて、外の世界とつながる。ローマでの難民は、あらゆる民族集団の人々からなり、旧ユーゴの異なる地域の人々からなる連絡網に属している。[12] 大半の難民は、その民族の境界を越えて接触をしている。

従来難民組織は、政策文書や文献上では、難民社会と主流社会との仲介機能が強調されてきた。難民組織は、彼らの同胞社会を助ける上で、特に定住の初期に力を発揮できる。難民組織は、入国間もなく、未来の不確かな強制移民に支援の手を差し伸べ、自分で決定できるという気持ちと、解決したいニーズを探り当てる。難民の声となり、柔軟な対応の可能性がある。難民組織は、非公式な連絡網を作り出す場となっている。彼らはまた、差別やサービスが与えられる中での文化的に微妙な問題に対処可能である。難民組織は、環境に順応し、その集団の歴史を踏まえて、受け入れ社会と本国の変化に応じて、適応が可能である。難民組織は、言語・文化を保持し、難民を新しい社会に組み入れる重要な手段であり、主流社会との「橋渡し役」、活力ある仲介組織である。

第二世代の移民は組織から離れていくが、社会的な連絡網とアイデンティティを再建することが重要な新着移民には、組織は重要な場となる。古典的な社会学上の用語では、受け入れ社会に新しく到着した難民にとって、機能的な適応をするための媒介者である。さらに、この移民組織は、主に地域社会（コミュニティ）で、移民社会のアイデンティティの問題と関わっている。母国との関係のあり方が組織としての効率性の決定要因、となっている。[13]コミュニティ組織が効果的に働くかどうかは、社会統合を十分果たした個人がいるかどうか、組織運営の伝統、受け入れ社会ないし母国からの支援の有無にかかっている。ここでの最も重要な変数は、経済的統合の程度であると考えられている。

難民社会の「政治化」はよく見られることだが、同じ国からの人々で構成される多くの組織にとって、危険なのは、難民組織内の〝派閥主義〟である。政治的意見、出身階層、そして同国人でも入国日の違いは、組織上の分裂を招く要因となる。派閥争いは、難民組織の活動上の完全な失敗にはならないが、組織によっては、ある集団の人々や個人を疎外するかもしれない。この理由から、難民組織と彼らが供するサービスは、政府を通じて全員に与えられるようバランスが考えられねばならない。

難民組織は本質的に現場での直接的な対応が特徴で、コミュニティで働くが、行政からの支援の仕組みがなく、イギリスでは分散配置された庇護民が直面した諸問題への対応で、あまり調整がとれていなかった。[14]難民組織は、組織的に弱体で中核となる資金に乏しく、社会事業団体の資格を得るのが、活動の大きな障害になっている。その一方で、その社会的地位が公的だ、と認識されている。難民組織の制約要因と限界が、難民が分散配置された地区では浮かび上がったが、一方、役割上の変化、援助制度上の地位の問題を明らかにした。分散された土地で、難民組織は、公的立場がなく制度化にも乏しく、周縁的な地位を占めた。難民組織は少なくとも現在、難民統合では重要な仲介者ではない。難民・庇護民の基本的な諸権利を守り、強制的帰還に反対し、地元民の敵意に対応するといった、本質的に受け身的な仕事に忙殺されてきた(15)。難民組織には固有の役割と合理性があるのにもかかわらず、一般に敵意ある政策という環境の中で、短期で受け身の仕事をさせられている。組織としての増殖にもかかわらず、難民組織は政府による制度化に抵抗している。現在は、難民組織の不在から、小売店舗等の小規模事業を通じた難民の経済的つながりが、出てきている。ソマリア人が非公式の経済連絡網を通じて、インターネット・カフェや小店舗、飲食店を開き、バーミンガムとロンドンの一部の地区で商業活動を進めている(16)。難民組織への分散策の影響は、深く、永続性がある。

難民組織は、難民の統合へ向けた重要な役割を果たす可能性を持ちながら、これまであまり注意が払われることのなかった社会的・物質的資源である。自分たちが直面する定住上の問題で、いわば「内側の知識」があるので、もっと活用される必要がある。難民組織は、難民社会と受け入れ社会の双方向性を持つ統合への舞台を提供している。難民社会の連絡網の役割と資源の分析が必要になっている。

（1） Migration Policy Institute, 2003, p.x. 不正行為の防止のためには、例えば、人が難民となった時に、できるだけ早期に、難民全員に十分な登録をするよう呼びかけることで、不正行為は避けうるかもしれない。難民登録を定住に結びつけず、家族の絆を定住から別個にすることである。また、定住計画の一般的手続きや家族構成の範囲について、指針を明確化することも重要である。

（2） UNHCR Bureau for Europe, 2007, p.62.

（3） Bach, 1993, p.169.

（4） *ibid.*, p.171.

（5） ただし、まだ名称は統一されていない。欧米の文献では、多くが refugee associations とか refugee organizations あるいは refugee-based organizations が好まれる用語である。今、広く使われているのは、refugee community organization か refugee community-based organisation である。

（6） Griffiths, David, Sigona, Nando and Zetter, Roger, 2005, p.5.

（7） Zetter, Griffiths and Sigona, 2005, p.169. 組織を活動面で分けると、次の三つになる。①文化、②文化と福祉、③福祉、となる。最も数の多いのは、②の文化と福祉の活動である（Griffiths, David, Sigona, Nando and Zetter, Roger, 2005, p.14）。難民組織を評価する上での要点は、①組織の基本データ（歴史的経緯、資金、構造）、②組織の性格（目的、活動、資源、構成員など）、③本国との関係、④受け入れ国との関係、⑤アイデンティティと定住の諸問題、がある。

（8） Griffiths, David, Sigona, Nando and Zetter, Roger, 2005, p.35.

（9） Zetter, Griffiths and Sigona, 2005, p.173.

（10） *ibid.*, p.176.

（11） Korac, 2003, p.410.

（12） *ibid.*, pp.410-411. ある難民の次の言葉に、それは伺える。「私たちはみんな政治について、自分の意見を持っている。それで論争もある。しかし政治的議論にかかわらず、私たちがどこから来て、政治的意見が何であるかにかかわらず、出来る時には互いに助け合う。私たちはこれらの接触と互いの助けが必要だから。（中略）到着してわかったのは、この国（イタリア）から何の手助けも期待できないことだった。これは否定的な経験だが、それは一つの肯定的な面だと思う。旧ユーゴの異なった地域からの人々が、国内での戦火にもかかわらず、一緒に住んでいる」（ボスニア・ヘルツェゴビナ出身の独身女性三三歳、大学卒、一九九二年からイタリア在住、ローマのカフェで雇用）。

（13） Griffiths, David, Sigona, Nando and Zetter, Roger, 2005, p.17. コミュニティ組織の五つの主要な機能は、①孤独に打ち勝つ、②物的支援、③利益の擁護、④文化の促進、⑤母国との連絡の維持、である。

（14） Zetter, Griffiths and Sigona, 2005, p.173.

（15）　*ibid.*, p.175. 二〇〇二年の「国籍・移住・庇護法」（Nationality, Immigration and Asylum Act 2002）の悪名高い第五五条（Section 55）のように、庇護申請を〝然るべく速やかに〟提出しないならば、「国家庇護支援サービス」（ＮＡＳＳ）の支援を行わないことや、労働への権利の制限で、難民組織は援助の隙間を埋める、という受け身の役割を強いられている。庇護民は自分では食べていけない。難民組織は、制度から見放された人々への援助へと向かい、不法労働、滞在超過といった、陰の世界での活動を強いられる。ＮＡＳＳの問題は、人々を忘れられた状態にする。

（16）　*ibid.*, p.178.

おわりに

ＥＵでは現在、新たな加入国を含むＥＵ加盟国とシェンゲン条約加盟国の間では、国境管理や入国政策の協力の面で、まだ見通しが明るいとはいえない。これまでＥＵ各加盟国は、入国、雇用、居住や庇護政策の分野で、相互に協調するために規則の開発を続けてきたが、主として政府間の作業グループを通じてであり、ＥＵ本体ではなかった。これは各加盟国が、この分野で主権を手放すことへのためらいを示している。移住の根本原因へ取り組む政策上の措置では、その措置が特定の課題に向けられ、他と区別されることが重要である。政策立案にあたり、異なる基準の間の一貫性を保つことは国際社会の課題だが、必ずしも措置の全てが統合された政策で実施されることを意味しない。紛争関連の事柄では、紛争解決の枠組みと、国別枠組みが必要となっている。

ＥＵは今後とも、協力を通じた難民政策を採用すると考えられるが、その場合の要点と有りうべき方向を、まず最初に簡単にまとめておきたい。第一に、ＥＵは今後も、不法入国と移動の管理を目的として協力を進めるであろう。ＥＵは、司法と内務の分野で、共通の政策や方法を作り出す必要性に迫られている。第二に、ＥＵ加盟国間では益々、直接的、間接的な責任分担が進むと考えられる。そして第三に、移住の原因へのEUとしての取り組みが考えられる。EUはその際、目標達成のためにUNHCRやIOMといった組織に影響力を行使することが考えられる。

各国政府、国際機関、NGOは、難民問題の解決に、それぞれ異なったやり方で取り組んでいる。各行為者は、異なる行為者の政策ニーズと、多様な取り組みを分析して、相互に意見交換する必要がある。再定住の問題は、再定住政策の不在こそが論議されねばならない。庇護申請する人々が、なぜ特定の国を目的地として選ぶのか。いくつかの調査では、友人・家族の連絡網の存否、受け入れ国の文化・社会への情報の有無、一般的な選好性（憧れ・希望）の有無、以前の植民地的つながりの有無、英語の知識の有無など、かなり異なる要因が影響している。定住問題を考える上で、先進国が多く加盟するEUを事例として選んだが、例えばEUの共同政策が、イギリスに入国する庇護申請者の数を実質的に減らすかどうかの点では、イギリス内務省内でさえ疑問の声、がある。庇護に関する法律を改正すれば、確かに人々の目的地選択にいくらかの影響を与えると見られるが、しかし問題なのは、たとえEU全体で庇護についての一致が見られたとしても、魅力的な目的地であるイギリスへの動きは止められないと見られる。

ドイツは近年、一九九〇年代初めに比べ、EUとしての政策一致にあまり熱心ではなくなってきた。おそらく、そうした努力をしてもあまり利益が得られないからであろう。一九九〇年代に庇護制度で改革を実施したドイツは、EUの中でも庇護に関して、非常に厳しい部類に入る。イタリアは、庇護法制ではEU内で最も厳しい国の一つだが、EUとしての庇護政策の一致については、それほど熱心ではない。共通の庇護政策という問題は、公けの議論ではあまり目立たなくなっている。(2)

移住問題での国家間の協力は全体的に見ると、移住管理、負担分担、防止策は、国内目標という点から見ると、成果が限られている。不法移民の問題に一致して取り組むというのは幾分、流入数を制限したかもしれないが、流出数が全体として増えたために相殺されてしまった。(3) EU加盟国内に元々不均質さが存在する中で、今後も加盟国数が増え、不均質さが一層増すことが予想される。移民の入国と市民権を一括して管理するという解決策は、近い未来には望めない。EU加盟国の市民権だけが、完全なEU市民権への道であり、移民の大半を占める第三世界からの人々は、個々の国々の中で二流の居住者に留まらざるを得ないと見られる。

不法移民問題に対処すべく、庇護申請する人々の審査のために、トランジット・センターをEUの域外に設けよう、というイギリスの提案がある。これは、イギリスで難民の地位を求める人々に、制限を加え、定住・統合を一層制限しようというもの(4)、である。ただし、地域内に難民を封じ込めるこうしたやり方は、第一次庇護国との関係を損ない、状況を不安定化させるかもしれない。

現下の制限的な管理措置に代わる、新しい政策が、賢明に開発されねばならない。政策措置は、移民・難民と送り出し国、受け入れ国双方への影響を多面的に考慮に入れねばならない。具体的には、難民保護と人権、民族間関係、統合、経済成長、そして特に送り出し国の開発と安定への影響である。

受け入れ社会(市民)が、移民をその国の政治的、社会的、経済的生活に組み込んでも良いと思うのは、移民の流入が効果的に管理されていると感じる時の方が、そうでない時よりもその度合いが高くなる。移民が不法に流入する率が高く、大規模に難民が流入し、政府が管理不能と見られる場合には、多くの社会で外国人への脅威を高める(5)、ことが知られている。

EUの移住政策は、変化の過渡期にある。移民の権利を制限すべくほぼ三〇年間、厳しい入国措置がとられてきたが、多くの国々は今一度、移住を追加的に認める必要性を感じ始めている。各国それぞれに論議はあるが、人口の高齢化で、医療、福祉費用の上昇があり、ＥＵは全体として、より多くの移民を必要としている。ＥＵでは、労働市場の空白を埋めるために、労働移民を必要としている。情報技術や医療ケアのような特別の分野だけではなく、製造業、農業、レストラン・サービス業などの非熟練の職種にも需要が見られる。

移民が、特定の国・特定の文化地域からばかり入国するよりも、多様化することは、受け入れ側には、政治的、文化的に脅威と感じられなくなる。社会政策の分野は、まだ本格的なものではないが、ＥＵの定住・統合策では、人種差別や宗教差別に取り組む指針を確実に実行することも必要になっている。移民政策でＥＵのとるべき道は、タンペレ合意を再度確認することであろう。同合意は、ＥＵの共通の移民政策への最も明確な青写真である。

ＥＵは、先にも見たように様々な困難があり、前途は決して明るくはないが、庇護申請者の受け入れを含め、庇護の規則を共通化する努力を一層進める必要があると見られる。さらにＥＵは、同一の「難民の地位」と共通の認定手続きを確立する必要性が存在している。現在、ＥＵ各国は一九五一年難民条約を国内法に取り入れているが、例えばイギリスでは、強制的な結婚から逃げ出した女性のように、非国家主体の迫害を逃れた人々も難民としているが、ドイツでは認めていない。以上のように、各国は個々に、同条約を解釈している。

近年のユーゴやアフリカ大湖地域のように、深刻化する難民状況の中で、世界的なやり方と同時に、地域的な取り組み方が緊急に必要とされている。大半の難民状況は、世界の発展途上地域で発生している。そのため、地域内での庇護が好ましい解決策といわれてきた。しかし、これらの地域での、地域的解決策は、基本的に国際機関、ＮＧＯなどを通じた、国際社会による財政支援となっている。国内での政策は、改革にあたり政策目標に対し、「明確さ」と「現実性」を持つことが必要となっている。その際、どの国においても、首尾一貫した政策枠組みが共有されることが重要であろう。政府と民間部門の役割と義務の明確化も必要であろう。

全ての国が移民を自国社会に取り入れようと思っているわけではない。国によっては、滞在が一時的な労働者を好み、市民となることは望まない。また国によっては、移民が終生労働力として留まることを望むが、市民権をはじめ、権利や便益を与えようとはしない。現状ではどの国も、法的に難民を定住させる義務は持っていない。カナダの移民への寛大さはよく知られているが、一面ではかなり自国本位だという見方[6]、もある。高級技術者など、非常に好ましい移民の勧誘で比較的成功をおさめているカナダは、この優位性を失いたくない。他方、カナダ人の多くが、難民申請の不正使用に不快感を示している。逆に移民側では、彼らの専門資格がカナダでは認められないことに不満を持っている[7]。

再定住は、難民を保護し、解決の方法として永続きし、負担分担の重要な手段となっている。再定住は、難民の利益に沿う効果的な手段であり、彼らの庇護と難民援助の問題に、国民の意識を高めるショーウィンドーを開くことにもなる。再定住は、人（難民）が自発的に帰国できず、生命、自由、安全、保健、基本的人権が、自国ないし彼らが庇護を求めた国で危険な場合にとられる手段である。再定住は、自発的に国に帰る権利を損なうものではない。難民保護を進めるためには、「域内定住」と「域外定住」の区別立てをすることが重要である。再定住への関与と、庇護の義務は相互に交換できるものではない。NGOは、「庇護」と「再定住計画」をきちんと切り離すよう求めている[8]。入国管理への倫理は、最後には国家の倫理的な正しさから切り離すことができない。

（1）Boswell, 2003, p.140.
（2）*ibid.*, pp.111-112.
（3）*ibid.*, p.119.

（4） Zetter, Griffiths and Sigona, 2005, p.171.
（5） Weiner, 1999, p.381.
（6） Kymlicka, 2003, p.199.
（7） *ibid.*
（8） Sianni, 2000, p.2. 例えば、欧州の民間ボランティア団体、「ヨーロッパ難民・亡命者評議会」（European Council on Refugees and Exiles, ECRE）はその代表機関である。ＥＣＲＥには、欧州の約七〇の難民ＮＧＯが加入している。

第三章　転機に立つ難民定住制度
——変質する〝負担分担〟の概念の中で——

はじめに

「定住（再定住）」はしばしば、〝最後にとりうる〟手段と言及され、〝最も好ましくない〟解決策として、〝例外的〟と見られている。それは、難民自身が異なる社会と異なる文化への適応の問題があり、また「受け入れ国」への輸送・移動やその後の統合の費用を含め、高上がりで、手間のかかる解決策と見なされていることによる。定住は、「自発的帰還」と、「現地統合」（第一次庇護国での統合）とともに、難民問題を解決するために、国際社会が合意した三つの恒久的解決策の一つである。定住は、難民が、ある国へ大量流入する状況では解決策として使われてはいない。

難民の保護は、「国際難民保護制度」の根幹である。上記の三つの恒久的解決策は、すでに「国際難民機関」(the International Refugee Organization, IRO, 1946–51) の法令の中に明記されている。その言葉は、「一九五一年国連難民条約」を採択する時、各国の国連全権大使の仕事を促した。[1] この会議では、満場一致でいくつかの勧告意見を採択したが、特に「勧告D」（庇護と定住での国際協力）で、各国政府に、自国の領域内に難民を受け入れ、これらの難民に庇護が与えられ、定住の機会が得られるよう、真に国際協力の精神で協力して活動することを求めている。この勧告は、庇護を与えることができないか、保護の水準が不十分な場所では、定住が難民保護を確保する、主な選択肢となっている。

難民制度の要は、難民条約である。それは第二次世界大戦直後に作られ、大戦により欧州内で難民となった人々への、国家の対応を調整する手段として、元々は考えられていた。同条約は、難民の定義と、国家に対しそれに該当する人の持つ権利を定めた。難民制度は、より広く理解される必要が出て、条約はその後、他の条約、種々の地域条約、実施措置によって補足されている(2)。

もう一つ、難民の国際保護は、「国連難民高等弁務官事務所」（UNHCR）の委任事項である。同機関は、難民への保護を確保し、難民のために長期的な解決をし、国家が難民条約の下で義務を果たすよう、監視する責任を与えられている。この責任は、一九五〇年一二月一四日の国連総会決議第四二八（V）号で、UNHCRに与えられている。難民に保護を与えるという責任につなげて、上記の三つの解決策を通じた恒久的解決の追求である。

世界の難民数を見ると、一九九〇年代には、深刻な難民状況、特に旧ユーゴ紛争やアフリカの大湖地域の事態が発生し、大量の難民が出た。虐殺、迫害、深刻な人権侵害、武力紛争下の人道法の無視が続いた。その後、紛争の解決で、難民数は下降した。二〇〇六年には、その数は九九〇万人となったが、イラク、アフガニスタン、スーダンの暴力的事態で再び数は増加し、二〇〇七年には一一四〇万人を数えた（UNHCR調べ）。難民は、アフガニスタン、スーダン、ブルンジ、コンゴ民主共和国、ソマリア、ベトナム、パレスチナ、イラク、アゼルバイジャンなどから出た。加えて、パレスチナ占領地域と中東に五〇〇万人を超えるパレスチナ難民がいる。[3] 二〇一〇年には、難民は一五四〇万人、また推定で二七五〇万人の国内避難民（ＩＤＰ）がいる（ＵＮＨＣＲ調べ）。

難民や国際保護を必要とする人は、通常、原因国が位置する地域内の隣国で庇護が与えられる。避難のため、遠距離を移動する書類・資格がなく、手段も限られるため、大半の難民は、イラン、パキスタンでのアフガニスタン難民、タンザニアでのブルンジ難民、ギニアのリベリア難民のように、域内の隣国に庇護を求めてきている。無視できないことは、大量の難民は、非常な貧困か、内戦が拡大する地域で受け入れられていることである。いくつかの地域では、難民移動がすでに経済的、社会的、環境的問題を悪化させ、さらにその地域の不安定な治安状況とあいまって、難民を保護し、統合する政府の責任能力が損なわれている。難民の大半は、途上国の難民キャンプか、定住地に収容されている。[4] しかし、難民キャンプや他の援助定住地は、相対的に当局の監視の目が行き届かず、難民はキャンプを離れて商いに従事したり、仕事を見つけたり、帰国や定住の可能性を探ったり、家族と再会したり、反政府活動に参加したり、都市での生活の可能性を探ったりしている。彼らは食べ物がなくなったり、外的な身の安全に脅威がある時に、難民キャンプへ戻る。難民の中には、庇護国政府など外部からの強い圧力と、真にとりうる選択肢がないために、紛争が続く自国へ戻る人々もいる。

「難民になる」という難局で人が実際に遭遇するのは、人間として、そして難民としての最も基本的な諸権利の使用が限られ、何年もの間、難民キャンプや定住地に押し込められ、いわゆる「滞留難民状況」[5] に陥ることである。滞留難民状況への関心が高まり、そして難民及びそれに準じる強制移動民が益々、経済的、政治的問題を抱えた〝混合移動〟になるという政策担当者の認識とあいまって、アフガニスタンのような複雑さは、恒久的解決をもう一度、独創的に考えねばならないことを示している。

大量の難民を抱える庇護国（多くは途上国）は、自分たちの地域社会への負担・圧力を軽減するために[6]、敏速かつ、より柔軟な定住手続きを求めている。近年、第一次庇護国での統合の機会は一層限られてきている。そうした中で、難民の一部は、域外の国を目指し始めた。ある推計によれば、世界の難民・庇護申請者総数の四％が、自ら進んでの移動か、定住計画を利用して、域外の国々に移動している[7]。

こうして一九九〇年代半ばから、世界的な庇護危機が広く認識されるようになってきた。先進国、特に欧州の国々は、庇護申請者の数の増大を移住問題及び、安全上の脅威と感じている。

深刻な事態に直面して、これまで難民を定住させてきた国々（伝統的定住国。先進国が多い）は、自分たちの庇護法、移民法、政策を転換し、難民問題に対処するために、これまでの人道的な長い伝統に制約を加え、入国への制限措置を講じている。ビザ取得の義務付けや、書類不備の乗客を運んだ航空機への罰則規定、海上での阻止と監視などの、様々な移住管理の仕組みがとられている。伝統的定住国での庇護の制限は、真の難民の利益を害すると見られている。庇護を求める人の数が特に顕著な欧州では、各国はそれぞれ複雑な方策を導入し、個別的であれ、集団的であれ、EUの共通庇護政策が模索される中で、単に人の密輸業の横行のような抜け道を作っているように見える[8]。

他方、多くの〝南〟の国では、国際的な負担分担の意志が低下する中で、国内に滞留する難民の数が増え、入国する難民数を制限し出した。以前は難民に寛大だったタンザニアのような国も、難民の強制送還や追放に踏み切った。

今日の欧州への移民の流れは、「不規則移動」と「庇護移動」が、多様な次元で入り混じっている。多くの経済移民と政治難民が出てくる国は、同じように国が弱体で、紛争関連の途上国で、彼らは関連する同じような原因から出国し、同じ経路をたどる。移動では、難民も移民も、同じように彼らの社会ネットワークや密輸業者を使って入国を図る。さらに、国際庇護の必要のない人が、入国手段として庇護制度を使う（制度の乱用）。各個人は職の機会を得るために、移民、難民という両者の境を飛び越え、それぞれの法的地位について新しい情報を入手しようとする。受け入れ国（ホスト国）での、両者に対する政策対応での違いは見られない。難民は欧州へ入国するために、不規則移動をし、庇護申請が却下されると益々、不規則になる。経済移民から強制移動民を分離することが一層困難になっている。これらの点は、移民論議の焦点となり、UNHCRの委任事項に余地と広がりを与えた。(9)

冷戦終結以降、西側の庇護の余地は縮み、定住のためにUNHCRが必要とする人数と、各国から提供される人数との間に、大きな格差が生じている。庇護供与の下降は、いくつかの要因から起きている。例えば、冷戦終結以後、難民の地政学的な価値が大きく低下したし、EUをはじめ欧州各国内の政治状況が複雑化したことがあげられる。(10)

欧州各国政府は、庇護制度の利用を制限する道を探り、その一方では、彼らの人道的伝統を維持しようという望みを持っている。政府は、制限するのは主として保護の必要のない人であり、彼らを排除し、庇護という保護を維持したいという考えが動機だとする一方、元来彼らの状況を救済するために作られた制度から、難民は排除されるという逆説が起きている。難民・庇護申請者の権利は侵害され、真に保護が必要な人々に保護が得られない状況が続いている。

〝北〟の国々は事実、〝南〟で保護を支える代わりに、難民や庇護申請者が自領域に到着するのを阻止しようと、国境管理に資金を配分するという誤った考えを持ってきた。(11) 国際社会は、難民の原因に対し政治関心を失い、難民保護は最低の水準まで押し下げられている。

大半の難民状況は、世界の発展途上地域で起こる。それゆえ、これらの地域での解決は、基本的に国際機関、政府間機関、NGOを通じた国際社会により、資金手当てがなされる。過去の地域的な事例を見て明らかになることは、これらの難民状況の解決策は、地政学的な実行可能性と人道的考慮の点から、選ばれていることである。

一般に難民は、紛争もしくは人権侵害のある国からやってくるので、そうした国は常に南である。南の国々は、国際難民制度の下で自国へ難民を入国させ、保護を与える義務を負っている。しかしこれは実際に、難民に保護が得られるかどうかは、国際協力次第ということになる。国際保護、それは市民と国家の関係が壊れた時、他国が原因国に代わって権利を保障することである。しかし現実に、一体どのような条件下で、難民保護の国際協力は行われるようになるかの理解は重要だが、この分野での研究はあまり進められていない。

世界には大きな多様性があり、上記のように、すぐ南北と単純な二分法はできないが、しかしそれでも、この見方は国際難民制度の重大な力学を示している。難民の文脈では、北は工業化した第三の庇護国と見られ、一般に難民の出身地域外にあって、比較的に強固な国境管理と司法制度を持っている。南は、難民を生み出し、難民の出身地域内にあり、難民の通過国になり、第一次庇護国となる。

南での難民の保護で、北の国々の支援は全く任意であり、援助資金は拠出国の関心に応じて配分される。北の国々は、南に滞在する難民に対し、保護や恒久的な解決を図る義務は殆どない。国際難民制度は、「負担分担」を明確に想定しているが、これは曖昧で定義が不十分な義務である。[12]北による南への保護の資金が、難民ニーズに比べて、極端に限られてきたことを意味する。難民は、庇護国での不安定な物理的安全、基本的人権の侵害、生活の苦難があるが、先進国でも同様な状況に置かれ、法的、政治的に厳しい状況に置かれている。

世界の難民一五四〇万人に、今日の変化は重大な影響を持っている。南での難民保護は、移住、貿易、安全といった、広範な関心と結びついており、関与する政府側の利益認識の拡大が必要である。南での難民保護と、北のより広範な事象・事柄との間に因果関係があるという認識が重要となっている。

開発途上、紛争、弱体国家、そして人権侵害の広い意味でのつながりは、難民の強制移動や他の多くの移動を引き起こしている。多くの人々にとって、その結果は、生活の上で長期にわたる影響力を持っている。南の国々は、難民保護で事実上の責任があるが、北の国々には義務は殆どないし、責任を分け合うという気持ちは薄い。〝南―北〟という関係は、人間が被る結果のために、重要度を高めており、難民保護の国際政治を説明する際の中心的事項となっている。

国際難民制度は、南北という難問に特徴づけられてきた。これは難民の国際保護を効果的に実施する上で、大きな政治的障害である。この〝保護の政治〟(politics of protection) という現状を認識することは、難民保護と長期的な解決の上で、重大な意味を持っている。

世界に構造的変化が生じ、保護の認識が変容する中で、強制移動には独自の経済があり、特定のニーズを持つ難民グループがいる。何が難民の最善の利益になるのか？　どんな理由で、どんな分野で保護は与えられるべきなのか？　負担分担はどのようにするのが最善か？　解決策が全く与えられない時、国際社会の責任とは何か？　私たちはどのようにして、政府や国際機関を援助できるのか？　など、課題は多い。この章では、定住という視点から、そのいくつかに答え、他は方向を示すに留めたい。

（1）　International Institute of Humanitarian Law, 1997, p.1. 難民条約作成の準備会合に臨んだ各国代表は、大略二つの点に意識

があった。①国際秩序への懸念……欧州内での難民保護と再統合で、域内の安定と安全を図る。②社会的公正と正義……大戦の人的災禍を踏まえ、誕生しつつあった国連制度の中で、人権を広める手段とする。以上のように、難民制度は、全ての国が打ち勝たねばならない共通の課題だ、と信じられていた。

（2） 例えば、アフリカでの 1969 OAU Convention, ラテンアメリカの 1984 Cartagena Declaration, 欧州の European Asylum Qualification Directive などである。

（3） パレスチナ難民が、一般の難民と取り扱いが別になったのは、パレスチナ人の状況を一般的な難民条約に入れると、パレスチナ問題の埋没・消滅の怖れがあり、分離して取り扱うよう、多くのアラブ諸国が主張したためである。

（4） 庇護国は、国際社会（特に、先進国）からの十分な支援がないことを理由に、難民の長期にわたるキャンプ収容を正当化してきた。確かに、難民が自分たちの逃亡した地域からの治安上の問題を持ち込み、新たな犯罪や治安上の問題を作る証拠はある。しかし同時にまた、難民とは無関係な、すでにその土地にある、犯罪率の上昇、危険率の上昇、生活水準の下降、ＡＩＤＳのような公衆衛生上の問題など、一連の社会的、経済的な諸問題で非難されている（Jacobsen, 2003, pp.2-3）。近年では、ケニア、タンザニア、タイ政府がこの考えを実行に移し、「難民は全員、キャンプに住むべきだ」と主張した。

他方、「組織的定住地」や地域での定住は、難民のために特別に作られた村などで、計画的に隔離された「飛び地」である。しかしそれは、難民が帰国するまでの間、自給することが期待される点で、キャンプとは性格が異なっている。キャンプとは違い、居住地域外での限られた移動の自由があり、より耐久性の高い建造物、政府からの土地の割り当て、がある。地域住民は、難民キャンプや定住地を保健医療施設や市場として使う。一方、難民は、市場と土地を利用している。

（5） 詳細は第一章に既述。滞留難民数は、ＵＮＨＣＲ（二〇〇四年）によれば、この状況下にある巨大な数のパレスチナ難民を除き、約五五〇万人。世界の難民数の六一％が、三三ヵ所にいる。主なものは、アフガン難民がパキスタンに九六万人、イランに九五万人、ブルンジ難民がタンザニアに四四万人、ソマリア難民がケニアに一五万四〇〇〇人、ビルマ難民がタイに一二万人などである。亡命状況の平均滞在年数は一七年。帰国も庇護国への統合も、第三国定住の見込みもなく、難民は無期限の亡命状況にある。これは、南北協力の失敗の結果である。

（6） 第一次庇護国での、難民による社会緊張という場合、必ずしも適切な表現かどうかは疑わしい。権威主義的な政府が、難民への住民の不平に応じていい出すというよりも、ドナー（多くは先進国）からの財政援助の確保や政治支援を得るための口実であったりする。

（7）International Institute of Humanitarian Law, 1997, p.9.
（8）Noll & van Selm, 2003, p.3.
（9）Betts, 2009, p.164. 庇護と移住がつながっている限り、担当の中心機関として、正当に移住問題に関与できるという認識が、ＵＮＨＣＲに生まれた。
（10）Refugee Studies Centre, 2010, p.18. 庇護を与える余地が縮小したことで、難民・庇護民への排除が度を越しているとみるＮＧＯによる啓蒙活動が行われ、学者の間でかなりの研究が行われてきた。
（11）Betts, 2009, p.14.
（12）*ibid.* 暗黙のうちに、北の国々はそうした義務を避けるために、難民の出身地域内での〝難民封じ込め〟の気持ちがあるといわれる。他方、南の国々は、比較的、国境の透過性が高く、追放能力が限られている。強制的に追い返せないという明瞭な法的義務がある中で、難民を国内に滞在させる以外に、取るべき選択肢は殆どない。彼ら南の国々は、難民を入国させるという最低限の義務以上に、難民に重要な権利を付与したり、長期の解決に向けて努力するということは、めったにしないし、実際上することができない。その結果、難民を窮屈な難民キャンプや、治安の悪い国境地帯の定住地に隔離してきた。

第一節　定住とは何か

以下、技術的な諸点も加味しながら、問題の全体像を概観する。

1　定住の三つの役割

難民定住は、国際難民制度の中で多面的な性格を持つ。難民保護の形としての定住を議論する上で、この政策の役割を考えることは重要である。定住には、三つの伝統的、かつ等価値の目標・役割がある[(1)]。

図３—１　定住の役割

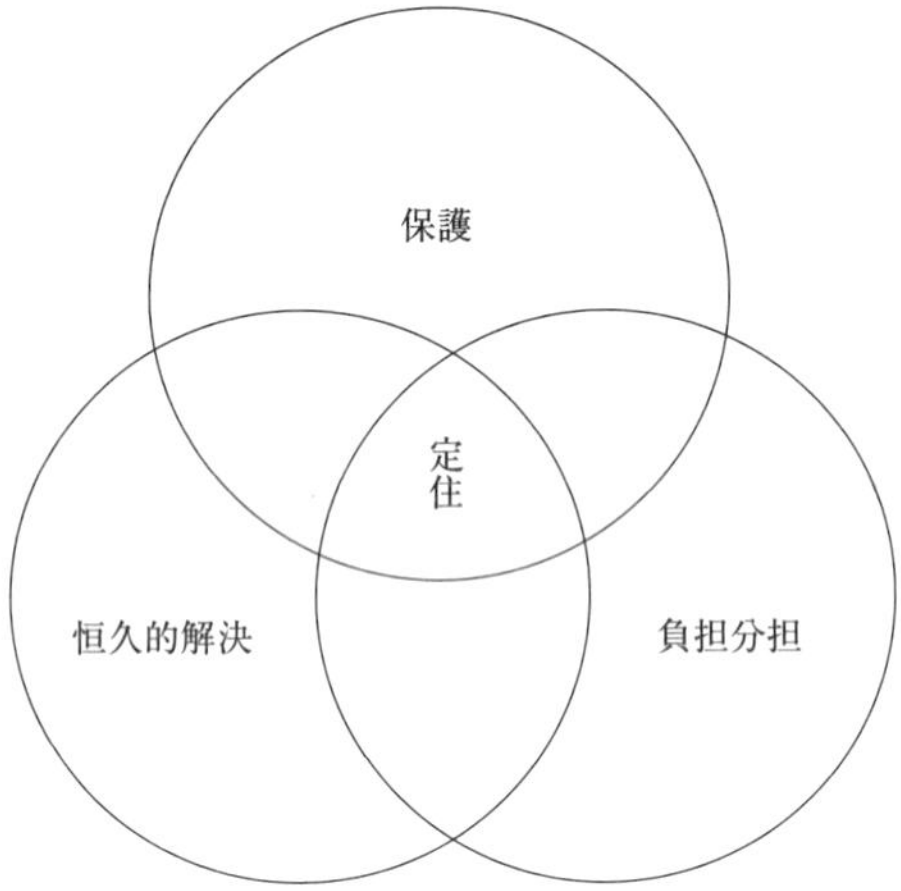

（出所）筆者作成

それは、①個々の難民への強力な〈保護手段〉（生命、自由、安全、医療、その他の基本的権利）であり、②権利の尊重もなく、帰国もできず、庇護国にも統合できない人々への〈恒久的解決の手段〉であり、③過剰負担の庇護国とともに他国が難民への責任を〈負担分担する手段〉であり、国際連帯である。

役割のまず第一は、保護である。先進国も発展途上国も、難民の一時保護や活動の制限を選び、帰還までの間、難民キャンプに収容する。しかし庇護国にある難民キャンプは、多面的な紛争の中で、往々にして一つの派の管理下にある（例は、一九七〇年代末、八〇年代のタイでのカンボジア難民、一九九〇年代の旧ザイール東部のルワンダ難民）。そうした状況下では、異なる党派に関係する難民は、攻撃の対象になる[2]。今日、国際保護の必要な人々（難民）は、できるだけ帰国を容易にするため、原因国とごく近い場所に置かれる。場合によっては、人々は原因国内に留まることが奨励されてきた。特別の〝安全地域〟（safety zones）が合意され、実施されてはいるが、そのいくつかは〝好ましくない結果〟に至っている。大量流出状況での安全地域への移動は、解決と考えることはできない。

難民保護を確保する唯一の方法は、彼らを個人単位で定住させることである。何千人ものソマリア・バンツー人（Somali Bantu）は、奴隷の系統をひき、ソマリアでの支配民族から残虐な扱いを受けてきたが、帰国すれば新たな危険があり、庇護国も滞在を許可せず、アメリカへの定住が進められた[3]。一九九〇年代、マケドニアのアルバニア系コソボ難民の中にいるロマ人（ジプシー）は生贄にされ、虐待され、援助からは除外された。多くの場合、庇護国の法制度は、難民が犠牲にされても介入できないか、介入を望まない。定住は、このように、難民集団の中にいる特定グループが地元民と緊張を引き起こしたり、安全に懸念のある所では、〝安全弁〟として働きうる。UNHCRの定住活動は、主に条約難民に限られているが、アメリカ、カナダ、オーストラリアは、UNHCRの照会以外の手段で、保護の人々を受け入れている[4]。UNHCR執行委員会は、保護の手段として、定住との間のつながりを再確認している。

定住のもう一つの使い方は、難民への恒久的解決の提供である。難民個人やその集団にとって、定住が唯一の解決策の場合、この解決策をとることで、定住国は難民保護を果たすことができる。難民が、密輸業者に多額の金額を支払って危険な旅をするのではなく、恒久的で効果的な保護の機会が与えられる。

第三は、負担分担である。各国は巨大な数の難民流入に直面した国々との連帯を示し、保護の負担を分け合う必要がある。定住の目的の一つは、第一次庇護国との連帯の表明である。定住は、他国が難民への責任を分け合うことを第一次庇護国に確約することで、難民保護への支援をより広く果たすことができる[5]。旧ユーゴで紛争が一九九二年に発生した時、難民の域外定住計画が実施された。計画により、一九九二年～九四年に欧州とアメリカを中心に二五ヵ国以上で、約二万八〇〇〇人が定住した。アメリカなど伝統的な定住国での定住（域外定住）は、難民の物理的安全や基本的人権が危険な、非常に例外的な場合でのみ、実施されている。通常は、地域内での定住が図られている。

しかし欧州、とりわけＥＵでは、公平で安定した負担分担制度を作ることはできなかった。一九九九年のマケドニアからのコソボ難民に「一時保護」（temporary protection, 定住ではない）を与えた「人道的避難計画」は、ＥＵ各国がいかに外交政策で異なり、定住という難民政策で異なるかを示した(6)。ＵＮＨＣＲ執行委員会は、国際的な負担分担の文脈の中で、仮にであれ、受け入れの上限を設定し、定住機会を提供するよう、各国政府に求めている。主要定住国は、関連費用を予算化し受け入れを続けている(7)。

２　恒久的解決

「恒久的解決」は、難民の生活に安定と安全を取り戻す大前提である。良くいわれる三つの恒久的解決とは、上記のように「自発的帰還」、「第一次庇護国での統合」（現地統合）、そして「第三国定住」（定住）である。これらの解決策は全て、市民権の制度を通じて、国民国家と難民の間の保護というつながりを再び確立するようにしている。定住は、保護策として独立してあるわけではなく、包括的な保護手段の不可欠の一部である。

一九八〇年代まで、三つの解決策は、各状況に応じ、恒久的解決策として、多少とも同等の位置を占めていた(8)。しかし、一九八五年のＵＮＨＣＲ執行委員会は、アフリカでのＵＮＨＣＲの援助活動が、難民の生活支援策に囚われて、先進国側の経費負担が莫大になったことから、恒久的解決として、自発的帰還を最善のものとし、第三国定住は「最後の手段」（a last resort）とした。さらに一九八〇年代後半、インドシナ難民の定住計画の対象が、真に難民か否かの疑いが出て、主要定住国は他地域の難民に焦点を移し、ＵＮＨＣＲ照会のケースからは遠ざかった。ＵＮＨＣＲに提供される定住数が次第に低下しただけでなく、その影響で定住は益々、“a last resort”とか“least desirable”（最も望ましくない）のように表現されるようになった。

その後数年間、定住を弁護する動きがあり、ＵＮＨＣＲでは一九九一年、保護手段としての定住概念の価値の再確認が行われた。一九九七年に難民高等弁務官は「年次三者協議」（Annual Tripartite Consultations）の場で説明し、"a last resort" の解釈は、「最も価値がなく必要がないことを意味せず」、「多くの難民にとって最善あるいは唯一の選択肢である」と述べた。しかし実際のところ、近年まで、ＵＮＨＣＲも各国も、難民定住が真に等しく解決策になるとは考えてこなかった。ＵＮＨＣＲの文書（May 1997）はいう。

「定住は究極的に、保護もしくは他の特別の理由のために、恒久的解決の必要がある難民が、帰国もできず庇護国にも安全に留まれない時に考慮される。定住の決定は、関係の個人の法的もしくは物理的安全を保障する選択肢も永続的な方法もない時にのみとられる。難民を保護し、恒久的解決を促すため、ＵＮＨＣＲの好ましい目標は自発帰還である。[9]」（傍線は筆者）

主要な解決策としてはこれまで、上記のように帰還が推進されてきている。定住は確かに、難民が自国へ戻れないか、第一次庇護国で十分な保護も統合もされない時、使われている。ＵＮＨＣＲ内部で定住の位置づけをめぐり、不一致が見られたのも事実だが、しかし一九九四年、多くの提言を含んだ『ＵＮＨＣＲの定住政策と事業についての評価文書』（*Resettlement in the 1990s: a review of policy and practice UNHCR*）が出ると、ＵＮＨＣＲは定住のための難民選別法や審査のやり方を見直し、選別基準を改善してきたことも事実である。一九九〇年代半ば以降、ＵＮＨＣＲは定住国と協力して、定住計画を改善し、定住機会の調整を始めている。そうして機関の考えとして、定住を主流化して、現下の滞留難民状況の中で使い、包括的に解決を図る方向へと進んだ。[10] ＵＮＨＣ

Rは、定住計画をより調整して行うために、いくつかの具体的な措置をとっている。一九九七年には、最初の『UNHCR定住ハンドブック』が出され、それ以来定期的に更新されてきている[11]。現在は、解決の一番底に定住を置くという、〝解決の階層制度〟は廃棄されている。

ところで、強制移動の犠牲者に恒久的な解決を見出すことは、政策担当者の主要な関心事項である。定住は、滞留難民状況への三つの恒久的解決策の一つであり、それには受け入れ国の担当者が、難民キャンプから難民を選んで、庇護国から永住を認める第三国への移動を含んでいる。定住は、滞留難民状況で恒久的な解決を与えるが、入国に先立って彼らの法的地位を決め、入国を管理するための手段となるため、国家にとって、定住は難民保護の柔軟な手段となりうる。定住国は、自分たちが好ましいと考える個人や集団を入国させるために、自分たちの規準を用いる傾向があり、この点から、定住は一方で、国家が自国の庇護政策を維持するための有益な手段ともなりうる。国家による定住の動機は、難民の物理的安全への脅威でも緊急の保護でもなく、定住は、場所があるか、受け入れの見込みはどうか、関係者の処理能力はどうか、などを査定後、実施するか否かが考慮される。

三つの恒久的解決策は、難民を受け入れる社会の統合次第である。しかし過去一〇年、統合達成を難しくする政治的不安が増している。西側国家での難民・強制移動民は、しばしば政治的、社会的、経済的な差別を受け、汚名を着せられている。統合の失敗について、西側世論が敏感になるのは、特に〝イスラム原理主義〟の伸長の怖れとつながっている。

3　定住の歴史的経緯とUNHCR

第二次世界大戦後、国際社会は、難民への国家の対応を統制・調整する一群の制度・組織を設置し、全ての国が難民保護で責任を分かつことが必要だと認識した。制度は一般に、原則、規範、規則、そして決定手続き、と定義される。それらは与えられた問題領域内で、国家間の国際協力を容易にするために作られている。国際難民保護制度の実行を監督するために、各国は難民に焦点を合わせた特別の国連機関、UNHCRを作った。同機関は、行動の共通規準をたて、情報を与え、加入国の遵守状況を監視する。[12]同機関は、一時的な委任事項と非常に少数のスタッフで始められたが、後には巨大な官僚機構を持つ重要な国際組織に発展した。

ところで難民定住制度を考える際、この制度には元来、ヨーロッパ的価値が〝吹き込まれている〟ことに留意せねばならない。難民条約は、欧州中心の〝色合い〟が初めから付いている。[13]西欧の国々は、難民保護の問題とUNHCRのアプローチの開発に大きな影響力を持ってきた。その考え方なり行動が普遍的なやり方となり、指針の源となり、一群の義務となっている。他方でそれは、地域的な考え方なり、取組みを発展させる上で抑制因として働いている。

第二次世界大戦に続く定住は、戦争の犠牲者、特にドイツからの人々への恒久的解決に焦点を合わせた。人数的には小さいが、一九五六年のハンガリー動乱の際にも定住は使われた。定住は多分に、政治的に動機づけられていた。オーストリアには何万人という難民が押し寄せ、定住は一時庇護を与えたオーストリアに、負担を分け合う方策として使われた。

一九五〇年代、六〇年代を通じてUNHCRの定住活動の多くは、欧州難民に焦点が合わされた。定住という解決法に問題がなかったというわけではなかったが、難民は、欧州、アメリカ、オーストラリア、ニュージーランドに受け入れられ、同じ民族の人々が多数を占める場所に落ち着き先を見つけ、受け入れ国での文化適応の問題は和らげられた。

時代を経て、ＵＮＨＣＲの仕事と委任事項は拡大・進展した。一九六〇年代末、ＵＮＨＣＲは途上国世界で保護を与えるという役割が増えてきた。最初は反植民地解放戦争、後には冷戦の代理戦争である。組織は、相対的に少数のスタッフからなり、非政治的で、人道的な性格を維持していた。難民条約の監督役割に従い、主として法的助言と保護能力を持つことに力が注がれた。

一九七〇年代、定住の焦点は、欧州からラテンアメリカ、アフリカそして東南アジアへと移動した。一九七二年ウガンダでのアジア系ウガンダ人（多くはインド系）の追放という事態で、定住活動が進められた。彼らの多くは、他の英連邦諸国へ移動した。ほぼ同時期、ＵＮＨＣＲはチリ人等の南アメリカ人の保護の問題に直面した。南アメリカ人には、主に西側諸国で一万五〇〇〇人の定住が与えられることになった。一九七〇年代後半には、東南アジアでの政治状況の激変で一九七六年〜八九年に一二〇万人を超えるインドシナ難民が定住した。

一九七〇年代から八〇年代、定住は主として、負担（責任）分担の仕組みとなった。「一九七九年インドシナ難民国際会議」は、東南アジア地域内の第一次庇護と、包括的な地域外定住に基づく負担分担制度を導入し、割り当て制がとられた。ＵＮＨＣＲはまた、「合法的出国計画」（Orderly Departure Programme, ODP）を作り上げ、ベトナムからの合法的な出国の道を開いた。インドシナ難民定住計画は、定住の発展に大きな影響力を持った。一九八六年、ボート・ピープルが突然増加したが、それはベトナムでの人権状況の悪化ではなく、経済的、個人的、家族的要因による流出と見なされた。定住国は益々、事前の審査なしに難民を受け入れることに難色を示した。そのため、一九八九年に第二回目の「インドシナ難民国際会議」が開かれ、インドシナからの真の難民を保護し、非難民の流出を阻止する「包括的行動計画」（the Comprehensive Plan of Action, CPA）が採択された。

一九七九年会議での合意のように、ＣＰＡは包括的な域外定住と引き換えに、域内での第一次庇護の保証を含んでいた。しかし加えて「審査手続き」が導入され、該当しない人々は、ＵＮＨＣＲとベトナム政府との合意に基づき、ベトナムに帰されることになり、全ての非該当者は安全な帰国が保証された。同時に、ベトナム国内で出国を抑制するために大衆相手のキャンペーンが行われ、ＣＰＡの厳しい基準を人々に知らせた。定住は、ＣＰＡの下で実施された措置の一つであった。

ベトナム難民の大規模定住は、共産政権を逃れた難民の亡命と彼らの恒久的な統合という、西側諸国の冷戦思考を反映していた。東南アジア地域の問題の好ましい解決策として、定住策を選ぶことで「包括的行動計画」（ＣＰＡ）は、難民の「自国に戻る権利」と安全に「自国に留まる権利」を無視したと批難されてきた。一方で、ＵＮＨＣＲへのインドシナ難民定住計画の影響は、深刻で重大だった。初めは生命を救う活動と見られたが、計画はまもなく〝自動的な定住体制〟に入り、定住という概念を持つ組織としては幻滅させられた(14)。主要定住国はＵＮＨＣＲの照会によらず、自分たちで他地域の難民に目を向け始めた。

一九九〇年代、中東、アフリカ、旧ユーゴからの定住が続いた。多くの難民が定住したが、主要定住国はこれらの危機の際、定住でＵＮＨＣＲの照会サービスを使わなかった。こうした状況は、各国の定住を見る目と、ＵＮＨＣＲ自体の定住認識と実際の対処に影響を与えた(15)。

一九九〇年代、ＵＮＨＣＲは旧ユーゴ、アフリカ危機で人道援助を行い、難民の生活支援という役割に精力を注ぎ、帰還作業を進め、国内避難民（ＩＤＰ）の保護にまで関与した。組織は拡張し、それまで数億ドルの年間予算は一三億ドルとなり、スタッフ数は五〇〇〇人を超えた(16)。各国政府の定住への関与は短期的なものであり、国家は一般に年ごとに定住の目標値を発表する。負担分担としての、各国の関与の状況は、任意で、予測できないことから、定住は極度に不安定な位置に置かれた。定住という解決策は、いつしか影が薄くなった。

二〇〇〇年初めまでには、ＵＮＨＣＲは組織上の競合の問題に直面した。それまでＵＮＨＣＲは、人間移動のあらゆる局面に関与する組織であったが、「国際移住機関」（the International Organization for Migration, IOM）のような他の国際組織や、非公式の政府間ネットワーク（例えば、the Inter-governmental Consultations on Migration, Asylum and Refugees, IGC）が庇護や不規則移動のような問題に対処するために現れた。組織同士の競争・競合の中で、国家の関心をつなぎとめるために、ＵＮＨＣＲは益々、国内避難民の保護を含む役割の拡大を受け入れ、他の不規則移動の保護さえ考慮し始めた[17]。換言すれば、同機関は、一九五〇年代～七〇年代の主として、「法的、かつ非政治的行為者」から、一九八〇年代以降は「より政治的な人道行為者」へと姿勢を変え、次第に難民保護組織としてのアイデンティティの妥協を迫られている。

４　定住作業グループ

前項で見たように、恒久的解決としての定住は一九九〇年代に入ると、その価値は急速に下降していた。ＵＮＨＣＲは一九九五年、主要定住国に呼びかけて、非公式の「定住作業グループ」（the Working Group on Resettlement）を結成している。グループには、主要な定住一〇ヵ国とＵＮＨＣＲが参加した。後に、新（潜在的）定住国、ＩＯＭなどが参加した。グループでの討議は、ＵＮＨＣＲ執行委員会に報告されることになった[18]。

作業グループの目的は[19]、①定住活動の情報を共有し、他の執行委員国に定住の重要性を喚起すること。そして、②定住に、他の国々が規則正しく参加するよう促すこと、であった。

作業グループは、二ヵ月おきに定期的に会合し、いくつかの国々には、会合に参加するよう打診や招待を行ってきた。会合では、地域的な定住計画を含め、地域協議が、欧州、アメリカ、カナダ、オーストラリア、ニュージーランドからの各機関と持たれてきた。政府、NGOとの公式協議は一九九五年一〇月、一九九六年六月に始められ、首尾一貫し透明性あるやり方で、定住ニーズにあった戦略を開発するために、定期的に意見交換が続けられている。[20]

ところで、問題は討議の中身である。UNHCRは一九九八年一二月、定住国を増やし多様化する方法に、課題があることを指摘した文書を出している。[21] 作業グループ内でそれまで不問にされていた、資金さえ与えられれば国の中には、定住国になりうるという仮定が、実際には非現実的だというのが明らかになった。問題点としてあげられたのは、①欧州外では、新しく定住国となりうる国の数が非常に限られること。それらの国々は、定住の法的枠組みを持たなかったり、あっても国内にはすでにかなりの数の難民が存在していた。②資金の入手は必要だが、それだけでは定住計画の実施には十分ではないこと。③定住は、個々の難民との合意なしにはできないが、伝統的な主要定住国での定住を希望した難民が、新しく定住計画に参加した国での定住を拒否すること、であった。

こうした状況に対して、定住国側での基本的な態度の違いが明らかになった。[22] 国々ごとに違いはあるが、ここでは説明の都合上、「移民国側」（アメリカ、カナダ、オーストラリア）と「非移民国側」（欧州諸国、特にスウェーデン、フィンランド、デンマーク、オランダ）に分けてみたい。移民国は、定住を国際保護への関与とは見たが、同時に彼らは定住を通常の移民計画の一部として考えた。また、難民を経済開発の労働の担い手と見なし、難民条約に沿った保護基準を具体化することをしなかった。これに対し、非移民国は対象となる特定集団に保護を与えるという唯一つの目的から、人道援助の一環として、定住を考えた。人道援助が本旨である以上、社会的な弱者（例えば、重度の障害者）が選ばれ、受け入れ側にとっても、経済的には勿論、多くの困難を引き受けることを意味する。しかし移民国側は、欧州が持つ基準、すなわち医療ニーズを持つ人の援助が即、難民保護と同じだとはせず、深刻な医療状態にあるからといって、難民と定義することには異を唱えた。

移民国アメリカはいう。「欧州諸国は一般に、UNHCRが認めた難民を自国に受け入れる計画に参加していない。たった七ヵ国だけが毎年、総計三五〇〇人ばかりの難民を受け入れている。計画で到着するのが難民で、そのほか欧州には難民はいないのか」（庇護申請者の受け入れが少ない、の意味）、と。それに対して、非移民国の欧州はいう。「アメリカはかなりの数の難民を受け入れているが、難民の用語は主として、定住させられた人々に使われ、庇護を求めてきた人々には適用されていない[23]」、と。

定住は主として、難民保護という人道的なものである。移民国及び非移民国の定住への異なる考え方・やり方が、各国の定住規準や割り当ての決定に大きな影響力を与えてきている。

5　伝統的な定住国

現在、各国家には定住の義務がない中で、過去約六〇年、UNHCR執行委員会八五ヵ国のうち、九ヵ国（オーストラリア、カナダ、デンマーク、フィンランド、オランダ、ノルウェー、ニュージーランド、スウェーデン、アメリカ）だけが、UNHCRに定住年度枠を提供する正規の定住計画に参加している。これらの国々は、個々に定住計画を維持している。

一九九八年以来、そのほかに四ヵ国、ベルギー、フランス、ドイツ、イギリスが一時的なやり方で、難民を定住させた。受け入れられた難民は、家族のつながりなどがある、緊急ニーズの高い人々であった。他に八ヵ国がUNHCRに協力して定住数を与えている。他の定住国とは、アイスランド、アイルランド、スペイン、チリ、アルゼンチン、ブラジル、ベニン、ブルキナファソ、日本である。ただし、これらの国々の受け入れ人数は非常に小さく、大半が年、二〇人以下である。数としておおよそ、この計一〇～一二ヵ国が、一時的に特別枠で難民を受け入れている。

スイスは定住数を絶えず減らし、二〇〇二年にはUNHCRから伝統的な定住国とは数えられず、要請で定住を受け入れる国となった。二〇〇三年、スペインとアルゼンチンはUNHCRの定住国リストから除外された。ベニンやブルキナファソへの定住は延期された。「UNHCR信託基金」が功を奏してブラジル、チリでは計画に進展が見られた。二〇〇二年には、イギリスが定住計画を発表した。

伝統的に、定住に関与するEU加盟国の間の政治意思は、純粋に人道主義に基づいている。EU加盟国の約半分が定住に関わっている。多くの国々が一九七〇年代、八〇年代にインドシナ難民の定住を行った。国によっては、UNHCRからの要請で随時、定住を実施している。定住は欧州各国では新しい問題ではない。欧州は〝人道大陸〟といわれ、それは単に願望だけではなく、義務を持っているようにさえ見える。

とりわけ北欧諸国は常に、国際社会の事業の支援者である。フィンランド、ノルウェー、スウェーデン、デンマークは難民の国際保護への長い伝統を持っている。全ての北欧諸国は、難民条約に加入している。定住は、難民の国際保護の重要な手段だと、北欧では一般に認識されている。[24] 北欧五ヵ国のうち、四ヵ国は伝統的な定住国九ヵ国の中に入っている。加えて、アイスランドが一九九九年から、定住計画に参加した。北欧五ヵ国では、年ごとの定住割り当ては、国会が承認している。割り当て数は、国ごとに異なる。[25] 北欧の国々は枠を満たすにあたって、UNHCRとの協力の下、定住が必要な難民を見出している。他方、EU以外の国の定住計画はしばしば、外交政策目標か、国内の〝民族政治〟の影響を受け、国家の優先度が反映されている。

ＵＮＨＣＲは通常、各国に三万五〇〇〇人～四万人の定住照会をし、さらに定住枠の拡大を推し進めている。その一方で、受け入れ国側は直接に六万人以上を受け入れている。(26)ＵＮＨＣＲは、新しく定住計画に参加する国を招請しながら、他方で伝統的定住国に、割り当て数の維持、増加を迫っている。課題となっているのは、定住という機会は庇護能力と違うものの、ベニン、ブルキナファソのような途上国にも適用できるようにすることである。

６　実施決定と定住計画

定住計画は、個々の難民のためだけでなく、難民全体の包括的な計画の一部としても、亡命生活を終わらせるために重要な役割を果たす。定住は、難民保護の分野で最も古い政策の一つである一方、法的権利として成文化されてはいない。国家には、難民を定住させる義務はない。すでに述べた三つの定住役割が重要である一方、定住計画は、しばしば他の要因で作られている。すなわち、定住計画を実施することは、国家にとっていくつかの政治目標の達成にとって有益であり、参加にはいくつかの理由がある。定住政策は、外交、開発、司法分野の政策と関わりを持って進められてきた。定住は、潜在的に難民の定義、副次的保護、受け入れ条件と手続きなど、要因は複雑で、これらが定住政策の基礎となっている。定住国は全て、人道的支援という感情を持っているが、実際に定住を行う動機は、前項で若干ふれたように細部では異なる。各国の異なる歴史経験が現代の定住作業に印を残し、さらに定住が置かれている国外の歴史的、イデオロギー的背景が反映される。国家は、定住をある種の外交政策目標の達成のために使いうるし、国内の民族コミュニティへの支援を示すため（例えば、アメリカ）に使う。定住計画は、外交政策や国内の民族政治のような国内事項の優先度を反映している。近年は、国際保護が必要な人々の〝管理され秩序だった到着〟が、定住の新しい機能として見出されている。[27]

定住計画が立案されるには、少なくとも二つのカギとなる要因、すなわち①政治意思、②定住モデルの確定、が必要である。欧州でも多くの国々にとって、定住計画という考えは新しい。[28]アメリカの定住計画が不確かな中で、欧州は新しいやり方を模索し、[29]新しい国々が参加し始めている。

計画策定には、難民を定住させるか否かの決定が、まず基本だが、国家が、ひとたび定住への関与を決定したら、定住モデルを考える際に、いくつかの基本的な政策問題に答えねばならない。計画の目標全体を明らかにするために、「定住の動機」と「計画を持つ目的」と、より具体的に「政策の過程の基礎」を明確にする必要がある。動機は、一般に人道的理由を含みながら、恒久的解決と他国との連帯である。目的は、国家が管理・統制する入国制度の下で、保護の必要な人に入国を許可することである。定住過程は最低、以下の要因を含む。一般的な政策目標、規模の設定、選別目標、選別規準、選別方法、選別から出発まで、到着、最初の数週間と移動、同化・統合と長期の問題である。計画の立案には、当初から財政的、政治的な投資が要求される。

定住計画には一連の段階があり、要因がある。多くの問題が、定住計画の規模を決定する中で現れてくる。例えば、一体なぜ計画を行うのか？　どんな主体行為者が定住過程に参加するのか、それはなぜか？　難民は何人定住すべきか、そしてどこから？　過去の教訓は何か？　ＵＮＨＣＲの役割は何か？　などである。計画は、事前に決定され、数値目標、割り当て人数、上限は？　数は特定グループか、個人とするか？　どのように分散するか？　定住形態は個人ごとか、グループごとか？　保護の性質、援助水準は？　など、一時保護の人道的避難では使われない様々な支援策を含んでいる。

ところで、定住計画を本質的に構成するのは、この過程に活発に関与する政治意思でなければならない。定住させる義務はないが、定住を行うことで、庇護に付随した義務を履行する上で助けになる。受け入れ国の住民に、難民及びその状況をより良く理解させたり、保護への国家の関与を活発にする働きがある。個人に保護が実際に与えられるだけではなく、恒久的解決とグローバルな問題に共同して立ち向かう気持ちを育むことになる。

入国時の定住難民の法的地位は、それが国内での資格に関連するばかりでなく、旅行文書の地位にも関わるので国際的な懸念でもある。大半の国は永住権を与え、人々に難民の地位について伝えている。[30] しかし、定住で選別された人々は、難民としての定義が広義に解釈される傾向があり、必ずしも条約難民ではない。定住難民のニーズは、彼らの自国や庇護国の状況、選別の理由（彼ら自身の保護のためか、ホスト国とのつながりによるのか）、定住国への到着時の状況で異なり、庇護申請者のニーズとは明らかに状況が異なる。

アメリカは最大の定住計画を持ち、過去毎年七万人～一三万二〇〇〇人の範囲で入国させている。一九九三年～二〇〇二年には、定住で計八〇万七〇〇〇人を入国させ、また一九九三年～二〇〇二年に八二万二〇〇〇人の庇護申請書を受け取った。難民計画は、二〇〇二年、二〇〇三年と年ごとの受け入れが二万九〇〇〇人以下と急激に下降した。二〇〇二年は九・一一の影響だったが、ただしそれだけではなく、それ以前の大量、予測可能ないくつかの難民計画が終了したという別の要因も存在した。例えば、インドシナ計画、ソビエト計画、旧ユーゴ計画がなくなり、難民定住は新しい時代に入った。[31]

カナダは定住で、年間約一万二〇〇〇人を目標とし、年に三万件～四万件の申請書を受け付けている。オーストラリアは年に一万二〇〇〇人を定住させるが、数は庇護申請者からの受け入れ許可数、次第である。そして一万二〇〇〇人の間で、庇護を認定している。スウェーデン、デンマーク、オランダは全て、自国の定住受け入れ数よりも、より多くの庇護申請書を受け取っている。ＥＵ加盟の全ての国で毎年、庇護申請数が上下することが共通の特徴となっている。欧州諸国は、庇護申請の審査手続きで非常に多額の金額を消費しているが、他方、定住難民は、これらの資金から殆ど恩恵を受けていない(32)。

各国の計画は、その時々及び、対象とされる人々の性格・状況に応じ、三つのそれぞれ対等な役割（保護、恒久的解決、負担分担）の一つを選んで、それに焦点を合わせる傾向がある。この三つの相等しい役割から、政策を発展させる場合、定住の役割とは何かを、もう一度考える必要がある。

7　規準設定

手順・手続きを考える際には、意図しているわけではないにしろ、それ自身、常に現実の選別過程に影響をもたらす。選別規準の作成では、難民条約の難民の定義が明らかに出発点となる。

定住は、繰り返しになるが、現場で該当する人を見つけ出し、照会を行い、受け入れを決定し、移動、入国、そして定住という一連の過程である。過程の様々な段階で、各機関間の情報の交換と問題解決が必要となる。定住計画を立てる時、中心的な問題は〝誰を定住させるか〟である。また保護の必要がどの位あるか、である。それをはかるためには、逃亡時からの個人と、その状況について、正確で最新の情報が必要となる。情報は、定住後の統合への見通しから、さらに受け入れが国家である以上、外交政策上の関心といった政治的要因に基づく選別規準の問題まである。

通常、「選別規準」として考えられているのは、難民側の①定住国の言語への知識と、関連する望ましさがあること、②すでに定住国にいる家族とのつながりの存否、③定住国との歴史的つながり、④特定集団への地域社会側からの支援、である。

UNHCRの『定住ハンドブック』は、定住が、特定の難民の適切な解決になるよう、基準を設定している。それによれば、①法的、物理的保護の必要な人、②暴力や拷問からの生存者、③高度医療を緊急に必要とする人、④家族再会、⑤子供や一〇代の若者（一三歳〜一六歳）、⑥高齢の難民、⑦庇護国で統合の見込みのない難民、である。

UNHCRの基準リストは、脆弱性、年齢、医療ニーズなどの視点を持っており、各国は自分たちの優先度に応じて選択できるようにしている。基準の問題が、負担分担の問題と緊密に結びついているのは、勿論である。医療を必要とする人は、何年もの間、高価な治療を受けねばならない。EUの大半の国々は、UNHCRの難民照会に依存している。そして、国々はその照会を踏まえて選別チームを派遣している[33]。例えばフィンランドは、緊急の場合を除き、UNHCRの照会でチームを派遣している。スウェーデンは過去、UNHCRの照会で七五％を受け入れ、平均約二五％をチームの判断で受け入れている[34]。

しかし現実に、UNHCRによる他の定住国への照会の場合には、拒否率がしばしば高率である[35]。これは一般に、難民と面接する際、UNHCRが自機関の「UNHCR規定」の定義を使うのに対し、各国はスウェーデンとノルウェーを除き、難民条約の定義を使う傾向があることによる。大半の国々は、難民である人々を単に見出すというより、〝偽り〟の申請者を見分けるために、難民条約の定義を厳格に適用しているためである。

選別の実際の場面では、対象となる難民を見出すために、各国は技術的に、取扱いの平等性を意識して、定められた定義で作業するのか、それともより柔軟で状況に応じた特定のやり方を望むのか、あるいは双方を併用するのか、を選ばねばならない。組み合わせて使うと、恒久的解決の必要な人は含まれるかもしれないが、しかし保護の面では、難民条約の精神に関わるほど緊急ではない人も含まれるかもしれない。

現在の定住は、非常に多くの場合、緊急の事例を除き、保護で急を要する事例ではなく、帰国も現地統合もできず、近い将来に全く解決の見込みがないといった場合に使われている。経験上では、事実上保護する必要の極めて高い人が、必ずしも国際的な難民の地位に該当するわけではない。その背景には、第二次世界大戦に続く国際的な庇護制度という文脈の中で、基準が主に西側先進国の間で発展してきたことがあげられる。例えばアメリカは、旧ソ連からの人々のために、庇護の資格とされる証拠物の基準を引き下げていることがある。[36]アメリカは一九六七年難民議定書に加入しているが、一九五一年難民条約には加入していない。

ＥＵ加盟国も含め他国でも、〝人道的〟という範疇での入国を認め、定住目的で、〝混然とした〟基準を使っている。カナダは「国内避難民」を定住させ、アメリカは「原因国内で難民のような状況にある個人」に、定住を与えている。ボスニア難民の場合、定住規準は国によって、まちまちだった。ある国は定住で高い割り当てを定める一方、他の国々は非常に〝緩い〟帰還の概念で難民帰還を行った。

アメリカは、難民選別で独自の「優先制度」を使っているが、[37]ＵＮＨＣＲが照会する難民の少なくとも五〇％の受け入れを目指している。過去には、受け入れ率はこれよりも低かった。定住計画の下で入国を許可されるには、難民はアメリカにとって、〝特別の人道的懸念〟を持つ必要がある。定住計画は主に、国内の政策課題と外交政策の関心で形成されている。近親者という家族関係や、アメリカ国内の宗教集団は、アメリカ入国の決定に大きな影響を与える力となる。しかし、それだけが全てではない。アメリカへの歴史的つながり、義務や罪悪感、公平の気持ち、人権侵害への緊急度、難民負担の庇護国を支えたいという願い、これらがアメリカに〝ある種の難民〟の定住を〝特別の人道的懸念〟にする要因である。[38]

歴史的に移住は、一般にアメリカでは前向きに捉えられている。これは、メイフラワー号の到着以来、歴史的に抱かれた人々の価値と考えに基づいている。定住は、アメリカでは良く知られた現象である。人々にとってアメリカは、〝夢〟であり、自由と多様性、平等性を持つ国である。欧州では、定住は北欧諸国、オランダ、イギリス、アイルランドの国々のほんの僅かの専門家が熟知するだけ[39]である。それらの国の国民は、毎年数百人が自国に難民として事前に選別されていることを殆ど知らない。

二〇〇二年の世界の定住数は、九・一一のアメリカ同時多発テロの後で、アメリカでは安全上の問題から、定住数は基準とされる一〇万人をはるかに下回った。アメリカの定住枠七万人に対し、三万人ほどが入国した[40]。アメリカの定住人数はその後回復してきているが、西欧諸国では、九・一一は定住への自国の関与を再検討するきっかけになった。アメリカでは、特にイスラム系の人々の入国が厳格に審査されるようになった。特定の人々を定住させないというアメリカの理由は妥当かもしれないが、しかし決定的なものであってはならない。アメリカの制度上の主要な欠点は、少なくとも特定かつ注意深く選ばれた集団のために、定住理由を説明し支援する枠組みがないことだ[41]、といわれている。

多くの人は、世界全体にわたる定住計画の場合、UNHCRが国際機関として、難民たる可能性のある人々を事前に単一の選別基準で審査するなら、より首尾一貫した作業が期待できると思うかもしれない。確かに、基準の設定と調整で、UNHCRに経験が豊富なことは明らかであるが、すでに唯一の照会機関ではなくなってきている。NGOのように、国家が特別に契約した人々に、選別の準備を委託[42]すれば、UNHCRの負担を減らし、同機関に難民認定への資金集めと定住ニーズの把握に活動を集中させることができる。各国が選別規準を定めるという時には、定住は広い分野と関わりを持つので、例えば日本の場合なら、法務省や外務省だけではなく、一般の省庁も含まれることが望ましい。

8　数の指針

世界的に見て、定住の必要数は一体どの位あるのかという確たる数字はないが、現実に各国から入手可能な人数より、その数が多いことは確かである。ある推定では、現実には年に一〇万人～二五万人が必要だという。しかし真の数は、もっと多いのかもしれない。

過去何年かの数字を累積すると、定住数は高いように見えるが、しかしベトナム難民でのＣＰＡを除けば、定住は毎年、ＵＮＨＣＲが責任を持つ世界の難民総数の一％にも満たない約一〇万人である(43)。定住を求める難民数は、各国から得られる定住数をはるかに超える。圧倒的な数字の不均衡にもかかわらず、年平均、一万人以上の枠が満たされないまま終了する(44)。

逆に定住国間で、難民の争奪が起こることもある。九・一一後の二〇〇三年、難民の背景への安全懸念が高まって、特にアメリカでは人数枠を満たすために、西アフリカとタンザニアからの難民の定住が進められた。二〇〇四年、定住が必要と見なされた第一次庇護国は、コートジボワール、シエラレオネ、エチオピア、ケニア、ルワンダ、エジプト、ザンビア、ジンバブエ、トルコ、イラン、タンザニアで、多くの国は原因国ともなっていた。選別は、競争という事態に至った。そこでは、定住国間の密接な連絡と、方法の開発が必要なことが明らかになった(45)。

ところで受け入れに際し、「数」をどう使うかは、現実に量として、そして計画の性質を決める上で重要である。結論からいえば、ある国でどの位の数の難民を受け入れるのが良いのかを決定する「数の指針」はない。

数の使われ方は、実際に量を決めると同じ位、計画の質・性格を決める上で重要である。現在、量の設定では、「割り当て数」（quota）、「目標値」（target）、「上限値」（ceiling）の三つが使われている(46)。割り当て数は、満たすべき固定された数（例は、アイルランド）である。目標値は、超過か不足があるが、目的はその数字に近いことである（例は、カナダ）。上限値は、文字通り、上の制限で、国が行おうとする定住の程度を示す（例は、アメリカ）。「割り当て数」の利点は、明瞭な数値であり、数値が成功か失敗を計る物差しとなる。しかし逆に、数値が満たせなかったり、現実のニーズに不十分な時には、不利に働く。数値が満たせないからといって、罰を受けることはないが、このやり方をとる国には、数値にできるだけ沿うよう、強い圧力がかけられる。その点「目標値」は、割り当て数の考えなしで済ませられる。柔軟性と許容範囲という利点がある。数値上の失敗は少ない。年に一万人とか一万五〇〇〇人といった、広い範囲での目標設定が可能である。多年度、例えば三年間のような計画ができるが、予算上の問題はある。「上限値」は、計画の期待値である。アメリカがそうであるように、上限はめったに達成されず、失望がある。アメリカでは大統領が、会計年度の初めに、その年の難民受け入れ数を決定している。一般に、同政府はこの数字を目標値ではなく上限値として扱ってきた。入国者数の不足は、制度の失敗とは考えられてこなかった。(47)

9　難民の中の弱者

定住は、難民としての保護が必要なだけではなく、さらに特定の状況下にある人々への唯一の恒久的解決策でありうる。安全が不安定であれば、保護の質と永続性が損なわれる。特別の必要がある難民の受け入れには、量よりも質という点に焦点が合わせられる。定住難民の中には、拷問の犠牲者、医療が必要な人、弱者としての女性、親と離れた子供など、特別の世話が必要な人々がいる。彼らは、学歴、職歴・資格を持ち、自給達成の能力を持つが、難民という地位のために正規の職業に就くことが認められない。彼らはそのために選ばれる人々である。[48]

例えば、医療上の問題で生命の危険がある難民には、「緊急定住[49]」が行われる。優先度は、拷問、強姦、戦火による障害、心理的トラウマなど、迫害に直接関連した医療問題を持つ難民が該当する。この場合定住は、第一次庇護国で、彼ら難民が利用できない治療をするために使われる。HIV／AIDSの難民の定住には、特別の努力がいる。難民にとっての最良の利益の視点から、解決が求められる。比較的、小規模の定住計画を持つ国の中には、これらの事例を特に優先して扱っている[50]のが見られる。

女性難民の中には、保護の点から定住の必要性が高い人がいる。危険な状況に置かれている女性のための特別の定住計画は、いくつかの国が設けている。その他の国々は、すでにある弱者集団の範疇で受け入れている。危険と見なされる女性難民に、弱者条項の下で、入国許可が与えられている。これらの女性は、トラウマに打ち勝つため、定住国で特別のケアを受けている。さらに、家族の追跡調査や家族との再会もまた、定住計画の一部である。

しかし現実には、危険な状態にある女性難民にしろ、他の特別ニーズを持つ人々への計画は、必ずしも計画どおりには進んでいない。必要性が見出されても、入国法規が制限的であったり、処理に時間がかかったりしている。緊急事態で、定住を迅速に行うには柔軟性が必要だが、それを持っている受け入れ国は殆どない。さらに、医療上で緊急性のある難民への機会は一層限られている。[51]

10　家族再会と〝虚偽〟申請

家族の成員が改めて一緒になること（家族再会）は、基本的権利の点からだけではなく、受け入れ国での難民の統合を円滑に進めるためにとられている。解決の困難な事例や家族再会の場合には、定住は唯一可能な解決策である。一つの避難先から別の地へ移動できることは、家族再会という人権を達成する手段の一つである。

家族の追跡や再会には、いくつかの仕組みがある。アメリカ、カナダ、オーストラリアのような定住国は、すでに国内にいる難民に対し、近親者の入国にいくらかの便宜を与えている。

しかし、家族計画はどんなものでも、特に家族のつながりをめぐって潜在的に〝偽り〟を受けやすい[52]。全ての嘘、偽りを回避することは困難だが、近年、〝嘘の申告〟の問題が、定住国の中で議題の上位に上がってきている。UNHCRは、特に東アフリカと西アフリカで、申請者の虚偽の申告に悩まされている[53]。しかし考えてみれば、難民キャンプのような殆ど保護のない状況から、先進国へ移る機会を与えられたら、誰でもしてしまうことかもしれない。〝噂〟社会の中で、どこかの国に息子、娘がいるといえば、家族の一部として自分たちが受け入れられるのを知っていれば、実際には甥や姪で明らかに違うのに、そういってしまうかもしれない。嘘という誘惑は、難民にとって、難民計画の中では大きな意味を持つ。難民キャンプ等の絶望的状況の中で、定住というチャンスは、個人にとって高度に価値のある解決策だからである。

九・一一以降、アメリカはこうした事態に耐えきれず、同国に以前旅行等で入国したことがないP３の範疇の人々全員の申請の審査を「難民入国検証ユニット」(Refugee Access Verification Unit, RAVU) で行うこととし、多くの拒絶者を出した[54]。これは難民にとって、新しい懸念を引き起こしている。欧州の定住計画は、人数的に少ない上に、イギリスを除いて入国の許可要件として、家族を探すことはしていない。難民の家族関係での偽りの問題は、アメリカほど深刻ではない[55]。

国家が、テロリストの脅威から安全を確保し、嘘、偽りを回避するというのは、解決の困難な問題であるが、しかし定住までの過程には、治安・情報機関による厳格な事前審査が幾重にもあり、さらに入国時の検査があり、定住というのはテロリストが最も使いにくい方法である。

専門家によれば、偽りの防止策には二つの方法がある。[56] ①難民全員の完全な登録を難民発生時点で早期に実施する。しかしこの登録は、定住や食料配布とは結びつけない。②家族という絆から、定住を引き離す。家族はできるだけ一緒に定住させる。

すなわち偽りを避けるには、彼らが難民になった時点で、できるだけ身近に接触して、難民全員の登録をすることだ、という。発生早期には、現場は混乱しており、かなりの労力と費用がかかり、実際に可能かどうかの疑問は残るが、登録は定住の準備として、有用な情報源である。

定住で〝家族の絆〟という入国切符を避ければ、比較的容易に嘘、偽りを封じられる。家族という関係からの定住への道を分離し、家族構成と定住手続きについての明確な指針作りが必要となっている。そのほか、「複婚制」（例えば、夫一人に妻二人）についての規則を含め、家族構成の指針について規則が作られる必要がある。そして、望まれることは、この規則に抵触する事例への寛容さを持つことである。

官吏の汚職には、厳罰と解雇で対処し、一人の官吏だけが始めから終わりまで一つのケースを扱わないようにすることがカギとなる。また、長期の事業慣行は改める必要がある。現代は通信技術が発達し、定住計画の中に移住希望者を潜り込ませて金儲けしようという組織犯罪が成長する中で今日、嘘の問題は悪化している。偽りの完全排除は不可能に近いので、政策担当者は、些細なことには忍耐が必要かもしれない。しかし、方策はいくらかとり得るし、政策は念入りに作る必要がある。

11　受け入れ国での統合

難民の受け入れ国到着に関連する二つの主要な事柄は、①入国手続きと、②到着時の法的地位、である。到着時の定住難民の地位は、国内での資格と国外に出る際の旅行文書に関連している。

定住では、難民は選別され、受け入れられるその国へ旅行し、庇護手続きに入る必要のない難民として、入国が保証される。定住難民は到着時、受け入れ国で長期の合法的な居住地位を持つ。彼らは、長期的かつ活発な社会の一員であり、労働力であり、文化生活の一員である。さらに定住を通じて、グループ全体を恒久的に保護するために、受け入れへの対応が組織だって行われる。

受け入れ国では、以下のことが明確でなければならない。①定住難民の収容に誰が責任を持つのか、②誰が選別に責任を持ってきたのか（政府やUNHCRの照会か、保証人か、家族か）、③受け入れ施設の態様、④定住難民の特定ニーズの評価（庇護申請者や移民と比べて）、がある。

新しい社会にうまく馴染めるかどうかは、到着前のオリエンテーションと最初の数週間が重要であり、さらに社会の一員としての彼らへの長期的待遇が要点としてある。その際、二つの要因が重要となってくる[57]。①個人と行政との関係（個人は、行政と連絡する必要性がある）、②統合を促進しうる社会ネットワークとの交際の程度と態様、である。

選別から出発までの間は、時間的に長い。数週間から数ヵ月間ある。この期間を健康診断、旅行文書の作成など、生産的に使うことである。オリエンテーションは、言語と文化・習慣で長期の統合計画の一環である。実施主体が政府か、NGOかの別はあるが、多くの国々が入国前にオリエンテーションをすることが重要だと感じている。他の国では、難民のオリエンテーションを後見人か友人の難民家族に委ねている。アイスランドでは、自国住民の中に、誰が来て住むのかを知る必要から、受け入れ社会に対して、オリエンテーションをしている。

また、重要なのは、到着時、難民を誰が出迎えるのか、である。ＩＯＭかＮＧＯか。そして仮住居か、長期的住居にどのように連れていくのか。出迎えるのが、官吏かＮＧＯにかかわらず、〝会って挨拶する〟意味は、難民はどのような性格を持ち、長期的な統合過程で彼らにどのような役割を果たしてもらうかという、受け入れ側の見込みと力点の置き方による。当局がこれらの最初の数週間にどう対処するかは、この最初の移動の期間でのあり方、さらには長期の統合の見通しを決めてしまう可能性がある。状況の多様さに十分に対応できるようにするために、人数、選別法、到着の仕方では、改めて柔軟性が必要となっている。

世界では国それぞれに、最初の数週間、様々なやり方がある。いくつか例を挙げると、①直ちに長期用の住居へ移動させる、②保証人や家族の家へ移動する、③短期の受け入れ施設（レセプション・センター）へ収容する、④庇護申請者の収容施設へ移す、がある。スウェーデンでは、地方自治体が到着時点から、定住難民に責任を持っている。アメリカでは、ボランティア団体がその仕事を引き受けている。両国とも、難民は個人的な長期用の住居に直接に移動している。他方、日本を含めいくつかの国では、受け入れ収容施設（レセプション・センター）制度をとっている。形態は様々で、滞在期間も数日から一八ヵ月間と幅がある。センターでの滞在期間は、その国の難民制度と社会福祉制度次第だが、新しい環境への適応で数年かかるという状況では、〝依存症候群〟が起きかねないという懸念も聞かれ、長ければ良いというものでもなく、受け入れ、適応、統合という過程の中で、難民と受け入れ社会双方の利益が考えられねばならない。直ちに長期の住居へ移るか、レセプション・センターかの問題は、良し悪し[58]で、どちらをどのレベルで使うにせよ、受け入れ条件についての明確な指針を持ち、必要なら、移動状況の予測と時間枠を持つことが重要な事柄になっている。

アメリカ、カナダでは、大規模な定住計画が国民に受け入れられている。難民のうち、かなりの人が比較的短い期間内に雇用先を見つけている。UNHCRの『定住・統合ハンドブック』（二〇〇二年）は、「経済的自給は統合の成功に最も重要な要因の一つで、新しい国で生活を再建するために必要とされる他の資源の多くを購入する能力に影響する」といっている。しかしこの二ヵ国は、互いに幾分異なるやり方をしている。カナダは、自給可能な人々を事前に選別して、到着後、職業を斡旋する計画を作っている。同国では、民間が保証して難民を受け入れる場合は、すでにカナダに在住している家族であり、他方政府が援助して受け入れられる難民は、カナダ社会とのつながりのない人である。アメリカは、選別の際、難民が自給できるかにはこだわらず、到着後、難民の職探しに強い支援を行っている。アメリカでは、民間ボランティア団体が難民に、〝初めはどんな仕事でもして、その後、以前の仕事に戻れ〟と教えている。[59] 対照的に、欧州の国々は、どうしたら難民が以前の専門的職業で再び働けるようになるか、を考えている。

アメリカの定住制度では、政府は公共サービスで資金を出すが、定住難民に対する支援は殆ど何もない。支援は、私的な善意に基づいている。欧州の制度では、福祉国家という性格上、国が権利と資格に基づき、公共の援助を与えている。[60] アメリカでの定住は、計画が高度に形式化されており、手続き自体が十分に整理された、特殊な性格を持っている。計画は、政府と民間の連携の下に、連邦、州、地域の三者が協力している。アメリカでは、連邦政府が定住難民の統合で、主として財政的役割を持っている。連邦政府厚生省（Department for the Health and Human Services）の中の「難民定住事務所」（Office of Refugee Resettlement, ORR）が、業務を担当している。援助に関わるのは、政府、ボランティア団体（NGO）、「民族相互扶助協会」（the Mutual Assistance Associations, MAA）の三者である。政府が選別、割り当て、資金に責任を持っている。欧州では、ボランティア団体と民族相互扶助協会の役割は、影が薄い。

アメリカのボランティア団体は、政府資金と民間からの寄付で活動している。団体はよく組織化され、専門的な非営利グループである。多くが主要な教会とつながり、大半は首都ワシントンやニューヨークに本部を持っている。本部では、ボランティア団体のないワイオミング州を除く、四九州に難民を割り当てる週ごとの会議がある。国中の各所にある支部では、難民にサービス業務を行っている。彼らの業務は、難民に住居を見つけ、職業訓練、医療、英語クラスを含む、新しい生活を始めるのに必要な真に全てのサービスである。ＮＧＯのケースワーカーが、オリエンテーションと初期の援助を通じて、難民に指針を与えている。

アメリカでは、ボランティア団体も、主として同民族の旧難民によって運営される「民族相互扶助協会」も、サービス供与を超えて、啓発とロビー活動をしている。一般に啓発は本部の仕事である。しかし多くの場合、彼らボランティア団体はサービス供与が主たる役割である。欧州では、サービス供与は福祉国家制度を通じて、政府の役割となっている。ボランティア団体は、サービスについての情報を与える役割を持ち、ロビー活動は活発にするが、多くの国で現実にサービス供与はしていない(61)。

民族相互扶助協会は、地域コミュニティにあるグループである。定住難民としてアメリカに到着する、同族の人々その他を、彼らが自立できるまで援助しようとする人々によって作られている。彼らは、連邦政府のＯＲＲからいくらかの資金援助を受け、若干の専従者以外、大半はボランティアである。民族相互扶助協会は真に、難民の統合で長期的にイニシアチブを取っている。要約すれば、ボランティア団体は、難民到着後の最初の数ヵ月間重要な役割を果たし、他方、民族相互扶助協会は、長期にわたって難民の世話をし、不可欠な存在となっている。

定住では、航空運賃の問題がある。アメリカとカナダでは、ローン制度が行われている。EUは、旅行する距離で明らかに価格差があるので、不公平だとして、そうした制度を持っていない。ただし、スウェーデンのように無利息で定住資金を貸し出している国もある。背景には、国民に広く、難民は〝居候〟ではなく、自分の力で一生懸命に働く人たちだ、というのを知らせることにある。受け入れる自治体への国からの資金は、難民の統合で自治体が直面する困難さを解決している。理想的には、そうした資金は、少なくとも最初の一年、すでにある福祉制度に相当する額が定住難民に与えられることであろう。

（1）例えば、UNHCRハンドブック『難民の第三国定住――難民の受け入れと社会統合のための国際ハンドブック』（UNHCR駐日事務所、二〇一〇年八月）は、次のようにいう。「第三国定住は、国際難民保護制度においてきわめて重要な補完的役割を果たしており、自主帰還も庇護国への統合もかなわない難民に保護と恒久的解決の両方を提供している。第三国定住は、難民保護と人権擁護に対するコミットメントの確固たる表れであり、国際的責任分担の具現化でもある」（同書、三ページ）。

（2）難民にとって、第一次庇護国は安全ではない。迫害を逃れた難民は、迫害者の手先に襲われる。自国の武装勢力や反政府勢力が国境を越えて殆ど自由に活動する。自国のタリバーンの支配から逃げ出したアフガン女性は、パキスタンで特に、女性教育、仕事、服装での制限を超えると、危険に遭遇している。

（3）Newland, 2002, p.2.

（4）*ibid.*

（5）オーストリアは一九五〇年代、他国がその後の受け入れと保護を認めたので、一九五六年、ハンガリーからの何千人という難民に避難所を一時的に与えた。近年では一九七〇年代、八〇年代のインドシナ難民危機の際、タイやマレーシアが難民に一時滞在を許可したのは、アメリカ、欧州諸国、オーストラリアなどが、難民を定住させるというのを保証したためであった。

（6）Noll & van Selm 2003, p.29. 一時保護の概念は、ボスニアでの人道危機のために、特別の関心を呼んだ。国によっては、定住割り当て数の中でボスニア人を受け入れた。他の国は割り当て数に含めなかった。一時保護と定住の関係については、全く議論が深まらなかった。

(7) Resettlement Section, Division of International Protection, 1997, p.1.

(8) International Institute of Humanitarian Law, 1997, p.2. 例えば一九八〇年代末から九〇年代にかけて、UNHCRの目標は、長期間継続中の〝ある種の難民状況〟の解決を促すことだった。インドシナ地域での「包括的行動計画」(CPA)は定住、「中央アメリカ難民の国際会議」(CIREFCA)は自発的帰還、そして一九八〇年代前半と少し時期的には早いが、アフリカ難民の二つの国際援助会議、「第一回アフリカ難民援助国際会議」(ICARA Ⅰ)と「第二回アフリカ難民援助国際会議」(ICARA Ⅱ)は現地統合と、三つの伝統的な恒久解決策が各々の政治状況の中で、異なった役割を果たしていた。

(9) Resettlement Section, Division of International Protection, 1997, p.1.

(10) van Selm, Woroby, Patrick and Matts, 2003, p.10.

(11) *ibid.*, p.11. 定住ハンドブックは、UNHCRが定住で適用する基準を提供しており、他の定住国の基準を容易に知ることができる。多くの国々は、ハンドブックの中の自国部分の記述の正確さに納得してはいないが、ハンドブックは、有用な情報手段となっている。

(12) 「一九五〇年UNHCR規定」は、UNHCRの委任事項を定めている。中心的役割は、一九五一年難民条約の履行状況の監督である。同条約第三五条により、条約実施上の監督責任を明確に与えられている。一九五〇年代以降、UNHCRの委任事項には二つの要点がある。すなわち、①亡命中、難民が自分たちの諸権利を利用できるようにする。②恒久的解決を時宜を得て利用できるようにする、ことである。

(13) 背景には、①条約には地理的、時間的制限があったこと。以前の難民の定義は、特定の国籍、危機に限られてきた。②全権会議の参加国の大半は、西欧諸国であったこと。難民制度を作る上で、各国々は純粋に利他主義で行動したのではなく、むしろ共同行動を通じて、自分たちの利益に合致するように制度を作った(Betts, 2009, p.9)。③最大の非欧州難民状況はパレスチナ人だったが、「国連パレスチナ難民救済事業機関」(UNRWA)の設立で分離したことがある(van Selm, 2005–b, p.4)。

(14) van Selm, Woroby, Patrick and Matts, 2003, p.8.

(15) *ibid.*

(16) Betts, 2009, pp.10-11.

（17） *ibid*., p.11. ＵＮＨＣＲの役割は、難民の国際保護だが、しかしその役割を果たす能力は非常に限られる。国家に影響を与える物理的な力は殆どなく、同機関の活動に資金を提供する先進国の数少ないドナーに依存を続けている。

（18） van Selm, 2003, p.3.

（19） International Institute of Humanitarian Law, 1997, p.7.

（20） Resettlement Section, Division of International Protection, 1997, p.5. イギリスと欧州委員会（European Commission）は、二〇〇三年、作業グループに参加した。作業グループに付属した「年次三者協議」では、定住国、ＵＮＨＣＲとＮＧＯが参加して、会議が続けられている。

（21） van Selm, Woroby, Patrick and Matts, 2003, p.14.

（22） Working Group on Resettlement, 1997, p.1.

（23） Noll & van Selm, 2003, p.1. アメリカで庇護申請者が難民として受け入れられる際には、asylees という語が使われている。

（24） *ibid*., p.4. 北欧諸国は一般に、定住は保護の手段が尽きたか、その場所では庇護の権利が深刻な脅威にさらされた時にのみ、適用されるべきだ、と考えている。北欧諸国は、定住が唯一の選択肢でない場合には、いくつかの選択肢の一つとされるべきで、包括的取組みの一部と考えている。彼らによれば、定住は非常に高価な解決策であり、もし保護で、より費用対効果のある解決策が見出されたら、その解決策がより多くの人々に与えられるべきだとしている。北欧諸国はそれゆえ、定住資金が支払われる「ＵＮＨＣＲ信託基金」の設置を提案した。新規に作られた同基金は、定住活動を促進するためのものだが、北欧諸国のイニシアチブで新たな定住機会の開拓と改善措置がとられている。

（25） Honoré, 2003, p.1. アイスランドの一〇〇人以下から、スウェーデンの一〇〇〇人～一八〇〇人までと、幅がある。その中間が、デンマークで、五〇〇人。フィンランドが、七五〇人～一〇〇〇人。ノルウェーが、一五〇〇人である。

（26） Newland, 2002, p.1.

（27） van Selm, Woroby, Patrick and Matts, 2003, p.vi. 例えば、先述のＵＮＨＣＲの作業グループが、「定住の戦略的使用」（the Strategic Use of Resettlement）の文書を出している。

（28） *ibid*., p.139.

（29） まだどの国も具体的な方策は持っていないが、いくつかの国は、同化・統合の可能性を見つけることが重要だと考えている。フィンランドは、すでに国内にいる限られたグループに焦点を合わせ、コミュニティ建設を目指している。欧州ではないが、カナダは、特定ニーズを持たず、人々の自給に焦点を合わせようとしている。他の国々は、自分たちホスト国との以前の関係を探っている。

（30）van Selm, Woroby, Patrick and Matts, 2003, p.100. スウェーデンは、難民認定の確認として、到着後に難民の地位の申請をさせている。

（31）Martin, 2004?, p.1.

（32）Working Group on Resettlement, 1997, p.5.

（33）難民選別には、三つの方法がある。①書類選考、②面接、③上記二つの組み合わせ、である。また担当者の面接の方法としては、チーム派遣か、現場にスタッフを駐在させるか、の二つがある。選別チームは、書類だけの情報ではなく、現場に行けば考慮すべきケースが見つかるので、事前に意図したよりも、多くの人を選別できるかもしれない。面接は、現地状況の把握ができ、難民にも定住への動機付けを与えることができる。チーム派遣は好ましいが、費用に本当に見合うのは現場への駐在である。緊急の場合にのみ、書類による決定が望ましい。問題は、治安と資金である。また、選別手続きの際、ＵＮＨＣＲやＮＧＯを入れるか否か、入れるならどのようにするか。身の安全と虚偽申告をどう管理するか、などを考慮する必要がある。

（34）Noll & van Selm, 2003, p.15.

（35）*ibid.*, p.14.

（36）*ibid.*, p.13.

（37）*ibid.*, pp.13-15. 選別の範疇は、Ｐ１、Ｐ２、Ｐ３の三つである。Ｐ１は、保護が必要な事例。他に恒久的解決がない難民である。ＵＮＨＣＲの照会か、アメリカ大使館の照会である。ＵＮＨＣＲの定義は、一般にこの範疇に合致する。Ｐ２は、アメリカが特別に人道的関心を持つ集団。国務省が毎年、決定する。まだ自国領内にいるキューバ人、ベトナム人、旧ソ連のユダヤ人やウクライナ・カソリック教徒、ケニアのソマリア系バンツー人、バクー・アルメニア人、イランの宗教的少数者などが該当する。考慮中の人々に、ロシアのアフリカ系の長期滞在者、タンザニアで通婚したブルンジ人、アンゴラのコンゴ人、エチオピアのクナマ・エリトレア人がいる。Ｐ３は、アメリカ市民や難民、庇護を認められた人、宣誓仮釈放者、永住外国人などのようにアメリカに合法的に入国を許可された人の配偶者、未婚の子供、両親。ただし、この範疇は虚偽申請が多く、大きな問題になっている。

（38）*ibid.*, p.11.

（39）*ibid.*, p.2. ただし一方で、これらの国の政治家や評論家は、定住を非常に曖昧かつ容易に取り上げ、船舶や長距離車両に隠れて入国を図る〝不法移民〟の悪いイメージを作り出している面もある、という。

（40） Newland, 2002, p.1.

（41） Martin, 2004?, p.2.

（42） アメリカのＮＧＯは、海外の難民キャンプで難民選別上、大きな役割を果たしている。「the Joint Voluntary Agency」（新しい名前では、the Overseas Processing Entity）が個別のケースの準備をする。他方、欧州のＮＧＯは、アメリカのＮＧＯのような役割は全くない。デンマークは、書類選考と選別チームにＮＧＯを入れていて、審査過程に市民の声を反映させているが、しかし最終決定は、政府である。スウェーデン、フィンランドやオランダでは、そうした役割はない。オランダは一九九九年以来、チーム派遣を行っていない（Noll & van Selm, 2003, p.15）。フィンランドでは、同国赤十字が国に難民が到着した時点で、参加している。スウェーデンでは、ＮＧＯの役割はない。オランダでは、ＮＧＯの役割は受け入れ施設での事業への助言に限られている（*ibid.*, p.23）。ＮＧＯの役割は、国の政策が変わらなければ難しい。

（43） 例えば、世界の難民一二〇〇万人（二〇〇二年、ＵＮＨＣＲ調べ）のうち、年約一〇万人だけが定住させられている。

（44） Newland, 2002, p.2. 一般に数字は毎年改定されるが、満たされない数は単に失われる。例外は、オランダとノルウェー。数は、三年計画の割り当てである。他にいくつかの国が満たされない数を繰り越している。

（45） van Selm, Woroby, Patrick and Matts, 2003, p.119.

（46） *ibid.*, p.34.

（47） Martin, 2004?, p.3.

（48） 例えば一九九六年には、約三万六〇〇〇人がＵＮＨＣＲの援助で定住した。その中には、危険な状態にある女性九二五人、医療の必要な人五六〇人が含まれていた（ＵＮＨＣＲ調べ）。

（49） アイスランドを除く、全ての北欧諸国は、緊急定住の制度を持ち、緊急とされる場合に対応している。デンマークとノルウェーは、緊急に治療が必要な難民への特別計画がある。一方、他の北欧諸国は、これらの事例を通常計画の中に含めている（Honoré, 2003, p.2）。

（50） スウェーデンは、治療の性質が合致する場合にのみ、受け入れている。オランダは、障害者難民や医療が必要な難民を受け入れているが、治療後には難民は、同国の社会で心理的・社会的に十分に役割を果たせなければならないとしている（Noll & van Selm, 2003, p.16）。フィンランドは、障害者、慢性病の人を受け入れている。

（51） Resettlement Section, Division of International Protection, 1997, p.6.

（52）偽りの形態は、次の三つである。①面接の際の不正な情報の供述・供与、②家族関係での虚偽の主張、③官吏（定住計画で許可決定を下す立場の人）の汚職、である。近年各国で問題となっているのは、②と③である。
（53）van Selm, Woroby, Patrick and Matts, 2003, p.12.
（54）*ibid.*, p.110. アメリカ滞在中の難民による、「保証書」（an affidavit of relationship）の偽造は、例えば西アフリカでは、待機中の難民七〇〇〇人中、約六〇〇〇人がRAVUにより見出され、入国を拒否されている。アメリカの関係者の一部には、DNA判定の導入の声まである（Martin, 2004?, p.4）。
（55）Noll & van Selm, 2003, p.16.
（56）van Selm, Woroby, Patrick and Matts, 2003, p.111.
（57）*ibid.*, p.133.
（58）*ibid.*, p.xiii.
（59）*ibid.*, p.136.
（60）Noll & van Selm, 2003, p.22.
（61）*ibid.*, pp.23-24.

第二節　難民保護――その中の庇護と定住

保護という用語について考える時、定住でその用語が何を意味するかを、明らかにする必要がある。難民とは、難民認定が行われる国の外にいて、保護の必要があると認められる。しかしこの「難民認定」という作業は、何らかの計画の下で通常、整然と行われ、海外の大使館経由で、個々人の庇護申請で審査が進められるわけではない。

難民の「国際保護」（international protection）は、難民が持つ二つの異なるニーズ、①庇護の権利、②時宜を得た解決、に関わる。換言すれば、難民は亡命中、強制的に追い返されることなく、庇護される権利と、移動の自由を含め、様々な人権を持っている。そして、彼らの苦境に時宜を得た解決（恒久的解決）を利用できることである。彼らは、市民として政治的、経済的、社会的権利が利用でき、十分に国家に統合されることである。

難民保護は地球公共益で、その利益は一度与えられたら、他の全ての国々にいきわたる。(1) 難民保護の費用は、各国がそれぞれに負担するが、人権尊重と国際の安全からの利益は、全ての国々に得られる。難民保護の利益は、寄与したか否かにかかわらず、国際社会の全ての国に得られる。利益の性質が集団的なのに対し、費用が個々の国々にかかるため、個々の国々が責任をなまけたり、他国の寄与にただ乗りするという危険が生まれ、国際協力という性格をおびる。

しかし、国家が難民を保護する気持ちを持つのは当然だ、というわけにはいかない。難民に保護を与えるという集団としての気持ちがあっても、国々が個々に行動する時、国家には自らの意図・選択を控え目にいったり、他国の寄与にただ乗りすることはありうる。難民に対する当初の短期の世話・受け入れから、長期の統合までの費用を負担するかどうかは、国家次第である。国家は、主に二つの方法で難民保護に寄与できる。①領域内に難民を入国させ、権利を与える（庇護）。②他国の領域内にいる難民に、財政的に、あるいは定住場所を与えることで寄与する（負担分担）。

保護制度には、二つの核となる規範、すなわち庇護と負担分担がある。庇護は、自国領内にいる難民に保護を与えるという国家の責務に関係する。負担分担は、他国の領域内にいる難民の保護に寄与する国家の責務に関わる。いずれの場合にも、国家は限られた資源の中から、非市民の援助のために、その一部を割り当てることになる。庇護の規範は、十分に確立し、法的に強く、規範的枠組みに基づくのに対し、負担分担の規範は、法的、規範的な枠組みが非常に弱い。

1　庇護とは

ここで、庇護の持つ意味を改めて考えてみたい。「庇護」（asylum）という語は、個人が求めた保護の形を指し示すために使われる。この意味は、人が、ある国家の領域内に入るや否や、もしくは海外での大使館、領事館で[2]、当局に出向き、保護を要請することである。国家は、領域内に到達する庇護民に法的義務を持つ。庇護を求める人に地位を与えることは、法的手続きの結果である。庇護手続きは、国内的な法的手続きで、多くの権利や義務を含んでいる。重要なことは、危険が待つ地へ人々を送り返さない義務である。

現実はどうか。一九八〇年代、南北の「庇護移動」の出現で庇護は一層、政治的になった。庇護問題でとりわけ著名なのは、欧州である。一九九九年八月、イギリスの当時の内相ジャック・ストロー（Jack Straw）は、庇護は〝ヨーロッパの問題〟だと述べた[3]。欧州では、庇護申請者の約五〇％の人々だけが認定手続き後、何らかの地位を得ている[4]。庇護制度の焦点は、人々を帰国させることと、入国制限である。欧州では、統合度合いが比較的低く、統合計画が真に効果的かどうかに疑いの念がある。難民に寛大だったオランダとデンマークが、近年、それぞれ二〇〇〇年外国人法（オランダ）と二〇〇二年法（デンマーク）で、難民申請者の国内での滞在期間を制限し出している。難民条約は、保護が必要とされる期間（庇護が要求される時点では知ることができないが）によってのみ、滞在期間は制限されるべきだとしている。欧州内での庇護、それが難民条約に関係する人々か否かにかかわらず、期限付きにすることは、管理的側面を強めるものとなる。

庇護政策は、ＥＵが対処してきた最も人道的な政策分野の一つである。庇護問題がＥＵ（当時はＥＣ）で議題として最初に浮上したのは、一九八五年である。[5] 庇護申請者の数が上昇したことが、当時、この問題への注意を引く一つの要因となった。EUは同時期、商品、資本、労働力を自由に移動させる必要があり、加盟一二ヵ国間の内なる国境を新しく引き直す必要があった。商品の移動のために、人々が比較的容易に国境を越えるようにしなければならなかった。庇護政策でEU各国が協力することは、国境を新しく書き換え、より広いEUの領域内にいる他の人々を信頼する、欧州でのあらゆる種類の政策協力とつながっていた。

しかしEUでの庇護政策は、少なくとも二つの弱点に触れた、[6] といわれている。すなわち、①難民が領域に入る際の主権の問題と、②人権保護の問題、である。官僚制はさらにまた、欧州共通の庇護制度、すなわち欧州難民政策の達成という道筋を妨げている。

これらの二つの問題は、しばしば矛盾と論議を呼び起こした。庇護制度を通じて、難民保護は論議の焦点となり、先進国での難民保護に関連して、最も論議を呼ぶことになった。欧州では、庇護、一時保護、難民の長期居住の問題は、EUの統合過程で、政治的、実務的に問題となっている。

ここで気をつけねばならないのは、保護を意味するために庇護という用語をより広く使う過ちである。広義の使い方は、庇護という用語が本来持つ使い方から離れ、副次的保護ないし一時保護を持つとされた人々を含み、保護全てとなってしまう怖れがある。その結果、難民保護の全体が不明瞭になる怖れがある。

2　定住とは

難民定住は、難民が庇護国を離れ、第三国で新しい生活を始める過程である。第三国は、恒久的に彼らを受け入れ保護する。定住では、個人はめったに定住申請はしないし、難民の地位への要求もしない。むしろ個人は、

ＵＮＨＣＲによって定住が必要な特定のグループの一部と見られる。定住のための選別手続きは、殆ど常に個人が定住国の外にいる時に行われる。ノン・ルフールマンの原則は、従って問題ではない。難民にとって、定住での決定に個人的に不服があっても、現在どの国もそれを受け付ける仕組みはない。選別後、難民は受け入れ国に移動させられ、長期、あるいは永住許可を与えられて入国する。入国審査や居住の手続きは必要ない。定住では、該当する個人は入国許可を持ち、保護の必要のある個人としての地位が、入国前に国家により決定されている。例えば欧州では、定住は現在、永久の地位であり、恒久的解決である。こうして定住難民の扱いは、庇護申請者の扱いとは明確に異なっている。庇護申請者は、事前に難民の地位の許可なしに到着する。一方、定住難民は、受け入れ国で援助され、社会、文化そして経済的権利の点から取り扱われる。しかし彼らにとって、受け入れ国への統合と市民権取得は、非常に大きな問題である。定住難民は、自分たちの法的地位をより強いものにできるよう支援される必要が認められている。

ところで、自国からの逃亡の状況には殆ど違いはないのに、定住難民は、しばしば庇護申請者よりも、受け入れ国の住民に、より受け入れられているように見える[7]。定住で入国した難民は歓迎され、受け入れ社会の一部になるように援助される。定住難民は、難民という用語に肯定的な意味を与え、それが庇護申請者の助けになることが期待される。それゆえ定住は、難民という用語に付着する、人々の否定的なイメージを変えるきっかけとなるかもしれない。定住計画の存在は、庇護制度に肯定的な影響力を持つと考えられる。

他方で定住制度は、国家やＵＮＨＣＲにより、難民として選別されず、自力でやってきた真の難民には、不利に働くかもしれない。自力でやってきた人は、自動的に〝ニセモノ〟と思われる怖れがある。一方、定住難民は、保護のニーズにもかかわらず（必ずしもニーズが高くない場合もある）、〝本物の難民〟だと、受け入れ国の住民に、

表３―１　定住と庇護

	定住	庇護
政策目標と規準	一般に広範なものが存在。法的なものはなし。柔軟で、毎年変化する可能性がある。	国内法と1951年国連難民条約が法的根拠。
数値設定	毎年、もしくは3年毎に設定される。受け入れ能力に応じて柔軟に変化する。	設定されず。入国し庇護を求める人数は、政治状況や事前に手の施しようのない要因で変化する。
選別目標	毎年、難民の定義に基づきながら、定住の必要性のある個人、もしくは特定の集団に焦点を合わせて、考慮される。	選別はなし。法や難民関連法に沿って決定。
選別規準	設定された目標に沿った規準だが、拷問の犠牲者のような人々に、難民の定義を超えての対応もある。国家はしばしば、難民条約の定義に縛られず、広義に定義を使うが、即座の保護への対応は弱い。	選別はないので、規準はなし。難民の定義について、国家は制度の乱用を制限するために厳格。
選別方法	書類選考、もしくは選別チームの面接や現地に駐在する係官による。定住候補者は個別の照会か、集団での一括審査。NGO等にケースの準備を委託することもある。	書類の完成後、一般に面接を行う。
選別の手続き	選ばれた方法ごとに異なる。	通常の作業速度のほか、過程を早める場合もある。一般に、決定に不服の場合には控訴できる。法的代理人がつく。
選別から出発まで	入国準備のため、語学学級、法律的書類の作成、旅行文書の準備・作成がある。家族全員が一緒かどうかのチェックがある。	手続きが始まる前に、既に目的国の国内に滞在。
入国（到着）	設定されており、各人は到着時に入国と在留の地位が与えられる。	少なくとも、旅程の一部は密輸業者の手を借りて自力で入国。到着時、法的地位はなし。庇護申請の必要性も理解していないことが多い。
最初の数週間	あらかじめ設定された受け入れ施設か、長期滞在予定の住居、もしくは保証人となる家族の所へ赴く。	直ちに庇護申請をするかどうかは、家族や友人がすでにいるかどうかによる。

移動	設定された過程としての移動。	申請が認められれば、収容センターから出所するが、時期は未定。
統合	到着時から、計画がある。政府資金か、民間資金によるサービスが、政府かNGOにより与えられる。	定住計画がある場合には、到着後、数ヵ月か、数年後に起こる。
根拠（政策か法律）	大半は政策による。法的地位や任務分担の簡略な声明が法務当局から、発せられることもある。	法律による。
支援者（国際機関、NGO等）との法的な合意	輸送など、特定のことがなければ、全くなし。	なし。

（出所）van Selm, Woroby, Patrick and Matts, 2003, pp.146-147を修正して使用

誤った認識を定着させてしまうかもしれない。

定住計画は、国家にとっては、人の入国に効果的に対処し、意識し準備された、良心的な統合戦略と結び付けることができるという利点がある。定住計画を拡大していくという視点に立てば、定住計画で庇護申請者の到着数を減らすという影響を与えることができるかもしれない。しかしその際、単に庇護申請者の数が減ったか否かが重要な事柄ではなく、政府が難民保護の問題を十分に管理しているというのを示すことの方が、より重要な事柄となってくる。

3　法的枠組み

定住については、次の三つの法的問題が存在する。①定住計画は政策的事柄なのか、幾分法的枠組みの下でなされるのか、②国家と、計画に関与する組織（例えばＵＮＨＣＲ）の間に、法的合意がいるのかどうか、③定住計画で定住した人が犯罪行為に関与、もしくは定住以前に関与したり、あるいは虚偽の申告をして難民とされ、入国した場合はどう処置するのか、の問題がある。ここでは①と②について、考える。

まず、定住は法的枠組みの中に包摂されるのか否かである。世界

の国々では、国内、国外での難民認定の仕組みで、庇護と定住について、それぞれ異なる法律が適用されている。国際難民法と各国の難民定住政策が合致していない点[8]については、数多くの指摘がある。

かいつまんで要約すると、①難民条約の難民の定義は、危険から物理的に移動する人々が、受け入れ国によって保護されるという点では、発展を見ていない（例えば、欧州では庇護申請者に、副次的保護という範疇が作られ、実行されている）。②難民の定義と副次的保護は双方とも、一般に国内法と行政措置の影響を受けやすい。国内法と行政措置は、将来の到着者数を減らすことを目標としている。③定住は全ての国で、法律よりも政策上の事柄である。国際法は、最低線で迫害の待つ場所へ送り返すなとはいうが、国家に対し誰かを定住させるよう、要求はしない。いくつかの国の定住計画の根拠は法律に基づく一方、誰を、どこから、何人位、定住させるかについての決定は、常にその国での政策の決定による。それに対し、定住計画は、国家が法律で関わる入国関連の事柄というよりも、難民保護分野での政策実施上の事柄である。定住の決定は性質上、行政的なものだが、その地位が与えられると、地位に付随する法的権利と義務が発生する。

アメリカ、カナダでは、定住計画は連邦法の中に基礎を置いているが、いくつかの国では、定住は広範な庇護・移民法の中で単に述べられているか、計画の詳細は政策だけの事柄とされている（例は、アイルランド）。その他の国では、計画はフィンランドやイギリスのように、政策だけの事柄であり、国際法上の基礎はない[9]。法的拘束性は殆どない。

上記から読み取れることは、庇護は国際法上の義務があるが、一般的にいって、定住自体は完全に任意の行為と見られていることである。庇護のように、保護を求めて国に到着した個人を追い返さない義務はない。これは、多くの国が定住計画に法的基礎を考えない理由[10]である。定住計画で、各種の法律が入国を許可された人に適用されるが、計画は法的枠組みの中で詳細に定められるよりも、行政的で政策を基礎としたものとなっている。

繰り返せば、定住計画の立案と実施は任意であり、主として行政的で、実践的な活動である。さらに、選別の決定は行政措置であり、決定は任意である。国内での庇護の決定が、法的手続きを必要とするのとは対照的である。定住制度は、あくまで任意の行政制度であり、その中で権利と義務は、国家が難民を定住のために選別し入国を許可すると、その一部として発生するだけである。多くの国では、定住を支える法律はなく、純粋に政策的裁量の事柄である。難民はその地位を審査する国に入ってはいないので、庇護法の範囲外であり、定住は、行政施策の手段という性格である。

国家とUNHCRの間で、法的な合意が必要かどうかについては、UNHCRと定住国は、一般に定住事業で、法的もしくは公的な合意を持つことはない(11)。定住国は一般にまた、定住で第一次庇護国との間に合意を持つこともない。難民の選別にあたり、書類での選考を行うので、そうした合意の必要がないためである。

4　庇護と定住──両者は補完関係

定住は、伝統的な定住国以外では、比較的未知の分野なので、庇護という用語とどう関連し、また違うのかが曖昧である。前項で見たように、定住難民は、庇護申請者とは違い、国外で到着前に、定住国に審査され選別される。定住国は、運賃（全部か一部）を手当てし、統合計画を準備する。到着は管理され、定住に焦点を合わせ、数は自在に操作できる。庇護申請者の流入が予測できず、管理が難しいのとは対照的である。庇護制度は、申請者自身が入国までの手段を自前で調達し、安全で人権を尊重する国を探し、やってくる人々のためにある。現実には常に、危険で希望のない状況を逃れ、庇護を通じて自らの境遇に対し、恒久的解決を求める個人がいる。大まかにいえば、庇護申請者は助けを求めて目的国にくる。定住の場合は、国が保護可能な人々を求めて国外に出ていく、ことがある。

政策担当者、とりわけEUの政策担当者の間では、〝定住は、全く完全に庇護に置き換えられる〟とする主張と、〝いや、定住は庇護と十分に共存できるが、完全な代替物ではあり得ない〟という、いわば相対立する主張が存在している。同様に、ある人々は〝定住は密入国や人の密輸業を終わらせる〟といい、別の人々は〝難民も経済移民も密輸業者を使い続けるし、斡旋業者に搾取され続ける〟、という(12)。大事なことは、定住と庇護が、より大きな保護制度の一部として、どう結びあうかを検証することである。

近年のEU各国を対象とした「定住調査」を見ると、定住を実施しても殆ど、いや全くEU内での庇護申請者の人数には影響が見られなかった。到着する庇護申請者の数と、定住で受け入れられる人数の間には、研究によれば、調査されたどの年においても明確な因果関係は見られていない(13)。定住計画を持つ国の場合は、計画があっても庇護申請者の入国が見られる。アメリカでは、庇護に関わる問題は、一般に勾留、退去促進の実施についての論議も含め、論議の中心であるが、定住計画と庇護申請者の数の間には、いかなる明瞭なつながりも見られなかった(14)。

これは多くの場合、定住の選別規準が、キャンプ等にいる滞留難民に焦点を合わせているか、庇護を求めて相対的に危険な旅をしにくい弱者を相手にしているためと考えられる。庇護を求めて離れるまさに同じ個人が、定住選別の対象になるかどうかということや、定住が庇護申請者の到着人数に影響を与えるかどうかは、まだよく分かっていない。UNHCRの定住の分析でも、定住と庇護は必ずしも同じ人々を対象としていないことが明らかになっている(15)。定住計画でかなりの数の定住を行った国は、庇護申請者の到着がなくなった、あるいは定住の結果、数が縮小したというのは全くないし、その際難民の選別規準と数値目標に注意深く考慮を払っても定住の影響力は未知数である、といわれる。[16] いずれにしろ、定住によって庇護申請者の数を減らすというのは、計画にとっては否定的な目標である。定住数の決定にあたっては、前年に受け入れた庇護申請者数と関連させるべきではない。定住という事業は数の点からいえば、庇護危機の万能薬ではないように思われる。

人の密輸の防止のように、より狭い視点で捉えれば、庇護その他で到着する人々がいることは、定住政策のある種の失敗と見られるかもしれない。しかし、庇護申請者の多くは、保護に値するというのも事実である。彼らが庇護制度を利用できるよう、その道は常に開いておくべきである。定住が庇護制度の一部と呼ばれるようになったら、庇護は、難民にとって入国への唯一の手段となる。定住計画は、庇護申請者の入国を規制するための代替案ではなく、補完的でなければならないことが分かる。

図３―２　難民の国際保護

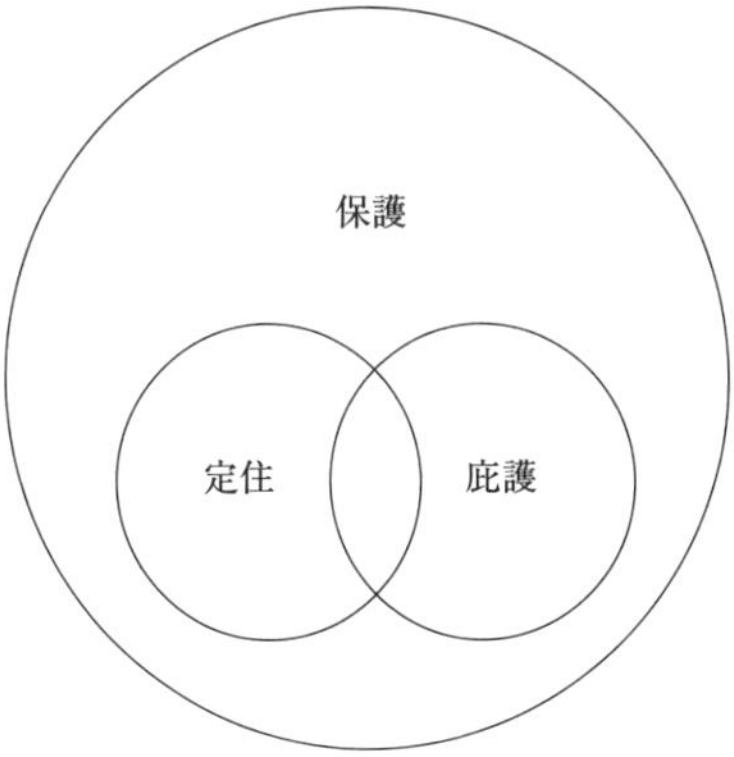

（出所）筆者作成

定住は、公平、効果的に領域庇護制度を補うが、庇護制度の有機的な一部ではない。むしろ、庇護と定住は、保護制度の一部である。[17] 国際難民保護制度は、定住と庇護の双方を通じて、保護となる。いいうるのは、定住は、国家が望む、より管理された到着を果たし、庇護国との連帯になることである。また、保護と恒久的解決を与えることで、定住の意義を達成することができる。

繰り返せば、庇護を定住から区別し、二つとも難民保護制度の一部であると認識することで、二つの入国の仕組みを混乱なく、働かせるべきである。基本的に庇護は、国が難民に保護を与える一つの手段であり、定住は、難民保護を与えるもう一つの手段である。両者が最も効果的に働くためには、定住計画は、できる限り庇護制度から分離すべきである。

定住も庇護も人道的保護を提供し、難民保護という全体的な枠組みの中で、相補的な関係を形作る。しかし過程への出発点が異なる。定住と庇護制度には重複があり、また明らかに方法が異なるという理解が重要である。

庇護申請者は、原因国や第一次庇護国で、定住難民となる人と同じ状況から到着するが、法的地位がないために受け入れ国での長期的目標や統合目標が同じであっても、必要なものが異なっている。庇護申請者は、入国した国で長期の合法的な居住地位を認められる前に、その国について何ヵ月、何年と学ぶ期間がある。定住難民は、彼らが直面する、保護のない脆弱な状況の中で選ばれ、十分な法的地位が与えられ、入国や居住の許可を待つ必要もなく、直接に受け入れ国にやってくる。

定住難民はめったに定住国での経験を持っていないため、適応のための〝特別ニーズ〟を持つかもしれない。[18] 庇護申請者にとっては、定住者としての法的地位が認められた時点から、統合が始まる。定住難民の統合措置と庇護申請者への措置では、最終目標が同じであっても、明らかにその内容構成は異なっている。

定住は、庇護申請者の不規則な到着に否定的に影響されるのではなく、むしろ定住のための管理され秩序だった入国で、より多くの難民が恒久的保護が得られるよう、積極的に増やされるべき、[19] かもしれない。もし前年の庇護申請者の到着数と、その翌年の定住計画の間に関係が見られるとしたら、庇護申請者の増大は、まだより多くの定住ニーズがあった、ということかもしれない。それなら定住数を増やして、より多くの人々が秩序だった手段で入国できるようにするのが筋かもしれない。庇護国での能力強化のための負担分担の手段として、そして先進国、とりわけＥＵへの庇護申請者の入国を戦略的に管理するために定住を使う場合には、あくまで難民条約に基づく難民の定義であって、各国の国内法で発展させられた制限措置であってはならない。

（1）Betts, 2009, p.8.
（2）"protected entry" という。この制度下では、避難場所を探す個人は、庇護を求めるために、ある国へ旅行する許可を求めて、大使館、領事館に入る。個人はその後、ビザその他の法律文書を保持して難民申請をする国に到着し、到着後に庇護手続きに入る。
（3）van Selm, 2005-b, p.1.
（4）Noll & van Selm, 2003, p.21.
（5）van Selm, 2005-b, p.9.
（6）*ibid.*
（7）van Selm, Woroby, Patrick and Matts, 2003, p.2.
（8）Noll & van Selm, 2003, p.13.
（9）van Selm, Woroby, Patrick and Matts, 2003, p.112.
（10）例えばカナダは、庇護の決定の時のような公式的なものは必要なく、定住は、自国が行政で効果的に管理できるとしている。それゆえ定住は、行政的審査だけである。行政措置は法律で定められているが、政策を実行する際には、法律よりも行政的に行われている。
（11）van Selm, Woroby, Patrick and Matts, 2003, p.113. この例外は、チリとブラジル。これらの国々は、定住基準や実施態様で、ＵＮＨＣＲと成文化された合意書を取り交わしている。
（12）van Selm, 2003, p.2.
（13）van Selm, Woroby, Patrick and Matts, 2003, p.123. 欧州では、難民保護に対して、五つの課題を抱えている。すなわち、①莫大な数の庇護申請者がいること、②人々の流入形態が移民・難民のように混合していること、③右翼、少なくとも外国人嫌いを演じる政党が国内に存在すること、④福祉国家ゆえ、難民その他の人々をどの程度支えられるかの問題があること、⑤すでに、国民の間に高い失業率があること、があげられている。しかしＥＵ各国が、何処でもこれらの課題に直面しているわけではなく、程度の違いもあり、全体像の一般化はできない。なお、ＥＵの多くの国々の間には、定住での協力に幾分関心が見られる。
(14) 全体的な到着数から見ると、アメリカの庇護申請者数は一九九三年～一九九七年にかけて、定住計画による難民数よりも、数多く到着している。その数は、一九九三年、一九九四年、一九九五年に一四万人を超えた。一九九六年に始まった減少は、一九九五年に庇護改革が導入されたためである。それ以降、申請数は年間六万人以下に下降してきた。この改革では、申請が認可されるまでの間、就労許可が取り消された。もしくは申請が出されてから一八〇日を経過するまで、就業はできないことになった。行政側は六ヵ月以内に各申請に対し、最終決定を下せるようにした（van Selm, 2003, p.4）。二〇〇〇年～二〇〇二年、定住は関心が大きな話題として再登場してきた。
(15) van Selm, Woroby, Patrick and Matts, 2003, p.153.
(16) van Selm, 2003, p.4.
(17) van Selm, Woroby, Patrick and Matts, 2003, p.32.
(18) *ibid.*, p.134.
(19) *ibid.*, p.123.

第三節　国際的な負担分担の中での解決——定住の役割

何が負担で、それはどう分けられるべきか。物事の要点は、単に〝分け合い〟にあるばかりではなく、分配される〝負担〟をどのように定義するかにある。「負担分担」への様々な提言と仕組みがある中で、どれが正当で実行可能かの分類はむずかしい。一つの中心的問題は、配分の基準である。(1) 配分は二つの異なる型の考え方に基づく。①公正に基づく方法、②結果に基づく方法、である。公正に基づく方法は、典型的には受け入れ国の国内総生産（GDP）、人口もしくは国土の大きさのような静的指標に基づく配分である。結果に基づく指標は、難民・庇護申請者を抱えたその結果として起こる事柄に関連している。例えば、受け入れの影響や民族間の関係や治安、あるいは難民・庇護申請者自身が受け取る保護や援助の水準である。良く知られているように一九九〇年代の旧ユーゴ危機の際には、人口、人口密度やGDPに基づくかどうかで合意が得られず、負担分担の基準を作る試みは成功しなかった。(2)

国際難民制度内の主要な規範は、庇護と負担分担であり、法的な要因を持つ庇護は、すでに見たように、広く受け入れられ、明確に定義された規範である。ひとたび難民がある国の国境に到達したら、多くの国々は、彼らに一定の義務があることを認識している。反対に、負担分担には明確に定義された規範的な枠組みがない。(3) 国際的には、難民条約の前文と一九九八年のUNHCR執行委員会の結論第八五号に述べられているだけで、難民保護の国際的責任のより公平な配分の必要に関して拘束力のない指針があるだけである。負担分担の原則は、難民制度の最も弱い局面である。規範的・法的に、国家は自分たちの境界を越えて難民保護に寄与する義務は殆どない。国際的な負担分担に関連して、今ある規範は弱く、未開発のままである。負担分担は、各国の関心と自発的な寄与による、全く任意の行為である。

難民に関連した負担分担の概念には、波乱の歴史がある。概念は、難民の受け入れ国の間で国際連帯を促進する原則として、一九五〇年代に始まった。しかし過去二〇年、非常に多岐にわたる政策を正当化するために、各国の政治担当者に使われ、乱用さえされてきた。概念は非常に広く適用され、国々の間での難民・国内避難民の分配・分散、例えばマケドニアからのコソボ難民の退避(4)から、紛争地域の現場での難民保護の強化という最近の提案まで広範囲に存在している。概念は、難民の負担分担という使い方から殆ど一貫性を失い、言葉は驚くほど弾力性を持ち、より婉曲な表現である〝連帯〟とか〝努力の均衡〟(balance of efforts)のような概念に置き換えられて生き延びてきた。それゆえ、負担分担が訴えるものとは何か、それは未来があるのか、などの疑念が生じ

表３―２　負担分担の基準と指標

公正・公平に基づく指標	受け入れにより生じる結果をみる指標
国内総生産（GDP）	民族間の関係や内戦への影響
人口	国内治安への影響
国土の広さ	二国間、もしくは多国間関係への反響
地域内での予防措置への貢献の程度	難民保護、もしくは難民福祉への影響
既に国内に滞在している難民、庇護申請者その他の人々の人数	

（出所）Boswell, 2003, p.3を修正して使用

ている。

負担分担は最初、難民の大量流入状況で難民保護の責任を分け合う必要に関連して使われていた。難民条約の前文は、庇護の供与はある国々に不当に重い負担を置くかもしれないとして、〝国際協力〟の必要性を述べている。それ以来、二つの主要な行動が要請されるようになった。すなわち、①庇護国への資金援助。通常途上国である庇護国で、主に難民の生活支援の面で、UNHCRの活動を資金手当てを通じて助けること、②各国に難民を分散して受け入れるという物理的、実際的援助。この定住を通じた方法は、一九五六年のハンガリー動乱で使われている。また一九七三年のピノチェト・クーデター後のチリ人脱出、一九七九年以後のベトナム難民の定住計画でも使われた。

繰り返せば、負担分担の概念は最初、原因国から巨大な数の難民を受け入れた近隣の庇護国を援助するための国際的な連帯の原則として現れた。しかし西欧諸国が益々、庇護の政治的、社会・経済的費用や一時保護制度に懸念を持つにつれて、この概念はより明確に、自己利益の次元で考えられ始めた[5]。焦点は、欧州各国と原因国の地域内にある庇護国の間での費用配分の問題となった。いわゆる〝地域内受け入れ〟（reception in the region）が欧州への難民の流れを減らす手段と見られた[6]。一九五〇年代の古典的な負担分担の概念は、幾分誤って、間接的な負担分担の形として、〝裕福な〟庇護国（西

欧先進国）の責任を救うために復活してきた。

論議の背景には、ＥＵ内の負担分担と、国際的な負担分担があった。ＥＵ各国間の負担分担では、ＥＵ各国のこれらの国々の間で、難民・庇護申請者の分担可能な形は何か、という論議から最初始まった。一九九四年ドイツは、一時保護を求める人々の物理的な分散制度を提案した。分散の方法は、人口、ＧＤＰ、国土の大きさという基準に基づき、ＥＵ各国で分散しようというものであった。提案はこの形では拒否されたが、幾分緩和されて、その後ＥＵの一時庇護の法令の中に取り入れられた。法令では、各国に一時庇護を求める人々に対する責任は、連帯の精神の下にバランスよく分配されることを求めている(7)。

ＥＵでの定住の問題は、加盟国の間での負担分担の仕組みを作り上げるという中で行われている。定住はそれゆえ、国際保護の必要な人々へ域外定住を与えるということではなく、ＥＵ内にすでにいる難民や庇護申請者の公平な配分制度を見つけることであった。一九九〇年代半ば以降、難民の分散や彼らの受け入れ費用の分配についての種々の仕組みが議題にのせられ、いくつかは採用された。一九九七年には、「欧州難民基金」(the European Refugee Fund) が作られ、多大な数の難民・庇護申請者を受け入

表３―３　負担分担の仕組み

	直接的な負担分担		間接的な負担分担
	資金拠出	物理的受け入れ	誘因
国　内	中央政府から地方へ資金配分	庇護申請者の分散配置	
国　外	難民流出地域の国々の難民キャンプへ資金拠出	定住	近年の欧州による原因国地域内での難民の受け入れ収容提案
国際協力	UNHCR信託基金、欧州難民基金など	インドシナ難民への包括的行動計画。コソボ難民への人道的避難計画	庇護法制の一致・調整

（出所）Boswell, 2003, p.2を修正して使用

れたEU内の国家に財政援助が与えられることになった。EUでは数多くの欧州理事会決議があるが、満足な枠組みを与えられず、問題はまだ続いている。

一般に各国家が負担分担で寄与しようとするのは、他国もまた寄与の準備があるという保証がある場合である。個々の国家は、一般に他国が難民保護の義務を相互に守るという保証がある場合にのみ、難民保護に喜んで寄与してきた。負担分担計画で得になりそうな国の参加動機は明らかだが、制度が存在しない時よりも、負担をより多く受け入れることを要求される国についてはどうであろうか。

参加への一つの重要な動機は、〝保険〟といえるかもしれない。負担分担制度は、大量流入という最悪の筋書の場合、負担を他国と分け合うのを確かにする方法である。難民定住は、大量避難の際に実行可能な解決策ではないが、それは特に、難民の中の弱者や残余の滞留難民（residual protracted refugees）の保護では欠くことのできない戦略的手段[8]である。

どこが主要な難民危機かは良く知られており、どこが庇護国で、どんな支援が必要かは知られているし、難民の滞留地域も分かる。にもかかわらず、構造的で包括的な取り組みが全くないのは、部分的には、定住という選択肢が得られない（例えば、ネパールのブータン難民）ためである。難民の配分は具体的には、受け入れる国の国内の住宅供給の余地や保証人の好意、もしくはサービス供与者が得られるか否かの結果、可能となる。負担分担の明確な規範、法的義務がない中で、国際会議はその場限りの〝駆け引きの場[9]〟であり、独特の構造を持っている。これらの一時的交渉は、特定地域の大量流出や滞留難民状況に対応する試みであった。

庇護では、相対的に強い法的枠組みがあり、UNHCRは、法的助言を与え、難民条約が定める条項について、各国での実施状況や遵守状況を監視するのが仕事の大半を占める。負担分担では反対に、非常に対照的な役割である。負担分担では、国家の寄与に指針を与える明確な規範的枠組みがないために、UNHCRの役割は、各国を政治的に促すことであった。それは、北の先進国に対し、南の途上国での難民保護を支えるために、自発的に資金を拠出するか、あるいはまた定住割り当てを通じて、国家に自発的に寄与するよう説得することである。〝半完成〟の国際難民保護制度の中で、UNHCRは、これまで幾多の多国間交渉を主導してきた。

国際難民保護制度について特に興味深いことは、これら負担分担の動機づけが、制度の枠外から出てきたことである。先進国、特に西欧の負担分担への寄与は、難民保護への懸念でもなく、利他主義に基づくのでもなく、むしろ他の問題領域、特に入国管理、治安・安全、貿易のような領域に関係するという認識から出てきている。(10)この認識がある時、国際協力は可能となった。その認識がない時には、協力は著しく限られてきた。

全ての国家が同じような基礎の上に、難民に庇護を与えるのを確実にする協調関係がなく、また難民を不釣り合いに抱えている国へ、負担分担で確実に補償する協力なくしては、共同行動の成功はない。ここから得られる考えは、受け入れの責任を、政治的に不安定で貧しい国家に振り向けることには慎重であるべきことである。原因国のある地域内の国々に負担分担を負わせてしまえば、その影響は、難民の保護だけではなく、内戦や治安にも影響が出てくる。先進国は、受け入れという結果に基づく配分基準に、より多くの注意を払うのが望ましい。

1　定住費用はいくらかかるのか

先進国での負担は通常、持続する経済危機と高い失業率の点から見られている。現代は、庇護申請者の数の増大と、外国人嫌いの高まりとが結びつき、人道的意味を忘れようという意図はないものの、国内的な圧力のために、保護の必要な人に他の方法がないのか、あるいはもっと費用対効果の高いやり方があるのか、が問われている。

定住のために資金手当てをどう算定するかというのは、非常に複雑な問題である。政府官吏やＮＧＯ関係者のような実務に関わる人々は、定住計画が一体いくらかかるのか、他の恒久的解決策と比べてどのくらい高いのか、その費用を知ることに関心を示す。しかし、国ごとに比較して、今ある定住計画の難民一人当たりの費用を得ることは、難しい。[11] 国の定住計画の費用を知ることは疑いもなく興味深いことだが、どの国の政府も、経済効率を最優先の目標にして計画を行っているようには見えない。定住は、実施に至るまで、かなり政治的な動機づけがあり、人道的活動への国内的な政治支援を獲得するという受け入れ費用とともに、計画実施のために必要となった仕事の費用（必ずしも全部必要というわけではないが）が大いに含まれている。

得られるのは、一部の数値であって、後は推定するほかはなく、不完全でしかない。これは、定住国が実施上でそうした計画の経済効率よりも、人道的側面に焦点を合わせているためである。また、政府、民間を問わず、必要な費用データが計算できない種々の段階があり、様々な種類の活動があって、全ての費用を算出できないことがある。[12] いい換えれば、定住は、人道的、政治的要因で動機づけられており、経済的な動機ではないことを示している。このことは勿論、経済要因を含むべきではないということを意味しない。

定住計画は高価だと見えるが、しかしこれらの計画は、「非経済的要因」（人道的、政治的要因）によって行われているので、経済的に特定の最低線を探すことで定住を調べ、比較することは適切なことではない。難民定住の費用を十分に推定することは困難だが、定住国の官吏は自分たちの計画の各構成部分の計算をいくらか行っている。[13] ただし、推定は不完全で、国別の比較はできない。

難民を定住させる費用について、数量的な特定の推定値を求めることは非常に難しく、潜在的に誤った方向に導く可能性がある。難民その他の外国人が国境に到着する中で、政治家、特にEUでは国内の選挙民をなだめるために入国制限策をとるのは緊急の課題かもしれないが、しかしそれは、難民保護と原因国地域の安定に破壊的な影響を与えうる。政策担当者は、定住の各段階で、もっと効率的なやり方はないのか、別の選択肢はないのかについて考えをめぐらせる必要がある。

（1）　Boswell, 2003, pp.2-3.
（2）　van Selm, Woroby, Patrick and Matts, 2003, p.123.
（3）　Betts, 2009, p.12.
（4）　Boswell, 2003, p.1. EUでは、以前は国家間で努力のバランスをとるという比較的緩い原則があったが、それを廃棄し、負担分担の目標が、一九九七年のアムステルダム条約で成文化された。二〇〇〇年のコソボ難民避難計画では、マケドニアに滞在するコソボ難民を欧州各国で物理的に負担分担する試みがなされた。制度による拘束というより、むしろ一方的な割り当てであった。
（5）　*ibid.*, p.2.
（6）　原因国により近い、域内の国にある難民キャンプで、高い水準の保護と援助を行えば、西欧諸国の費用の削減になると考えられた。原因国が存在する域内の国々にある難民キャンプに資金手当てをすれば、原因国が位置する地域内に難民が留まる大きな誘因にならないか、というわけである。
（7）　なお、負担分担のために国内の分配・分散策は、欧州では、一九九〇年代に提案されている（Boswell, 2003, pp.1-2）。分散制度は常に、負担分担の名前で行われたわけではないが、難民受け入れ国の多くで、過去国内的に実施されている。ドイツは一九四〇年代以降、各州の人口比率に応じて、連邦国家の間で、難民と庇護申請者を配分してきた。オーストリア、ベルギー、デンマーク、オランダ、スウェーデン、そしてイギリスは、各地域に庇護申請者を多少とも包括的に分散する計画を導入した。これらのやり方は、その多くが、特定地域へ庇護申請者が集中すると、有限な社会資源に圧力となり、社会の緊張につながるということで正当化された。
（8）　Refugee Studies Centre, 2010, p.18.
（9）　Betts, 2009, p.3.

(10) *ibid.*, pp.3-4.

(11) 難民一人当たりの定住費用の推定のために必要とされる経済データは次の項目である（van Selm, Woroby, Patrick and Matts, 2003, pp.102-103）。①選別と事前審査の経費……ＵＮＨＣＲやＩＯＭに支払う費用。難民とのインタビューから決定までの、各国ごとに異なる公務員の給与。②安全チェックと輸送経費……健康診断費、治安・安全・警備費、輸送費（運賃のローンを含む）。③統合と適応の経費……住居、医療、教育、その他の社会福祉援助。これらは各国の福祉状況を反映し、かつ自治体の予算である。④年ごとのバラつきの修正……平均値をとるため、数年間計算する必要あり。⑤時の経過と公共資金効果……定住一年目の評価は出発点。長期に難民を観察し、初期の公共支出が、彼らの支払う所得税、消費税、資産税等の歳入で補填されたかを見る。

(12) van Selm, Woroby, Patrick and Matts, 2003, pp.103-105. 実際には、データに深刻な制限があり、定住費用の推定を妨げている。困難な要因をあげると、①参加する人数が多い……中央、地方政府、様々な段階での民間団体、個人が参加する巨大事業。②データの入手不可と項目不足……政府費用の推定が得られても、多くの福祉援助を行う地方自治体が必要な情報を持っていない。例えばフィンランドでは、自治体は所得や社会福祉のデータ（年齢、性別その他）を持つが、民族、国籍についてのデータはない。難民でも、定住難民と庇護申請者の区別がない。③費用に換算されない経費……民間人やＮＧＯの人々の労働。ボランティア団体の援助は、物品、労働時間があるが、換算が困難。④算定費用の固定化……難民個人への費用は年ごとに大きく変動するが、行政は一定程度固定化し、難民の数による影響を反映させていない。受け入れ人数は任意であり、毎年変化する。⑤高度に政治化された制度……定住計画で入国を許可される難民数は、中央政府が決定するが、難民は特定の自治体に定住する。定住が成功するためには、受け入れ地域の住民と官吏が計画に前向きに参加する必要があるが、どの程度の予算配分が彼らの引き受けの誘因になるかは明確でない。それは例えば、地域在住の難民数、地方政治の動向、到着難民の性格など、政治的、主観的要因に影響される。政治的費用は容易には、はかれない。定住が政治化されるほど、政治費用の割合は大きくなる。

(13) *ibid.*, p.106. オーストラリア、カナダ、デンマーク、フィンランド、アメリカなどで行われた。カナダは近年、費用算定を実施したが、その結論は「計画にかかる費用は莫大」ということであった。現在まで、詳細な費用計算をしている国はない。

おわりに

恒久的解決としての定住は現在、非常に例外的で個人的状況においてのみ考えられている。〝最後の手段〟、そして最も好ましくない解決法として、定住を位置づけたことは、恒久的解決として、その価値の否定的な認識を作り上げた。物理的な安全が危機にある難民にとっては、定住は唯一の取り得る解決策である。国際保護の手段として、定住はまず第一に、難民の物理的な安全の保障である。定住は、特に第一次庇護国で滞在中に継続して著しく身の危険にさらされる怖れ（追放、物理的安全への侵害、恣意的勾留）がある時、人権を守り保護を保証する唯一の手段を提供する。定住は、人権を維持し、保護を保証するための唯一の手段を提供する。定住は、難民の最善の利益にかなう、効果的方法でありうる。それはまた、庇護と難民援助への人々の意識を深める手段ともなる。定住は、生命の危険への保護、あるいは医療問題など、緊急のニーズを持つ難民への重要な解決策であり続けている。定住を行うという決定は、保護と援助に関連した政策上の重要な問題を立ち上げることになる。定住は、個人の保護と第一次庇護国の善意を支え強化する点で、負担分担の基礎を作ることになる。[1]

各国政府、国際機関、政府間機関、そしてＮＧＯは、難民問題への解決に関して、それぞれ異なるやり方をしている。難民、定住といった馴染み深い言葉一つとってみても、移民国アメリカと非移民国の欧州では、その意味する内容は異なるし、政策や実施方法が同じということはない。国家は、難民に保護を与え、より良い機会を与えるために、互いの方法や用語の意味の理解を深めることで、自分たちが直面する同様な問題に対処することができる。定住の問題は、定住政策に不十分で欠ける点があるとして、論議される必要がある。定住という用語の背後にあるものをより良く理解することは、今日の世界的な移住現象にあふれ出ている世界的な難民危機を考える上で重要である。

ＵＮＨＣＲの定住計画があるのは、国際的な連帯の証だが、しかし相対的に規模が小さい。さらに一般に、大量流出状況に対応してはいない。そうした中で、これまで主流であった帰還策にも変化が現れている。帰還は常に、国際社会が好む恒久的解決策であり、冷戦終結以降、最も有力な実施可能な解決策であった。しかし過去一〇年益々、庇護国側が継続的に難民を追い返す中で、国際機関の間で帰還策の限界が理解され、微妙なものが出てきた。(2) 帰還が持続するためには、今や帰還した国家の弱体さと闘い、国家建設では和解と再統合が必要な、かなり長期の過程だと認識されるようになってきている。(3) また成功した帰還計画でさえ、帰還ができない残余の人々がかなりの数で存在することが認められている。滞留難民状況では、もし逃亡の政治的要因が解決されないなら、帰還しても再統合されることは困難である。

帰還民のこの周縁化は、再統合への主要な障害だが、さらに過去数年、もう一つの解決策である「現地統合」が国際的な政策課題に再登場してきて、研究者の関心を引いている。これは理由の一部として、タンザニアで一九七二年にブルンジ難民の統合が成功したことへのＵＮＨＣＲの関心がある。それはまた、定住という選択肢の下降への反応でもあり、滞留する難民・避難民状況へ対処する必要性からでもある。(4) しかし多くの場合、難民・避難民の恒久的な現地統合には、地域及び国内での政治的障害が大きく立ちふさがっている。

歴史的に難民は、重要な紛争や残虐さが最も目に見える人間的結果の一つである。イデオロギーは冷戦期、東西の難民移動で重要な役割を果たしたが、冷戦終結で難民の政治的重要性が下落したとして、これを理由に三つの難民保護策が弱められてはならない。それは究極には、世界全体の普遍的な人権保護制度を損なう。国際難民制度は戦後、その実施状況を監視するために一群の共通基準と組織を作ることで、国家が公平に難民保護に寄与できるようにした。それが集団の利益に適うと考えられた。しかし作られた制度は、半分完成しただけであった。同制度が、庇護には明確な規範的枠組みを持っているのに対し、負担分担がそうでないのは半完成と見なしうる。制度が示すのは、国家が自国の領域に到達した難民には義務を持つが、他国の領域に留まる人々にはそうではないということである。庇護の原則の規範的な視野と、負担分担の間の分裂は、難民保護の責任の配分で実際的な意味を持ってきた。(5)

これらの構造的な阻害要因の前に、UNHCRの試みは政治的となり、負担分担の枠組みは国家の利害次第という考えに至っている。先進国、特にEUは、庇護申請を却下された人々の帰国の問題で、途上国が彼らの再入国を受け入れないままでは、途上国の支援をしても自分たちEUへの庇護申請者の到着を減らすことにはつながらないとした。(6)入国管理は政府の主管事項で、その能力が脅かされるという感じ方をすれば、庇護申請者の管理は、定住とは異なる事柄だという説明の良い理由となる。他方、庇護国である途上国側は、ドナー側が開発援助で資金を追加せず、ただ単に一層、保護に関わることが国家開発に寄与するという考え方には同意できなかった。

地理的に、ある集団を対象として実施される定住計画は、真に保護の必要がない人々による乱用や、真に難民ではあるが、地理的場所や民族背景、家族関係が入国規準に合わない人々の申請で、弱められている。それゆえ定住国側は、特定の集団がまだ保護を必要としているのか、特定の場所で、ある意味で〝難民性〟を度外視している規準が、保護の必要がある難民を含んでいるのかを確かめるために、定期的に計画を再考する必要がある。定住は一般的に、新しい難民危機への即座緊急の単なる反応ではなく、むしろ現実と反応し、時とともに発展する。危機による到着の認識と定住させる能力の間には、遅れがある。定住計画を持つ大半の国々は、政策として計画を作り、法的枠組みは作らない。定住制度の基本は、柔軟なことである。

難民は国際政治の単なる受け身の対象物ではなく、代わりに彼ら自身の目的と生活計画を持つ主体である。彼らは国を離れるかどうか、そしていつ、そうなら何処へと、かなりの選択をする。難民は、国境を越えたネットワークと彼ら自身の創造性を通じて、事実上の解決を図っている。定住は、移動の初期の段階で、目的国と難民の間に直接の関係を作り出す。不正確で利得目的の密輸業者の情報に比べ、国が難民に直接、真の情報を伝えるようにすることができる。政府は、移住／庇護ネットワークを原因国や通過国に広げることで、個々のケースの決定に役立つ情報の質を改善できる。

移住は管理されるべき現象として、最も頻繁に論議される。欧州の定住には多様性があるが、UNHCRの一体化しようとする努力で緩和されている。UNHCRは調整仲介者として働いている。西側の政策担当者は、強制移動への解決策として、定住が継続的に必要だということを示す研究成果にもっと敏感になる必要がある。研究者は、西側及び世界での難民定住と庇護の余地の下降について、強制移動民についてだけではなく、より広範な国際人権制度について、その影響を描き続けねばならない。

恒久的解決はもはや〝亡命〟という偏見を持ってはならないが、帰国あるいは一つの場所に定着するといった、難民は移動しないという偏見を持たないことである。合法化された労働移住は、避難への一つの可能性として〝第四の解決法〟かもしれない。UNHCRは現在、そうした方法が持つ保護の意味を探究している。この型の解決策は、強制移動の政治的原因に働きかけるものではないが、労働移住は難民の経済的欲求にあう適切な反応であるかもしれない。(7)

難民定住は今、移行期にある。現今の国際的文脈下での定住は、新しく、世界的で、地域的な対処法が緊急に必要とされている。北の関与を促して、難民保護を支援し、特定地域の難民の恒久的解決をすることである。恒久的解決の政治的、社会・経済的、環境的、規範的そして支援業務上の理解が必要である。定住という恒久的解決を適用できるかを調査する研究が緊急に必要とされている。実利主義と人道主義の二極対立を超えた相互学習の道である。

どんな解決策もきちんとした定義には合わないし、潜在的に困難さはどこにでもある。伝統的な三つの恒久的解決策の限界を超えて動く必要性と、難民を含む強制移動民の危機を解決する新しい手段を作る必要性が緊急に存在している。定住分野でのＥＵの試みは、ＥＵ段階にしろ加盟国段階にしろ、長期的に保護を求める何万という人々の唯一の入国手段として、欧州の庇護制度から負担を取り去るように働きうるかもしれない。定住は、十分に管理されれば、欧州社会での難民の印象（イメージ）を改めて作り出すのに働きうるかもしれない。

定住は、難民が最初に保護を求めた国から、恒久的な居住地位を彼らに認めた第三国へ、難民を選び移動させ、その国に統合することである。定住は一般に多くの人が考えるほど、単純で容易な構造ではない。定住は複雑な事業である。

過去に我々はともに何をなし、将来にはどんな新しい協力を進めることができるのか？　定住は、帰還も現地統合も不可能な人々を含め、人道的なニーズの高い難民たちに極めて重要な解決策であり続けている。

（1）　Resettlement Section, Division of International Protection, 1997, p.2.
（2）　Refugee Studies Centre, 2010, p.18.
（3）　近年の研究はかくして、スーダン、ブルンジのような脆弱国家での平和構築、紛争後の再建と避難民の帰国との関係理解に、焦点を合わせてきている。帰還は自発的であるべきだ、という政策担当者の間の一般的な合意にもかかわらず、実行上では深刻な懸念が続いている。自発ということの重要性と適格性、帰還での安全についての論議は、今も継続中である。もう一つの変化は、帰還民は、元々の農村コミュニティよりも都市へ戻るのを好むので、帰還事業は都市的な背景の中で対処されねばならないという認識が広がっていることである。

（4） Refugee Studies Centre, 2010, p.18.

（5） Betts, 2009, p.12.

（6） オーストラリアは、保護、再入国許可、帰還という三つの要素の間の関係を明確にする必要があり、現代の複雑に入り混じった移動に多面的に対処する必要性を主張している。他方、庇護国たる途上国側は、負担分担の手段として再入国許可の受け入れには難色を示す。例えばケニアは、先進国で難民の地位を拒否された人々が、負担分担や国際連帯の名目で、彼ら庇護国に戻されるのを望んでいない。曰く、「ケニアは、庇護民やソマリア難民の家に、自動的になるべきではない」(Betts, 2009, p.170)。

（7） Refugee Studies Centre, 2010, p.21.

＊ この章は、「第三国定住の復権?―保護、恒久的解決と負担分担」(『難民研究ジャーナル』、難民研究フォーラム編、第一号、現代人文社、二〇一一年)に大幅に加筆、修正を加えたものである。

第四章　構造的原因と戦略的定住
——難民保護と定住の視点から——

はじめに

現代世界では、難民は目的国に到達するために益々、不規則な移動形態をとるようになってきている。そして、もし彼らの要求が拒絶されると一層、彼らの移動は不規則になっている。先進国に定住を認められない何千人何万人という難民が毎年、密輸業者を頼って先進国に入国を図る。人の密輸への解決策は全くない。

またその一方では、国際保護の必要のない人が、入国手段として、難民としての庇護申請を使う（乱用）ようになっている。過去数十年、特に一九八〇年代半ば以降、難民の流れの中には、自国の経済状況が不振で、先進国社会でより良い生活を求める、途上国からの多くの人々が加わるようになった。[1] 〝南北〟、あるいは〝東西〟現象と呼ばれ、欧州や北アメリカを目指し、その過程で、一時的に通過する中間の国々に入国する人々の急激な増加がある。多くの人々は、正規のパスポートや旅行文書を持っていない。

他方、避難に見られる世界の長期的傾向は、国というより、明らかに元の地域社会への帰還や統合に焦点が絞られた「国内避難」が優勢になってきている。[2] 世界のこの構造的な変化の状況は、難民保護の国際政治に重大な意味を持ってきている。

通常の移民と難民の間の区別が一層困難になって、先進国は厳しい移住政策をとり、かつて一九六〇年代、七〇年代に作られた比較的寛大な庇護手続きを厳格化している。移住はそれゆえ、例えばEU各国のように、事前対処的なやり方よりも、受け身的な事後反応型で取り組まれるようになってきている。

移民と難民の概念上の混乱、定住での受け入れ容量や難民ニーズと難民の発生地域を考える時、受け入れ国は彼ら移住者の統合に関わる社会経済的要因や、人口規模への懸念を感じる。EU各国では、国内に右翼政党が勃興し、入国する移民の数について懸念があり、人権尊重と結びつける上での困難さがある。〝居候〟としての庇護申請者（庇護民）と移民について、マス・メディア等で多くの否定的な言辞が語られている。そのため、受け入れ社会の中では、一体国民が満足する方法で、移民・難民を国内に統合できるのか、それとも国境管理の強化で入国を防ぐのか、という話が語られている。移住の分野は、欧州の悪夢である。

国境管理を強化し、庇護に国家が尻込みする中で、政治家とマス・メディアは、公然と難民条約の妥当性に疑問を投げかけ始めた。条約は廃止すべきだという政治家さえ現れた。[3] このことはUNHCRに、難民条約と国際難民制度の妥当性を探り、改善点を探し出すために一連の行動をとらせることになった。

難民制度は元来、欧州に起源があるが、欧州では次の三つの点で翳り[4]が出てきている。まず第一は、事業が国ごとに個別に行われており、欧州全体としての資金力の低下がある。第二は、それと関連するが、集団としてまとまった声が出てこないことがある。第三に、難民保護は性格上、高い道徳的価値があるが、過去二〇年、難民・避難民に見られる入国制限は、人道上の倫理的な影響力を失ってきている。

どの国も難民条約の難民の定義に該当しない、〝悪い難民〟を入国させたくはない。これを守る最も簡単な方法は、誰も入国させないことである。しかし、移民と難民が入り混じったこの「混合移動」(mixed flows)の中で、EUは依然、一貫した包括的な移住政策を開発しようと模索中であり、[5]国際保護を確保せねばならないという認識はある。ノン・ルフールマンの原則は、難民を迫害の十分怖れのある国へ、国家が強制的に戻すことはできないとしているが、十分に受け入れられるようになってきており、今では国際慣習法の一部であるとの主張もある。この原則は、難民条約第三三条に明確に定義され、国際人権法によって補強されている。迫害を逃れた人は無国籍である。難民保護は、基本的な人権や自由を利用できないようにしている国家制度への矯正策である。国家制度の枠外の人々は、不安定要因あるいは国家の安全への脅威となる。国際の安全を考える時、難民が人権を守られ、国家や社会へ統合されるようにすることは、紛争の拡大を防ぎ、急進的組織やテロリスト集団に引き込まれるのを減らすことになる。

しかし今日、欧州の「難民の到着を管理する」という、この考え方は、難民の移動を国境管理の問題にし、庇護申請者の入国を制限する試みとなる可能性が高くなっている。

EUは、最も進んだ地域的な難民政策を持っていると一般には考えられているが、欧州各国が互いに緊密に協力しているかどうかや、現行の政策が難民政策といえるのかどうかについては、あまり明確ではない。EUの政治家が、それを〝ヨーロッパの問題〟と呼ぶかどうかにかかわらず、EUは庇護、すなわち難民保護に、より広く欧州の問題として現実に取り組むための準備ができていないように見える。正確にいえば、むしろ大半の欧州諸国は庇護政策を持っている、[6]といういい方の方が適切である。そしてそれは、難民問題のほんの僅かな部分にすぎない。

人の密輸を含め、庇護と不規則移動を管理すべく何かをするという世論やマス・メディアの力に押されて、EUの政治家は少なくとも答えの一部として、難民の「第三国定住」（以下、定住）に目を向け始めた。定住は、国家を基礎とする地球社会が自身を再生する方法と見られる。この再生は、労働力の補給のような日常的で個人的な側面から、集団的なアイデンティティの構築のような観念的な物の見方まで、大きく広がっている。欧州の大半の国々では、「定住」という概念が国民の間であまり知られておらず、政府官吏や庇護を扱うNGO関係者ですら知らないことがある、という。[7]定住という政策の導入にあたっては、一般に地域的かつ世界的に見た人権や難民についての合意を踏まえ、正当に保護の要求を持つ人々と、そうではなく制限の対象となる人々の間の区別を明確にした上で、両者を国民に理解してもらうということがこれまで十分ではなかった、[8]と考えられる。国民が理解する移民制限の要点は庇護制度であり、庇護手続きの乱用の問題として、〝不法移住〟という歪んだ認識を育んでいる。かくして、世論上では難民のイメージが損なわれている。

世界の難民の大半は、〝南〟の一般に途上国といわれる国々から出て、その地域内に留まっているが、庇護の規範と負担分担の間には大きな裂け目がある。〝北〟の国々は、難民の出身地域の外にあり、〝南〟に留まる難民の保護に寄与する責務は全くない。負担分担への寄与は、任意で自発的である。北の国々は、負担分担に協力するという動機づけが殆どなく、南の国々には北の国々に影響を与える力が殆どない。

しかるに、どのような条件の下でなら、南北という袋小路を克服し、事態の打開を図ることができるのか。この難局の中で、UNHCRは国際協力を進め、南での難民の長期、かつ大量の流出状況に対応するために、一連の国際会議を開いてきた。その代表的なものが、二〇〇三年～二〇〇五年にジュネーヴで開かれた五つの主要な国際会議に集約されている。UNHCRによる、この動きは、「コンベンション・プラス[9]（難民条約・プラス）」

（the Convention Plus）イニシアチブと呼ばれる。会議では、北と南の対話を通じた、世界的な負担分担の規範的な枠組み作りが意図されていた。ＵＮＨＣＲは常に、南にいる特定の滞留難民を解決するために、北の国々に対し、資金の供出か定住を通じて、より多く負担分担に関わるように説得を重ねてきた[10]。

この文脈で定住を考える時、定住とは何であるか、である。これまで、伝統的に理解されている定住ではない、〝何か新しい〞用語の使われ方を吟味することが、まず重要となる。というのも、現代は、庇護問題と人の密輸業がＥＵの重要な議題となり、ＥＵへの難民の入国を許可する、他の適切な方法への議論が、現われてきているからである。難民定住は、事前に難民を選び入国を管理する一つの方法として、各国と欧州委員会の中で考慮されている[11]。一九九九年、マケドニアからのコソボ難民の人道的避難計画の経験以来、整然と秩序だった方法で、国家が難民移動を管理し組織化するという考え方が、欧州各国での政策に勢いを得てきた[12]。欧州での定住についての論議では、規則正しい方法で難民入国を管理しようとする動きが目立ってきており、これは難民保護という手段の〝戦略的使用〞の一つの側面と見られる。

ＥＵとアメリカでは、難民保護での課題は異なる。アメリカでは九・一一以後、安全への懸念が高まった。難民保護と入国政策の課題は、九・一一の余波とテロ戦争から出ている。誰がアメリカに入国するのか、そして国家がその入国目的を把握し管理することが、定住計画を実施する上で優先されることになった。しかしアメリカでの安全への懸念は、庇護制度の論議とは直接に結びついてはいない。近年、カナダがアメリカとの国境管理を強めたのは、おそらくアメリカが、カナダ側の緩い国境管理を指摘したことに原因がある。

一方、欧州では、難民保護への課題は、難民と移民が混じり合って流入する複雑さからきている。欧州では、各国政府は、右翼や反移民政党から、〝移民は福祉国家制度を欺いている〞という絶え間ない主張・圧力にさらされている。[13] 国内には、人の密輸や搾取が繰り返され、庇護申請者の数は、増え続けている。政府側の混合移動への誤った対応・管理により、彼ら強制移動民は、西欧諸国の国内で職を見つけるという選択肢が、全く与えられていない。

定住の持つ機能はともあれ、その使用の背後にある動機は、人道である。そこではあらかじめ、定住は、入国管理の有効な方法なのか？　どのような共通基盤があれば、国家は再び庇護の機会を与えるようになり、いつ、どのようにして定住戦略は成功できるのか？　定住は第一次庇護国の庇護制度にどのような影響を与えるのか？負担を分け合えば、より多くの庇護を与えられるようになるのか？　対処不可能な磁石効果にならないか？　しかし、これらの論点は時と場所によって異なるので、各国ごとに評価する必要性がある。

この複雑さを解明するために、今世紀に入ってから、学者と政策担当者の双方で、難民の問題を他の分野と関連させて考えることが益々顕著になってきている。[14] 論点は二つに分けられ、①〈庇護—移住〉（asylum-migration nexus）のつながりと、②〈移住—開発〉（migration-development nexus）のつながりである。〈庇護—移住〉の関係は、難民、庇護申請者、労働移民の範疇が益々、政策面でも実際面でも、曖昧になってきたことがある。〈移住—開発〉は、より広い論議の一部をなし、過去二〇世紀末に行われた「難民と開発」（Refugee Aid and Development, RAD）の論議（詳しくは、拙著『グローバリゼーションと国際強制移動』参照）の再来である。

二つの論点は、過去の古い論議に基づいてはいるが、欧米の有力大学で強制移動研究の視点から、学術プロジェクトの主題として、近年熱心に研究されてきている。〈庇護—移住〉についての学術研究は、特に現象を理解する上で、法律的分析では不適切だということを示すために、〝南〟の国々から欧州に移動してくる人々に焦点を合わせてきている。[15]

同様に、シンクタンク、NGO、国際組織の中でも、この論点が論議の一部となってきている。研究は学術機関に委託され、その成果は国際機関や政府間会議で利用され、優先分野を見極め、政策としての実効性が探られている。関連するものとして、二〇〇五年九月、欧州委員会は二つの文書を採択している。(16) 二つの論説は、それまで国家やUNHCRが発展させてきた考え方であるが、因果関係と政策的な意味の点で、いくらか齟齬も見られる。にもかかわらず、この論説は、国家やUNHCRの交渉の中で、異なる問題同士を結びつける手段として、絶えず使われてきている。

過去六〇年を超えて存在する定住には現在、どんなモデルがあるのか。各国の政策の違いとは何か。欧州にはモデルがあるのか。もう一つのモデルとして、アメリカの定住計画はどうか。欧州は国際難民保護制度にどのように関連しているのか。欧州にとって、難民保護の道具として、定住はどれだけ可能か。欧州が、弱者優先の小人数割り当て制を超えて、より広い定住制度に移行できるのかどうか。庇護申請者の難民認定の際、〝良い〟難民と〝悪い〟難民の問題について、どうすれば現実的な対応が可能か。中請動機が混合している時、功利主義的判断にならないようにするにはどうしたらよいのか。入国経路として、難民定住を労働入国からどうしたら明瞭に区別できるのか。定住難民の資格と権利は、各モデルで雇用とその可能性でどのように対処し、集団としての難民にどのような影響を与えているのか。難民と福祉国家との関係はどうか。政策策定と実施の両面での市民社会の役割とは何か。定住難民の統合とは何か。どのようにして難民は勇気づけられるのか。問題の核心は、問題領域の間の因果関係について、対象となる行為者の認識に影響を与えることであり、定住の再活性化であり、再発見である。

難民が滞留するという状況の中で、恒久的解決を達成するために、直面する特定の課題と思考枠組みを見出す必要がある。強制移動民の集団が庇護国社会への統合や、帰還後、以前の地域社会への再統合でしばしば失敗している、その力学を見出す必要がある。そうした失敗は、避難集団とともに庇護国国民にも、大きな社会不安となる。南と北の反応と統合への障害に焦点が合わせられるべきであり、「難民統合」の政治的、社会的、経済的次元を考えねばならない。

（1） International Institute of Humanitarian Law, 1997, p.10.

（2） Refugee Studies Centre, 2010, p.19. この問題の分析で著名なのは、the Brooking-Bern Project だが、国内避難民（ＩＤＰ）に関連して、恒久的解決に焦点を合わせた学術研究は、相対的に数が少ない。ＵＮＨＣＲは二〇一〇年の報告書の中で、ＩＤＰの帰還と再統合の評価を始めている。

（3） Betts, 2009, pp.143-144. 難民条約施行五〇周年を記念するために、ＵＮＨＣＲは、各国政府、学者、ＮＧＯ、難民と対話するために「グローバル協議」（the Global Consultations）を開いた。ＵＮＨＣＲにとって、庇護危機が広く認識されたのは幾分驚きだったが、協議の目的は、条約の適合性を確かめることであった。同協議では、条約の妥当性を再確認した。さらに、条約が適切にカバーしていない今世紀初頭の難民保護と庇護に光を投げかけた。

（4） van Selm,2005-b, p.6.

（5） 移住関連の計画は、おおよそ次の五つの部分に分けられる。①欧州共通の庇護制度、②合法的移住と不法雇用、③移住者の統合、④庇護・移住政策の対外的側面。流出国との提携、⑤移住の流れの管理、である。

（6） van Selm2005-b, p.i.

（7） Noll & van Selm, 2003, p.7. 国民の間では、移民の不規則入国は多くの選挙で主要な争点であり、政府の移民制限の実施措置にもかかわらず、ごく最近まで「定住」という概念は、庇護、保護、移住の白熱した論議からは殆ど欠落していた。選挙民は、主として国境管理という受動的な情報と、移民は不必要という情報を与えられて、定住が持つ本質的な保護という要因を紹介されることはなかった。

（8） International Institute of Humanitarian Law, 1997, p.11.

（9） ＵＮＨＣＲのコンベンション・プラスは、ジュネーヴを中心にした会議で、難民条約で不十分だと見られていた三つの領域で政府間協議が行われた。すなわち、①定住の戦略的活用、②開発援助を対象にすること、③不規則第二次移動、である。UNHCRの意図は、合意された枠組みを使って、ソマリア難民のような特定の「滞留難民」状況に、パイロット・プロジェクトとして適用しようというものであった（Betts, 2009, p.18）。UNHCRは唱道や調整機能を通じて、国や機関間の協力関係を開発分野で作ろうとしてきた。

（10）一般に各国家は、負担分担という義務の束縛なしに、自らの利害関心に沿って優先地域を選び、UNHCRの計画やプロジェクトに資金をつけてきた。UNHCRは資金を持たないため、難民保護のために自発的に寄付するようドナーに訴えてきた。UNHCRはそのため、難民緊急事態や、大量流出状況が新しく発生したり、滞留状況では、各国に難民保護を説明・説得し、協力を要請する一時的な「アピール」を通じて、そのつど対応してきた。事態が小規模の場合には、単にUNHCRの対外関係局が特別アピールを作り、関心あるドナーや定住国へ送付した。大規模流出や手に負えない難民状況では、国際会議を招集し、国際協力と負担分担を進める手段とした。UNHCR事務局は、グローバリゼーションやテロ戦争による、国家の利害関心の変化を敏感に捉え、難民保護の障害と機会を見出そうとしている。UNHCRが実施したイニシアチブや会議は、難民保護の国際政治を理解する上で、経験上、有益な事柄にあふれている。

（11）van Selm, 2003, p.1.

（12）van Selm, Woroby, Patrick and Matts, 2003, p.1.

（13）Noll & van Selm, 2003, p.3.

（14）Betts, 2009, p.162.

（15）特に、英オックスフォード大学の「移住・政策・社会・研究所」（the Centre on Migration, Policy and Society, COMPAS）は、〈移住―庇護〉関連（Migration-Asylum Nexus）プロジェクトを二〇〇三年～二〇〇七年に行い、どのようにして移住の各形態が作られ、それが国家や移民に使用され、政策が移住の型にどう影響するかを調べた。

（16）それらの文書は、"Migration and Development: Some Concrete Orientations"と、"Regional Protection Programmes"である。前者は、〈移住―開発〉に関係し、後者は〈移住―庇護〉に関連している。

第一節　成果を出せなかったコンベンション・プラス

難民条約の不備な所を補う必要性を認めて、UNHCRは「コンベンション・プラス」協議を始めた。二〇〇三年〜二〇〇五年にＵＮＨＣＲの主導で開かれたこれら一連の会議は、国家間で三つ（戦略的定住、開発援助の供与、不規則な第二次移動）の新しい〝ソフト・ロー〟の合意について協議を進め、負担分担の規範的な枠組みを開発することにあった。換言すれば、コンベンション・プラスの目的は、負担分担の規範的な枠組み作りについて国家間での合意を促すことで、すでにある難民条約を補強することであった。[1]中心的な論点は、南北の責任の配分に関連していた。[2]協議の意図は、これらの合意が、特定の滞留難民状況を解決するために、特定の地域的文脈の中で適用され、実行上必要とされる各国の負担分担を調整することであった。選ばれたパイロット・ケースは、東アフリカとアフリカの角でのソマリア難民と、イランやパキスタンに長期に滞留しているアフガン難民であった。

コンベンション・プラスはまた、難民条約五〇周年を一つの契機にしている。それは制度を新たに交渉し直すべきか、それとも再確認するのか、ＵＮＨＣＲはこの新しい世界環境にどのように適応するかについての論議であった。この協議を始めるに際し、ＵＮＨＣＲは二〇〇〇年〜二〇〇二年、各国の政府関係者、学者、ＮＧＯを招いた「国際保護についてのグローバル協議」（the Global Consultations on International Protection）を開き、意見を聴取している。条約は時代錯誤だ、時代にもはや適合していないといわれる中で、同協議では難民保護の根拠として、条約を再確認した。

会議の結果は、『保護への覚書』（*the Agenda for Protection, AfP*）となり、今ある難民保護制度の中の空白部分が確認された。焦点は、この覚書の中で確認された二つの関連する領域である。[3]①負担分担の量と能力をあげること。具体的には、難民発生地域の庇護国へ財政負担を増額すること。②そして、これを滞留難民状況に新しい関与として打ち出すこと、であった。しかし実際のコンベンション・プラスでは、多くの場合、この覚書は生かされなかった。

協議開始時の二〇〇三年六月には、方針はより明確化され、焦点は特に、滞留難民状況に恒久的な解決を与えるという観点から、負担分担に関わる規範的枠組みを作り出すことが確認された。

コンベンション・プラスの実際の過程では、問題領域の解決に関心を示す国家が中心となって、ジュネーヴで交渉が進められた。ジュネーヴを本拠としたフォーラムは、国家間の討議の場を提供した。三つの課題は、それぞれ別個に、国家間で交渉された。南アフリカとスイスが、不規則第二次移動で論議を進める中心となり、カナダは定住の戦略的使用で中心となり、デンマークと日本が開発援助で論議を進めた。

不規則第二次移動の論議では、〝南〟と〝北〟で不一致があった。北の先進国は、難民は市民的・政治的権利を持ち、第一次庇護国で保護を受けるべきだという考えに基づき、効果的な保護の定義を望んだ。加えて北の先進国は、〝南〟の庇護国に対し、先進国で入国を拒否された難民が原因国のある域内諸国に戻れるよう、再入国の敷居を低くするべきだとした。他方、南が望んだ効果的な保護の定義は、難民条約の経済的・社会的権利に基づき、再入国なしに、自分たち庇護国の難民保護の能力を強めるべく、北がより多くの資金的関わりをしてほしいということであった。

「戦略的定住」(strategic resettlement) では、直接間接に、定住させられている人々というよりも、定住の利益を極大化するために使用を計画化するというものであった。定住は、他の恒久的解決策と一緒に適用される時に、最も効果的という認識であった。それは、定住する人々が数的には少数であった時でさえ、他の解決策の梃として働くことが期待された。

コンベンション・プラスのこの三つの課題は、北の国の〈庇護—移住〉関連への懸念と、南の国の滞留難民状況と国際的な負担分担の不在による安全への懸念に、応えようとするものであった。南の懸念する二つの問題には、「資金」と「定住」の問題が関わっていた。南北の二元的な懸念を反映して、「不規則な第二次移動」の課題は、北の国への庇護申請者の流入に取り組もうとするものであり、「戦略的定住」と「開発援助の供与」は、北と南の負担分担が改善されるようにする手段であった。

他方、開発援助の論議の目的は、難民保護と恒久的解決に関して、開発援助の役割について共通の原則を開発することであった。三つの関連する概念、すなわち「四つのR」(the 4Rs)と、「難民関連の開発援助」、そして「現地統合を通じた開発」が検討された。「四つのR」とは、repatriation, reintegration, rehabilitation, reconstruction で、原因国内で緊急援助から長期開発計画へ円滑に移行させるのに必要な能力や援助機関間の提携を作り出すことで、帰還の持続性を改善することに焦点を合わせている。「難民関連の開発援助」と「現地統合を通じた開発」はそれぞれ、恒久的な解決が見えない中での自給と、現地統合を促進することで、庇護国に焦点を合わせていた。これらは全てが、北と南の間で、恒久的解決を与え、難民保護という国家の責任の配分に関連していた。

コンベンション・プラスでは、移住と庇護の因果関係の解明を進めた。不規則移動、第二次移動を解明する論議は、UNHCRが委託したスイスの調査プロジェクトにより行われた(4)。その結果知りえたのは、ソマリア難民は域内諸国での保護と恒久的な解決策が得られないために、第二番目の国へ移動していた。スイス調査が明らかにしたのは、保護が効果的に得られないこと、職業機会がないこと、そして難民キャンプへの長期にわたる閉じ込めを問題点として示すことで、移住の問題を庇護と結びつけた。

しかし多くの国々の代表や政策担当者は、この見方に同意せず、域内での不適切な保護と北の国への第二次移動の因果関係を認めようとしなかった。[5] 開発援助と第二次移動の問題をめぐって、論議は南北に分極した。三つの問題での論議は、南北の立場の違いで分裂し、殆ど見るべきものがなかった。開発援助については、南は、追加援助を渋るドナー（多くは、北の先進国）と、自分たちドナーだけで論議し、彼らの論議から多くの場合、南の庇護国を締め出したことに幻滅した。北もまた、南が現地統合や自給に明確に不快を表したことで幻滅を感じた。

ＵＮＨＣＲは、原因国が位置する域内の国々での難民保護を改善するために、移住管理に関連して北の国々の関心に訴え、負担分担をするよう説得した。他方でＵＮＨＣＲは南に対し、彼らの領域内で保護と恒久的解決に関与させるために、より多くの定住人数と開発援助を北から引き出すことで、南の関心に訴えようとした。北が抱える不規則移動の問題と、南の開発援助と定住ニーズを結びつけようとした。

負担分担ということでは共通しているが、形の異なる負担を分け合うことで、北も南も難民も利を得るというこの考えは、国際協力を図るという目的では成功しなかった。国際協力の可能性は、これらの異なる分野を横断して、南北双方による相互の妥協によらねばならない。コンベンション・プラスは二〇〇五年一一月に終了したが、初期の目的を果たすことができなかった。ＵＮＨＣＲは、難民保護はそれ自体、国家にはあまり価値のあるものではないが、難民保護は北の移住への問題にも南の開発への問題の解決にも役立ち、これらの利害関係は互いに構造的につながっており、コンベンション・プラスを通じて難民保護につながるとした。[6]

しかし移住と開発のような、より大きな領域へ難民保護を関連づけるという論理上の基礎は弱かった。論議が南北に分かれて、追加的な負担分担が達成できなかった。当初意図された包括的合意はできず、ソフト・ローもできなかった。唯一の成果は、「定住での多国間枠組みの了解」（Multi-lateral Framework of Understandings on

Resettlement）であるが、これも控え目なものであった。コンベンション・プラスは拘束力がなく、他の合意と結びつけて適用されるように作られ、効力は著しく限られた。

ＵＮＨＣＲの観点から見れば、コンベンション・プラスは難民の第二次移動、不規則移動を明確にするという論議は、ある種の移住の動きを論議する正当な場を与え、難民の問題に移住管理や再入国許可の論議を取り込むことになった。ＵＮＨＣＲは二〇〇五年の時にはすでに、〈庇護—移住〉関係に高い優先順位を与え、各国の懸念に対応することが、組織にとって重要だと考えていた。(7) そのため、コンベンション・プラスを進める中で、ＵＮＨＣＲはこれまでにも増して他機関との間で、組織的に広範な協力関係を持つ必要性を感じた。南は、難民保護に改めて関与することで追加の開発援助を受け取り、北は負担分担を増やすことで入国管理を図る。ＵＮＨＣＲは、国連制度内で開発や移住関係の組織と新たな協力関係を発展させようとした。特定の難民状況で包括的な対処計画を立てる上で、ユニセフ、ＷＥＰ、ＵＮＤＰ、非国連機関の赤十字国際委員会（ＩＣＲＣ）、国際赤十字連盟（ＩＦＲＣ）、国際移住機関（ＩＯＭ）、そして地域機関のアフリカ統一機構（ＡＵ）、米州機構（ＵＡＳ）や国際ＮＧＯと各国ＮＧＯとの協力である。これまでの協力関係の多くは、特定の必要性に応じて現場で発展させられた非公式のものである。各国機関本部の段階で、組織間の協力関係を築くことであった。(8)

難民問題は、純粋に人道的視点でばかり見ることはできず、むしろ難民の帰還と再統合の見通しは、原因国での開発と再建に関連していた。ＵＮＨＣＲは、開発機関と広範で新しい協力関係を作ろうとした。最も重要なことは、ＵＮＨＣＲが「国連開発グループ」（ＵＮＤＧ）に参加したことである。(9) ＵＮＨＣＲはまた、紛争後の開発協力で、「ＯＥＣＤの開発援助委員会」（ＤＡＣ）のオブザーバーの地位を取得している。ＵＮＨＣＲはまた、世界銀行やＵＮＤＰと、より公式的な協力関係を発展させようとした。二〇〇四年五月、難民高等弁務官ルベルスと世界銀行総裁のウォルヘンソンの間で、ワシントンで会議が持たれ、避難民の問題で体系的な取り組みの状況・程度を調べるために、『貧困削減文書』と『暫定的な貧困削減戦略文書』（*Poverty Reduction Strategy Papers*）の分析で合意している。[10] この分析を基礎にして、UNHCRと世界銀行の間の合意が結ばれ、両者は庇護国と原因国に関連して、避難民の問題を組み入れることになった。加えて、UNHCRとUNDPの本部間の連絡を明確な形にし、現場での関係をより恒常的にするための話し合いが持たれた。

しかし現実には、UNHCRは各機関との関係を深めることには苦戦した。UNHCRにとって困難だったのは、開発の管理が国家間の合意の前で不確かなことであった。[11] 例えば、UNDPを取り込むというUNHCRの思惑は、パキスタンでは失敗した。パキスタン政府は、人道的解決という枠組みを超えて計画を実施することに反対した。[12] UNDPの立場は、あくまでプロジェクトは受容国の権限で、それに基づいてプロジェクトに関与することであり、そしてドナーの関わりに依拠していた。UNHCRにとって、まずなすべきことは、政府の政策枠組みを変えることであった。

世界銀行の立場には、一層問題が多かった。同銀行はより自律性があり、UNDPより予算ははるかに大きいが、庇護国の難民関連の開発援助では、既存の計画や予算に適合していない。原因国に焦点を合わせる場合には、同銀行の「紛争後」（ポスト・コンフリクト）という項目に入れられて、難民保護の優先順位が下げられてしまう。世界銀行は、経済・社会開発での阻害要因になる場合にのみ、避難の問題に関わる。それは、受益国政府と関わる世界銀行の委任事項に沿ったものである。

UNDPも世界銀行についても、開発機関としての性格のゆえに、国際間で合意した特定の難民プロジェクトでの事項の達成には、曖昧さが残る。UNHCRとこれら二つの主要な開発機関との協力の程度は限られたものである。

移住機関との協力関係でも、コンベンション・プラスは、殆ど構造的なつながりを持たなかった。「国際移住についてのグローバル委員会」（GCIM）は、同じ時期に始められたが、強制移住の問題は、GCIMの議題から外された[13]。UNHCRとIOMの間で交わされた論議は、難民保護を移住管理に結びつけるには根拠が弱いということが明らかになった[14]。

コンベンション・プラスの中で、UNHCRは特に開発機関や移住機関との協力の必要性を認識し、提携を進めようとした。にもかかわらず、これらの問題領域へ難民保護を組織的に結びつけるということは、まだできていない。

コンベンション・プラスの文脈で、開発制度の中で最も権威ある枠組みは、「国連ミレニアム開発目標」（the UN Millennium Development Goals, MDGs）である。ドナー政府がすでに、その目標に合致するよう行動する中で、UNHCRはこの枠組みに自らの事業を関連づけようとした。二〇〇五年九月のミレニアム・サミットに対し、UNHCRはミレニアム開発目標との関係を押し出し、文書を出している[15]。問題なのは、ミレニアム開発目標は、いかなる点でも、難民あるいは強制移住に明確に言及していないことであった。

（1）当時の難民高等弁務官ルベルスの言葉に従えば、「負担分担の枠組みの中で、難民問題に対し、持続的で恒久的な解決策を見出す、より強力な多国間関与」ということになる。これらの目的は、一般的な規範的合意やパイロット・プロジェクトへの適用を通じて達成が予定された。

（2）UNHCRの内部文書に加え、国家自身の声明書の中でも、論議の主要な行為者を浮き彫りにするために、〈南―北〉、〈ホスト―ドナー〉、〈先進国―途上国〉の用語が使われた。

（3）Betts, 2009, pp.146-147. 会議で出された種々の目標は元来、新規の計画に使われるということで提案されていた。論議に基づき、コンベンション・プラスの概念が新たに作り上げられた。概念は、二〇〇二年一〇月のUNHCR執行委員会に提出された。UNHCRは、第二次移動の問題に関心を払い、難民の出身地域の域内の国々での保護の改善のために、開発援助を使うという考えを立てたいと願っていた。にもかかわらず、主要な欧州ドナーは、第二次移動の問題を、自分たちが推進する「領域外審査」という考えを正当化する手段として、捉えようとした。

（4）*ibid.*, pp.164-165. UNHCRは、調査を「スイス移住フォーラム」（the Swiss Forum on Migration, SFM）に委託。資金は、スイス、オランダ、欧州委員会が提供した。対象とされたのは、ソマリア難民である。彼らはなぜEUへやってくるのか、その理由を調べようとした。プロジェクトの意図は、客観的な手掛かりを示すことであった。特に目的とされたのは、①原因国が位置する域内諸国での不適切な保護と、第二次移動の間の因果関係に光をあてること、②域内諸国がどんな行動をとればよいかを決めるために、第二次移動の程度を示すことであった。

（5）*ibid.*, p.165. スイス調査は、単に経験に基づく因果関係であり、方法やサンプルの妥当性や不偏性に疑問が発せられた。南は、研究方法に異議を唱え、結果がどのように使われるかに疑念を示した。例えばメキシコは、不規則第二次移動の概念の定義が重要だとし、調査に送金のような移住関連の項目が含まれているのは不適切であり、移住管理は、UNHCRの委任事項ではない、と述べた。またNGOは、アフリカ・グループと強い関係を維持しており、調査の客観性に異議を唱えた。

（6）*ibid.*, p.156.

（7）*ibid.*, p.164.

（8）UNHCRにとっては特に、ニューヨークの国連制度とジュネーヴをつなぐことであった。広範な国連制度内での将来の役割を見据えて、現実に発生している課題を解決するために、国家や協力者との関係の樹立である。課題とは、グローバリゼーション、人道援助関係者の数の増大と多様化、庇護と移住の関係の進展である。

（9）UNDGは一九九七年、国連事務総長が創設した国連改革の手段で、国レベルで、国連の開発事業の効率性を改善するものである。協力の中で、UNHCRは二〇〇四年一〇月に、"UNDG Guidance Note on Durable Solutions for Displaced Persons"を作成している。これは、"the Common Country Assessments"（CCA）や"United Nations Development Assistance Framework"（UNDAF）の修正につながり、将来の国連事業の中で、恒久的解決を考える国連の国別チームの必要性と避難民への関係を含むものであった（Betts, 2009, p.158）。

（10）Betts, 2009, p.158. 分析された二〇の文書の中、二つが難民を含み、四つは帰還民に関連していた。

（11）*ibid*., p.159.
（12）パキスタン政府は、「難民への援助は全て人道援助とみなしている。開発へつなげることは、難民の正常なニーズから焦点をそらすだけである」、「これらのギャップは開発援助で満たされるべきではない」とした。
（13）Betts, 2009, p.161. これは一部には、UNHCRからの要請があった。UNHCRは、改革論議が発展して、広範な移住管理の下に、自らの事業が組み込まれるのを懸念した。当時、国連事務総長は、UNHCRに取って代わるグローバルな移住機関を考慮していると見られた。
（14）例えば、地中海経由でアフリカから欧州に移動するという問題で、IOMは、通過国や関係政府と覚書を交わしていることを理由に、一般にUNHCRとの協力を拒否した。UNHCRとIOMの事業をめぐる競合は、組織間の協力を限られたものにした。
（15）文書名は、“Putting Refugees on the Development Agenda: How Refugees and Returnees can Contribute to Achieving the Millennium Development Goals”である。同文書は、MDGの文書中の〝弱者保護〟に基づいている。それは、負担分担と庇護国への人道援助の協力と、自国へ自発的に帰還すべく、全ての難民・避難民を助けることを述べている。

第二節　理念と現実政治

コンベンション・プラスには、二つのカギとなる関係があった。〈庇護―移住〉と〈移住―開発〉である。UNHCRは北の国には、負担分担をすれば不規則第二次移動が減らせると説得し、南の国には、保護と現地統合のような恒久的解決を行うことが、開発援助の追加につながることを説得しようとした。北は、定住と戦略的開発援助に関与し、南は代わりに、不規則第二次移動に関わる。コンベンション・プラスの成否は、北の負担分担と南の域内での保護との関係概念を作り出すことにあった。難民保護のニンジンとして開発を利用することは、〝難民封じ込め〟という北の利益に影響力がある限り、効果的であった(1)。

〈庇護―移住〉では、この分野での因果関係を深める上でＵＮＨＣＲの行動は大きく寄与した。ＵＮＨＣＲは、「四つのＲ」（the 4Rs）、「難民関連の開発援助」、「現地統合を通じた開発」という、三つの主要な概念を出した。最初のものは原因国に対し、後の二つは庇護国での自給と現地統合に対するものである。この枠組みは、北の開発援助はいかに難民のための恒久的解決の見通しを高めるかという、因果関係に光をあてようとした。

ＵＮＨＣＲはこれらの因果関係を、例えば「ザンビア・イニシアチブ」（Zambia Initiative, ZI）や「ウガンダ自己依存戦略」（Ugandan Self-Reliance Strategy）のような自分たちの成功事例を示して、経験から論証しようとした。(2) ＵＮＨＣＲはまた、「四つのＲ」（the 4Rs）、「難民関連の開発援助」、「現地統合を通じた開発」の成功例を集めて、開発援助と保護の間の関係を示そうとした。

一九八〇年代の「難民と開発」（ＲＡＤ）の古い論議の上に立って、「庇護国が、難民に現地統合、あるいは自給できるようにするには、難民と庇護国の国民が統合から十分な利益が得られる開発援助による」とした。この考え方の大筋は、ＵＮＨＣＲの主張を支えるために過去から復活させられた(3)ものである。

〈移住―開発〉は学者の論議から現れ、移住と経済社会開発の間の種々の協働作用に焦点を合わせた。低開発は、他国への出稼ぎ・移住、送金、ディアスポラ、人的資源の逃避の一因となるかどうかで論議が行われた。このテーマは、二〇〇六年九月の「移住についての国連ハイ・レベル対話」（the UN High-Level Dialogue on Migration）の中心テーマであった。

論議を引っ張ったのは、オックスフォード大学のカースルズ（Stephen Castles）らで、彼らの「低開発、紛争、脆弱国家のような問題と人権侵害の間の広範な関係は、難民やその他多くの移民の強制移動の原因になっている」という考えは益々、影響力を持ち、コンベンション・プラスと同じ時期に行われた「国際移動についてのグローバル委員会」（ＧＣＩＭ）や欧州委員会の中で広く論議された。カースルズらの考えは、ＧＣＩＭの仕事の中心部分を占め、その最終報告書の重要部分を占めた。

ＧＣＩＭの最終報告書は、「国際移住の管理は促進されるべきで、そうした努力は国際移住と、開発と、その他のカギとなる政策課題（貿易、援助、国家の安全、人間の安全、人権）との間にある緊密な関係のより良い認識に基づかねばならない」とした。報告書は特に、庇護と移住の関係、そして如何にこの二つが不規則移動の文脈の中で関係するかに焦点を合わせた。

しかし現実の政治の場面に目を移すと、各国の利害が絡まって、開発援助と、庇護国の中での難民保護の改善、あるいは恒久的解決の間の因果関係について、統一した理解に至らず、中々まとまらなかった。

難民保護の不十分さと、不規則な第二次移動の間の関係理解が争点として残った。大半の国の代表と政策担当者は、原因国のある域内諸国での不適切な保護と北の国への第二次移動の間に強い因果関係があることを納得しようとしなかった。反論として、南の国々は、スイスの調査は、単なる経験的調査で、サンプルが代表する普遍性、不偏性、方法論にも問題がある、と主張した。(4)

北の国の参加動機は、難民福祉の改善という利他的な関心からではなく、自身の利害関心から出ていた。その関心は、国際難民制度の中から出たものではなく、いわば〝制度の外側から(5)〟出ていた。保護は、安全、移住、貿易、外交政策、開発、平和構築のような他の分野への広い関心と、難民保護の関係がその動機であった。

アフリカ・グループは、他国を犠牲にして、いくつかの国に援助が高度に選択的に与えられることを懸念した。選択的な援助は、ドナーにより保護よりも〝難民の封じ込め〟に使われるのではないか、という疑念である。ＵＮＨＣＲの人道的委任事項とその関連計画というより、援助が二国間となり、ドナーにとって〝好ましい国〟に与えられはしまいか、といった懸念があった。南の国の中でも意見は分かれ、難民保護と国家開発の間の因果関係は、南の中でもまとまらなかった。得をしそうな国は、開発援助を保護に結びつけようとし、一方損になりそうな国はつながりを否定した。(6)

ＵＮＨＣＲは、追加的な負担分担と不規則な第二次移動の間に関係があることを北の国に説得できなかった。デンマーク、オランダ、イギリスは、原因国が位置する域内で保護を改善・強化することが、欧州での庇護申請者の流入を減らすことになるという論理に納得できなかった。ＵＮＨＣＲはまた、保護能力の強化とその国自身の開発の間に関係があることを南の国々に説得できなかった。多くの南の国々にとって、難民保護に関わることと開発の因果関係は、開発援助での追加にかかっていた。しかし北の国々は、資金は今ある予算の中から出される必要があるといって、交渉の比較的早い段階で、追加援助の可能性を除外した。

一貫した構造的デザインがなく、因果関係の考え方がまとまらない中で、ＵＮＨＣＲは、難民保護と移住、難民保護と開発援助の間で合意するよう、各国を説得できなかった。

多くの北の国々が考えていたのは、南での難民保護の改善と移民管理の中間にある、北で入国を断られた人々を南が再び受け入れる、南の「再入国許可」の問題であった。コンベンション・プラスでの第二次移動の論議は、個人が通過したか、あるいは〝適切な程度〟の保護が与えられた第一次庇護国へ、国家が難民を戻す状況を決めるための概念を定めることであった。しかし南は、負担分担の条件として再入国許可を受け入れようとしなかった。ケニアは、再入国許可のために不規則第二次移動を使うことに反対した。(7) ナイジェリアも再入国許可に反対し、難民・庇護申請者の不規則第二次移動についての論議は、原因に向けられるべきで、移動の結果であってはならないとした。南は、不規則第二次移動の問題は、公平な負担と責任ある分担の精神の下で、難民保護の強化という目的を持って追求されるべきだとした。

南と北の協力を持続性あるものにするというコンベンション・プラスが失敗したのは、南北の間の力学から出るいくつかの要因があった。[8]第一は、南と北の間に、相互にあまり信頼感がない中で交渉が行われたことである。過去の経験に基づき、両者は相互に懐疑的であった。アフリカ諸国は繰り返し、過去の北の対処の仕方を語り、彼らがなぜ北の関与に懐疑的なのかを述べた。[9]コンベンション・プラスは、北のヘゲモニーの手段と感じられ、反発した。UNHCRは一般に、デンマーク、オランダ、イギリスと協議を進め、UNHCRの欧州中心主義が垣間見られた。事柄は既成事実として、南の国へ伝えられた。信頼感の欠如と規範段階での合意形成ができず、ソマリア難民包括的行動計画などには、殆ど追加的な関与を進めることができなかった。

第二はそれと関連するが、南は、論議の中で周辺化されているという疑いを持ったことである。南の要求は一般に無視され、負担分担の基本原則の順守という要請は退けられた。庇護国は初め、難民関連の開発援助の対話から除外され、ドナーだけで会議が二〇〇五年九月まで行われた。アフリカ・グループの反対で、その後両者が参加して会議が行われるようになったが、南は会議に透明性がないことに幻滅して、その後の論議を拒否した。

第三は、一九八〇年代のアフリカ難民と開発を対象とした、「第一回アフリカ難民援助国際会議」（ICARAⅠ）や「第二回アフリカ難民援助国際会議」（ICARAⅡ）のような同種の会議の経験から教訓を学ばなかったことである。制度設計には、保護、移住、開発という三つの明確な要因があったが、要素を横断して交渉をすべきところを、要素を分離して交渉が行われた。会議を進める上で、要因が分離され、各要因が個別に論議され、新しい関与が求められた。一九八〇年代末にインドシナ地域で実施された「包括的行動計画」（CPA）が明確に、三つの要因、すなわち定住、一時庇護、帰還の間につながりを作った方法と対照的である。

実質的な成果が限られたが、その成果を確認しておく必要はある。コンベンション・プラスは、UNHCRの手で体系的に試みられ、南北の間で保護責任の配分と恒久的解決に関して、分野を超えて南北対話が政治的に進められた。ジュネーヴは南北の相互作用の場であった。コンベンション・プラスを支える考え方は、問題領域を交差させた説得と問題の関連づけ(10)をし、国家の利害を認識した上で国家に訴え、南、北、そして難民という当事者皆がwin-winになるように考えられた。

コンベンション・プラスは、完全な多国間主義ではなく、二国間関係を組み入れ、関心のある国家がそれぞれの関心に応じて、異なるやり方で支援を前に進めた。開発援助では、例えばデンマークがウガンダと提携して計画を進めた。国際難民制度への寄与にあたっては、関心に応じ、国家は異なる方法で支援すべきだという考え方が存在していた。この考え方は、大半の国々が難民保護に選択的に関わっている時、特に重要な考え方であった。

（1）　北に代わって保護を与える南の論理は、北の金銭的補償との引き換えである。あるアフリカ代表は、「欧州で難民の世話をするよりも、アフリカで世話する方がより安価だ。例えばオランダでは、審査に一人あたり、年一万ユーロかかるが、ガーナなら一人あたり、月二九ドルだけ」(Betts, 2009, p.150)といった。

（2）　Betts, 2009, p.168. これらのパイロット・プロジェクトの公式的な評価はまだ出ていなかった。UNHCRは、ウガンダとザンビアの事例を成功としているが、多くの学術研究は、ウガンダの事例の成功には疑問を呈し、他方ザンビアの事例には、多くの国々が、事例は再現が難しい諸条件が集まった特別なケースだとしている。

（3）　RAD概念は元来、難民保護と開発の関係を仮定する学問的な考え方だが、一九八〇年代以降、「アメリカ難民・移民委員会」のようなNGOにより、さらに発展させられた。同委員会は、難民自給を促進するために「戦略的開発援助」(targeted development assistance)の使用を奨励した。

（4）　Betts, 2009, p.165.

（5）　*ibid.*, pp.19-20.

（6）　いくつかの南の国々は、今ある開発予算に追加援助を得て、自給もしくは現地統合に応じた。例えば、先に述べたザンビア・イニシアチブやウガンダ自己依存戦略で追加的な開発援助を獲得する、ザンビアとウガンダは難民関連のプロジェクトを自国の国家開発計画の中に含めた。ウガンダは、「デンマーク国際開発援助」（Danish International Development Assistance）から、ザンビアは、二国間、多国間ドナーと、一部は世界銀行とＵＮＤＰから資金を引き出した。エチオピアは初め、つながりに批判的で、資金は追加的であるべきだと主張していたが、日本政府が「人間の安全保障基金」（Human Security Trust Fund）から追加援助を申し出て、つながりを認めた。

（7）　Betts, 2009, p.170. ケニアの代表は、「負担分担と国際的団結の原則は、第三国にいる難民たちが第一次庇護国に戻されるということではない」、と主張した。「ケニアが、ソマリアからの難民・避難民の自動的な居場所になるべきではない」、と述べた。

（8）　失敗した要因については、Betts Alexander (2009), *Protection by Persuasion: International Cooperation in the Refugee Regime*, Cornell University Press, Ithaca, pp.143-174 が詳しい。ＵＮＨＣＲのあるスタッフは会議を振り返って、次のように述べている。「自給（self-sufficiency）のような考えは、現地統合の同義語と見られ、負担分担（burden-sharing）は負担転嫁（burden-shifting）で、第二次移動は再入国許可であった」と。

（9）　代表のタンザニア内務大臣は、同国の一九七〇年代末以来の現地統合の経験を次のように語っている。「我々は、苦い経験を持っている。我々は所得創出に努力し、市場を難民に与えた。しかし我々がそれをすると、すぐに国際社会は手を引いた。全ての負担が我々に残った。我々は、十分に教育、医療、水、その他全ての社会サービスを定住地に与えた。我々が国際社会に手を下すよう求めると、彼らは庇護申請者で手一杯だと言った」。

（10）　Betts, 2009, p.154.

第三節　途上国での滞留——困難な帰還と現地統合

庇護国での難民キャンプは、一定の目的の下に作られ、庇護国政府もしくはＵＮＨＣＲにより運営されている。キャンプは決して長期の使用や、人口増加を考えて計画されていない。キャンプの住民たる難民は、自給状態になることを期待されていない。キャンプは、庇護国政府や救援団体にとって、援助の実施と管理が容易なだけではなく、帰還させる場合にも容易だと考えられていることが、キャンプ設営が好まれる理由となっている。こうして、キャンプの状況は、質素に作られ、難民にとって滞在が快適にならないように考えられている。

大半の難民は、国境地帯という、危険で、あらゆる意味で不十分な場所をあてがわれ、そこで何年も過ごす。自身や子供への教育手段も殆どなく、未来への見通しも持つことができない。彼らの庇護国での法的地位は不確かである。彼らは十分な庇護を与えられず、第三国への定住の見込みもない。単に生きているだけという、生活維持の支援となる。これを「滞留難民状況」という。

庇護国の社会は時に難民を、可能な時期がきたら自国へ戻る〝不幸せなお客さん〟と見ている。この見方は、地元民に最初、地元社会に難民を受け入れる好意として働くが、難民が地元社会になぜ容易に溶け込めないかの説明にもなる。滞在の〝一時性〟という隠れた仮定が、新規にまた流入が起きたり難民が留まったりして裏切られると、憤りになる。(1)

庇護国政府の多くは、難民は乏しい資源とインフラをめぐって、地元民と競合しないよう、キャンプか特別の定住地に限るべきだと信じていることである。地元民は、流入の結果、土地や家や学校、医療施設の利用機会が失われることを怖れている。特に流入の初期には、経済分野を超えて、環境への負荷、例えば森林破壊、水質汚染、放牧地の過度の利用の怖れがある。これらの負担のいくつかは、国際援助で埋め合わせられる。援助は、地元民と難民のために、新しい学校や診療所の建設に資金を出す。それにより、地元民の怖れや懸念は減らすことは可能である。

難民は土地利用が制約されていることも問題である。例えばメキシコのチアパス地域では、長年土地をめぐる争いがある。そうした状況の下では、地元民は土地を使おうとする難民に憤り、抵抗する。しかし、それは一般に地域の状況による。

地元社会はまた、難民が仕事を求めて地元民と競合するのを怖れる。しかしすでに失業率が高い所では、難民は失業問題の原因ではなく、地元民よりも経済的に不利な立場に置かれる。

キャンプに入ろうとしない難民たちがいる。彼ら「自主定住難民」(self-settled refugees)は、むしろ庇護国や国際機関等に公式に援助される数を著しく上回り、公的な援助計画には頼らず、自己の資源と地元社会の援助、そして地域の経済機会に依存して生きている。[2] 自主定住した難民は、何人かの同胞と一緒に住んだり、一時的な居住施設を建てたり、地元の家族やコミュニティ組織に援助されている。自主定住の難民は、庇護国では全く法的な難民の地位を持たない。これらの難民は、活動上で法的に様々な制約があるにもかかわらず、地元経済の中で活発に活動している。研究では、自主定住の難民は経験上、キャンプにいる人々よりも、環境面で持続可能な居住場所に住んだり、より環境に配慮した選択をしており、柔軟性があることが報告されている。

その反面、安全の点では、UNHCRのような国際機関が、キャンプでは難民にいくらかの安全を与えている。その点では、自主定住の難民は、キャンプにいる難民よりも幾分、脆弱な状況にある。国際機関からの保護がなく、犯罪での被害や庇護国でのその他の問題に直面させられる。

庇護国では、難民は様々な方法で落ち着き先を見つけ、時の経過の中で、様々な定住の選択肢の間を移動し続けている。国内避難民であれ難民であれ、自国への帰還と現地統合は、実際的に様々な障害に直面している。特に、土地の分配では深刻な問題がある。人口圧力が高く、ほかに生計手段のない所では、土地は社会的・経済的生存にとって重要な要素である。研究や政策面では、長期化し解決を要する紛争の中で、長いこと土地問題の重要性が強調されてきた。[3] そこには、持続可能な統合という実際面での関心が反映されている。

選択肢としての先進国への庇護移動、第三国定住については項を改めて述べることにして、ここではまず、帰還と現地統合から述べる。

1 帰還

帰還は、冷戦終結以降、国際社会にとって〝好ましい解決策〟として推進されてきたが、人権を無視して強制的に帰還させられる場合もあり、問題点も報告されてきている。帰還は〝自発的〟で、〝安全な〟帰還という上べだけの使い方で、現実の帰還のあり方は軽視されてきた。自発的帰還は一九八〇年代半ば以降、難民状況の解決に役立つ解決策として強調され、多くの場合、帰還後の人権監視制度の確立とともに、多くの国々で難民が安全と威厳を持った帰国を確かにするという合意が存在している。この解決策がとられる時、財源と人材の点で、国際社会の事業は莫大なものであった。恒久的解決としての自発的帰還が成功するには、政治面からの実行可能性に大きく依存することが、経験上知られている。

帰還は、逃亡の元となった諸原因の政治的決着がなければならない。帰還する国家が脆弱であれば、帰還した人々の人権を守れないだけではなく、安全な生活が脅かされ、再度難民となることもある。国家の脆弱性と恒久的解決の実行可能性のつながりを十分に理解する必要がある。帰還は、紛争後の再建計画に複雑につながっている。それゆえ、帰還計画の時期、態様・方法、内容について、このつながりを十分に理解することが重要になっている。

2　現地統合

「現地統合」(local integration) は、難民が長期にわたる亡命状況を過ごした後、帰国が安全ではない時に行われる。ウガンダ、メキシコ、ベリーズのような僅かな数の国だけが、戻れないか、戻りたくない難民に現地統合の機会を与えてきた。途上国でも先進国でも、帰還までの方策は、一時保護 (temporary protection) であり、難民キャンプへの収容のような制限措置である。

現地統合は以上のように、途上国で決して広範に実施されてきたわけではない。実際上、多くの庇護国が存在しているアフリカでは、庇護国内の地域社会で公的支援なしに、難民の自主定住を認めてきている。しかし、現地統合が制度として、難民に安定した法的地位を付与するということはなかった。(4)

難民を第一次庇護国に定住させる現地統合は、難民キャンプに代わる長期的解決策だが、現在は無視されている。広い意味では、これは第一次庇護国の地域社会に難民を恒久的に定住させることを意味する。この解決策は、近年まで庇護国やドナーから殆ど注意が払われなかった。しかし、経済開発を促進し、難民の権利を守り、危機が継続する中で、解決策となる可能性があるために、再び注目を集めている。

ところで「統合」の用語は、同化や文化変容の関連で、さらには多文化主義についての論議で、かなりの混乱がある。(5) 用語については論議があるが、ここではさしあたり、難民が新しい社会へ長期にわたって落ち着く過程を意味することにする。その過程で、必ずしも多くのことを計画できるわけではないが、統合を進める政府の側では、目標や希望を初期の段階で示すことができる。

難民統合への道は、非常に幅がある。統合のためには、庇護国が難民を庇護し法的地位を与え、恒久的な市民権を与えることに関わる。難民は庇護国の保護を求め、法律的に恒久的な居住者として、その国の国民と同じ条件下で、経済的、社会的、市民的権利を与えられる。

国家が現地統合を受け入れるかどうかは、次の三つの要因次第だといわれている。[6]①難民に伴う現実、及び予測される安全への脅威、②難民による現実、及び予測される経済的、環境的資源への負荷、③難民の滞在期間について、難民と地元民双方の考えと態度、である。

現地統合は、難民をキャンプに収容するよりは良い選択肢だが、難民を抱える全ての地域が現地統合を実施できるわけではない。流入地域の安定と安全が重要になってくる。現地統合、もしくは「援助された自主定住」が、新たな問題や追加的な問題を引き起こさないか、実施前に十分に考慮される必要がある。

現地統合が、地元経済の発展を促進すると見られれば、庇護国は計画を推進する。難民に国際法上認められている、移動の自由が与えられれば、難民たちは地元経済に参加し、経済的活動を活発にさせることができる。「難民への開発援助」と「現地統合を通じた開発」を実行上、可能にするカギは、まず政府を納得させ、難民は単に負担ではなく潜在的な資源だという研究調査結果を政府に示すことである。

計画の実施にあたっては、他の機関との協力という複雑な問題が発生する。現地統合を進める上で、国際援助計画のデザインをどうするかについては、手際がいる。この種の計画は、悪名高き〈救援―開発〉の〝ギャップ〟にはまり込む怖れがある。[7]二〇世紀末に特にアフリカで実施された〈救援から開発へ〉の計画から得られた教訓は利用する価値がある。多くのカギとなる行為者を含む包括的なやり方は、紛争地域での再統合計画に効果的であった。そうしたやり方は、紛争地ではない地域での現地統合にも適用できる。包括的な統合計画の一部として、難民は土地利用を認められ、国民に与えられる社会福祉サービスや雇用機会を与えられうる。庇護国とUNHCRは、難民の経済的な生産力を育成し、それは庇護国と難民双方にとって利益となる。現地統合の成功のカギは、計画が持続的であり、難民も地元社会にも利益があることである。

現地統合計画は、庇護国の開発政策や計画と合致することが必要である。こうしたプロジェクトは、国家レベルの組織につながりを持つと同時に、資源をめぐる競争のような実際的な地域次元の問題に焦点を合わせるべきである。統合が成功するかどうかは、庇護国政府の立場・考えと同じ位、地元民と難民との関係に大きく依存している。難民が地元民に歓迎され、受け入れられる時、少なくとも憤慨されないなら、彼らは生活が可能だし、危険性も少なくなる。

難民人口の性格と態度は、統合を成功裏に進める上でカギとなる役割を果たす。統合で大事な点は、個々の難民が帰国の見通しや第三国定住をどう見ているかによる。難民の中には初め、庇護国での滞在を一時的と見るが、時が経ち帰還が実現できないと知ると、考えが変化し、中には庇護国で統合されることを望む人も出てくる。難民が帰還の希望を持って、彼らの今の状況を一時的と見続けるなら、統合はおろか、彼らのこの希望を阻むいかなる定住の形にも抵抗するかもしれない。

難民が長期間、自国外に留まらねばならない状況では、現地統合は難民キャンプ収容への現実的な選択肢となりうる。しかしその成否は、庇護国、地域社会、そして難民自身の協力次第である。そうした計画が、地元社会や難民の安全と安定を脅かすなら、それは選択肢ではない。しかし反対に、そうした懸念に打ち勝ち、経済開発、人権の尊重、協力関係があれば、持続する解決策となる。

現地統合はそれ自体、建設的な取り組みである一方、大事なことは、帰還計画とも関連づけられるべきことである[(8)]。そうした関連は、地域社会とのつながりを作り出し、経済を多様化し、難民を抱える地域と難民が帰国する地域の双方で、開発を促すことが可能かもしれない。

（1）Jacobsen, 2003, p.3. 移動の形態や以前に同種の移住があった場合には、難民は移動し出ていく〝一時のお客さん〟とは見られなくなる。
（2）*ibid.*, p.2. ＵＮＨＣＲは、これらのグループの難民の地位を認めているが、居住場所の特定が難しいために、正規の保護を与えることができない。
（3）Refugee Studies Centre, 2010, p.19.
（4）Jacobsen, 2003, p.1.
（5）van Selm, Woroby, Patrick and Matts, 2003, p.36.「統合」は、包括的な傘概念で、広範な分野を包む用語である。この用語を使う意図は、民族的、文化的違いに寛容さと尊敬の度合いを示すことにある。にもかかわらず、より同化主義的だと誤解されている。用語は異なるやり方で用いられ、意味する度合いも異なる。社会文化的な分野での統合の目標や、社会・経済と社会・文化という二つの分野で、どう関連するかについての合意はないが、公正・平等になる社会・経済分野での統合目標については、相違点はないように見える。
（6）Jacobsen, 2003, p.2.
（7）*ibid.* 庇護国は、開発に割り当てられた資金を国民ではない人々（外国人）を含むプロジェクトに割り振ることをためらうし、開発機関は、難民援助を救援機関の専管事項と見る。現地統合を進めるためには、ドナーが解決策の優先度を帰還、そして再定住から変えていく必要がある。
（8）*ibid.*

第四節　ＥＵの庇護政策

今日、欧州への移民・難民の不規則移動が増大する中で、欧州の難民保護を考える時、欧州の歴史的な移民送り出しの伝統、人口政策上のタブー、そして難民保護が必要な人々の膨大な数は、おそらく最も重要な点である。欧州は、難民の受け手というよりも、送り出し手であった。第二次世界大戦後そうであったたし、近くは一九九〇年代のバルカン危機で再び同じことが発生した。欧州では、過去二〇世紀の前半、暴力的な人口政策の歴史があり、現代の政治家がまだタブーや矛盾する事柄の悪夢にとり付かれている。[1]欧州の政治家は非常に難しい立場にある。

UNHCR予算への貢献でいえば、欧州国家はかなりの貢献をしている。二〇〇四年にはアメリカ、日本に次いで、欧州委員会は第三位であった。しかしオランダを例外として、欧州の資金の多くは、特定の用途に指定(イヤーマーク)されている。UNHCRは二〇〇二年に、世界中の難民二〇〇〇万人の保護のために、約一〇億ドルの年間予算であった。同年、オランダは国内にいる約八万人の難民・庇護申請者の難民認定の審査、受け入れ施設等の費用として一四億ドルを使っている。同国では、多くの人々は難民とは認められず、経済移民とされた。[2]世界で費やされる資金の内、かなりの金額が真の難民に届かない。

資金の問題は、別の角度からも見ることができる。北欧諸国や他の欧州の国々は、庇護手続きに巨額な費用を使っているので、定住・統合は非常に高価になっている。しかし庇護を申請する人々の大半は、難民条約に該当する難民ではないので、庇護は得られていない。[3]

EUの加盟国には、市民や他の合法的居住者を支援するように、難民を支える福祉国家としての〃安全ネット〃がある。難民、庇護申請者は、入国時にその制度下に入る。ただし、申請者が直ちに福祉制度を要求するかどうかもあって、国によっては、法律を新たに作って、庇護申請者をそれから除外している所もある。[4]実施方法は国によって異なるが、一般に医療、住居、教育、就業(収入支援か失業保険)が与えられている。

「統合」は、欧州では議題としては新しい。外国人の公平な取り扱いのみが対象というよりも、EUはむしろ、欧州社会の一員としての十分な統合を目指している。統合についての最初の「EU大臣会議」が二〇〇四年一一月、オランダの主導で開かれ、EU内での移民統合政策の共通基本原則一一項目が論議されている。[5] しかしEU各国は、統合の考え方で分かれている。ためしに、定住での選別規準に現れる統合への見方をあげると、デンマークは前提条件として統合能力は考えない。むしろ、肯定的要因として、難民集団と受け入れ社会の足がかりをつけるのを援助する。アイルランドは、選別で統合能力は見ないが、フィンランド、スペイン、スウェーデンは考慮に入れる。フィンランドは、地域社会を考え、選別では均衡のとれた民族集団を形作るようにしている。同国では、対象国をいくつかに絞り、年齢、性別、家族、教育・学歴を考慮し、その集団の指導者を見出すようにしている。[6]

1　域内定住と領域外審査

移住政策の〝成功〟をはかる現代EUの公的な物差しは、入国者数を低めることにあると見られる。不規則移動での入国者は、第三国定住での受け入れのように、事前に政策で対処できる場合と違い、対応が非常に難しい。政治家の取り得る方策は、確実さの裏付けはないものの、少なくとも長期的に全体の入国者数を減らすということである。それならなんとか、EUにくる前に、原因国のある地域内諸国で難民・庇護申請者を受け入れてもらえないかという考えが浮上した理由である。

EUでは一九九〇年代初め以降、原因国が存在する「域内での受け入れ」という提案がいくつも論議されてきている。[7] "safe havens"とか"safe areas"といった安全地帯で、紛争を逃れる難民に保護を与える場所を設ける野心的なものから、原因地域に対し難民の生活維持のために追加資金を出すという控え目なものまであった。他には、「国際保護区域」（internationally protected areas, IPAs）のように、国連ないし国家グループが、受け入れ国から場所を借り受けるものがある。

近年、イギリスはこうした原因地域内での受け入れで、数々の提案をしてきた。とりわけ論議を呼んでいるのは、「一時通過キャンプ」(transit camps)の考えで、バルカンやウクライナに施設を設けて、そこでEU諸国への庇護申請を審査するというものである。第二の提案は、原因国の地域内に「保護区域」(zones of protection)を作るもので、アフリカの角でパイロット・プロジェクトをするというものであった。庇護申請者を阻止し、地域の施設(processing zones)に申請者をそらすという考え方である。この提案は二〇〇三年六月、欧州理事会で論議されたが、スウェーデンとドイツが反対した。「領域外審査」(extra-territorial processing)と呼ばれるこのやり方は、オーストラリアが"Pacific Solution"の名前で、同じような方法を使った。

過去何年もの間、域内での庇護は好ましい解決策とされてきた。それは原因国で紛争状況が継続する中での庇護国での現地統合と、難民流出を引き起こした状況が終結した時の自発的帰還の双方を促進すると考えられたからである。しかし難民の入国許可と現地統合には、庇護国の同意が必要である。地域的な負担分担の仕組みは、難民状況、特に大量流入の場合に、国々によって作られねばならない。原因国地域内での庇護は、多くの場合、脆い解決のように見え、地域によっては安全が組織的に脅かされている。

域内諸国での受け入れという、これらの提案に対し、最も頻繁に行われる批判は、EU各国への難民の到達が益々困難になり、欧州の国々の難民保護への関与が、弱められるというものである。批判はまた、提案が実施されれば、難民受け入れという多くの責任が、準備のない国々への転嫁になることを懸念する。かくして、これは〝分け合い〟ではなく、〝転嫁〟のように見え、政治的に微妙な問題を途上国へそらす試みだ(8)、といわれている。

原因国が位置する域内諸国に留まることができない人々のために、保護の必要な人に適切に保護を与え、定住審査を行うべく作られる「国際保護区域」(internationally protected areas) や「地域計画の中での受け入れ」(reception in the region scheme) は、主要ドナーその他から関心を持たれていない。難民政策が完全なものになるには、原因地域で一貫した難民援助とともに、難民として援助が必要な人に援助ニーズが満たされるとともに、保護、法的地位、権利の保障が確保される必要がある。

2　庇護政策

欧州の移民管理の考えは、国境管理の問題に安易に置き換えられてしまう危険性がある。現代の欧州にはこれまでの人道、人権尊重の声とは別に、難民関連の政策では、国内的に明確ないくつかの特徴が見られる。特に欧州の庇護政策は、各国の移民法や移民政策と非常に密接につながっており、過去数十年、非常に明確な傾向を示してきた。例えば、期限付きの身分（庇護政策の法・秩序志向の性質）、そして他方では、定住の採用（難民の入国を庇護政策のみだったものから拡大）がある。EUの定住は、欧州共通の庇護制度の一部でなければならないという見方である。

一九八五年、当時はECだったが、その加盟国は難民条約に沿った取り扱いで、庇護申請者の問題について、初めて非公式の協力を始めている。その際、各国は同じやり方をしようとしたのではなく、協議を通じて互いの取り組みを理解しようとした。一九九二年、各国政府はオランダのマーストリヒトでEU条約に合意した時、公式的に政府間協力の輪郭を発表し、互いの政策を一致させる話し合いを始めた。しかし一九九二年以降、EUが何とか合意した政策文書は、最小限のものであった。これは、加盟国に新法を発効させる上での変更をする必要が殆どないことを意味した。一九九九年～二〇〇四年は、アムステルダム条約の発効に伴う五ヵ年計画で、共通制度につながる半ば共同体的な活動が行われた。二〇〇四年五月には、ＥＵ共通の庇護制度の基礎になる五つの柱ができている。(9)

ＥＵ諸国の中では、国家間のより公平な庇護申請者の配分を確実にする手段として、庇護法の一致が考えられた。比較的寛大な庇護制度を持つ国は、より多くの庇護申請者を引きつけたため、法制面での一致がより公正な配分につながると考えられた。間接的な負担分担と分類されるこの方法は、今ある不公平な配分法の原因に対処し、新たな再配分を考えようとした。しかし国々の間で〝努力の均衡に努める〟(promoting a balance of efforts)という緩い原則がとられて実現はしなかった。(10)

一九九四年以来、欧州委員会は包括的な庇護政策について連絡文書を出し、ＥＵは包括的で難民保護の全てを含む方法について話し合いを重ねてきた。二〇〇四年六月の『恒久的解決についての連絡文書』(Communication from the Commission on Access to Durable Solutions)や『ハーグ計画』(11)(the Hague Programme)は、そうした取り組みの最初の一歩であった。

以上のように、ＥＵ諸国共通の移住・庇護政策を作る努力がなされてきてはいるが、しかしその過程は引き続き、長く、緩慢である。ＥＵ内での論議は、法律を土台に庇護制度に焦点を合わせてきている。「庇護政策」(an asylum policy)は、それにより条約締結国内で難民の地位を決定するために審査を行う仕組みである。庇護政策は、国境を越え、入国し、保護と難民の地位を求めた個人の地位についてとられる決定の手続きを枠組みづける。庇護政策は一般に、国内司法か国内問題として実施される。

これに対し、難民政策は、国際ないし外国という、より広い範囲を含んでいる。庇護政策というのは、難民政策全体を構成する一部であり、難民政策は、庇護を含んでいる。難民政策はまた、海外で人道的入国計画を通じて難民を選別する定住をも含んでいる。この区別は、一般に、なぜ欧州は一貫した難民政策を持っていないかを考える上で重要である。

今日、政策担当者や研究者は益々、難民問題の〝地域的な解決〟を論議している。どの地域が最も進んだ地域的な難民政策を持っているかという場合、欧州についての答えは、まだ道半ばだというほかないであろう。欧州の難民政策を考える時、一番先に思うのはＥＵのことである。ＥＵは二〇〇四年五月の拡大で二五ヵ国となった。ＥＵは、欧州の難民政策ないし庇護政策を発展させるために作られているフォーラムである。欧州の国々は、一般に庇護政策は持っている。しかし、難民政策を全てカバーして、より多くの難民に保護を与えるとともに、欧州での彼らの統合に道筋をつけるという『ハーグ計画』は定住を含めることができず、失望に終わった。(12)ヴァン・セルム（Joanne van Selm）にいわせれば、「欧州難民政策というものは全くない。大半の個別国家は、難民政策を持つことさえない。彼らは単に庇護政策を持っているだけである」(13)。

庇護制度の中で、難民保護の最低水準を保証しようとするＥＵ内での政策決定はある。しかし欧州全体からすれば、それぞれの国家当局の実施措置が、短期的に欧州政策や制度面で同じになるというのは難しい。欧州、特にＥＵは、欧州の問題について強力な言葉を生み出し、使用している。欧州は庇護では、国内で司法、秩序の問題として対処している。しかし世界的な難民問題に対処するために、欧州国家が共有する政策（欧州難民政策）という意味では、行動よりも話し合いの方が勝っている、(14)のが実情である。

ＥＵは一九九〇年代、そして二〇〇〇年代初期において、何人かの政治指導者は、欧州難民政策が実現する見通しは困難だ、といっている。(15)ＥＵはいってしまえば、欧州は統合を続けていることを示す合意を達成することが重要で、この文脈では、国家から見れば、難民保護の優先度は必ずしも高くはない。最低基準の合意のみというのは、逆に難民の統合過程への関与の程度を示している。同時にそれは、ＥＵの難民条約を守るという義務が、いかに限られているかも示している。難民保護の視点からすれば、ＥＵは欧州内の保護を超えて、世界的な難民問題の中で、加盟国とその組織の役割を認識するには、まだ時間が必要だということである。

（1） Noll & van Selm, 2003, p.7. 一九二〇年代の強制的な人口移動と、一九三〇年代の全体主義による追い立て、虐殺等の記憶は依然踏まえられており、難民保護という人道的課題は守られている。政治家は、外国人嫌いの底流となる大衆迎合主義者の動きが、定住や移住による移民の増大に、一般につけ込むことを認識している。
（2） ジュネーヴでのオランダ大使の言葉（二〇〇三年六月二七日）。
（3） Working Group on Resettlement, 1997, p.5.
（4） Noll & van Selm, 2003, p.18.
（5） van Selm, 2005-a, p.3. それらは、①統合は、全ての移民とＥＵ加盟国住民による動的で、相互調整の過程、②統合は、ＥＵの基本的価値への尊敬、③雇用は、統合過程のカギとなる部分であり、移民が受け入れ社会へ寄与し、そうした寄与が目に見える、移民参加の中心部分、④受け入れ社会の言語、歴史、組織・制度への基本的知識は統合に重要。基本知識を獲得できるようにすることは、統合の成功に不可欠である、⑤教育は、移民、特にその子弟が受け入れ社会で成功し、活発に社会参加するために重要、⑥移民が、差別なく市民と基本的に同等に、公私の制度、サービス、資源が利用できることは、統合への基礎、⑦移民と市民の間の頻繁な相互作用は、統合への基本的仕組み、⑧多様な文化と宗教の実践は、保証されること、⑨民主過程と統合政策・措置の立案に移民の参加、特に地元の段階で行われることは、統合を助ける、⑩公共政策の中で、統合政策とその措置を組み込むこと、⑪明確な目標、指標、評価の仕組みを開発し、政策の修正、統合過程の評価、情報の交換を効果的にすることが必要、である。
（6） Noll & van Selm, 2003, p.16. 近年までフィンランドは、アフガニスタンとイラク出身者を定住難民として受け入れていた。いずれにしろ、社会工学的なこのやり方は、庇護申請者の決定手続きが個人的なのと対比される。
（7） Boswell, 2003, p.2.
（8） *ibid.*
（9） van Selm, 2005-b, pp.10-11. それらは、①大量流入の場合に使われる一時保護制度、②どの国が庇護申請の決定に責任を持つかの取り決め（Dublin Ⅱとして知られる。1990 Dublin Convention の第二版。二〇〇三年に合意）、③庇護申請者の受け入れの共通基準についての合意（受け入れ指令）、④難民及び副次的保護の地位の人々に求められる資格の共通理解への合意（資格指令）、⑤共通の庇護手続きについての合意（手続き指令）、がある。①の指令は、一九九〇年代のバルカン危機で追加されたが、他の四つの指令は、一九九〇年代のダブリン条約で作られたソフト・ローの上に作られた。

（10）Boswell, 2003, p.2.

（11）二〇〇四年一一月、ＥＵは、自由、安全、司法をＥＵ二五ヵ国内で強化するために、『ハーグ計画』と呼ばれる、野心的な五ヵ年方針を作成した。この計画は、移住・庇護関連の政策を進めるためのものであった。ＥＵ内での庇護申請の合同審査で、法的および予想される結果を探ることにあった。ただし、計画は、希望をリストにし、詳細な政策文書ではなかった。計画は、原因国との幾分不明瞭な協力関係に焦点を合わせるよりも、ＥＵを超えて難民保護を推進することを描き、より広い外交政策の中に、移住管理を組み入れた。外交分野では、同計画は四つの部分に分けられる。①第三国との協力、②原因国とその地域との協力、③通過国と通過地域との協力、④帰還策と再入国政策、である。

これより先、『タンペレ計画』（Tampere Programme）は庇護について、ＥＵレベルで法的に拘束する最初の試み（紛争による避難民への一時保護、難民の地位への共通理解、派生的副次的な保護、最低限の手続きの保証、庇護申請者の受け入れへの最低条件、庇護申請を審査する責任のある国を決定する法規）となっていたが、それとは違い、用語法は直接的で実用的であった。しかしハーグ計画は、広範なＥＵの移民制度につながることを意図せず、また加盟国への合法移住の機会を増すものでもなかった。将来の庇護制度に道筋をつけておらず、むしろ既存の合意に依拠していた。真に欧州の移住政策を持つという、政治的な意思がまだ欠けていることを示している（van Selm, 2005-a, p.4）。とはいえ、ハーグ計画は、オランダの指導力の成果であった。

（12）van Selm, 2005-b, p.15. ただしその一方、ＥＵ委員会の『連絡通知文』（二〇〇三年六月）は、定住と protected entry の手続きを、原因国が位置する地域内の諸国で、保護を効果的に与えるために、包括的なつながりをつけようとしている。

（13）*ibid.*, p.1.

（14）*ibid.*, p.19.

（15）*ibid.*, p.15.

第五節　定住

難民は、第一次庇護国で敵意を持った集団による攻撃や、逮捕、拘禁の危険にさらされる。ＵＮＨＣＲの定住ハンドブックは、定住の目的を次のように述べている。[1]いくつかを抜き書きしてみる。

「そのような明白な状況では、国際的保護の手段及び恒久的解決策の両方の観点から第三国定住の必要性が浮上する。」

「第三国定住以外には恒久的解決策が存在しない。」

「第三国定住はまた、固有の危険にさらされている難民や、全般的な経済・社会情勢ゆえに特定のニーズを避難国が満たせない難民にとっても、最も適切な選択肢となる場合がある。（このような難民の例は、保護者のいない子供・若者、重度の障害難民、高齢者、特別の医療を必要とする難民、危険な状況にある女性、トラウマ・拷問をうけた難民などである）。」

そしてまた、

「難民の第三国定住計画は世界全体で、また先進諸国と途上諸国の間で難民問題に対応する責任の分担を促す重要な手段でもある。」

（傍線は、いずれも筆者）

以上のことから、定住の目的は、国際保護、恒久的解決、責任分担（負担分担ともいう）の三つであることが分かる。三つは、互いにつながりを持っている。定住は、難民保護に包括的に取り組む上で、重要な要因である。ただし、定住は、保護手段や恒久的解決策として単独で働くことはできない。各国は、より公平に負担と責任を分担し、柔軟な定住規準で難民を受け入れ、難民を保護するための能力を養い、効果的に定住を使うことが期待されている。定住のこれらの使い方は、包括的な取り組みの中で、三つの恒久的解決策（帰還、現地統合、第三国定住）の一つとして、効果的に使いうることを示す。

第一次庇護国での統合の見通しや保護の点から、現地の地域的な特性は、恒久的解決策としての定住を考える上で大きな要因となる。ＵＮＨＣＲは、難民保護の基準が守られるという条件付きで、域内での解決を探ってきた。域内での定住は、費用が安価で、家族が離れ離れになる度合いも少なく、いつかは起こるかもしれない帰還の点からも有利である。どんな難民危機の場合でも、個人は様々で、短期か中期に帰国可能な人々がいるし、また庇護国で統合される人、そしてさらに遠く離れた国で保護の必要な人がいる。定住はその後者の人々を対象にするが、個人や国家にとり利益がある帰還や現地統合への実践的支援となる包括的な措置の一部として最も効果的に使いうる。難民に定住する権利はないが、ある状況では、定住は原因国から直接受け入れる（例えば、国内避難民）こともある。定住はまた、家族再会の手段でもある。

包括的取組みも戦略的使用の言葉も、非常にしばしば定住論議と密接に関連している。しかし正確には、定住は、効果的な包括的取組みとしてどのように実施されているか、最も洗練された戦略的使用とは何かについては、必ずしも明らかではない。ＵＮＨＣＲ執行委員会によれば、定住の〝戦略的使用〟とは、最大の恒久的保護が、最大数の難民に与えられるやり方で、定住計画を使用するか作ることであり、それにより難民、庇護国、国際保護制度に利益を与えることである、[2]という。

1　定住への再シフトとUNHCR

これまでの経緯から見れば、三つの恒久的解決策の中で、定住は半ば影の薄い存在であった。一九八〇年代末と一九九〇年代から益々、自発的帰還が難民問題への好ましい解決策として強調され、定住は保護の手段と見られ、解決の最後の手段として適用されるのみであった。[3]

一九九一年の第四二期UNHCR執行委員会で、就任早々の緒方難民高等弁務官は、一九八〇年代に東南アジアでの難民問題解決の特徴となっていた、大量定住の代わりに、一九九〇年代の定住事業は、より保護志向で、人数的に一層小さな数になる、[4]としている。同執行委員会の決議第六七号（XLII）は、保護の手段として、国際保護と定住の間のつながりを再確認し、特定の状況での恒久的解決として、定住の重要な役割に留意したものの、明らかに定住の地位は弱まった。各国政府は国際的な負担分担の中で、難民入国枠を設けるよう求められ、緊急保護で定住が必要な場合には、代わりに各国政府が迅速かつ柔軟に対応することが求められた。一九九一年は、定住政策の転回点となった。

定住について留保がなされたという事実にもかかわらず、定住はある状況では、唯一の解決策かもしれないということが、全く問題にされなかった。この決議で、各国政府は定住計画の下で、受け入れ難民の上限を設定するよう求められた。そして、これは国際連帯制度の一部と見られた。しかし政府の側では、定住については異なるやり方をした。[5]

定住に対して幻滅が広範に広まったのは、インドシナからの難民の定住計画が、ある時点で単に〝自動的〟になったという事実からきている。定住させられる人の多くは難民である一方、定住は彼らの最上の解決策なのか、それとも人道的動機や原則の結果からのみ、定住させられたのか明確ではなかった。むしろ、国内的及び外交的政策目標と経済的な移住ニーズという功利主義が、定住を継続させる推進力だという認識があった。(6)

一九九四年に、『ＵＮＨＣＲの定住政策と事業についての評価文書』（*Resettlement in the 1990s: a review of policy and practice UNHCR*）が出ると、状況はまた大きく変化する。この評価書は多くの提言を含んでいた。同評価書によれば、近年まで、紛争がある国々からの難民をかなりの数で定住させ、移住という高い要求を部分的に満足させることができたという。その際、ＵＮＨＣＲに対しては常に、定住は難民保護のための人道的政策であり、経済的移住とは全く関連していないし、すべきではないという原則的立場を付け加えている。

しかしこの評価書の中にも記述があるが、かつて東南アジアに勤務した経験を持つＵＮＨＣＲの中級以上の職員の多くは、恒久的解決策としての定住の適切さに深い疑問を持っていた。多くの職員が、恒久的解決としての定住概念に疑問を投げかけた。その結果、ＵＮＨＣＲ職員の間で、「定住の適切性」と「望ましさ」で考え方に大きな相違点があり、合意が困難であった。

機関として、ＵＮＨＣＲは国際社会の意思を反映してきた。しかし東南アジアでの定住事業の後、定住政策の中で理解や認識に一貫性のないことが、恒久的解決策での〝階層制〟論議（a hierarchy of durable solutions）につながり、また基準に沿った実施手続きがなく、定住への資金不足につながっていった。職員の定住概念への幻滅は、一九九四年までＵＮＨＣＲの定住事業に否定的な影響を与えてきた。(7)

ＵＮＨＣＲ内で蓄積された東南アジアでの経験と、定住での疑いは、定住をもっと効果的に使用するというＵＮＨＣＲの近年の決定とともに、他の関係者に対して少なくとも二つの問題点を示している。すなわち、①東南アジアの経験から学ぶべき教訓はあるのか？　②難民と国家のために定住が保護の手段なら、ＵＮＨＣＲの役割とは何か？　である。

定住が、個々の難民への適切な解決策として考えうると決めたことで、ＵＮＨＣＲは次の二つのカギとなる点に取り組む必要が出てきた。①資源の確保、そして②定住が最も効果的で、恒久的な方法で実施されるようにすること、である。[8]

二〇〇二年のＵＮＨＣＲの文書、『保護への覚書』（*The Agenda for Protection, AFP*）は、それ以前のＵＮＨＣＲの立場から出て、定住を考えるようになった。それはまた、ＵＮＨＣＲの活動の中で、多くの定住受け入れ国がそうであるように、定住が、保護手段と恒久的解決として強く位置づけられる方向に徐々にシフトしたことを示している。定住は、窮屈な難民キャンプで配給物を受け取ったり、〝都市難民〟として地下に潜って、生活と格闘する状態からの救いである。

保護への課題を深めるために、ＵＮＨＣＲは、コンベンション・プラスで特別の合意をとりつけようとした。特定のテーマ別にフォーラムが作られ、最初のフォーラム（二〇〇三年六月）では、定住に焦点が合わせられた。カナダ代表団が『定住とコンベンション・プラス・イニシアチブ』（*Resettlement and Convention Plus Initiatives*）という討議文書を提出、全ての恒久的解決の手がかりにするという文脈の中で、定住は、国家、ＵＮＨＣＲとＮＧＯの間で提携を合意する場であることを提示した。カナダはＵＮＨＣＲとともに、この最初の会合を超えて、論議を先導することを提案した。[9]

2　定住の戦略的活用

定住の戦略的活用は、ＵＮＨＣＲが二〇〇〇年～二〇〇二年、各国の政府関係者、学者、ＮＧＯを招いたグローバル協議（the Global Consultations）の結果として論議されるようになった多面的な考え方である。ＵＮＨＣＲの「定住の戦略的使用の作業グループ」による評価が行われ、各国の協調を強化し、そのための重要な手段として、戦略的に定住に関わるというものである。

定住の戦略的使用の作業グループは、カナダが議長となって、先の世界協議で生み出された結果を文書にまとめている。それによれば、定住の戦略的使用とは、直接間接に、定住難民がうける利益以外の利益を極大化する方法で定住を計画的に使うことである。

この文書の焦点は、でき得る限り、最大の数の難民に、最大の恒久的保護を与えるために、戦略的に有用なやり方で定住を使うことにある。例えば、定住難民のイメージは、一般に庇護申請者のイメージよりも前向きであり、それを使えば、国民は定住難民と庇護申請者の多くが逃亡した状況について、多くの情報を得て、理解することが可能になるということである。しかし気になるのは、二〇〇三年六月の作業グループの文書の中では、定住は、庇護申請者の不規則移動を避けるために西側諸国によって使われるかもしれないとしている点である。これに対し、ＮＧＯの「カナダ難民協議会」は、定住は、〝秩序だった庇護〟への選択肢ではない、と反論している。多くの難民の入国を管理することと、その目標達成のために戦略的に定住を使うこととは、国家が庇護申請者の数を減らし、彼らの入国を防ぐためではない[10]、としている。

迫害、虐殺の危険性のある大量流出の場合に、定住でどのように対処するのか？　難民キャンプについてはどうか？　定住は、難民と第一次庇護国の双方に、即座の保護と恒久的解決を満たすことができる。個別に難民か否かの判定をせず、集団をまとめて難民と認定する「グループ認定」は、庇護申請での難民認定制度と定住難民制度の区別をめぐって、定住国の間で最も論争のある点である。定住政策の戦略的使用では、個々の認定よりもグループ認定の使用を勧めている。その理由は、単に個人の難民認定よりも、むしろグループ認定が定住の効果を高め、定住の戦略的使用となるからである。難民の定義の拡大、もしくは選別基準の拡大が、大量流出の際には、第一次庇護国の負担を迅速かつ効果的に和らげるために重要である。定住は、第一次庇護国で帰還も現地統合もできない、少数の難民への恒久的解決を保証する、戦略的方法で使われるべきであろう。

3 定住作業グループ

先述のように、一九九四年に出された『UNHCRの定住政策と事業についての評価文書』は、UNHCRでの定住の見直しにつながったが、同機関はその具体化のために一九九五年、それまでの伝統的な定住国に呼びかけて作業グループを設置している。一九九五年六月、第一回目の会合が、伝統的な定住国一〇ヵ国とUNHCRの間で持たれた。作業グループの参加者は、ジュネーヴ駐在の各国代表か、本国から派遣された専門家であった。[11]会合では交互に、二ヵ国が共同代表を務め、彼らはUNHCRと協力して議題を準備した。この会合で、今後の協議の枠組みが決められ、一〇ヵ国の代表からなる作業グループを作ることが決められた。UNHCRは一九九五年七月に会合を開始した。[12]以後、作業グループは二ヵ月おきに、定期的に会合を持ってきた。

一九九五年一〇月と一九九六年六月には、より公式的な会合となり、本国からの高官を迎えて、ジュネーヴで開催された。会合にあたっては、議題の設定を含め、作業グループが準備を行った。一九九六年一一月に開かれた会合では、オーストリア、ハンガリー、アイルランド、日本、ルクセンブルク、イギリスといった国々が新たに参加している。[13]

作業グループの最初の会合で、NGOを参加させるかどうかが話合われた。国々の中には、NGOが定住手続きで非常に活発な役割を果たしている所と、その一方でNGOが手続きに全く関わらない所もあった。会合での結論は、NGOは手続き過程に参加させられるべきだが、作業グループの会合に直接に参加すべきではないことが決められた。そこで、UNHCRが並行してNGOと協議を持ち、一九九六年六月の公式協議からは、政府とUNHCR間の公式会合に加えて、政府、NGOとUNHCRの合同会合が開かれることになった。

ところで重要なのは、なぜ定住作業グループが作られ、それはどのような機能を果たし、どんな問題を扱うかである。背景にある事情として、世界中の何百万人という難民のうち、定住を保護の手段として誰が最も必要とするかを見出すのが困難なことがあった。UNHCRは統一的な基準を作っていたが、現場で保護の必要な人を見出す仕事は、極度に人の力を必要とし、また多くの落とし穴があった。[14]他方各国政府は、現場でのUNHCR職員の仕事が、定住の必要性の確認と評価で、一貫性がないことに懸念を表していた。

また、UNHCRが国際的に事前審査機関の役割を果たす一方で、国家はさらにUNHCR以外から照会された難民の定住計画に関わり、基準を新たにまた付け加えることもおきていた。[15]例えばNGOから難民受け入れの推薦があった場合、UNHCRの指針は参考にされるものの、しかしUNHCRは直接に計画には関わらない。UNHCRの推薦の場合、全ての国家に受容された単一の選別基準一式があり、他方、個々の国々の計画にはもう一つ別箇の基準一式がある。各国政府は、UNHCRがニーズを明確にするために定住基準等で主導権をとることを望んでいた。現代の難民政策に適合する定住と定住手続きの方法を論議するために、定住国側では、自分たち自身の間と、UNHCRの間で開かれる自由な対話の場という枠組みを作り上げることが大事だと感じられている。

一方UNHCRには、新しい政治環境に合わせて、定住させる国々の数を増やし、手続き上の問題を改善する必要があった。同時に、各国ごとに異なる定住規準とUNHCRのそれとの調整に加え、各国の間の定住概念のギャップを狭めることに取り組む必要があった。かくして、各国政府間の対話と、各国政府とUNHCR間の対話が必要になった。

最初の何回かの会合では広範囲にわたる議論が行われ、一〇ヵ国とUNHCRの間で使用される基準についての情報交換が行われた。その結果明らかになった作業グループとしての目的は、①割り当て人数、定住基準、手続き、そして資金を論議し、②広い視野で定住概念を論議する、ことであった。

定住割り当て数を増やすには、定住に関わる国の数を増やす必要がある。国際協力は、保護・定住のために決定的に必要な条件である。すでに一九九一年のUNHCR執行委員会の決議第六七号で、全ての国は定住枠を設定するよう求められており、問題は一〇ヵ国以上に、他の国々が会合に参加するよう、招待することであった。

換言すれば、求められたのは、①定住難民に与えられる資源の量と質に伴う基準の調和と一致、②与えられる保護の質の調和と一致、③定住難民の数の公平な配分、であった。

定住数という形で得られる資源は、国家予算の裏付けを持って、「割り当て数」(quotas)、「上限値」(ceilings)、「目標値」(targets)を通じて得られる。例えば、UNHCRの委託難民の定義を使って推薦された場合、基本的な入国許可要件として、各国が保護基準を共有できるかという問題がある。どの程度まで、迅速さと効率性の釣り合いをとって、国家の安全(特にアメリカ)と質を確保しながら、共通の基準を開発すべきか、が問題となる。

先に述べたように、UNHCRの基準を全面的に受け入れ、適用する国から、統合の問題があったり、特定のニーズを持つ人々を受け入れる余裕がないために、ＵＮＨＣＲ基準を選択的に選ぶ国もある。巨大な規模の定住計画を持つ国の場合には、特定の国から〝ある民族集団〟を受け入れるために、追加的に基準を策定する。大量流出の場合には、定住国が、難民条約上には該当しない多くの人々を難民として拒否せず、特別の定住基準に合わせる必要がある。

作業グループに初めから明確だったのは、定住基準を一致させるのは難しく、互いに他国の計画に、より良い理解を持つことが有用だとされた。これは特に、移民国（アメリカ、カナダ、オーストラリア）と非移民国（欧州、特にスウェーデン、フィンランド、デンマーク、オランダ）の基準が決定的に異なることから、とりわけ重要なことと考えられた。このことがＵＮＨＣＲの『定住ハンドブック』を一層緻密にするきっかけとなった。同ハンドブックは、定住基準、定住国の実施措置や手続きが書かれており、ＵＮＨＣＲの現場スタッフの指針も含まれていた。利用する対象者は、各国の担当者とＵＮＨＣＲの現場スタッフとが想定されていた。ハンドブックは、各国政府にもＵＮＨＣＲ職員にも、定住手続きを、より効率的にする手引きとして歓迎された。ＵＮＨＣＲは職員に訓練を施し、定住手続きの改善に努めた。

ところで、実際必要とされる定住数は、ＵＮＨＣＲの斡旋能力を凌いでいる。しかし充当できる資源は控えめに見積もった数の約三分の二である。ニーズに照らして見ると、ＵＮＨＣＲの能力不足は、全ての地域に見られるが、特にアフリカで顕著である。[16] 一九九六年六月の公式会合で、デンマークは暫定的な北欧主導のパイロット・プロジェクトの実施を提案した。信託基金がＵＮＨＣＲ内に設立され、プロジェクトの一年目の必要資金はスウェーデンが出資した。[17] 定住国の数を増やし、定住機会の創出を促す（それにより、受け入れ人数が確保できる）、というＵＮＨＣＲの活動は、一九九七年にできた信託基金に支えられている。

さらに作業グループは、最初の目的の下で、特定の難民集団とその地域内での定住の必要性について論議を交わしている。同グループは、旧ユーゴの事態、東南アジアでの包括的行動計画（ＣＰＡ）の終了、アフリカでの不測事態への計画、サウジアラビアのラフカ難民キャンプ（Rafka）のイラク人の問題を取り扱った[18]。

作業グループの二つの目的のうち、最初の目的がおおむね達成されたことは疑いがない。次は各国での定住計画の一層の理解であった。しかし困難だったのは、目的の二番目の定住概念についてであった。公開の非公式対話の場で、移民国側はそうした議論はあまり緊急性がないと見た。移民国側は、定住を国際保護への関与とは見たが、同時に彼らは定住を通常の移民計画の一部と考え、難民を経済開発の労働の担い手と見なし、難民条約に沿った保護基準を具体化しようとはしなかった。一方、非移民国側、特に北欧諸国は、人道援助の一環として定住を考えており、移民国はもっと人道的ケースを受け入れるよう主張した。しかし移民国側は、非移民国側の欧州が行っている医療ニーズを持つ人の援助が即、難民保護とは同じではないと反論した。欧州での受け入れ数が極端に少ないことにも言及した。議論は収束が困難であった。

国家間の協力と調整という難問は、依然残されたままである。国々の間では、誰を定住させるかという点で、全員の意味理解が明確ではない。ＵＮＨＣＲは調整活動の推進者であるが、資金不足もあって、各国ごとに異なる定住計画の中で、果たせる役割は一定していない。

近年、作業グループは先述のように、定住の戦略的活用についての文書を出している。そしてその中で、国際保護の必要な人々が、管理され秩序だって入国するのは定住の結果からである[19]、と述べている。さらに作業グループは、多年度にわたる定住割り当て数を提案したり、第一次庇護国での庇護制度を補う定住といった、包括戦略を奨励している。

4　定住と外交政策

定住と外交政策の関係は一体どうなっているのか、次にこれを見てみたい。例えば、アメリカでの定住は、主として国内政治上の課題と外交権益で決められる。難民への入国許可は外交政策の範囲に入り、UNHCRや他の国際機関との緊密な調整が必要なので、国務省が必然的に中心的な役割を担う[20]。定住での外交政策要因を見る場合、おそらくベトナムとコソボでの軍事介入後のアメリカの行動によく示されている。どちらの場合も、アメリカは大規模定住と避難計画を行い、他国に参加を促した。計画の背後には、外交の力と罪悪感があり、第一次庇護国にいる難民をより多く受け入れる気持ちがある。

しかしカギとなるのは、国内政策も外交政策も、純粋に人道的関心が全くないというわけではない。定住した人に、人道は、全ての考慮の出発点であり、アメリカにとっての〝特別の人道的懸念〟を満たさねばならないが、一方で難民の定義を満たさねばならない。優先という制度的利点があるにせよ、定住は、選択的であり、必ずしも世界的な平等主義の観点から行われているわけではない[21]。

このことは定住が、人道という高潔な目的を達成する一方で、外交政策という機能にいかに役立つかを示している。ある種の民族的、宗教的なロビー集団の力は、例えば旧ソ連からの人々の受け入れで比較的高い数字を生み出す。これらのネットワークは、アメリカの計画を形作ったり捻じ曲げたりするだけでなく、毎年、選別目標自体に変化をもたらしている。アメリカでは、一定の受け入れ数を維持するというかなりの国内圧力があり、比較的数の大きな難民集団を見つけ出す必要がある。かつては中東に力点が置かれていたが、今は主要な難民供給地であるアフリカに徐々に力点が移動している。

アメリカの定住政策は、欧州よりもどこよりも、国内的圧力、外交政策上の関心、世界の見方、人道上の関心のような広範な動機が複合されてできており、それが長所でもあり短所ともなっている。長所は、保護が他の政策分野の影響で利を得ることである。逆に、外交政策や国内のロビー活動からの圧力が強すぎると、人道性という信用が失われる。全体的な定住計画は、功利的な目的に包まれて、信用が損なわれる。[22] しかし功利的動機と人道主義の融合をもって、直ちに非難することもできない。こうした融合は、実際のところ、純粋な人道主義が達成するよりも、より多くの人道主義になることも十分にありうる、[23] からである。

アメリカとカナダでは、NGOが定住計画への参画を通じて啓発活動を行っており、難民の評判は高い。市民が一般に、難民の用語と政府の保護事業を理解している。こうした理解が、庇護手続きを通じて入国を許可される難民に、心理的にそれとなく影響を与えている。定住数が庇護申請者の受け入れ数に加えられる時、アメリカとEUの数字は、人口比率的には大体比較可能な程度になる。一九九二年〜二〇〇一年、EUは住民一〇〇〇人当たり、三・七人、アメリカは三・八人であった。住民比で受け入れ数を見ると、スウェーデン、デンマークはトップで、一〇〇〇人当たり、それぞれ一六・六人、一三・八人であった。

他方、欧州の国々では、定住は人道主義が第一である。彼らは、社会への統合よりも保護に焦点を合わせる傾向がある。しかし近年、社会にうまく適応できない難民が出て、何ヵ国かが、自国社会のためだけでなく難民のために、統合関連指標を選別規準に入れるかどうかを考慮し始めた。

現在EUの大国は、外交政策の中で、定住計画を行っていない。国々の間で、事前に保護政策で合意することが難しいことが明らかになったので、EU内では共同の定住計画はない。定住受け入れに活発な国でも、一般に外交政策上の影響は殆どない。主要な理由の一つは、定住は、政策決定が必要な分野に入れられていなかった、[24] ことがある。単に難民を生み出す域内での保護の強化に努める〝地域保護計画〟の一部として、考えられていたにすぎない。

一般に欧州は、入国管理と庇護、そして実利主義と人道主義を厳格に区別しようとする。欧州がアメリカと比べ、倫理的に純粋だとか優れているというのではなく、参加する国内の援助グループの影響力が十分なほど強くないためである。(25) 外交政策で違いを出したり、定住に至る外交政策に必要な声をあげる集団が単に欠けている。(26) NGOの公的論議や特別の定住への意見、初期の計画策定時の影響力は十分ではない。

EUの主要な定住国でさえ、NGOや教会関係者は、政府が国外で選んで受け入れる定住難民の数が少ないために、定住活動よりも庇護に力を入れている。定住に力を注ぐのは、多くの団体にとって不経済である。しかし定住計画が進めば、重点の置き方を変える必要があり、NGOにとっては計画規模や受け入れる難民の出身地域、構成についても意見を出す必要があると見られる。

EUの中でも、北欧諸国は幾分異なる。北欧は、定住を難民保護で最も重要だと見なしている。難民事業に市民社会が参加する古い伝統を持っている。定住する難民は、大半が難民条約に従って、難民の地位を与えられる。その地位により、居住許可を得る資格が与えられ、就労への許可が与えられる。国ごとに違いはあるが、難民は三年〜七年の滞在後、永住権を申請できる。(27)

これらの国々では、定住の分野で国内NGOが役割を果たし、アイスランドでは赤十字が、デンマークでは、「デンマーク難民協議会」というNGOが定住計画に活発に参加している。これら二つの組織は、定住関連の国家委員会の一員で、難民選別にも参加している。二つの組織は、定住の国際協力に関わり、ジュネーヴ本部のUNHCR定住課と密接に連絡をとりあっている。北欧五ヵ国全てで、NGOは、国や地方自治体と連携して、受け入れ、統合、相談の業務を行っている。

図4―1　定住制度と庇護制度の関係

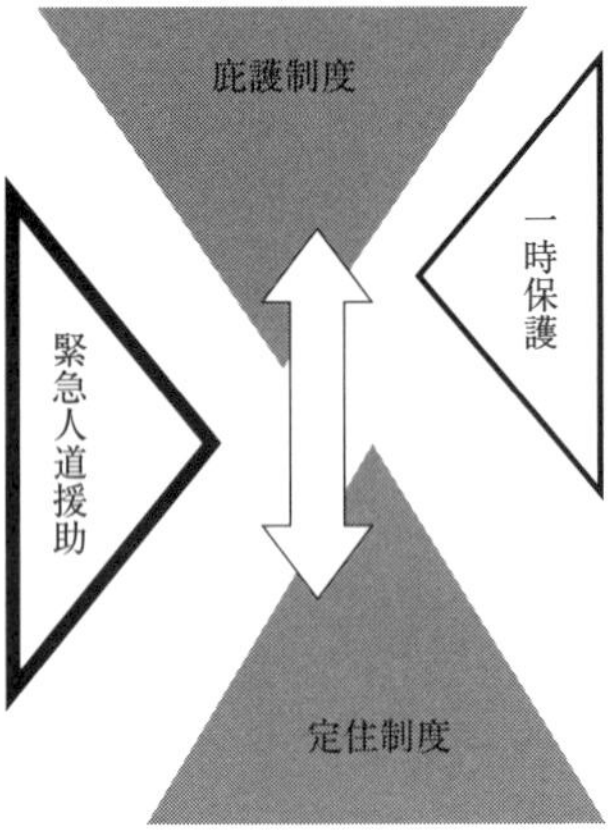

（出所）van Selm, et al., 2003, p.152 の図を修正して使用

九・一一以降、北欧諸国は難民条約の第一条F項の適用に注意を払うようになった。この項は、戦闘員や人道に反する罪を犯した人々を難民審査から除外、この項へのUNHCRの裁量を受け入れている。北欧は、定住枠を拡げる意思を持ち、また新規の定住国を増やそうと積極的に取り組んでおり、新規の定住国と組みになって、定住で助言し能力を強化するための活動をしている[28]。

5　庇護と定住

移民・難民の不規則移動でとりわけ社会が揺れている欧州では、広範な人道的考慮に基づく定住計画がない中で、国家が難民認定手続きを制限する措置を導入し、〝一時保護〟という法的地位を作り出し、先進国世界での難民保護の悪化の事例となっている。欧州諸国で見られる難民政策の特徴は、難民の入国手段としての定住の利用である。EUの政治家の中には、定住計画をより広範囲に広げれば、庇護申請者への厳格な取り扱いが相殺されると主張する人もいる[29]。EU外では、オーストラリアが庇護申請者の不規則な到着に合わせて、その中から、難民認定を行い入国させ、定住数を削減することを世界で初めて行った。

定住で移民管理に代えるという考え方は、部分的には欧州に数多く到着する庇護申請者への反応として、定住をめぐり欧州で展開された論議に基づいている。それに従えば、定住は、難民を選別し、定住させ、保護しようというEU加盟国で使いうる。そうした定住の利用は戦略的であり、国際連帯となる[30]、かもしれない。ただその場合、間違えてはならないのは、定住は、庇護を管理する政策ではないことである。

国際保護が必要な人に、ＥＵ内での入国管理に定住を使うというのは、可能ではあるが、ただしこれまでの研究調査では、庇護申請者の人数に影響力を与えたり、与えられたりもしていない[31]。定住計画の規模、柔軟性、対象となる難民の範疇次第で、庇護申請者の入国数に時の経過で、ある種の影響を持つかもしれないが、庇護を求める人々の数が少なくなることを意味しない。数の上下は、他の多くの政策決定と世界での出来事に影響されている。

これと関連して、難民保護についての近年の欧州の政治論議について触れておく必要がある。二〇〇三年春に発表されたイギリス政府の『難民への新しい見方』（*A New Vision for Refugees*）では、定住と原因地域での保護を結びつける議論を作り出した。結論からいえば、この論議からは新しい政策が生まれたり、二つの概念をつなぐ試みもなかった。

定住は包括的な保護の一部として、難民危機の隣接国家で最初の庇護を与えるために、積極的に使われてきた。定住の国際連帯の側面である。定住は、原因国の域内に難民を抑えておくための措置として使われたことはないし、何年にもわたり危機が継続するばあい、先進国への流れを止める恩賞として使われたこともない。定住は隣接する国に、多くの難民に保護を与えるよう促す方策として使われてきている。

定住計画があるというだけでは、ただ便宜的に使われるだけである。定住計画は、テロと寛大な保護制度の利益を乱用しかねない。大事なことは、保護と恒久的解決の強調である。定住は、保護の必要な人に、国際的な法的義務を避ける移住管理政策を覆い隠すために使われるべきではない。

定住と庇護は、共に難民保護の要因だが、定住は庇護制度の一部ではない。それが保護の仕組みであり、定住も庇護も保護の一部である。定住は行政措置と見られ、新しい法律は必要としない。政策は必要だが、計画の柔軟性が、現実に効果的に対処するカギなので、法律による記述は一般に避けられる。国家とＵＮＨＣＲとの法的枠組みも必要としない。

定住は、難民保護への唯一の解決策ではなく、むしろ庇護制度や一時保護を含むあらゆる短期的な保護形態と共存し、補完する保護戦略である。定住と庇護は、双方とも人道的保護を与え、全体的な難民保護の枠組みの中で、相補的な要因である。しかし過程の出発点が異なる。定住は前もって誰を助けるかを国が決め、個人を選び、入国後、保証された保護を与える。定住は、長期的に重大なニーズを持ち、真に保護の必要な難民を効果的に見出し、秩序だち管理された方法で、目的国に移動させる方法として、庇護への相補的な仕組みである。一方庇護国に関しては、他の人々は、単に定住を必要とする人々全員に、定住という保護が与えられないというだけで、安全な国、おそらく遠い国での、庇護の道を自分の力で探し続ける。

定住計画は相補的であり、ＥＵ加盟国の国内や国境で行われる庇護申請の審査への代替物ではない。しかし定住計画の存在で、庇護を求める難民へ新たな選択肢という、積極的な感覚を起こせれば、それは定住に重要な意味があることになる。定住は難民保護への包括的な取り組みの一部と考えられ、欧州での今後の共通の庇護制度だけではなく、他の恒久的解決を含む、広範な移民問題と結びつけられる必要がある。

6　定住計画

定住計画は、前項で見たように、難民の何人かに管理され秩序だった方法で、入国を認めるという政策目標を持つことができる。定住計画を始める国の動機は一般に、人道主義である。保護、恒久的解決、そして他国との連帯がある。定住目標は、全体の中で、各国が目標とする数字を表明する。定住計画を持たない国の中には、自分たちは必要がないと思うかもしれない。関心がなければ寄与・協力をする気持ちは薄く、他国の協力で得られる成果に〝ただ乗り〟する危険性がある。定住は費用として一体どの位かかるかだが、とりあえず途上国か福祉制度を持つ先進国かで、国ごとに定住費用は著しく異なる。

各国の定住計画は、全てユニークである。いくつか重複する部分はあっても、同じものはない。アメリカ、デンマーク、アイスランドの三つの国は、選別過程でNGOが関わる。カナダもNGOの関与が始められた。ノルウェーとオランダは「多年度割り当て制」（クォータ）をとり、三年のうちで融通している。定住国の多くが割り当て数をとる一方、アメリカは上限値を持つ。カナダは目標値で、過不足を許容している。目標値を設定する方法は、数を満たす上で不安が少なく、成功が見込める、[32]と考えられている。

オーストラリアの人道計画は、①定住計画と、②すでに国内に到着した人々への保護計画、からできている。[33]カナダの難民定住計画は、保護、家族再会、迅速な審査、仲間との緊密な関係という、四つのカギとなる原則を立てている。カナダで特徴的なのは、「民間の身元引受人制度」(private sponsorship) である。定住への関与を促す手段として、民間組織やグループが難民の保証人になる。保証人は到着後一年間、難民の福利に責任を持ち、職業、住居、語学訓練、教育や一般的な〝情緒支援〟に関わる。カナダで使われているこの制度は、難民計画で地域社会の関与を進め、さもなくばカナダ定住ができなかった難民に、支援の構造を作り出している。[34]

ＥＵ六ヵ国（スウェーデン、フィンランド、デンマーク、オランダ、イギリス、アイルランド）、そしてノルウェーは現在、六〇人〜一〇〇〇人の間でそれぞれ定住計画を実施している。これらの定住計画は、それぞれ規模、難民の定義を超えた選別基準、手続きの点で異なる。欧州では現在、これら七ヵ国以外には、公式の定住計画を持っていない。ベルギーとフランスは、特別の状況が発生した場合、UNHCRの「緊急アピール」に応え、入国許可と保護を与えている。EUは全ての加盟国が参加するEU全体の定住計画の可能性を探っている。

好ましい解決策としての恒久的な定住は、例えばインドシナ難民危機では、冷戦イデオロギーに結びつけられて難民の「帰国する権利を損なった」と批判されてきた。ボスニアでの例のように、国家の再建には熟練した人々ができるだけ帰国できることが重要である。もし受け入れ国が、熟練の人々が持つ利点を重視して、受け入れを進めたら、ボスニアの復興ニーズに反することになる。「自国に留まる権利」と「安全に国に戻る権利」は、今日、難民政策のカギとなる事項である。自国に留まる権利と安全に国に戻る権利は、国際法では十分に定義されていない。一方、ノン・ルフールマン原則で、庇護を求め享受する権利は、拘束力のある重要な法原則と認められてきている。

定住の機会・場所を見出す中で、UNHCRは難民保護の基準が維持された地域解決を探っている。[35] 域内での定住は、費用が安く、協調ある地域取り組みになると考えられるからである。可能な所では、保護と援助の妨げになる不規則移動を減らせるかもしれない。注意点は、定住計画が第一次庇護国から他の定住国への不規則移動のプル要因として働くのを避けねばならないことである。各国とUNHCRは、いくつかの地域で不規則移動の問題に直面し、それがまた〝都市難民〟発生の重要な要因になっている。[36]

ただしその際、さらに問題とされるべきなのは、域内定住が優先され、域外定住が〝弱者〟の個別ケースに限られるなら、大きな難民集団が現実に殺されている時、一体誰が責任を持つのか？　域内の定住が促進できるのか？　ということになる。異なる国家の政策ニーズを知り、解決の仕組みについて意見を交換する必要があろう。重要な点は、難民保護を進める上で、地域内定住と地域外定住の間の区別をすることである。

7　難民選別ミッション

定住難民の選別では、定住国は副次的な保護の定義とともに、難民条約の定義を優先するかどうか、を決める必要がある。実際に選別する時には、これらに他の規準、例えば定住国と絆を持つ特定の集団と結びつけるかもしれない。結論をいえば、定住国は最初からどうするかを選択できる。定住のために難民の定義をどうするかの問題は、論議が必要な問題の一つとなっている。受け入れが少ない国の場合には、大規模な定住計画を持つ国よりも、難民条約の解釈が厳格になる傾向がある。さらに、定住が適格かどうかの判断は、それまでの定住の成否に影響されてくる。

政治問題は、常に論議のある、人数の大きさと選別規準の中に、特によく現れる。移住は、管理される社会事象として最も頻繁に論議され、国家は選別過程で事前に役割を果たすべきだと考えられている。各国の司法省、内務省は、国家主権を管理するという志向が最も強い省庁である。彼らは、国家の法を指導・実践し、出入国の管理者である。これらの省の政策担当者は、各国の状況や世界各地域のことを考えるよりも、国益を守り、国の政策を守ることに専心する。九・一一後のアメリカの難民受け入れの変化は、この例に該当する。

定住受け入れ側は「統合の潜在的可能性」(integration potential) を考える。今ある家族のつながりに焦点を合わせた定義とは別に、その国の言語の知識とか、所得を得る可能性である。統合の潜在的可能性を詳細に定義することは必須だし、そうした可能性を欠く（高度の治療が必要）人を定住させるのに、どんな条件が必要とされるかを明確にすることは、新しい国での難民の利益を増すことになる。しかしその場合、現実の政治的決定とともに、統合の可能性は明確に定義されるべきだが、倫理道徳が忘れられてはならない。難民からの視点が、国家や地元社会の視点と同じ位考慮されるべきである。(37)

選別ミッションは、現場で各難民と個別に面接を行う。全ての難民は、定住国への情報が与えられ、関連の権利と義務が適切に紹介される。難民には、個人的な願望や必要物をミッションに伝える機会を持つことができる。審査時間は短く、決定は即決か、帰国後に下される。例えば北欧五ヵ国は、庇護国へ選別ミッションを派遣し面接を行っているが、[38] 書類だけの場合もある。UNHCRが作成した書類は、北欧各国へ送られ、審査にかかる時間は四〜八週間である。受け入れる国を多様化することで、UNHCRは、特別な医療ニーズを持つ難民と第三国定住計画の適合を図っている。「国際移住機関」(IOM)は、定住のための難民輸送に関わっている。[39]

定住審査で、難民からの虚偽の申請・供述は絶えずつきまとう。[40] 難民は自己を喪失し、苦難の中で、出生証明書、居住証明書も身分証明書もなにもかも失って、近代的な官僚制度による面接の中で、うまく自分を表現できないということもある。

厳格で狭い目標は、誰を選ぶかの選別の際には容易だが、世界的な定住制度にとっては不利益となる。広い目標には、計画を効果的、効率的にする上で、柔軟性が必要となっている。

8　到着時

ここでは定住国として、長い伝統を持つ北欧諸国とアメリカを例にして話を進める。定住国への移動の費用は、北欧諸国が支払い、IOMが移動の手配で協力している。庇護国にある定住国大使館か選別ミッションが、必要な旅行書類の発行を行う。庇護国に大使館がない場合には、北欧諸国の大使館が相互に助け合っている。

北欧諸国に到着した時、難民は通常、アパートか独立した家に落ち着き、まれには地域社会が受け入れ機能を持つ暫定の家を提供する。どの国も定住受け入れ前の健康診断をしないし、庇護国からの出発前にも行われない。

定住国に到着した時、難民は全員、国家の費用で完全な健康診断を受ける。難民は全員、国民と同じ条件で、無料の医療を受ける資格がある。[41] 難民は通常の教育制度を利用でき、費用は国家が支弁する。

北欧では、全ての難民はオリエンテーションに参加する機会が与えられている。計画の長さと内容は国によって異なるが、一般に語学訓練、文化紹介、職業訓練、そして新しい社会への難民の統合を目的にしたその他の活動である。デンマークでは、オリエンテーション・コースへの参加は義務となっており、全員が最初の三年間受けなければならない。コースに出席しない場合には、公的扶助の受給に影響し、さらには永住許可や市民権の取得にも影響が出てくる。[42]

中・長期的に、難民の自給は主要な目標である。アメリカでは、定住難民は到着時、難民の地位を持ち、一年後には永住者の地位に変えられ、五年後には市民権への申請が可能となる。しかしアメリカのNGOを含め、援助関係者の見方は、福祉利用を改善することがその目標達成の支えになるとは考えていない。難民と福祉（国家）の関係の問題がある。

NGOの役割は、定住過程の最初と最後で欠かせない。アメリカ政府とNGOの間には法的な契約がある。最初は、難民キャンプでの選別と定住国での受け入れである。次いで定住国で、一般にNGOは、定住難民の統合を進める上で、重要な役割を果たしている。NGOは、定住国アメリカが与えるサービスを補足してサービスを与えている。いずれも、官僚的視点では限界がある。UNHCRは、ケースの照会、下準備でNGOの役割を期待している。

9　アメリカでの定住

アメリカでの定住は、難民保護のために、高度に管理され組織化され、事前に計画された方法で、行政的に運営されている。そして比較的、入国上限が高いというのが特徴である。アメリカの定住政策は、人道的かつ実益を持ちつつ、現代の移民者としての難民に、歴史的経験に基づく〝物語〟を生み出そうとしているように見える。定住難民は、こうした歴史的に共有された経験から利益を受ける。しかしこれは、難民にいたずらに期待を抱かせる場合もある。

アメリカでは、難民が職を得て、到着後、個人的に経済的自給をできるだけ早く達成するよう求めている。経済統合に焦点を合わせる理由は、定住制度が目的として、永住に重きを置くためである[43]。しかし、難民は、経済的理由や労働が可能という理由で選別されているわけではない。

経済的統合を重視するという考えは特に、労働力の統合に力を注ぎ、そのために必要な英語を学び、社会への適応を図ることである。さらに労働力での統合は、一生懸命に働き、〝アメリカン・ドリーム〟を本気で追い求める人というのが、コミュニティの真の参加者として、一般国民の気持ちに訴えると考えられている。多くの定住難民は、定住計画の事業で働くか、ボランティアをし、後に続く人々へ援助を与えている。

難民は選別後、難民キャンプでのオリエンテーションが始まる時から、働かねばならないという事実を認識させられる。国務省委託のビデオは、強力かつ繰り返し、難民に就業と自給がアメリカ社会では非常に重要だとのメッセージを伝える。難民は、一般国民より高い割合で仕事を見つけている[44]。アメリカ五〇州の多くで、定住難民の大半は到着後、最初の六ヵ月以内に仕事を見つけている[45]。多くの州では、九〇%以上の人が仕事を持つ。ただし職種は、職歴や資格の要らない単純労働である。資格の再取得は重要な課題である。職に就く率が高い一番の理由は、頼るべき福祉の安全ネットが非常に限られていることにある。ＮＧＯが配る政府の現金支給は、四〜八ヵ月間のみ。にもかかわらず、難民の福祉利用率は高い。

九・一一以後、アメリカの定住は大きな過渡期にあり、急激な変化で従来の方法に変更が加えられている。当局は、計画を包括的に見直している。社会の安全への懸念が強く影響している。アメリカは、保護という視点で、どう定住を進めたら良いのか、ＵＮＨＣＲや他国と新しい協力関係を築くか、国家の安全や不正手段の防止の点から、難民を適切にどう見出したらよいのか、で腐心している。ＮＧＯからは、最も緊急性の高い保護ケースに対する、選別過程の透明性の向上と配慮を加えるために、これまでの「優先制度」(priority system) の作り直しの提案がある。

アメリカは以前よりも、さらに安全上の脅威にさらされるようになって、物理的に現場の難民キャンプをスタッフが訪れることが可能な場所と、そうできない場所とがある。選別スタッフの身の安全の問題は何もアメリカだけの問題ではないが、その余地が狭められている。面接の必要な度合いは個人によって一様ではないし、安全度の度合いも異なる。ただいえることは、定住候補者は幾重にも安全審査を受けており、テロリストが入り込む余地はないし、テロリストにとって安易という利点はない。定住後、犯罪を犯して勾留されたら、定住難民の立場と地位に問題が生じる。[46]

アメリカは、大勢の人と面接して難民を大量に受け入れねばならない。しかし安全上の懸念で、スタッフが現場にいくことができず、計画が必要とする高い数字を達成することができない。こうした事情のため、選ばれる定住者は結果として、スタッフが安全に訪問できる大集団の中の個人になる。かくして計画は主要な対象として、特定集団が選ばれることになる。定住のための集団を見つけ出すことは容易だが、果たして集団を構成する個人が全て、同じく保護を必要としているかどうかは分からない[47]。

集団を対象とした難民選別では、計画自体が、特定集団あるいは同集団の支援団体に偏ったり、ごまかされる可能性がある。その集団の一員は、例えば旧ソ連からのユダヤ人、東南アジアのベトナム人のように、アメリカ国内での強力な声で入国した人々であり、アメリカ法では現実に、難民に該当しないかもしれない。それは、明らかに難民としての規準を下げるように働く。にもかかわらず、ある集団に、強力な関心を持つグループがアメリカ国内にいて、定住計画を維持する大きな要因であることは否定できない。

アメリカの定住計画については、弱者や他の難民の保護にも、焦点を合わせるべきだという声がある。そしてこれまでの姿勢から転換して、人権を見据えた現代的な視点を持つことが定住計画を活性化すると見られている。

10　EUでの定住

EUでは、定住（つまり、どこかで見出され、選別された人々）よりも、庇護申請で入国した人々に焦点があり、受け身の姿勢が目立つ。難民を含む移民の選別で、欧州各国の受け身の姿勢は、人口に関連する政策は回避したい気持ちがある。このことが、より選別を重視した保護制度の実施につながっている。

欧州諸国の定住計画は、非常に多様で、一般化はできない。アメリカでは難民の経済統合を重視するが、欧州では一般に言語的・文化的統合に重きが置かれている。ある国はUNHCRの助言を基礎に書類選考を行い、他の国は選別チームを現地に派遣する。人数的には、定住は欧州の保護事業の脇に置かれたままである。一九九二年～二〇〇一年、全EU加盟国の総定住数は、四万七〇〇〇人。一方アメリカは、九一万六〇〇〇人[48]。EU諸国だけではないが、EUの多くの国々にとって、インドシナ難民の包括的行動計画（CPA）は、体系的に定住を行った最後の事例であった。その時以来、割り当て人数は下降するか、完全になくなった。代わりに、国内で庇護することが唯一の関係事業で、主要な保護手段になった。インドシナからの定住数は、急激に下降した。

欧州での定住の基本的な矛盾は、不規則入国の人々との〝強制的混合〟である。国民からは、「難民が来る時、なぜ定住をするのか」の問いが発せられる。定住の内容的な重要性は認識されているが、増加する保護負担という怖れが、論議を遮っている。

ＥＵは二〇〇三年、計三五〇〇人までの管理された入国を行った。ＥＵが確信を持っていえないのは、定住の実施がそれ自体、到着する庇護申請者の数を減らせるかどうかということである。ＥＵの庇護申請者に、定住が影響を持つとすれば、立案される計画の規模と形次第ということであろう。そして定住が、難民保護と通常の移住、双方への広範囲の包括的取り組みの中で行われるかどうかによる。

全ての難民政策は、欧州に起源を持ち、欧州の国家に影響されてきたといわれる一方で、今日、欧州に難民政策があるかどうかは疑わしい。こうした事実にもかかわらず、欧州諸国の中には、高度に洗練された定住手続きを発展させたところもある。北欧諸国は、ＥＵの中で、伝統的に定住事業の中心である。デンマーク、フィンランド、スウェーデンは、他のＥＵ各国より、数多くの人を定住させている。しかし三ヵ国のいずれも、住民当たりの定住難民の割合で見る時、アメリカと同等にはならない。これは、定住で支配的なのは、アメリカの難民保護制度だというのを示している。他方、欧州国家では定住は、次の二つの点から、選択的に実施されている。[49]①公けの議論はなく、官僚の判断で実施される、②医療に強く力点が置かれ、それから利を得るのは難民の中の最弱者である。

換言すれば、欧州の国々はどこも十分に開発された難民政策を持ってはいないが、定住政策を持つ国はある。

EU二五ヵ国のうち、六ヵ国のみが定住政策を持っている。他のEU一九ヵ国、そして欧州評議会(Council of Europe)の四五ヵ国中、三八ヵ国が国際保護の必要な難民に、それぞれの庇護制度を適用している。EUの古参の一五ヵ国の殆どの国と欧州評議会のその他のいくつかの国々が、UNHCRに資金を提供し、緊急事態や滞留状況にある難民を援助するために、体系的な方法ではないにしろ、自国の海外開発援助の資金の一部を使用している。(50) 欧州のいくつかの国は、定住政策を発展させてきたし、原因国がある域内地域で、難民保護に限界はあるが政策を開発してきている。しかし、これらの成果を難民政策の諸要因に建設的に結びつけることはできていない。

伝統的に、EU加盟国では、定住に関連した政治的意思は、人道主義に関連していた。それは二〇〇三年六月の欧州委員会の連絡文書で、国際的に保護の必要な人を管理し、秩序だった到着を確保する方策として、定住を行う政治意思が探られたことにも現れている。しかしそれは先述のように、選別規準や対象人数に十分な注意が払われなければ、EUに到着する庇護申請者の数には殆ど、いや全く影響しないことが明らかである。

EUの現在の定住の状況をある人は、合唱団を例にとって、「同じ歌を歌うが、多分声は違ったままで調和がない」といっている。政策を調和させるには、各々の声の背後にある意図は何かを知ることである。それが共通の調子を決める。調和することは、共通の定住政策、共通の庇護制度の第一歩と見られる。調和への考えは、一九九七年のアムステルダム条約、そして一九九九年一〇月、フィンランド・タンペレでの特別サミットで強化されている。

政治意思の問題は、EUの国家を少なくとも二つのグループに分けている。定住計画を持つ国と持たない国である。持たない国は、政治意思どころか、計画の必要性を感じない所もある。他方、計画を持つ国では、問題は定住させる政治意思があるか否かではなく、今ある計画を変更する意思があるかどうかである。特に計画が十分に機能している国では、問題は壊れていないものをなぜ変えるのかである。定住計画を持つ国は変えることを渋りがちである。従って問題は、純粋、単純に政治意思を持つことではなく、EU全体という視点から、問題を考える意思を持つことである(51)。

EU各国の間で、難民の第二次移動が、移住と難民保護の論議の中で問題点として提出される。以前アメリカでは、州ごとに難民援助の程度と待遇が異なることから、待遇の良い州への第二次移動が問題になったが、現在はより寛大な福祉制度を持つ州は減少している。自由な国家では、誰も第二次移動を止めることはできないが、現金援助と所得支援には様々な形があり、調整の必要はある。何より、雇用創出がカギとなる。

欧州では、特別の危険や援助の必要性の高い難民に焦点が合わせられているが、今後ともその方向は変わらないであろう。定住規模は小人数、そして最も弱い人々をというのは、欧州ならではの特徴であるが、現実には医療と心理的・社会的資源が非常に必要な統合計画で、この状況は必ずしもEUの国々の定住計画の共通の了解事項にはならないであろう。そうしたことに関連なしに、人々を受け入れれば、現実の数において少なくとも、多くの弱者が保護されるということではあるが、しかし彼らはそれでも、難民集団の一部であることに変わりはない。

11　先進国での社会統合

ＵＮＨＣＲとＮＧＯは共同で、『難民の第三国定住―難民の受け入れと社会統合のための国際ハンドブック』(*Refugee Resettlement: an International Handbook to Guide Reception and Integration*)を二〇〇二年九月に発行している。

定住難民との相互交渉と、彼らの実りある社会統合のための枠組みを提供している。このハンドブックは、すでにある定住ハンドブックとは別物で、追加的なものである。

学術研究面からいえば、定住国社会（ホスト社会）での受け入れに焦点を合わせた、クンズ（Egon Kunz, 1981）の難民移動の理論的業績の上に、研究者は益々、当該の難民の個人的受容能力とホスト社会（受け入れ社会）の制度的環境による影響の相互過程として問題を分析することを考えてきている(52)。

定住難民の統合は、その扱いで非常に異なる局面を見せる問題である。難民が、一つの分野・段階で統合されたと見なされても、他の分野で困難さを感じるかもしれない。違いが出る主な理由は、広い意味で福祉国家としての性質による差異である。アメリカでは、福祉制度が非常に限られ、定住難民に関する政策は一九八〇年代以降、労働可能な人の福祉依存を避けようとしてきた。そこでの福祉制度は大家族を支援するが、雇用への障害がない単身の男性難民は支援から外される。そのためNGOが、四～八ヵ月のみ、難民に支援を行うが、その支援は政府の福祉政策の一部ではない。難民の大多数は職を見つけているように見えるが、そうでない人は福祉からの支援が全くない。興味ある点は、アメリカは統合の可能性が高い、もしくは高い技術力、資格を持つ人々を探すということはしていない。

アメリカと違い、欧州での議論は、また別の意味で、保護を受ける外国人が社会に入り、どうしたら活発な市民になるかについては、焦点を合わせていない。欧州での今ある計画は、統合の可能性については全く関心が見られない。むしろ、弱者や高度の治療を要する人、社会・心理ニーズの高い人に焦点を合わせている(53)。

欧州は各国々の成り立ち、アイデンティティが移住によって作られたというより、外国へ人々を移住させたという経験を共有しており、ＥＵ内ではその意識が底流として存在している。それがＥＵ内の国家も含めた自己認識である。加えて、少なくとも一九七〇年代以降、欧州の人々は、ホスト社会で新しい生活を始めた人々に、自分たちの生活を豊かにしてくれるというより、追い立てによるトラウマを持つ強制移住と理解しがちである。意識の力点は移住の原因にあり、個人を最大限社会のために生かそうという考えはない[54]。

とはいえ、定住・統合は、難民は長期に滞在し、社会の活発な一員であり、ホスト国の労働力、文化生活の担い手という考えが基本であろう。事実、欧州の国の中には、統合関連の基準について焦点を合わせる必要性について、定住国やその社会の利益だけでなく、難民自身の利益の観点から、公に議論を始めている所がある。

定住が、保護手段と恒久的解決として効果的であるには、難民は到着時に、長期的な居住の法的地位を持つべきであろう。オランダでは、定住難民は到着時に暫定的な地位を与えられるが、法律は明確で毎年更新の後、三年すれば永住権が自動的に与えられる[55]。定住難民は、到着時に難民の地位を持つのに比べ、庇護申請者は、何ヵ月も手続き期間を要し、同じ法的地位を獲得するのに、裁判での訴えまでするのと比べると、定住難民は多くの点で有利な立場にある。

しかし一方で、庇護申請者と比べ、不利な点もある。スウェーデンの調査では、最初庇護申請者であった人々は、難民と認定された時からはかれば、定住難民よりも早く入国しており、すでに統合の過程にあった[56]。庇護申請者であった人は、たとえその地位の不安定さのために実際には被る否定的なものであっても、社会での知識を入手するのに、おそらく一年以上の期間をあらかじめ経験している。

ある状況では、逆もまたいえる。庇護申請者であったという経験のために、難民の地位を得た後、統合にうまく入れないかもしれない。換言すれば、庇護申請者は、受け入れセンターでの長期の強制的な居住や、申請期間中の労働禁止措置のため、一種の〝依存症候群〟になっているかもしれない。その一方で、個人的にその国の知識・情報は増えていく。

大事なのは、非差別的な取り扱いをするため、定住難民と庇護申請者双方のために同じ計画を持つということではなく、共通の目標を持ちながら、出発点が異なることを認識した統合計画を持つことであろう。

難民統合は、地域、国レベルでの要因に影響されるだけではなく、国境を越えた広範なネットワークにも影響されている。国境を越えた世界的なつながりが、定住国での個人にどのように影響し、そのつながりを維持した中で、市民権とどう関わるかという興味深い問題を提出している。

（1）ＵＮＨＣＲ駐日事務所（二〇一〇年八月）『難民の第三国定住―難民の受け入れと社会統合のための国際ハンドブック―』、四頁。英文初版は二〇〇二年に、実際の難民受け入れと第三国定住に関する案内書として出版されている。
（2）van Selm, Woroby, Patrick and Matts, 2003, p.viii. ＵＮＨＣＲは、難民定住がより戦略的に働くためのカギとして、①ニーズ本位の計画、②基準に沿った実施手続き、③難民の定義、④選別時の統合可能性の状況、をあげている。
（3）Working Group on Resettlement, 1997, p.1.
（4）Resettlement Section, Division of International Protection, 1997, p.1.
（5）Working Group on Resettlement, 1997, p.1.
（6）van Selm, Woroby, Patrick and Matts, 2003, p.9.
（7）*ibid.*, pp.9-10. そのため、ＵＮＨＣＲの国際保護局は、組織内の抵抗や反対勢力と闘い続けた。しかしその後も、同機関の職員の中には、一九七〇年代〜九〇年代初めにかけて東南アジアで実施された定住に幻滅した何人かが、ＵＮＨＣＲの他の部署で高い地位につき、彼らの反対と抵抗が時に課題として残っていた。
（8）Resettlement Section, Division of International Protection, 1997, p.4.
（9）カナダ代表団は、定住のカギとなる三点を示した。①恒久的解決を与える国で、難民が確実な法的地位を持つ場合にのみ、解決策は恒久的となる。②行政決定として、定住は時宜を得、かつ費用対効果のあることが、恒久的解決策であり得る。③難民条約を超えた保護を基礎にした基準を含むようにすることが、定住をより柔軟な手段にする。
（10）van Selm, 2003, p.3.

(11)　一〇ヵ国は、オーストラリア、カナダ、デンマーク、フィンランド、オランダ、ノルウェー、ニュージーランド、スウェーデン、アメリカ、スイスである。
(12)　Working Group on Resettlement, 1997, pp.2-3.
(13)　*ibid.*, 1997, p.3.
(14)　Newland, 2002, p.2.
(15)　Noll & van Selm, 2003, p.26. 例えば、ＵＮＨＣＲの推薦に依存し、ＵＮＨＣＲの選別基準が定住計画の多くに取り入れられているＥＵの国々（デンマークとフィンランドが難民条約にあった基準を使うのを原則としている）の間でさえ、スウェーデンとオランダは、保護の必要な人を違ったやり方で受け入れている。
(16)　van Selm, Woroby, Patrick and Matts, 2003, p.ix.
(17)　Working Group on Resettlement, 1997, p.4. 基金の出資国は、五ヵ国（ノルウェー、スウェーデン、デンマーク、フィンランド、アメリカ）。基金の主目的は、新規の定住国の参加を通じて、定住機会を多様化することであった。他の目的としては、①個人や小グループへの解決策を見出すこと、②定住活動の実施面の改善を図ること、である。同基金により、高額な治療が必要な人々への援助が行われ、また、モザンビークやジンバブエでは、難民個人や小グループの難民に援助が行われた。さらにサウジアラビアのラフカ難民キャンプでは、定住が必要な多くの難民に英語の語学訓練が行われた。
(18)　*ibid.* これらの特別問題では、ＵＮＨＣＲの専門家が会議に呼ばれた。
(19)　van Selm, 2003, p.3.
(20)　Martin, 2004?, p.5.
(21)　Noll & van Selm, 2003, p.11. 例えば、自国を脱出したキューバ人やハイチ人を収容するために、キューバのアメリカ軍・グアンタナモ基地（Guantanamo）の利用である。アメリカに向かう途中、海上で阻止されたキューバ人が、明らかに難民であるとされても、グアンタナモでの審査後、アメリカに移されることはない。またハバナで、アメリカによるキューバ国内審査のキューバ人は、アメリカの定住計画には入らない。同じような事例に、オーストラリアの "Pacific Solution" がある。オーストラリアへ船で入国を図った人々は、ナウル（Nauru）に移送され、審査で難民とされても、オーストラリアには定住が許可されなかった。
(22)　*ibid.*
(23)　*ibid.*, 2003, p.12.

(24) van Selm, 2005-b, p.15.

(25) Noll & van Selm, 2003, pp.11-12.

(26) *ibid.*, 2003, p.12.

(27) Honoré, 2003, p.2.

(28) *ibid.*, p.3.

(29) Newland, 2002, p.1.

(30) van Selm, 2003, p.3.

(31) *ibid.*, p.5.

(32) van Selm, Woroby, Patrick and Matts, 2003, p.100.

(33) *ibid.*, p.77. その際、①の定住計画には、二つの範疇がある。第一は、自国で迫害された人で、危険な状態にある女性が含まれる。ケースの大半は、ＵＮＨＣＲの照会である。第二は、「特別人道計画」（ＳＨＰ）で、自国での差別のために自国外にいる人である。入国申請は、オーストラリア市民か、永住者や支援組織に保証されねばならない。

(34) *ibid.*, p.viii & p.84. しかしこの制度は、民間による、カナダ政府の援助の肩代わりではない。計画では通常、同国との関係、特に家族の絆があるなど、事前に関係が見出された難民が入国する。絆のない難民の場合は、政府の計画で取り扱われる。カナダでは、民間保証の難民の方が、政府支援の難民よりも到着後一年で働く傾向がある。保証人が仕事を見つける世話（難民が所得を得れば、保証人の負担が軽減する）をして、個々の難民が働き出す。政府支援の難民は、仕事を探す前に語学の習得を奨励され、逆に就労は金銭的な利益を失うので、直ちに働くのは損だという考えである。社会への適応の面でも、民間保証の難民は、最初は地位の下落、不可避な依存、不確かさ、疑いなどから、保証人への憤りを経験するが、それを通り越すと適応が進んでいる。政府支援の難民の半分以上は、カナダ人は自分たちに同情的でなく、偏見があると見ていた。

(35) Resettlement Section, Division of International Protection, 1997, p.4. 解決策が地域外ということになれば、難民個人は主要定住一〇ヵ国の一つに照会される。これらの国々は、定住割り当て、もしくは上限値を持っている。その他の国々は、一時的に定住を受け入れる。さらに国によっては、特別のニーズを持つ難民のための特別計画を持っている。

(36) *ibid.*

(37) van Selm, Woroby, Patrick and Matts, 2003, p.20. ＵＮＨＣＲは、難民を偏見なく広範に受け入れてもらう立場上、「統合

の可能性」という言い方を各国にやめるよう求めている。用語がどんなものであっても、定住を狭く定義すべきではないとしている。狭い定義は、定住を意味のないものにし、移民計画になり、庇護を妨げる計画になることを懸念している。

(38) Honoré, 2003, pp.1-2. 北欧諸国の選別ミッションの目的は、庇護国での難民の状況を十分に把握し、ＵＮＨＣＲが推薦したグループと面接することである。規準を使って、以下の項目を評価する。①保護の必要／原因国での迫害、②拷問や暴力の犠牲者、③庇護国での滞在期間の長さ、④危険な状態にある女性への考慮、⑤庇護国での安全への脅威等の状況、⑥核家族構成員からの離別、⑦定住国での親戚・知人の有無、⑧治療の必要の有無、である。

(39) ＩＯＭを通じた輸送は、個人やグループごとに行われてきた。緊急に治療が必要な場合には、治療にふさわしい国を探し出し、治療が終われば戻している。ＩＯＭはまた、難民家族の再会で重要な働きをしている。

(40) Newland, 2002, p.3.

(41) Honoré, 2003, p.2.

(42) *ibid.*

(43) 例えば、コソボ難民。人道的避難計画でアメリカに避難した人々は、定住計画で入国し、一年間難民の地位にあったが、翌年、永住（グリーン・カード）に自動的に転換した。

(44) van Selm, Woroby, Patrick and Matts, 2003, p.94.

(45) Noll & van Selm, 2003, p.20.

(46) アメリカはこの件では最も経験がある。法律上では、国内での滞在期間の長さ、定住後一年以内か、永住者かなどが、判断の基準となる。

(47) Noll & van Selm, 2003, p.10.

(48) *ibid.*, p.8.

(49) *ibid.*

(50) van Selm, 2005-b, p.15.

(51) van Selm, Woroby, Patrick and Matts, 2003, p.142.

(52) Smyth, Stewart and da Lomba, 2010, p.411.

(53) フィンランドの政策担当者は、「定住難民は、自分で就職を考え始めることができるまで、少なくとも三年はかかる」といい、スウェーデンでは、職業を含めた統合計画では、「難民が自分の道を探すのに二年半必要だ」（いずれも筆者のインタビュー）、という。

（54） Noll & van Selm, 2003, p.7. 欧州では、職歴を通じて自分たちの道を切り開くということには、はるかに期待が少ない、といわれる。むしろ、単に仕事を持つということより、自分の技術や過去の職歴に最適な仕事を見つけるのを待つのが重要だと見ている。

（55） しかし難民は、法について必ずしも知らないので、到着時の短期的地位に懸念を示すという。

（56） Noll & van Selm, 2003, p.19.

おわりに

今世紀初頭以来、定住は、アメリカでも欧州でも、重要な政策課題として、（再）登場している。定住とは何であり、どう使うべきなのかを探ることは、とりわけ重要になっている。定住は『保護への覚書』や「コンベンション・プラス」のような新しい取り組みの中心部分であった。定住のより効果的な活用というこの戦略は、UNHCRの保護という課題の中で、一つのカギとなるテーマである。「国際保護についての世界協議」から出てきたこの課題は、難民条約の不備を補うコンベンション・プラスの一部であった。

しかし、現代の難民保護についての多国間の論議の多くは、〈南―北〉の区分に沿って、分裂・対立している。〝南〟は絶えず、より多くの負担分担を訴え、一方〝北〟は、自分たちの優先順位と関心に合わせて、UNHCRの年間予算や定住割り当てに、限られた資金を用途を指定して拠出している。ドナーとUNHCRのこの力学が、UNHCRの年間の予算交渉、毎年の同機関の執行委員会（Executive Committee, ExCom）の討議と特別計画に影響を与えている。定住が、難民と国家のために、より効果的に働くためには、定住ニーズに沿った計画と基準となる実施措置の開発、それに統合の役割という、必要な要因がいくつかある。しかしＵＮＨＣＲにとっては、資源が限られ、定住に焦点を合わせることに同意しない職員もいて、今のところ効率性には疑問が残る。(1)

執行委員会の結論は、委員国の合意を得なければならないが、しばしば難民政策上で高い目標を据えている。これは一般に、欧米以外の国々が参加していることと、執行委員会の結論の起草過程でＵＮＨＣＲが関与していることによる。各国の利害関心は多くの場合、特に難民問題に関連してはいない。北の国々が余り関心のないものへ、関心のある問題をつなげることで、ＵＮＨＣＲのような組織は、国々の協力を引き出すようにしている。(2)

アメリカと欧州は、それぞれ背景が異なるが、定住の核となる保護と恒久的解決を再発見し、共同で質的な面を開発するという特異な状況にあり、定住計画は今、転換期にある。アメリカにとって、定住の再発見は、定住計画の目的のいくつかを再考するという形をとる。過去数十年、アメリカの定住計画は、主として家族再会と外交政策上の考慮、そして人道主義の混合であった。アメリカのこの三つの定住目的のうち、人道主義は別として、家族再会と外交利益の二つが果たして最も有効であるかどうかが問題になり、国家の安全が、新たに外交政策の目標に移し替えられた。

九・一一に伴い、アメリカ当局は直ちに難民定住に安全の網をかけた。二〇〇一年度には、受け入れ上限の七万人から二万六〇〇〇人に急激に下降した。定住は、即座に制限がかけられる範疇の事柄であった。同年度の難民計画では、特定の集団、例えばアフガニスタン人の入国が一時的に制限された。難民制度は、少なくとも九・一一の出来事の犠牲者(3)であった。

アメリカでは、移住に対し開かれた態度を示す一方、国家は、入国し、アメリカ市民になる人々を選ぶ権利を持つという考えが、広く信じられているように見える。その上で、アメリカの人道的目標を維持しながら、これを外交政策の関心と結びつけ、移民国としての役割に結びつけている。

欧州では、多くの国々が自分たちの定住計画を開発したり[4]、再検討している。アメリカは、EU各国を定住での潜在的な仲間と見ることが可能か否か。もし可能でないなら、欧州での定住の発展は如何なるものとしてあるのであろうか。EUが直面するいくつかの保護の課題の解決のために、欧州での小規模の定住計画を拡大するという考えは、アメリカでの定住の再検討という考えよりも一層難問である[5]。決定的な問題は、EUの多くの加盟国の中に、定住に関与する、政治的な意思があるかどうかである。欧州の統合は、明らかに欧州各国の主要な関心事項だが、難民保護は途中で挫折しているように見える。EUで作られる提言は全て、EU外に難民を置くことに狙いがあるように見える。全ては失敗してきた[6]。大半の欧州の国々はまだ、彼らの国内での十分な取り組みとして、難民政策を作るのをためらっており、EU段階での庇護で共通に取り組む以上の関与はしていない。

EU各国は、難民保護のために、難民、第一次庇護国、そして自身の利益のために、戦略的に使いうる、より広範な定住計画の開発が必要となっている。戦略的事柄として、EU各国は、定住を保護への包括的取り組みの一環と見るべきであろう[7]。この取り組みは、他の恒久的解決策を含み、EUの対外関係とつながっている。包括的取り組みは、域内国やEUからの帰還や現地統合につなげられて、第一次庇護国での能力を強めるという方策を含んでいる。全てのEU加盟国は、個別的にか集団的にか、定住計画を作ることが求められている。最初は小さく、緊急の保護ケースにはUNHCRの呼びかけで、緊急定住の場所を与えるだけしかできないかもしれない。しかし時の経過で、より広範な定住許可が可能な選択肢に変わることができると思われる。定住計画を開始する前に、必要な資源負担の義務の程度がどれほどかを十分に認識し、仲間を連れてきて計画を機能させるか、作り出す必要がある。EUを横断した定住能力を開発することは、管理された、より多くの難民の入国を可能にする。

ＥＵ各国の難民政策は、欧州の政策になるために廃止か、共通の方針を持つ何かに変更される必要がある。[8] ＥＵは、共通の欧州庇護制度と定住計画を開発することが必要であり、そのことは難民保護への真の包括的な取り組みであり、共通の欧州保護制度にはめ込まれる上で重要である。

難民保護の発祥の地として、欧州の難民政策は究極的には、欧州での庇護や保護を超えた世界的な政策である必要がある。性格的には欧州的かもしれないが、司法や内務の意向に変更が加えられ、普遍的な難民政策になることが求められている。このことは庇護と移民問題に関して、ＥＵの協調過程の重要な一歩となっている。広範な欧州難民政策を作り上げるには、直接にはＥＵに焦点を合わせる一方、欧州理事会という広い文脈で考えられるべきであろう。

統合過程で、市民権はアイデンティティや所属に関係する。難民は、市民の地位を持つことなく市民社会に十分関与できるのかどうか、問題にされねばならない。そして、難民が統合で求められる市民社会への関与とはどういうことを意味するのか、が問われなければならない。定住が、難民の社会的アイデンティティを映し出す方法は、アメリカの定住政策と欧州のそれを比べる時に、一層明確になる。アメリカでの難民は、進取の精神を発揮して早期の自給を期待されている。高い期待を実現できない人々の問題は残ったままである。欧州では、どうしたら難民が社会参加し、活動的市民になり得るかとは考えられていない。あくまで被災した人々という理解である。難民の統合には、あまり関心が払われていない。[9] 焦点は、福祉の受給者としての難民であり、労働力という貢献者ではない。関心は庇護制度であり、その中で入国を制限し、人々をいかにして帰国させるかにある。

換言すれば、欧州の定住計画は、〝難民〟と〝福祉国家〟の間のつながりの問題である。福祉国家の結果として、ＥＵの国内では、地方自治体が統合で先頭に立つ傾向がある。ＮＧＯがその役割を持つ所では、公機関から入手できるサービスについての情報供与か、民間独自の追加支援という形で、行われている。アメリカでは、公的サービス制度が現金を支給するが、定住難民への活発な支援策はない。支援はもっぱら、民間の善意である。欧州では、福祉国家として、権利と資格に基づいて、公的な支援を与えている。アメリカと欧州の制度の間には、質的な違いがある。

欧州での福祉制度による難民支援、特に今あるEUの定住計画では特に弱者に焦点を合わせているので、アメリカに比べ、生活再建のため、個人に対し非常に強い関心を寄せている。このやり方は、悪くいえば、難民ニーズの強調につながり、〝依存〟という問題を生じ、統合への別の阻害要因にならないか、危惧される。〝揺り籠から墓場まで〟という欧州の福祉援助は、当初の援助が終わった後、経済的、政治的、社会的に持続の可能性はあるのだろうか。

難民移動と定住は、高度に複雑な現象である。難民の入国許可は、単に一つの要因分析だけに基づくことはできない。代わりに、定住の決定では、難民状況が抱える固有の力学を注意深く考慮に入れねばならない。現在の定住計画では、規模が異なり、一般に人数が注目される。資源を大量に必要とする定住事業で、大事なのは、入国を許可された難民の数ではなく、保護の必要な人々への保護を与えることである。戦略的思考で定住を考える時には、必ずしも単一の計画モデルを共有することなく、協力することが可能である。その際、国際保護を行う上で、〝費用〟は本当の問題なのか？　ということである。

現在の定住では、特別の緊急ケースを除き、差し迫った直接の保護の問題には余り関係していない。代わりに、難民の保護は恒久的ものにはならず、他に選択肢がないという状況にある。移民国は定住計画で多くの難民を受け入れる一方、欧州をはじめとする非移民国は、一般に受け入れをためらい、小人数の保護志向の定住を行う傾向がある。人数が少ないので、受け入れ（多くは医療ニーズの人）の決定は早い。これは、小規模の計画ならではの価値があり、高度の治療や心理的手当の必要な難民の中でも最弱者に努力を注ぐのは、欧州での計画を小規模にする理由として、理解されてきている。(10) 難民の中の最も弱い人々に保護を与えるという今ある欧州の計画は失われてはならないが、今後、定住を通じて保護の必要な人の合法的入国に進むのであれば、保護と恒久的解決が必要な弱者難民の全体を包む計画に拡大していく必要があろう。

恒久的解決の枠組みの中で、難民の自主性に注目すべきである。特に難民は、現地統合で、自主定住（self-settlement）をして、公的助けによらず、自分たちの手で非公式な解決をする。この潜在的な可能性を見る時、難民グループは、かなりの政治的能力と自分たちのニーズに合った恒久的解決を見つけ出すことに関心を持っている、ということができる。(11)

難民は、自主定住と国境を越えたネットワークの力で、事実上、滞留状況の中で自分たちなりの創造性で、事態の打開と解決を図っている。

（1）　van Selm, Woroby, Patrick and Matts, 2003, p.10 & p.15. ＵＮＨＣＲでは、まだ定住で意見が異なり、意思統一が難しい状況にある。その中で国際保護局が中心になって、定住を進めている。

（2）　Betts, 2009, p.21. 国家としての関与は、おそらく明確には、人道的もしくは難民分野からの関与ではないが、それは利点に変えうる。現代国家は幅広い関心を持っており、移住、安全、開発問題の関心は、難民保護に寄与する機会となり得る。なお、難民保護を他の分野と関連づけて、国家の行動に影響を与えるには、次の二点が重要である。①問題領域の間に、基本的な構造連関があること、②内的な構造を変えるか、情報を効果的に交換し、国家に構造連関があることを認識させること、である。

（3）　アメリカでは九・一一以後、安全への懸念が高まり、この懸念が定住計画に明らかに反映されている。二〇〇一年度、国務省の難民推薦リスト、議会での論議、そして大統領による決定が、通常より二ヵ月遅れた。すでに選別が終わり入国を待っていた人々は、入国が延期された。難民は、すでに何度も審査を受け吟味されているのに、まだ審査の必要があるという。難民はまだ国外にいて、入国が遅れても問題はないと見られたことがある（Noll & van Selm, 2003, p.3）。ちなみに九・一一のテロリスト一九人が使ったのは、「学生入国ビザ」で、これが共通のやり方である。

（4）最も代表的なのはイギリスで、二〇〇三年に定住計画を開始した。イギリスは、この計画は、同国にきたくても貧しくて密輸業者に金が払えない、世界中の最も抑圧された人々が対象だという。イギリスの年間五〇〇人という定住計画は、目標の中心に保護を置いている。定住計画を持つ他の欧州の国々も、自分たちの定住の特徴を保護志向だというが、しかし益々、国内での統合面に関心を向けている。その結果、選別された人々の統合能力が潜在的な定住規準として考慮されている。

（5）Noll & van Selm, 2003, p.25.

（6）van Selm, 2005-b, p.15.

（7）van Selm, 2003, p.6.

（8）van Selm, 2005-b, p.18.

（9）Smyth, Stewart & da Lomba, 2010, p.413. 難民に関する研究上の関心も、もっぱらディアスポラとか、トランス・ナショナリズムからのものが多い。

（10）Noll & van Selm, 2003, p.17.

（11）Refugee Studies Centre, 2010, p.20.

第五章　強制移動と社会結束
——強制移動民の社会統合の決定要因——

はじめに——問題の性質

欧州の移民・難民問題は益々、欧州各国の政党の間で、政治的論議の主題となってきている。これは選挙民の間で、移民（本章で、移民といった場合、難民を含む。難民だけを指す場合は、難民として言及する）は自分たちの社会に多くの影響を与えうると感じられているためである。経済活動や労働市場だけではなく、福祉、社会サービス、そして社会の凝集力に懸念があるためである。多くの先進工業国では、人口構成に変化が生じ、国民のアイデンティティが変化し、その現象が非常に複雑である。例えば、移民国オーストラリアの人口の約四分の一、カナダの人口の一五％が外国生まれの人である。一方、入国する人から見れば、〝誰がこの国へ入国を認められるのか〟、〝永久に滞在できるのか否か〟、〝自分ないし子供は将来、市民になれるのか〟、〝自分は国家と国民にどのように待遇されるのか〟など、これらの事柄がどのように扱われるかは大きな関心事である。いわば、政府と入国を許可された人との間の実際上の「社会契約」関係である。移民・難民の入国問題がとりわけ深刻なＥＵでは、域内の政治的統合で加盟国の国境が取り払われたが、移民と難民への入国規制の厳格化で、逆に不法滞在者の増加に悩まされている。欧州諸国は過去、不法入国と庇護制度の乱用の問題に焦点を合わせてきた。そして移住政策は今日、ＥＵの最も重要な政策の一つとなっている。過去、一九八〇年代末までに明らかになった事実は、庇護申請を受理する割合が高く、長期にわたって庇護審査に時間をかけ、難民認定で基準が幾分緩い国は、庇護申請者（asylum-seekers）を多く引き寄せるという事実であった。特に一九八三年以降、従来の難民流出に加えて、自国で経済状況が不安定なために、先進国でのより良い生活を目指す、発展途上国からの人々の数が大量に増加したことである。そのため一九九〇年代初め以降、それまで伝統的に難民を受け入れてきた定住国が、庇護法、移住法や政策を変更し、これまで歴史的に積み重ねられてきた人道的な受け入れというやり方から入国制限策へと転換した。庇護申請者と不法移民という事態は一九八〇年代以降、入国制限の措置に加え、国内の治安と福祉制度の乱用という怖れの問題につながっていった。これは移民国でも同様で、オーストラリアでは一九八九年、新しい法律を導入し、入国管理をより厳しくし、難民申請が疑わしいケースをチェックし、不法移民を止める政策をとった。カナダでは一九八〇年代末、一群の法律が導入され、より厳格な基準と簡素化された手続きの下で、難民申請の審査が新たに進められた。[1] 入国制限策は特に、ドイツで顕著であった。ドイツでは基本法が、迫害された人への庇護の絶対的な権利を定めていた。基本法第一六段落に対する政府からの修正要求は、非常に論議があったが、最終的に受け入れられた。また人道的といわれたスウェーデンも、難民の地位の認定基準を変更した。ドイツ、スウェーデン、両国への申請者は、一九九〇年代半ばから急速に下降した。イギリスとデンマークも庇護と移住の法制に変更を加えた。イギリスでは一〇年のうちに、都合四回の変更を行った。[2]

難民認定の仕組みは混乱し、制度には過重な負担がかけられた。庇護申請に制限を加える政策が各国で次々と導入され、制限への競争という危険な動きが見られた。事態に対応して先進国は、移住政策を厳格にし、一九六〇年代、七〇年代に作られた寛大な庇護手続きを厳しくした。入国の現場では、ビザの取得が義務づけられたり、必要な書類がない乗客を運んできた航空機に罰則が下されているように、様々な入国管理上の処置がとられている。勾留、労働制限、社会福祉便益を限定（例えば、現金よりも物資での配給など）、そして難民の地位を認められたとしても家族の再会で制限を受けている。この措置は功を奏し、一九九三年〜九六年に庇護申請者の数は、劇的に下降した。(3)

二〇〇〇年九月一一日のアメリカでの同時多発テロ以後、各国の庇護政策と再定住（もしくは定住）政策は、難民人口内にテロリストがいるかもしれないという怖れが存在している。EUでは、国境を越えた犯罪への立法措置が九・一一事件以降、急速に進んだ。同事件は、庇護策への規制が強化され、庇護とテロを関連づけるようにした。その反応として、〝イスラム嫌い〟（Islamophobia）を払拭し、定住・統合の際に人種差別問題へ取り組むべきだという要求が現れてきた。(4)しかし依然、移民・難民自身は〝問題〟と見られ、政策は、流出の根本原因や、受け入れ社会の人種的偏見と差別に取り組む代わりに、排除へと向かってきている。こうした事態は、庇護申請を無差別に否定し、「難民の可能性のある人」の利益を害している。欧州で、北アメリカで、そして世界の各地域で、ナショナリズム、人種主義の復活が見られる。人の移動という現象は、彼らの複雑多岐にわたる性格を表す新しい言葉を次々と生んでいる。例えば、彼らは不法移民、庇護申請者、難民、長期居住者、少数民族集団、正規の労働移民など、と呼ばれる。各国は、彼らを特徴づける特有な言葉を持つようになっている。

しかしこれらの移民の間の範疇の区別をどうするかでは、公けの議論の中では曖昧さが残る。(5)理由は一つには、難民の庇護申請が拒否されると、追放の命令に従わない場合、不法滞在になるからである。人権や難民といった国際法に定められた保護の正当な権利を持つ人々と、それに該当せず入国を断念させる政策がとられる人々の間の違いに、一般の人々の理解があやしくなっている。難民の可能性がありながら、不法に入国した人々の中には、庇護申請すれば、彼らに課される制限や当局による追放の怖れのために、庇護申請をしない場合もある。[6] 代わりに、不法労働者となって働くことを選択する。この事実は、庇護申請者と経済移民の区別をさらに曖昧にしてきた。外国人への入国制限策に対する国民の関心は、庇護制度へと向けられ、主に、庇護手続きの乱用の問題として、不法移民の現象にからんだ歪んだ意識を助長してきた。こうして世論の中での、難民のイメージが侵食されている。また、難民の用語は、〝環境難民〟、〝開発難民〟のように、しばしば強制されて移動する人々の全ての部類を包み込む一般的な意味で使われてしまっている。

一九五一年国連難民条約は、強制移動民の一つの範疇である難民が、他国から「難民の地位」を要求できる点で、中心となる基準を定めている。受け入れ国の当局は、個人の申請に基づき、価値判断を行い、当人の法的地位を決定する前に、庇護申請者とする。しかし実際上、難民条約では難民に該当しないものの、UNHCRのような国際難民機関は、紛争の結果として国境を越えて避難した人々を、難民条約での定義による正式の認定なしに難民と見なしてきている。ふり返って現在、難民や国際保護が必要な人々は通常、難民が流出した国（本章では原因国、難民の観点からは自国、祖国として使うが、意味は、いずれも同義）のある、域内の隣国で庇護を与えられている。そして、世界では庇護申請者全体の四％のみが、自発的にか、各国の再定住計画かで、域外へと移動している。[7] 流出国の域内での庇護は、多くの場合、脆い解決策になり始めている。

九・一一事件以降の地政学的変化とEUの拡大が継続する中で、不法移民の流入と国境が穴だらけという問題は、各国に安全保障上の懸念を高めた。欧州理事会（於　タンペレ Tampere）は一九九九年、庇護手続きの共通化と庇護が付与されれば同一の地位を与えるよう各国に要請した。これはEUが拘束力ある共通の政策を公式に求め、共通の政策の青写真を出した初めての会議である。しかし、提案された多くの事柄はこれまでのところ、実効性に乏しく捉えどころがない。

庇護策を共通化するという試みは、多くの加盟国から抵抗を受け続けている(8)。EUでは移住論議の中で、庇護と不法移民が政治的に語られる一方、労働移住とそれに関連する「移民の統合」の問題が政治的論議として始まっている(9)。

庇護策の制限は上述のように、EUだけの特徴ではなく、多くの先進国、アメリカ、オーストラリアでも起こった。これらの制限政策が出現したのは、人権面で改善があったから制限措置が出てきたというより、条約難民の数が一九九五年以降、世界的に下降したことが、その主な理由である。北の先進国の難民制度は、過去二〇年の間に、大きく変化した。冷戦による東からの難民を歓迎した制度から、南からの人々による難民への庇護申請を排除し管理する〝不入国制度〟へと移行してきた。先進国の多くでは、庇護申請者の数の増加で、政策の焦点は保護の拡大よりも、庇護の管理をどうするかという問題になった。多くの国々で、難民に戸口を開けたままにすべきかどうか、政策は多文化主義を意味するのかどうかで、果てしない議論が続いている(10)。そして難民保護は、最低水準にまで優先順位が下げられた。国際社会は、難民流出の原因に政治的関心を失ったのかもしれない。各国は現在、民主的価値と人道的価値が普遍化しているため反対もできず、かといって人数が圧倒的だという怖れの中で、家族再会と、難民の入国許可の扱いが強調されている。その一方では、移民・難民の入国への法的、官僚的、安全保障的考慮から国境管理の維持が強調され、厳しい立法措置が不法移民を追放し、〝経済難民〟を追い出すのにとられている。

各国は巨大な人口流入に直面し、国家のアイデンティティと文化の多元的共存の問題に取り組まねばならない。こうした中で、一方で、生態環境の論議が先進国社会への移民の増大に反対するために使われている[11]。多文化社会は必ずしも、彼らの入国政策に寛大なわけではない。多くの政党は、移民・難民のより一層の制限を約束することで、選挙での票の獲得に強い関心を持ち続けている。

いくつかの先進国社会では今や、二つの移民階層が明瞭に存在している。一つは、家族再会、ハイテク産業や大学等で雇用される高学歴者、金融資産を持つ人など、政策で合法的に入国を認められた人々で、円滑に受け入れが進められる。もう一つは、正規の書類を持たない不法移民や、未熟練の労働者、庇護申請者である。彼らは今、滞在中の在留資格がはっきりしないために、社会的にも、政治的にも、受け入れ社会（ホスト社会）への統合がむずかしい。オーストラリアやカナダでは、一九八〇年代からビジネス移民が、高い優先度を与えられた。逆に、貧しい人々にはその手段が利用できず、彼らが今いる国家から脱出すれば得られるかもしれない、現実、あるいは想像上の富をうらやましく思う。他方、受け入れ社会では、移民・難民の様子をめぐって、吸収、編入、同化、統合という言葉が使われ、言葉はそれ自身、複雑で多岐にわたり、曖昧さを持ち、論争中である。

ゾルバーグ（Aristide R. Zolberg）らは、一九八九年の著書『暴力からの逃亡』（*Escape From Violence: Conflict and the Refugee Crisis in the Developing World*）で、難民移動の主原因は、貧困や低開発ではなく、グローバリゼーションの急速な過程による、広範で一般的、永続的な暴力のせいだとしている。グローバリゼーションの概念は、一九七〇年代以降に使われ、政治経済関係、技術、通信手段の急速な進歩に基づく国際的な統合を意味するものとして使われてきた。グローバリゼーションはしばしば、近代主義として言及されるプロセスの最新のものである。ところで本章で論を展開する上で、近代という言葉にいくらか触れておく必要があろう。いうまでもなく「近代化」という現象は、一五世紀にヨーロッパ植民地主義の拡張で始まっている。近代とは、直接的な政治管理だけでなく、西欧の文化価値の流布を通じた、世界の他の部分の植民地化であった。近代とは、資本家生産と配布制度が統合された形で、合理性という原則に基づき、世俗的な文化とつながってきている。

そうした現代の中で、「人種主義」はグローバリゼーションのこの新しい段階の政治と文化の不可欠な一部だ[12]、という見方がある。人種主義は常に、従属的集団に他者の定義を押しつける政治的、経済的、社会・文化的な権力を意味する。この力は、標的となる種々の集団、場所に応じて異なった形をとり、そして変化する「新しい型」の人種主義である。現代世界を覆う、国民国家とそれに伴うナショナリズムのイデオロギーが勢いを得ている。近年の論議のポイントの一つは、ナショナリズムは自動的に人種主義につながるかどうかである[13]。

本章は、難民への状況が厳しさを増す中で、恒久的解決策の一つとしての再定住と、その結果としての統合の意味を考えてみたい。本章での課題は、主に理論的、概念的なものだが、同時に政策志向的でもある。理論と概念を調べることは、将来の研究の方向性を示し、間接的に政策の方向性を指示すると考えられる。

（1）Richmond, 1994, pp.172-173.
（2）Castles, et al., 2003, p.43. なお、同じ移民でも東欧移民は、とりわけドイツの問題と見られ、第三世界からの移民は、主にイギリス、フランスの問題と見られている。
（3）The International Institute of Humanitarian Law and Spanish National Committee for UNHCR, 1997, p.10.
（4）Moraes, 2003, p.124.
（5）Boswell, 2003, p.2.
（6）Castles, et al., 2003, p.46.
（7）The International Institute of Humanitarian Law and Spanish National Committee for UNHCR, 1997, p.9.
（8）Boswell, 2003, p.110. ＥＵが包括的政策を立案する上での障害と見られるのは、以下の点である。①ＥＵの共通政策を作る上での方法上の諸問題、②欧州理事会、同委員会、同議会の間の政治的緊張、③協力についての加盟国間の意見の相違、④移住問題でEUが介入することへの国民の抵抗への政府側の心配、⑤九・一一事件の影響（Moraes, 2003, p.120）。

EUの共通政策に対しては、各国世論の強い圧力がある。例えば、④に関しては、イギリスとフランスの間の〝サンガット〟（Sangatte）危機においてのマス・メディアの報道がある。イギリスに庇護を求める人々は、海峡トンネルのフランス側に近い赤十字のキャンプに収容され、イギリスに入国するために何度も危険をおかして入国行為を繰り返していた。彼らの目的は、入国し不法に滞在すること、フランスよりもイギリスで庇護申請をすることであった。いわゆる、〝庇護漁り〟（asylum shopping）である。同様にメディアは、北アフリカからスペイン南部への危険な移住ルートを報じ、また東欧の〝サラエボ回廊〟（Sarajevo Corridor）やイタリアへの〝アドリア回路〟（Adriatic Route）を報じた。移民の窮状に同情的な人々と、そうでない人々の双方が、EUによる現行の二国間、及び政府間の行政措置があまり成功していないことを認識するようになった。勿論一方では、この問題へのEU全体としての介入への各国国民の怖れが、協力の進展を妨げていた。EUがより包括的に移住の原因、すなわち押し出し要因とEU自体の移住ニーズに取り組もうとしたのは、一九九二年の欧州理事会（エジンバラ）である。しかし最も重要な最近の動きでの出発点は、タンペレ会議である（*ibid.*, p.119）。

（9）Moraes, 2003, p.124.

（10）Weiner, p.380.

（11）Richmond, 1994, p.176.

（12）Castles, 2000, p.164. カースルズは、この傾向を「人種主義のグローバリゼーション」と呼ぶ。ヨーロッパ優位を正当化したイデオロギーとして、人種主義は常に近代化の一部であった。グローバリゼーションは初めは、経済的、工業的再編の過程としてあった。しかし一九七〇年代から、投資の形態が変化し、資本家は低賃金国での商品生産のため、工場を海外へと移転した。産油国やアジアの新興国が世界貿易でも台頭した。

（13）*ibid.*, p.169. つまり、人種主義は超ナショナリズムの一つかどうかということである。これに対し、〝良いナショナリズムと悪いナショナリズム〟の考え方がある。〝良いナショナリズム〟は、国民国家を建設し、被抑圧集団の解放闘争に中心となる軸を与える。〝悪いナショナリズム〟は、他国を支配し、国内の少数者を抑圧する。ここでは、これ以上立ち入らないが、人種主義とナショナリズムの関係は近代国民国家を考える上で、中心的な課題である。

第一節　保護と再定住——相補う保護機能

一九九八年、ＮＧＯの「ヨーロッパ難民・亡命者評議会」（the European Council on Refugees and Exiles, ECRE）は、ノルウェー、フィンランドを除き、欧州諸国は、難民受け入れ人数枠を削減し、中には廃止の国さえもあり、再定住制度への支援が下降している、と懸念を表明した。また、厳しい審査基準のために、既存の定住割り当て枠が満たされないまま残っているとした[1]。

「再定住」（resettlement）には、重さが同じ三つの目標がある。①保護、②永続する解決策であること、③受け入れ国との負担分担。再定住は、他の二つの解決策、「自発的帰還」、「庇護国定住」（現地統合ともいう）[2]とともに、「国際難民機関」（ＩＲＯ）の取り決めの前文にある[3]。近年、国際社会ではこの三つの解決策に優先順位がつけられ、自発的帰還が、再定住と庇護国定住よりも、解決策としての優先度が高められた[4]。一九九〇年代、再定住は一層、最後にとりうる手段と見られるようになった[5]。自発的帰還という方法にのみ、解決を依存する現在のあり方には、多くの批判がある。

一九八〇年代まで、状況にもよるが、三つの解決策は恒久的な解決策として、多少とも平等な位置にあった。一九八三年、ＵＮＨＣＲ執行委員会決議第二九号は、自発的帰還を各国政府に要請しているが、自発的帰還に最も高い優先度を与えたわけではない。一九八九年の同委員会決議第五八号も同様な原則を確認している。しかし一九八九年のこの決議では、特に自発的帰還が解決策として最初に強調され、これが不可能な時に庇護国定住と再定住がとられるというふうに変更された。

再定住は現在、永続する解決策としては、非常に例外的な個人的状況でのみ、考えられる解決策となっている。再定住を〝最後の手段〟とすることは、三つの解決策の中で、最も価値が低く必要のないものとして、再定住を位置づけ、解決策の階層化につながっている。いうまでもないことだが、第一次庇護国での解決にあたっては、あらゆる可能性が十分に探られねばならない(6)。難民状況はいずれの場合でも、その内部には性格の異なる個人が存在するため、ただ一つの解決策だけでは不十分である。集団、個人の性格に応じて、三つの全ての解決策が同時に追求されるのは当然のことであろう。事例ごとに状況に応じて、包括的に取り組まれるべきであり、自国に決して戻れない人々に適切に対応されることは言をまたない。

一九九一年の第四二期UNHCR執行委員会は、国際的な再定住政策の転回点であった。一九九〇年代の再定住活動は、力点がより保護志向となり、数量的には少ない難民が一層対象となっていた。同委員会決議第六七号(XLII)は、保護と再定住の関係では、再定住を「保護の手段」と再確認した。特別の状況という中での永続する解決策として再定住の役割に言及し、国際的な負担分担の中で、難民の受け入れ枠の確保を各国に呼びかけている(7)。

再定住が、難民の国際保護と国際連帯の基本的な手段であり、難民移動の短期的な変動に左右されるべきではなく、再定住計画の計画立案とその規模自体は、問題がどれだけ本質的に必要かということによるのは当然である。難民の国際保護は、UNHCRの事業の基礎であり、この委任事項は、一九五〇年一二月一四日の国連総会決議第四二八号(V)でUNHCRに与えられている。UNHCRは、再定住に関し、保護への恒久的な解決やその他特別に理由のある難民が、自国への帰還(帰国)も、庇護国でも、効果的な保護を受けたり、また同国へ定住できない時に、最終的にとられ、再定住の決定は他の手段が全くない時や、法的あるいは物理的な安全を永続的に保証する方法がない時に、とられる解決法だ、[8]としている。つまり再定住は、難民個人が近い将来に帰国できないか、そしてさらに、再定住を通じて保護や統合の機会を持つことが明らかな時に実施される、[9]とされている。再定住は、人権の保護と特に庇護国での滞在を極度に脅かす時（強制送還、物理的な安全への怖れ、恣意的な勾留）に、保護を保証する唯一の手段だと考えられている。一九九一年、ＵＮＨＣＲ執行委員会は、各国政府に国際的な負担分担の意味から、受け入れ上限を設定し、一時的なものであれ、再定住の機会を提供するよう決議している。

近年は、再定住の考え方に変化が生じ、国際的に保護の必要な人々の、ホスト国への〝管理され秩序だった〟入国手段として、再定住が考えられてきている。ＵＮＨＣＲは、庇護が得られなかったり、保護基準が不十分な所では、再定住は難民の保護を確かにする上で、大事な選択肢だ、[10]と述べている。

ところで、再定住と「庇護」の関係について、一言触れておきたい。再定住も庇護も、人道的な保護を与えることができるし、全体的な難民保護の枠組みの中で、相補的な要因である。しかし、両者は過程の出発点が異なる。再定住は、国家が前もって、誰を助けるかを決定し、彼ら難民の到着後に保護を保証する団体や個人を選別する計画である。保護策として、それのみでは不十分だが、包括的な保護策の不可欠な一部である。これに対し庇護は、文字通り、「かばい守ること」である。難民としての認定の手続きはその後になる。再定住と庇護の違いが明確に理解された上で、次はより大きな保護制度（定住計画、庇護制度、その手続き、原因国での援助計画）の一部として、この二つがどのように調和するのかを考える必要がある。

最後に、難民の解決策が全く進められない時、国際社会の責任とは何か。人道問題の決議の中で、国際協力の義務はあるのか。定住国は難民の再定住について、各国の諸事情の柔軟性の上に、受け入れの原則と計画の詳細を決定し、法的基礎を模索することが適切と考えられる。ＵＮＨＣＲと国家の関係は、「指針」で十分である。再定住は個人への保護手段以上のものであり、それはまた、国家の政治的な意思表示でもある。一つの国での受け入れは、難民に対する各国の国民世論を改善し、世界が国際協力と負担分担に取り組んでいることを他の受け入れ国に合図する意味合いも持っている。

（1） The European Council on Refugees and Exiles, 1998, p.8. ＥＣＲＥは、欧州の六〇以上のＮＧＯが加盟している。国の中には、これまで伝統的に使用してきた保護基準を捨てて、ＵＮＨＣＲが認定した難民を再定住から外す傾向が見られる（Sianni, 2000, p.3）。

（2） 現地統合（local integration）は、庇護国社会での難民の同化ではない。「同化」の言葉は、一九五一年難民条約の中に見られるが、国際社会は常にこの概念を拒否してきた。「統合」は、同化よりも有用な概念で、難民が自分たちのアイデンティティを維持し、受け入れ国の国民と難民双方が受け入れ可能な方法で、一緒に生活できる形で受け入れ社会の一部になることを意味する。現地統合の概念は、よく難民について使われるが、国際法の中に、公式的な定義はない。また、関連する「現地定住」（local settlement）との混乱もある。現地統合は、難民は庇護国に無期限にとどまり、その国に自らの逃亡への解決を求めるという前提がある。必ずというわけではないが、理想的には市民権の獲得が含まれている。他方、現地定住は大量難民の移動に対処する戦略として定義される。庇護国で恒久的な解決を見出すのではなく、あくまで一時的措置である。一九六〇年代～八〇年代、アフリカその他の開発途上地域で難民が大規模に流出した時に、この方法は広く使われた。二つの概念は、互いに互換して使われており、関係は曖昧である。比較的少ない事例ではあるが、現地定住で、庇護を与えた国の市民になり、現地統合の前触れとなった所もある（Crisp, 2004, p.10）。

現地統合は難民の永続的な解決への過程であり、三つの相関係する面を持ったプロセスである。①法的プロセス……漸進的に広範囲の権利が受け入れ国から与えられる。②経済的プロセス……生活が持続的に営めるよう状況が改善される。③社会的プロセス……難民と受け入れ国の国民の双方が関与するプロセスである。

このプロセスは、難民が庇護国の帰化市民になり、その結果、国際保護がもはや必要ない場合にのみ、恒久的解決となる。しかしこのように、概念を制限的に解釈することには疑問の声もある。その理由は、庇護国での帰化がなくとも、難民が広範な権利を取得したり、経済的に自立したりできれば、受け入れ国民と緊密な絆を発展させることは可能だからである。

（3）The International Institute of Humanitarian Law and Spanish National Committee for UNHCR, 1997, p.1.

（4）Crisp, 2004, pp.4-5. 自発帰還策が多用される背景には、多くの難民は「安全になれば自国に戻りたい」と考えるという援助側の一方的な思いこみと、クリスプ（Jeff Crisp）によれば、以下の点が影響している。①貧しい途上国での大量の難民による経済、環境要因への否定的な影響、②先進国が十分に負担を分担していないという庇護国側の不満、③地域、国内、域内での安全保障の問題。特に難民の間に武装勢力が混入した時、懸念が増す、④メディアや無責任な政治家による反難民感情の創出、⑤入国管理能力の喪失の怖れとつながった庇護制限への風潮、がある。

（5）Sianni, 2000, p.1.

（6）Crisp, 2004, p.7. 自発的帰還のみだと抜け落ちる点は、①世界の難民の大多数は現在、安全に帰国できない状況があること、②庇護国（多くは途上国）での、難民への長期にわたる生活支援策のみでは、庇護国、先進国ドナーにも、難民にも利益がないこと、③庇護国に定住、もしくは自立が達成できない難民は、都市か、他国へ移動する傾向がある。不規則移動は問題を悪化させること、④庇護国定住、自立の推進が、状況によっては適切であり、重要な手段になりうるということ、である。

庇護国は、難民受け入れの問題を強調するために難民キャンプを設営し、国際社会や難民機関からの資金獲得を目指し、メディアの関心をひく場所として、難民キャンプを利用する。時の経過で難民人口が大きくなれば、受け入れた庇護国側は、しばしば膨れ上がる負担に圧倒され、彼らの国内資源が脅かされる。難民はキャンプ内に留め置かれる。かくして、時の経過で難民の地元社会への統合の度合いは減じる（Banki, 2004, p.15）。

（7）The International Institute of Humanitarian Law and Spanish National Committee for UNHCR, 1997, p.5.

（8）UNHCR Resettlement Section, 1997, p.1. 国際保護の手段として、再定住は、難民の物理的な安全を第一に保証している。再定住の過程は、以下の広範な構成要因を含んでいる。すなわち、一般的な政策目標、人数等の規模の決定、選別目標、選別基準、選別法、選別手続き、選別から出発、到着、最初の数週間と移動、統合と長期的な問題である。再定住計画は、外交政策もしくは国内の民族政策のような国内的優先度を反映している。再定住は、保護の手段と恒久的な解決策として重要性がある。ただし、気をつけねばならない点は、定住計画が、庇護国から受け入れ国への難民の不規則移動の引っ張り要因（プル要因）として、働くのを避けることである。

（9）*ibid.*, 1997, p.4. UNHCRによれば、実施にあたり、難民に物理的な安全への怖れや緊急の保護の必要はないにしても、受け入れ可能性、人数、受け入れ能力について、受け入れに関与する全当事者による、事前の評価が行われる必要がある。

(10) The International Institute of Humanitarian Law and Spanish National Committee for UNHCR, 1997, p.1. 国際保護の手段として、再定住は難民の物理的安全の保証がまず第一、という点からきている。再定住は、人権保障の唯一の手段であり、第一次庇護国で難民が滞在の際、深刻な危険に直面する場合、保護を保証する手段となっている。再定住は、長期化する難民状況の中で、長期的な解決を与え、再定住国への出発に先立ち、難民という地位が決定されて、受け入れ国への入国が円滑化される手段となっている。

第二節　統合——移民の社会編入

移民・難民の統合の問題が近年、多くの西欧諸国で主要な政策課題となってきた。統合の問題はまた、集団のアイデンティティや治安などにつながる象徴的な問題を含んでいる。(1) 欧州では多くの国々が、国内の少数者集団の統合の効率性に疑問を持ち始めている。過去数年、フランス、ドイツ、イギリスでは多文化主義と国家のアイデンティティについて熱い議論がかわされた。その懸念は、アメリカでの九・一一の結果、〝イスラム原理主義〟の怖れで悪化した。受け入れ社会での難民の統合は、研究者、実務者、そして政策立案者にとっても、概念的にも、実践的にも、非常に論議のある問題となってきている。しかし用語は定義が異なり、また統合を進める政策も異なったやり方で行われているのが実情である。(2)

統合は、移民の吸収についての非常に特有な現代政治の論議に追いつこうとしてきた社会政治理論から出てきた言葉である。(3) 統合は古典的な社会学的な意味では、共有された信念・慣行、社会的な相互関係、共通の目標から出てきた言葉である。ここではコーラック（Maja Korac）の定義を借りて、統合を、「新着民が統合の目的に対し、調和をもちつつ、一定の社会参加が達成できる前に克服しなければならない主要な障害を含む目標志向のプロセス」[4]としておく。

それでは、先進国で一般に移民の社会統合に影響する要因とは何か。何の要因が、移民とホスト国民の関係を敵意あるものとするのか、あるいは支援的なものかと決めるのか。公共政策はその関係に影響する上で、どんな違いを作り出すのか。ウェイナー（Myron Weiner）は、次の三点[5]をあげる。①移民を社会に組み込むことへのホスト社会の快い気持ち、②新しい社会への移民の関与、③労働市場の構造、である。換言すれば、移民・難民とホスト国の国民の関係に影響するのは、どんな入国政策と定住策が採用され、そしてこれらの政策が移民・難民の統合にどう役立つかである。まず第一は、社会が喜んで編入・吸収するかどうか、第二に、付与された法的地位と新しいアイデンティティで、社会の一員になることを移民・難民自身が望んでいるか、第三は、経済活動のために労働市場の隙間を移民・難民が見つけられるかどうか、である。

先進国でのこれまでの受け入れ経験では、移民・難民をホスト社会の経済、文化、社会制度、組織に統合させる要因については、いくつかの仮説[6]がある。簡略していえば、以下の場合に統合が進むと考えられている。①受け入れ社会が移民を社会の永久の構成員と見て、市民権を与える。移民は、市民権と新しいアイデンティティを受け入れる。②移民に子供が生まれた時には、その国の国民と見なされ、同等の教育機会が与えられる。③移民の性格が特に、受け入れ社会の労働市場での流動性にあっている場合。④受け入れ国の経済が活況の時は、移民とホスト国民の競争が減り、移民に機会が与えられる。⑤労働市場の構造が職業的な流動性を求める移民に機会を与える場合。⑥受け入れ社会が、移民社会の文化や価値を傷つけない場合。⑦移民の流れが時間的に十分に分散されるか、一国からの入国数が少なく、「少数民族の居住地区」（エスニック・エンクレイブ）を長期に存続させるほど、流入が連続しない場合。⑧受け入れ社会が、移民・難民の流入を管理可能だと見なす場合。⑨国家が学校、雇用、住居で彼らとの分離を求めたり進めたりしない場合、である。

次に、簡単に要因を上げてみる。

定住モデル

ホスト国の基本的な状況

（1）国外要因

（2）国内要因

(a)政治環境

(b)制度形態と慣行

(c)人口構成とその変化

(d)経済状況

(e)歴史的・文化的特性

(f)社会心理的要因

（3）介入する変数

(a)居住地区

(b)政治的権利
(c)経済機会
(d)制度の恩恵
(e)文化的許容度
(f)社会心理

(4) 政策的対応
(a)短期
(b)中・長期
(c)資金

(5) 介入の態様
(a)集団的
(b)個人的
(c)象徴的

しかるに、現実はどうであろうか。欧州各国での統合過程ではいきづまり感がある。[7] スカーフで顔と頭をおおい教室にやってくるムスリム少女の問題は、フランスで大きな問題となった。賛否の論争が渦巻いた。フランスの世俗主義者は、スカーフの問題は世俗的な学校制度への攻撃だと考えた。他方でムスリムに同調する人々は、公共施設でさえも宗教的独自性を主張するムスリムの権利として擁護した。イギリスでは、ムスリムが政府のキリスト教やユダヤ教の私立学校支援を理由に、自分たちムスリムの私立学校への財政援助を政府に要求した。[8]

フランスは、欧州で移住の長い歴史があり、共和国社会へ移民を同化する能力を誇りにしてきた。フランス・モデルでは、民族や国の違いは第二世代でなくなるとされる。それゆえ、社会的な烙印の根拠は存在しない。「同化」というこの伝統は、共和制になる以前からの伝統である。フランス革命は、宗教差別を廃止し、国家への忠誠と革命の理念への忠誠にかえることを行った。[9]

近年まで、多くの移民国での優勢な考え方は、文化的な多様性の問題は、同化を通じて時とともに解決するとされていたことである。この考えは特にフランスをはじめ、まだいくつかの国で支配的な考え方となっている。しかし同化という考え方は、次第に実現することがむずかしくなってきている。移民を今一度、「社会化する」という国民国家の力は、グローバル化の傾向と社会自体の結束が下降することで、随分と損なわれてきている。移民は、通信手段の格段の進歩と祖国を頻繁に訪れるようになって、祖国とのつながりや文化を維持しやすくなった。[10]自国文化への誇りは、同化を容易にするのか、それとも緩慢にするのか。文化的な周縁性は、アイデンティティの変化を速めるのかどうかは、まだ答えられていない問題である。

これまで移民の統合を扱った研究の多くは、主に同化の程度か、経済的状態の向上への構造的障害となる、個人や集団の違いに焦点を合わせてきた。他方、政策論議ではもっぱら、入国許可数とその選別基準にほとんど集中してきた。[11]同化は常に、個人に生ずるが、集団の同化は歴史的現象として起こっている。その意味で、同化モデルは歴史的分析にはいくらかの有用性があり、あらかじめ措定された単線的な考え方は捨てねばならないが、歴史的に適用可能な理念型の一つとして、適切であると理解すれば、完全に否定することもない。ただ同化モデルは、〈移民―ホスト社会〉の相互作用の理解にはあまり有効ではない。[12]

移民がホスト社会の言葉を学ぶ誘因は何か。より広くいえば、ホスト国民に彼らをより受け入れやすくする行動様式をとるようにさせる誘因とは何か、である。そのために例えば、彼らには何の機会が得られれば良いのか。教育か、住居か、雇用か。UNHCRがEUのいくつかの国で実施した調査[13]によれば、難民の統合の障害とされたのは、①言葉と文化の違いでの困難、②差別、③難民という特別な状況へのホスト国内の理解不足、④庇護申請中は長期にわたり活動を制限されることによる心理的影響、⑤仮の保護は限定的保護でしかないこと、であった。

言葉への同化過程は、一般にもし移民の流れがそれほど大きくはなく、流入が継続もしないなら、同化は急速に起こる可能性がある。移民の流れが止まったり、数が著しく減じたりした時には、祖国とのつながりは希薄になり、同化の過程は勢いを増す。反対に、祖国からしかるべく数の人々が継続して流入すれば、彼らはホスト国の言語より、移民の母国語を使うようになり、また情報ももたらされることになる。特に新着民が、自分たちを一時的滞在者と見なせば、彼らの新しい国でのアイデンティティ獲得は弱められることになる。祖国が地理的に近く、容易に帰れる場合には、移民は高い帰国率を示し、新しいアイデンティティ形成の速度はゆるむ。

アメリカでは言語の使用は、階級と各集団の力で非常に違ったものになっている。アメリカは民族的に階層化され、文化的には多元的に共存している。その結果として、移民が究極的に同化しなければならないということはない[14]。低賃金の移民にとって、英語以外の他の言語を話すことが〝生き残りの道〟となるが、他方、英語を学ぶことは社会的上昇には必要な道である[15]。

言語を同化への障害にする場合もある。エストニアでは一九九一年の独立で、同国市民になるための、エストニア語のテストの合格点が非常に高く設定されたので、ロシア系の人々がエストニア市民になるには、実際上高度の語学力が要求されることになった[16]。他方、アメリカやカナダでは、帰化のためのテストや市民としての宣誓が、なぜ排除や同化の押しつけと見なされないのか。とりあえずの答えは、テストが市民への道を阻むという性質のものではないことと、両国在住の多くの民族集団は実によく彼らの声をあげ、組織もしっかりとしており、自分たちが見出した差別や攻撃に我慢しないからだ[17]、といわれる。

受け入れ社会への適応のプロセスは、典型的にはジェンダー関係の再解釈も含め、民族のアイデンティティの選択的な再建を伴う。その際、彼らの心の傷の問題は忘れてはならないであろう。「難民経験」（refugee experience）の用語が、強制移動をした人間の個人的、社会的、経済的、文化的、政治的結果を示すために、難民研究の分野で広く使われてきている。一般にも広く知られ、使用されるようになった「心的外傷ストレス症候群」（ＰＴＳＤ）と診断されることは、難民とならざるを得なかった過去の迫害やトラウマの経験だけではなく、恥辱、孤立、拒絶とも関連する、難民の苦難を無視していることを表している。難民経験は、逃亡前、逃亡、一時定住、再定住（もしくは帰国）のおおむね四段階に区分される。移住・移民の統合の理論はまだないが、統合に含まれるプロセスの理解は改善されてきている。この用語の使用は分析にあたり、難民自身がその中心であることを強調している[18]。

ホスト社会で、難民が近隣に対して自分を分離してしまうのは、難民やその子弟が社会の他の人々と同じ教育を受け、自らのコミュニティ外に雇用を見出す時、同化の障害にはならない。しかし、教育と雇用が制限され、それが原因で発生した自己分離の場合には、状態を長引かせ、しばしば移民・難民の間、そして時には他の様々な移民集団との間に摩擦を生じている。民族ごとに異なるアイデンティティ、そしてエンパワーメントの問題が明らかに存在する。移民・難民受け入れのパターンが国ごとに不ぞろいな中で、統合の現状を理解する上で重要な問題となってきている。

1　統合への要因

定住と統合は、社会的ネットワークの形成・確立とともに、以前の社会的絆の喪失を認め、あきらめて受け入れ、傷をいやすプロセスである。受け入れ社会の統合制度が持つ特徴は、難民の社会相互作用の型、様式と、難民を取り巻く社会との相互作用の質を決定する。統合の評価と、統合を推進する政策の開発には、種々のプロセスを経験に基づき調べ、社会参加の度合いとその相互関係を調べる必要がある。

ここで、イタリア・ローマでの旧ユーゴ難民の定住を調査した、コーラック（Maja Korac）の事例を取り上げてみたい。イタリアでのエンパワーメントの主要な源の一つは、「働く権利」であった。

「どんな種類の仕事にかかわらず、ここでの労働は私たちをより良く感じさせる。」（三七歳ボスニア女性、ローマでNGOに雇用）[19]

「ノルウェーにいる私の友達は全く働くことができない、という。過去二年間、友達はいくつかの職業訓練を始めた。しかしそれ以外は、過去の話に閉じこもっている。ここ（イタリア）で新しい生活を始めたのは、良かったと思う。すぐに仕事を始めれば、過去に生きることはない。」（同上）

定住国で、難民の適応戦略が成功するには、労働が重要だが、ここでの難民は働く権利を一番評価している。

ローマに定住した旧ユーゴからの難民には一九九〇年代、イタリア政府からの援助計画が何もなかった。イタリアでは、難民のニーズを満たす組織的な支援体制が何もなかったので、ローマでの定住では難民個人の技術・技能や資源に大きく依存した。この状況は、定住の過程、特に初期の段階で、難民の文化と受け入れ社会の文化の間でかなりの困難を引き起こした。難民は、現地イタリア人と自発的に個人的な出会いを行った。こうした出会いの形式は、難民の適応力の強化に役立った。また彼らの主観的な生き方に影響を与え、統合過程で生じる数々の問題の埋め合わせとして働いた。[20] 政府の統合政策と定住援助が存在しなかったことが、難民を独立させ、自給の質を高める方法に影響を与えた。それはまた、難民とホスト社会との相互作用と型、以下に述べる民族の境界を越えた関係を決定する。

逆に、難民の定住を容易にするために、何らかの形の援助計画があるところではどうであろう。一国の統合計画はしばしば、統合や平等の価値よりも、難民と不平等な力関係を持つ計画側の権威の上に作られている。政府や政策立案者が、統合の目標を定め、それを受け入れた難民に押しつけるトップダウン方式は、難民の統合を進め、その成功の度合いをはかる上で広く認められるアプローチとなっている。そうした状況の中では、受け入れ社会側のカギとなる案内人である社会福祉関係者も、難民たる少数者との関係で、上下関係という構造的な枠組みの中に留まらざるを得ない。この関係は個人では到底打ち勝つのが困難な構造的限界を持っている。[21] さらに、文化摩擦の概念が曖昧だと、計画は統合過程の中にある難民のストレスを強めるかもしれない。そうした概念は、受け入れ社会の文化の概念を通常、上位と位置づけ、文化の妨害者となるかもしれない。

イタリアの事例では、旧ユーゴからの難民たちは、カリタス支給の無料の食事配給に頼らず、自尊心の維持の方を選ぶ傾向があった。尊厳の重要さが、彼らを生き続けさせた決定要因だ、と難民は強調する。[22] 難民が解決を見出し、自給を達成するには自尊心が大事なことを示していた。

さらに、ホスト社会への適応で、難民の態度を決定づける要因の一つは、彼らが社会的、もしくは政治的に自らが拒否されたかどうかである。難民は、もし彼らが帰国できないと知るならば、新しいアイデンティティを得る機会をつかもうとする。(23)

「ボスニアを逃れたのは、一つには徴兵される怖れです。そしてその多くは、対話の余地のない集団的狂気のためです。最初、情報を分け合い、経験を分かち合う必要から、旧ユーゴからの難民と連絡をとりました。しかし時がたつにつれ、小さな範囲の仲間たちとの接触を減らしました。イタリア人とつきあい、彼らの間でより良く感じるようになりました。」(三三歳独身男性、ボスニア出身、一九九二年からローマに在住)(24)

「社会に統合されるようになる唯一の道は、地元の人々と接触することです。自分自身のアイデンティティに自らを限ってしまうことは、外部にあるものの受け入れを妨害します。」(三八歳セルビア人男性、一九九二年からローマ在住)(25)

同胞以外の人々との社会接触は、民族の境界を越え、「民族政治」のしがらみに打ち勝ち、それから抜け出す上で、好ましいやり方である。これが、第一の要因である。この事例はまた、個々の難民の生活再建のプロセスは、ホスト国民であるイタリア人との非公式の社会的相互作用で促進されることを示している。同民族集団外の人々との社会的な意志疎通が外向きの思考を育み、過去につながる問題のいくつかに打ち勝つ助けとなる。この必要は、近隣で、仕事場で、その他の社会状況で、イタリア人との緊密な結びつきを作ろうという彼らの意識的努力によって可能となった。難民に対し主流社会が開放的だったことが、イタリア人との社会接触の範囲と質を高めた(26)。主流社会と空間的、質的に、社会的接触ができることは、より広い社会は、自分たちと相容れない閉じられた社会ではなく、到達不可能でもないと難民が主観的に感じることにつながる。この主観的感覚が個人の亡命状況の評価に前向きに働き、一般に低く見られる、彼ら難民の社会的役割だけではなく、職種の面での不満足を補う傾向がある。地元民と自発的に、個人的に出会い、接触することは、難民がホスト社会について学ぶ重要な方法と見られる。出会いが自発的だということは、学習、そして態度の変更、新たなアイデンティティの形成は相互的で、難民にも地元民の双方にも、互いに影響を与えるということを難民自身が知覚することが重要である。

ただし、この事例で注意しなければならないことは、状況への主観的な感情を育む上では、彼ら難民とイタリア文化との間に親近性があったことである。文化の適合性の知覚、もしくは自国とホスト社会の間の文化的距離が非常に近いことがあった。難民にイタリアの生活様式とイタリアへの積極的態度があり、地中海国家として自国と同じように感じられたことがある(27)。

統合の第二の決定要因は、難民が社会への編入を望むかどうかである。再定住した国（受け入れ社会）を単に、祖国での暴力や迫害からの一時的避難場所として考えるなら、彼ら難民は、同化・統合の中心となるプロセス、彼らのアイデンティティを再確立するプロセスを辿ろうとは思わない(28)。難民が「経験をどう感じるか」ということが、よく使われる適応の客観的な指標、例えば雇用、所得、言語能力と同じ位、重要である。統合の分析は、住居、教育、雇用、社会経済、社会的流動性のような測定可能な変数の調査ではなく、むしろ特定の状況、場所、時間の中で、特定の集団の人々のニーズ、目標、規範で作られるプロセスの探求である。現地語の習得への希望の新しいアイデンティティは重要な要因だが、それだけでは不十分である。難民が、自分は何国人だと宣言する新しいアイデンティティの感覚を獲得する準備があるかどうかである。

一国での定住では、しばしば良きにつけ悪しきにつけ、〝成功〟という言葉が多用される。その判断基準が明確に調べられねばならない。難民個人の価値や優先度は容易には外に出ないし、あまねく受けいれられるわけでもないので、成功か否かの評価では、外部者の評価とともに、当人たちの評価も含まれねばならない。(29) 彼らの定住場所で、難民のニーズが中心だというのが、社会の一員となる上で重要である。政府の政策、国民の態度、外部の条件の何が一体、移民の統合への前向きな気持ちにさせるのかは、複雑な事柄だが、統合されたいという望みがプロセスの重要な特徴である。主流社会との日々の社会的接触と社会へ包摂された感覚が、国家の制度とより広い大衆の次元での排除の経験を和らげるかもしれない。しかしそうした認識も、難民集団が共通して持つ強靭性の認識でつりあいをとる必要がある。難民には人間としての強い適応能力がある。強制移動の苦難に対抗できる資源が彼らの中には存在する。そうした能力の認識に、援助側が失敗することがよくある。

換言すれば、個人の満足度と、統合が成功したかどうかの評価は、個人の職業的流動性のような容易に測定可能な指標を超えて、主流社会との社会的リンクの質や、どの程度つながりが強いかという指標を含むものでなければならない。統合は、決して連続的でもないし、一つだけのプロセスでもない。受け入れ社会は一枚岩ではないので、その社会の様々な部分で発生の形態が異なり、多様な結果を持つ可能性があり、互いに重複する一群のプロセスである。統合は、個人と集団が相互作用し、変化する、長期の特定できない期間を含むプロセスである。しばしばこのプロセスは生涯にわたる。

（1） Boswell, 2003, p.8. 一国内での様々な移民集団の間の社会的流動性、移民の子弟と地元民子弟の間の社会的流動性の違いは、いくつかの要因の結果である。例えばその要因とは、教育と雇用での差別、どれだけ教育を重視するかを含む、移民社会の性格、向上心の程度、自己尊重の自覚、家族や社会の構成員間の相互扶助、その他容易に見出し得ないが、差別への強靭性など、が考えられる。一つの集団の成功と他の集団の失敗は、集団が違うことの結果なのか、課された機会や制限による違いなのかは、まだ未解決の問題である。

（2） Korac, 2003, p.398.

（3） Weil and Crowley, 1999, p.100.

（4） Korac, 2003, p.401.

（5） Weiner, 1999, p.375.

（6） *ibid.*, p.388.

（7） Weil and Crowley, 1999, p.100.

（8） Weiner, 1999, p.384. この状況から、緊密に関連する二つの現象が出てくる。少数民の人種（民族）化とコミュニティの形成である。「人種化」は全ての排除的事柄が結びついた結果、生じる。人種差別、暴力、地理的隔離、経済的不利益、そして社会的排除が全て、目に見える人種集団を作り上げる。人種化は、社会的に孤立した少数者集団を非難し、社会への脅威と見なすことで、さらに避難・攻撃の段階をあげる。

（9） Weil and Crowley, 1999, pp.101-102.

（10） Castles, 2000, p.198.

（11） Bach, 1993, p.158.

（12） Heisler, 1999, p.125.

（13） UNHCR Bureau for Europe, 2007, p.62.

（14） Richmond, 1994, p.113.

（15） Bach, 1993, p.166.

（16） Kymlicka, 2003, p.197.

（17） *ibid.*, 196-197.

（18） Ager, 1999, p.2.

（19）Korac, 2003, p.408.
（20）*ibid.*, 398. ここで大事な点は、統合政策の不在の問題、この政府の介入なしの問題が、難民自身にどう認識されたか、であろう。それが統合への難民の態度や適応戦略をどう形作ったかなど、時間、空間を越えて、難民自身が社会関係の構築、再建をする中で、人道機関の介入の重要性を示す例となっている。
（21）*ibid.*, 401.
（22）*ibid.*, 402.
（23）Weiner, 1999, p.382. 事例は、沢山ある。一九世紀後半、二〇世紀前半のアメリカへの東欧からのユダヤ人。ロシア、トルコからのアルメニア人。トルコからのギリシア人。イランからのバハイ教徒（Bhais)。ウガンダからのインド人の例などがある。
（24）Korac, 2003, p.414.
（25）*ibid.*, 413.
（26）*ibid.*, 415.
（27）*ibid.*, 414.
（28）一九八一年、クンズ（Egon F. Kunz）が提唱した、「同胞同一視」型（majority-identified）と「成り行き疎外」型（events-alienated refugees）を発展させた、ゾルバーグ（Aristide R. Zolberg）らの「政治活動家」型（political activists)、「標的とされた人々」型（targeted minorities)、そして「犠牲者」型（victim group）がある。大別して、最初の二つの難民の型は、密度の濃いコミュニティ組織を作り、国境を越えた強いつながりを持つ。そして、ホスト社会での統合よりも自国志向を優先する人々である。次に、最後の「犠牲者」型は、それとは全く正反対の人々である。自国との関係が切れ、統合という形がグループにとっても重要となる。彼らは、ホスト社会で、差別と周縁化を経験する可能性がある（Griffiths, et al., 2005, pp.17-18)。
（29）Hirschon, 2000, p.408. アフリカでの強制移動民を調査したスカダー（Thayer Scudder）も「成功とは、研究者だけではなく、定住者が認め、かつ文化的、環境的、経済的、制度的、政治的に持続できる方法で、定住者の生活改善ができることである」、と述べている。

第三節　市民権と国籍

人の国際移動が世界的に一般化し、現代の都市と各国家内には、様々な民族の人々が生活している。「市民権」[1]の意味について、根本的な問題が生じている。市民権と国籍の間のつながりが、くずれ始めている。主要な移民国は近年、移民の帰化法を変更、移民に帰化を容易にし、子供には市民権を与える傾向がある。二重の市民権も出てきている。これは事前に文化的同化の要求の緩和である。大半の西側民主主義国家は、市民権取得のあり方を再考している。これらの国々では移民が増大し、移民がしばしば祖国と緊密なつながりを持っている。市民権へのこの事実の持つ意味とは何か。国境を越えた移住とアイデンティティの時代に、国民に特有の市民権は、あまり重点を置くべきではないのか、再評価されるべきなのか、がある。過去半世紀、民主的な国民国家のあり方が、益々グローバルな規範となってきた。その中で、勿論、原則と現実の間にはギャップがあるが、人々は憲法や法による権利と義務を持つ市民と定義されている。一国に組み入れられる移民の思いは、特に自分たちの子供に市民権が容易に入手できるかどうかにも大きく関わっている。出生とともに市民権が得られるのは、無条件の平等である。帰化を促し、その国で生まれた移民の子弟に市民権を与える国に、摩擦がないわけではないが、一般に統合はより円滑であり、特に第二世代にとってはそうである[2]。

市民権を考えるにあたり、まず大事な点は、受け入れ制度と移民・難民の間の「社会契約」の状況を明らかにすることである。社会契約は、移民・難民に何を期待し、代わりに制度で移民・難民に何が約束されるか、つまりどんな条件下で移民・難民が入国するのかを、明確にすることである。社会契約の考えは、入国管理法とそれに続く政府の諸政策の中に埋め込まれている。一般的な意味で、政府の移民政策には、主に次の三つの形態がある。①限定された期間のみ、労働市場で一時的地位が認められ、最小限の福祉給付金が支給される。②移民は無期限に居住を許可され、権利も多く与えられるが、彼らとその子弟に市民権は与えられない。③移民と現地で生まれた子供には、市民権が与えられる。

現在、いくつかの国では、長期の居住者にはいくらかの市民権が与えられているが、全てではないという形での、〝擬似市民権〟の制度が作られている。例えば、外国人は地方選挙での投票はよいが、国政選挙は不可といった具合である。そうした方策は、移民の法的、心理的安定を改善するかもしれないが、民主主義の一貫性という原則とは矛盾する、二つの層の市民権を作るので、根本的には、不安定である。(3)

難民条約の第三四条は、難民の同化と帰化を勧めている。社会経済的な統合をすでに達成した難民に、帰化の機会を含め、法的地位と永住権が与えられるべきだと考えられている。移民が市民権、社会権を持てば、次には政治的権利を要求できる、より良い位置に立つ。市民権はその意味で、移民とホスト社会の相互作用のプロセスを知る、一般的な分析枠組みを提供する。市民権はまた、社会に十分に編入されていない人、もしくは排除された人にとっての争い対立の源であり、市民権は社会運動の基礎となり、社会運動組織の活動を行う根拠となっている。

各国が外国人に市民権を与えるやり方は、移民とホスト国民の間の軋轢の状況・程度で、著しく異なっている。これらの相違は、部分的には帰化と市民権法に関連している。国家の市民権に対する政策は、帰化率にも直ちに反映される。移民が市民権を取得する上での困難さは国により異なるが、一般に北欧諸国が一番やさしく、反対に費用と時間がかかり困難なのは、スイスとドイツだ、(4)といわれている。ドイツは自身、移民受け入れ国とは考えておらず、ドイツ生まれの移民の子弟に自動的に市民権を与えることはない[5]。ドイツ法では、帰化は一〇年滞在すれば可能だが、権利ではない。当局が市民権を付与するか否かの裁量権を持っている。オランダでは、第三世代のみが出生で市民権を得るが、移民が市民になるにはいくらかの困難があり、五年の滞在とオランダ語の知識が試される。フランスは、国籍を血統や出生とは関連づけず、フランス文化を身につけたかどうかによる。フランスでは同化は全的なものである。同政府は移民の言葉や文化を是認するのではなく、移民がフランスの言葉を習得し、歴史を学び、フランス的価値を認めることである。フランス生まれの移民の子弟には市民権を与え、帰化への制限はやや緩やかである[6]。イギリスでは、市民権は元来、非常に開放的であったものが、次第に同化主義と人種的偏見を持ったものになってきている。二重の市民権は認められているが、移民によっては、イギリスの帝国としての過去が、帰化の問題と、イギリスへの忠誠の問題を複雑にしている[7]。

カナダでは市民権は、一九六〇年代以降、より開放的になってきた。それは、二重の市民権の受容や多文化主義という公的政策に反映されている。アメリカは移民に開かれた国のモデルとして知られるが、カナダの市民権はアメリカよりももっと進歩的である[8]。帝国主義の過去を持たないカナダは、移民が帰化を通じてカナダ人になることは、同化の最初の一歩とは考えられていないし、以前の国民としてのアイデンティティの放棄とは考えられていない。カナダ人になることは、唯一のアイデンティティではなく、受け入れられた移民は、二重のアイデンティティを持つことが認められている[9]。カナダという国へ忠誠を誓うことは、以前の敵国や宗主国へ頭を下げることではなく、どの移民集団もカナダの市民権を取得することができる。それゆえ、二重の市民権や二重の忠誠は、政府にとっても移民にとっても、比較的議論の対象にはなっていない。

アメリカへの移民は、市民になることで事態が始まる。五年間居住し、英語の読み書き話しのテストと、アメリカ憲法と歴史の簡単なテストに合格すれば、市民権が与えられる。アメリカでは五年以上居住する移民の約三分の二が帰化している。アメリカ法は、現地生まれの子供には自動的に市民権を付与している(10)。

オーストラリアの白豪主義は一九七二年に終わり、それ以降、非差別的な移民政策がとられてきた。投票権以外の全ての権利を移民に与え、三年居住の後には、帰化が可能である。国民の二三％以上が外国生まれである。

アラブの石油産出国は、何百万人もの出稼ぎ労働者に、アラブ人もアジア人も問わず、市民権を与えていない。イスラエルからのパレスチナ難民とその子供たちは、中東ではヨルダン以外は、市民権から排除されている。ドイツは、トルコからの移民は市民になりたいと思わないので、ドイツが国籍法を自由化する必要はない(11)、という。しかし、排除政策があるから、ドイツは外国人の市民権取得には気が進まないことを意味している。

アメリカでの市民権は、先述のように比較的論議にのぼらない。アメリカでは、移民が容易に市民権が得られることで、移民とホスト国民の間の軋轢はない。アメリカの政策は、大方の西側諸国と比較しても、非常に開放的だが、カナダ、オーストラリアほど開放的なわけではない。しかし、アメリカ人は一般に他国と比較はせず、むしろ自分たちの過去の政策と現在を比べ、現在がより開放的になったかどうかで判断している。二重の忠誠は受け入れていない(12)。

軋轢があるのはすでに見たように、近年の経済不況と東欧、第三世界からの庇護申請者の流入の高まりがあった、欧州である。西欧諸国はどこも移民の停止を要求する反外国人の右翼政党が出現している。彼らは難民を除外し、移民とその子弟への市民権を否定する。国によっては、移民の強制送還を唱える所もある。

カナダには、移民が市民になることは良いことだという認識が広く行き渡っている。移民が市民になり、心理的、法的な地位を持ち安定を得れば、より一層地域に根をおろすようになり、地域社会の役に立ち、子供たちの統合に気を配り、語学や社会資本に投資するようになる。こうして、カナダ人としてのアイデンティティと忠誠の感覚を持つと考えられている。カナダでは、帰化は移民へのより大きな保護を与えると見られるだけではなく、移民に投資した社会の投資を守ることだ、と考えられている。[13]市民権は、統合過程の中で、最終点ではなく、中間点と見られている。市民権自体を、入国した何年か後に初めて達成した統合の〝ご褒美〟と見るのではなく、むしろ統合を始めようとする人に信頼を寄せるものであり、それが彼らの統合を一層進め、可能にする、と考えられている。[14]

市民権はおそらく究極の目標であり、受け入れ社会での統合をはかる有力な目安であろう。市民権は、受け入れ社会の市民的、政治的、経済的、社会的、文化的な諸権利の法的な保証なので、正式な一員たる指標と見なしうる。市民権は、移民にとって、願望の強い法的地位であるが、こと統合と活発な社会参加という難民概念から観察して見ると、必ずしも十分な政治的参加の必要とはそれほど関連していない。むしろ市民権は、旧ユーゴ難民の場合には、以下のように自由に旅行したり、国に受け入れられたと感じるようになる、純粋に実際的な事柄と理解されていた。

「どの国家に今、属しているのかは全く実用的なことです。どの国に属しているかとは感じませんが、どこかのパスポートは持たねばなりません。」[15]（二五歳のボスニア男性）

この場合、市民権とは、彼らが失った安全の感覚と移動の自由の再取得を意味する。帰化は、難民の地位の停止につながる統合プロセスの法的側面に結末をつける。ＥＵのいくつかの国では、帰化申請ができる期間や手数料を減らし、祖国の市民権からの離脱の要求を取り除いたところもある。[16] しかし、多くの移民は、受け入れ国の正式の市民となることに気が進まない、という現実も一方にある。自国の政治的市民権を捨てることに乗り気ではない。そのため、帰化しない移民には、例えばスウェーデン、ノルウェー、オランダ、アイルランド、デンマークのように、地方での投票権の拡大や、二重の市民権の取得を許可するなどして、帰化を奨励し、帰化することなく政治的権利が与えられている。[17] 帰化は、平等と社会参加へ向けての単なる一つの道である。前項で述べたローマ在住の旧ユーゴ難民の場合には、市民権の問題は、純粋に実際的、もしくは身の上の安全上の事柄と見られ、国家への所属とは考えられていなかった。[18] 社会の一部となる必要を感じ、それを受け入れることは、必ずしも政治分野での参加の必要とは関連していない。市民権や国籍取得という政治制度での厚遇は、移民やその子弟が政治制度に統合されるかどうかと、移民とホスト国民の間に軋轢が生じるかどうかとを決める唯一の要因ではないにしろ、しかし明らかに最も重要な要因の一つであることはまちがいない。

人の移動を裏から支えるグローバリゼーションは、どこにも所属しない市民を国家にどう包摂するかで、新しい形を作り出すことが必要だった。所属するという概念は、国民国家に所属するという観点よりも、むしろ国境を越えた用語で、最も正確に概念化できると考えられる。受け入れ国の制度が、移民を永久に外国人とし、市民権を否定する限り、移民は自分たちのアイデンティティにすがりつこうとする。自分のアイデンティティを変更する気持ち、あるいは少なくとも第二のアイデンティティをつけ加える気持ちは、おそらく強い痛みを伴う心理的経験[19]だが、その反面、永年の重荷がとれ、最も気持ちが解放されるものでもある。この変更という心理は、第一に移民を受け入れるホスト文化で形作られる。

今日の移住世界の中で、「国民に特有な市民権」という全体的な考え方は、益々すたれていく可能性がある。

今後はおそらく、国際法と人権基準に基づいて権利や責任を与える新しい方法を開発する必要があろう。これは移民が、国民たる市民になったり、なるべきだということを必ずしも意味してはいない。移住、市民権と民族的・文化的多様性の受容が必要になっている。国際的な移住の時代に市民権を再評価するには、市民権という政策の基礎に頼るだけではなく、移住と多文化主義へのより広い態度が必要である。市民権への強い世論の支持を得るには、移住と多文化主義へのより強い合意があるかどうか次第である。次に、それを述べる。

（1）市民権（civil rights）とは、個人の自由と不可侵、表現の自由、宗教の自由、国家からの不法行為からの保護（投獄、強制労働、法の前の平等。ジェンダー、出自、人種、言語、信条に基づく差別の禁止）である。他方、政治的権利（political rights）は、投票、様々な地位の公職につく権利、集会・結社の自由、情報取得の自由がある。また社会的権利（social rights）とは、労働権、教育や労働などでの機会の平等、福祉便益の資格受給。失業保険などの社会保障と社会サービスを指している。

（2）Weiner, 1999, p.381.

（3）Castles, 2000, p.195.

（4）Weiner, 1999, p.379.

（5）*ibid.*, 378. ドイツには公式の移民政策はなく、歴史的に文化の共有が重要と見られ、市民権は共通の血統で定義され、多文化主義の要求は、移民集団の利益にはつながらない。むしろ害になることさえあるかもしれない。

（6）*ibid.*, 379. フランスは、イタリア、スペイン、ベルギーから一九世紀後半、沢山の移民を吸収した。フランスは、自身を移民国とは見ていないが、両世界大戦の間に、ポーランド、チェコスロバキア、ウクライナからのスラブ人移民が流入している。

（7）イギリスでは、ゲストワーカー計画は一度もなく、移民は一般に、英連邦諸国から入国した。今日、外国生まれの人のかなりの部分が市民である。

（8）アメリカでは、市民権申請までの期間が、三年ではなく五年と長く、語学テストの成績がより要求される。二重の市民権は公式には認められていない。語学教育への公的資金は少なく、帰化への公的キャンペーンもない。多文化主義への関与が少ない。一方、カナダでは、公的資金の助成や「市民権取得促進キャンペーン」や公的援助による語学学級など、奨励措置がとられ、移民が支援されている。公的支援は、市民権の内容を具現化する手段であり、その国の外国人への姿勢が包摂的か、排除かのカギとなる。エストニアでは、政府がロシア系住民にエストニア語の学習に資金を出さず、ＥＵからの語学訓練学級の資金助成も初め断ったが、後に受け入れた（Kymlicka, 2003, pp.197-198）。

（9）Kymlicka, 2003, p.197.
（10）Weiner, 1999, p.380.
（11）*ibid.*, 382.
（12）Kymlicka, 2003, p.200.
（13）*ibid.*, 199.
（14）*ibid.*
（15）Korac, 2003, p.416.
（16）UNHCR, 2007, p.62.
（17）Heisler, 1999, p.131.
（18）Korac, 2003, p.416.
（19）例えば、フランスでのアルジェリアからの移民、日本国内の韓国・朝鮮人移民のケースでは、移民組織の中には、帰化という行為は本国への裏切りだとしている（Kymlicka, 2003, p.201）。

第四節　多文化主義と社会的な民族多元性

「多文化主義」の問題は、この概念自体が十分に定義されないまま、政策として政治的に論議され、話題を呼んできた。この政策の支持者は、多文化主義は移民集団に自分たちの言語、文化、独自性、特に歴史を維持させるようにし、奨励さえもし、結束した政治勢力として働くことを可能にする、という。かくしてホスト社会の言語を学習するのではなく、自分たちの言語・文化の独自性を維持する手段として、二言語教育を施すよう政府に要求する。また、移民社会に自分たちの代表を立法機関に送るよう勧めるようにする。一方、批判者たちは、二言語教育では国民の間に、分離感情を起こし、その結果、国家の政策への反対につながる、という。また教育の分離は、労働市場で移民の子供たちが周縁化されると懸念を表明する。さらに、立法機関に自分たちの代表を送ることは、選挙で選ばれる代表者の構成を拡散させ、そのため政治家が少数民族から選挙協力を引き出そうとして、不必要な努力を強いることがマイナスだ、という。

カナダ、オーストラリアは、移民国の中で、多文化主義を特別の政策目標にしている。両国とも、多文化主義へ転換した理由は、以前の同化政策が失敗し、それへの対応から出てきている。[1] カナダ、オーストラリアでは、政府が、自国の言語と文化の伝統保持という考え方から、今度は人種主義と闘い、より良い社会関係を推進する多文化主義へと力点を移動した。歴史的に見ると一九八〇年代、両国は将来に発生するかもしれない国家の統一の上での分裂という危機に直面していた。民族ナショナリズム、少数言語民族の集団的権利、地域自治の一層の高まりが、両国の国家としての統一を脅かしていた。[2] オーストラリアはカナダより同質性が高く程度は異なるが、特にカナダで問題は深刻であった。カナダの多文化主義は、例えばケベック州で一層強まる分離主義運動への政府の公式的な反応であった。ケベック州は言語的、文化的共存にこれまで関与したことがなかった。

民族の緊張と人種主義は、オーストラリアでも顕著であった。一九八四年三月、ロータリークラブでのブレイニ（Geoffrey Blainey）演説は大きな話題となった。彼はアジアからの移民数が多すぎ、政府の政策は世論を否定しており、オーストラリア社会の社会的調和が、伝統的制度や社会制度とともに脅かされているとした。これより先の一九七三年、グラスビ移民相（Al Grassby）により採用されたオーストラリア版の多文化主義は、第一世代の移民を統合し、彼らから選挙で支援を得るというカナダの政策よりも、その必要性がより高かった。この傾向は、一九七八年の『ガルバリ報告』（*Galbally report*）で一層強められた。同報告は、移民の到着後の計画と種々のサービスを見直したものであった。そして一九八〇年代初期には、民族の多元的共存と少数者の社会公正という広い問題へ移っていった。

ところでオーストラリアとカナダは確かに、「多文化」と特別に定義された教育的、社会的政策を採用している。しかし、そうした政策や計画が、実際には何を意味するかについては多くの不確かさと論議があるのも事実である。ある人は、カナダを「寄せ集めの狂乱状態」（mosaic madness）と表現する。公的な二言語主義と多文化主義が、国民の不和、国家統一の欠如と共通目標の無自覚に結びついた[3]、からである。多文化主義の計画は、オーストラリアでは一九八六年に政府の関与が後退した。しかし多文化主義は依然、政治的レトリックの重要な要因として残っている[4]。多文化主義の概念に固有な矛盾とジレンマは、多文化主義を超えた政策を考えるように仕向けている。

多文化主義の用語は、欧州では一九八〇年代に流行した。欧州では多文化社会の考え方は、政策立案者から出たのではなく、左翼的知識人や移民への支持者から出てきている。多文化主義政策は元来、オランダ、ドイツのような国で採用されたが、これらの国々ではこの政策を帰化と市民権に結びつける活発な動きは見られなかった。ドイツでは一九七〇年代、移民やその子弟への教育論議が起こった。ドイツ政府の「ドイツは移民社会ではない」という、たび重なる主張にもかかわらず、専門家の中には、ドイツはすでに多文化社会だという人もいる[5]。イギリスでは、移住と多文化主義に対して、目に見える形での公的な強い関与はなかった。政府や多くの公共施設内で、事実上の多文化受容の形が見られるが、多文化主義への法的関与はない。多文化主義を公けの政策にすることには抵抗があった。多くの人々が、一九五〇年代、六〇年代、極めて多くの非白人系移民に入国を許し、自動的に市民権を与えたのはひどい誤りだったと感じている。[6] 批評家の中には、イギリスは多文化主義への関与を放棄し、同化という古い目標に置き換えたという人もいる。政府は公式にこれを否定している。[7] 反対に、移民社会のカナダ、オーストラリア、アメリカ、イスラエルは、移民に一定程度の文化的自主性を与えている。

移住、市民権、多文化主義は、三つの足の椅子だ、[8] といわれる。一つが他の二つの足を弱めたり、支えたりする関係である。この見方からすれば、カナダは移住と多文化主義への強力な関与があり、イギリスは市民権は採用したが、あとの二つの足はなく、より不安定で、議論が分かれている。イギリス政府は、多文化主義の用語を避ける決定に始まり、多様性を認めることには殊の外、慎重である。[9] ドイツはゲストワーカー時代の労働移住で意図せぬ結果を生じたことから、多文化主義を事実として受け入れることには多くの面で消極的である。[10] 民族集団や民族的独自性が単にあるだけでは、多文化主義とはいえない。多文化主義の議論の多くはまだ、イデオロギー段階にとどまっている。オーストラリアとカナダの急進的な研究者の中には、多文化主義を資本主義を維持するため、階級の上に民族という概念の優先を主張するイデオロギー的な工夫だ、[11] といって批判的に見る人々もいる。

文化の多元的共存を受け入れたからといって、一般には支配文化の優越性の考え方と矛盾するわけではない。少数民族集団の文化へ寛容さを持つことは、支配的文化の優越ということを意味する。しかしこれが、自分の価値や文化を維持できるからという一方で、力のない少数者の周縁化に到るなら、少数者たる当人たちは不平・不満をいえなくなる。福祉措置があり、平等な機会を与える政策にもかかわらず、黒人の生活が良くならないのは、それは政府が悪いのではなく、彼ら自身の過ちのせいにされてしまう。それゆえ、文化の違いを強調する主張の危険な点は、カースルズらによれば、従来いわれ、批判されてきた生物的優先をいうことなく、人種主義を新たにまた正当化できる密かな新しいイデオロギーとなる点である。[12]新しい人種主義は、「人種なき人種主義」である。

民族の多元的共存（多文化主義）が、移民のホスト社会への編入で中心概念になっている。理論的には訴えるものがあり、異なる民族と宗教集団からなる複雑な社会の建設という好ましい目標のように見えるが、概念それ自体は、まだかなり曖昧で、多文化社会の輪郭を描く理論モデルの形は、まだ明らかではない。イデオロギーや社会政策としての多文化主義と、社会構造の特質としての多文化主義を区別せねばならない。移住理論では、エンクレイブ・モデルが重要性を占める中で、一九八〇年代半ばから新しい流れが出てきた。かなり内容的には多様であったが、全体的な見方を持っているのがその特徴である。この見方は、社会政治的な見方と分類され、多文化社会の望ましさを想定している。

多文化主義は考えとしては訴えるものがあり、不可能ではないにしても現実に置き換えてみると、実現はむずかしい。多文化主義を進めてきたカナダであるが、公式政策と計画の実施で数十年を経過した後も、未だ多文化主義の概念はアメリカ人よりカナダ人の間で容認度が少ないと見られている。[13]ケベック問題がカナダの永続的な危機となっていることもある。より重要なことは、真の多文化主義は、既存の社会と政治共同体をこわすことなく可能かどうかという問題である。

（1）　Heisler, 1999, p.127.
（2）　Richmond, 1994, pp.171-172. カナダでは、時のトルドー首相が一九七一年、連邦政府の二言語、多文化国家を宣言した。多文化主義の採用は、民族的・文化的に少数である人々の受け入れと容認を意味した。政府は民族組織を支援し、人権や人種主義のような共通の関心領域に取り組むよう各組織に奨励した。カナダの多文化計画は一九七〇年代に始まったが、計画は主に、国内にすでに定着した欧州系移民とその子孫のニーズと利害に焦点を合わせるものだった。さらに一九八〇年代初めまでには、社会内での人種主義の広まりが政府の行動を促し、対策を必要としていたという事情があった。カナダが多文化主義へ関わったのは、一九八八年の「多文化主義法」(the 1988 Multiculturalism Act)だが、それに定められているだけではなく、教育カリキュラムの一部として運営され、カナダの法的、政治的枠組みの中に深く埋め込まれている(Kymlicka, 2000, pp.202-203)。

多文化主義はオーストラリアでも、全てのオーストラリア人に必要なものとされ、国民統一の事柄とされた。政府は、アボリジニの待遇を含め、民族性だけでなく人種に関心を集中させた。

(3) *ibid.*, pp.113-114.

(4) *ibid.*, pp.182-183. 一九八九年七月の"National Agenda for a Multicultural Australia"の宣言で、政府は移民サービスへの支援を行い、政府が財政支援する多言語放送の数が再び増加した。この宣言は、時のホーク政権の多文化主義の定義を定め、多文化政策の特別の目標を定めることになった。これらは差別からの自由、全ての人の生活の平等な機会、十分な経済的、政治的、社会的参加を含んでいた。政府は同時に、全てのオーストラリア人は国家への統合が最重要だとして多文化主義の行き過ぎに制限を加えた。英語を国語とし、社会の基本構造と原則の受け入れを決めている。

(5) Heisler, 1999, p.128.

(6) Kymlicka, 2003, p.203.

(7) *ibid.*, p.195.

(8) *ibid.*, p.202.

(9) *ibid.*, p.205.

(10) Boswell, 2003, p.124.

(11) Richmond, 1994, p.176.

(12) Castles, 2000, pp.172-173.

(13) Heisler, 1999, p.128.

第五節　グローバル化する人種主義

ポスト工業化社会での民族的軋轢が深刻になっているが、移住が原因になっているのではない。それらはホスト国住民の移民・難民に対する長期の不平・不満と、他方、移民・難民側の権利を剥奪された気持ちか、その国の国民により圧迫虐待された経験の結果である。主流文化や支配的な価値制度が、民族的多様さを無視し、少数者を疎外すれば、少数者は欲求不満になる。マス・メディアが民族的な多様性を反映した紙面作りをしない時、あるいは現に集団を傷つけるようなことをした時には、暴力の可能性が高くなる。今日の世界の移民・難民の大半が非白人系だという事実は、先進国での彼らへの不親切な取り扱いのために、「人種主義」[1]の問題を生じている。

一九六〇年代、人種主義はアメリカ南部か、南アフリカでの人種隔離か、オーストラリアの白豪主義のような明白な人種的排除を意味していた。人種差別は、植民地主義か、新植民地主義（直接的な統治なしに、以前の植民地を政治的、経済的に管理すること）と結びつけられていた。一九六〇年代、七〇年代と反植民地闘争と公民権運動の進展で、目に見える形での明らかな人種主義は少なくなった。「第三世界」という概念が、白人支配へ異議を申し立てる世界的運動のシンボルとして現れた。アパルトヘイトに対する国際キャンペーンは目的の実現まで長いことかかったが、象徴的な出来事であった。反分離主義と「差別是正措置」（アファーマティブ・アクション）がアメリカで新しい政治課題となった。移住制度での人種選別がオーストラリア、カナダその他で廃止された。

人種主義は一九八〇年代末から、強くなった。その時代は冷戦の終結と、深刻な経済不況と庇護申請者の増加が同時に起こった。都市には多くの移民が住み、国際的、多人種・多民族、多元的文化、多様な宗教、多言語を使う。移民とその子孫は、ホスト社会への編入や、経済機会の獲得、さらに社会的に受容される際に組織的な障害に直面している。「組織的人種差別主義」、それはしばしば直接の暴力に至るが、急激な変化のプロセスへの心理的・政治的反応の結果である。それは最も影響を受ける人々には不可解で、自分たちからは管理がむずかしい。移民の人数の多寡が、移民とその子弟を受け入れるホスト国民の心の準備を左右する決定要因だというのは自明ではない。一九八〇年代、アメリカはしばしば年に百万人を移民として入国させたが、〝外国人嫌い〟は起きなかった。一方、西欧では移民の入国率が急速に下降した後でさえも、反移民の右翼政党の活動が、どの国でも活発化した。移民受け入れの歴史、そしてより重要なのは、移住のイデオロギーを持ったアメリカのような移民社会は、たとえ多量の移民が入国しても、自国を移民社会と見なしていない国よりも、外国人嫌いを起こす可能性は少ないように見える。全ての国家が一九四八年の国連の世界人権宣言に関与してきたわけではない(2)が、しかし少なくとも国家は、外国人へのいかなる加害も最小化するために、加害者たる彼らの行動を止めるか修正する行動をとるのは当然である。

受け入れ国の人々が、移民・難民を嫌悪することは、国家にしてみれば、結束と誇りという幻想を維持するのに役立つ。こうした危機の状況の中で、人種主義は集団や個人の固有性を強化するのに役立ってきた。今日の人種主義は、労働者階級の現象だといわれる。しかし、人種主義は労働者階級の現象と見られるべきではなく、むしろ労働者階級の文化と組織が低下したことによる一つの産物(3)、と考えた方が良いかもしれない。

多くの社会で、経済的分極化の拡大と特定の集団や個人の社会的排除が続く傾向がある。標的とされるのは、以前と同じく先住民、移民、難民、先進国での少数民族である。しかし、新しい標的が現れている。東欧の新興国での少数民族である。これらは伝統的な白人／黒人の図式にはあてはまらない新しい集団である。「人種主義」と「ナショナリズム」の間の区分線は不明瞭になってきた。(4)

一九七〇年代以降、差別は文化へと力点が移動し、新しい人種主義が出てきた理由は、例えば西欧でのように、国内での少数民族集団の成長がある。彼らは黒人とは呼ばれないが、文化的には宗教（特にイスラムの場合）、衣服、生活様式、価値の面から文化的に明らかに異なる。今日、人種主義は単に〝カラー（色）〟の問題ではなくなった。(5)

人種主義は、人権の国際条約の受け入れを認め、多文化主義の政策を公式に表明している現代の多くの社会でも継続している。人種主義は、密かな偏見や微妙な憎しみとして隠れた形をとるかもしれない。カナダでも他の国々と同様に、人種主義は、警察と黒人の若者の間での暴力的対立と、労働の現場での明らかな差別を通じて、観念の固定化や偏見に及んでいる。(6) 研究によれば、権威主義、保守主義、地位の不安定、曖昧さへの不寛容、疎外と、人種的偏見と実際の差別の間には関係のあることがいわれている。(7)

人種主義は、資本主義社会の末端にあるものと思われ、それゆえ他の基本的な変化を考慮することなく、単一の対応が可能だと思われてきた。人は、人種主義について話すことには消極的だが、代わりに〝外国人嫌い〟(xenophobia)か、〝外国人への敵意〟のような婉曲語を使う。ナチスのユダヤ人への残虐行為後、生物的な特徴に根拠を置く人種主義は益々、人々に受け入れられなくなった。今では多くの国々が、反人種差別法や平等な機会を確立するための措置を持っている。しかし人種差別は、継続している。人種主義は、人間社会の進化に決定的な役割を果してきたが、グローバリゼーションは人種主義を中断・廃止せずに、新しい人種主義への道を開いた。同時に、先住民の権利獲得運動や、新興独立国での民族ナショナリズムのように、古い形の人種主義のいくつかも弱体化せずに続いている。公的に語られる反人種主義は、あまり効果的ではない。例えば、反差別主義の法による刑事訴追はまれで、社会的行動への効果は非現実的で限られる。規制は単に象徴的な見せかけで、過去の人種主義イデオロギーの破壊を指示はするが、一般に誰にとっても明らかな、時代遅れの「生物的人種主義」に基づいている。他方、支配的な政治・経済制度に埋め込まれ、日常生活と常識の言説の中にあって、微かだが極めて普及力のある、「文化的人種主義」の現れには盲目である。従って、少数民族の排除や搾取の新しい形の言い訳として働きうる。そして多文化主義でさえ、先にも述べたように支配集団に受け入れ可能なものと、不可能なものの体系的な管理を新たに正当化する、より洗練された新しい人種主義の形だ、という見方もある。(8)

世界の巨大都市では、移民の割合が非常に高く、一般に民族ごとの住み分けが見られる。民族的少数者は住居に集中して住む割合が高く、主流社会との関わり合いは、第二、第三世代となる。これは、民族的アイデンティティの性質、大都市での社会的摩擦の可能性など、いくつかの決定的な問題につながっている。移民、及び〈多数―少数〉関係に影響する媒介変数は、移民の人口学的、教育的、社会・経済的特徴とともに、受け入れ社会の制度・構造をも含んでいる。人種と民族性が、社会構造の中で、自己と他者を区別するのに働いている。「民族性」は文化的な事柄のレトリックであり、「人種」は血筋のレトリックとして使われる。しかしこれらは定着した概念ではない。経済的、社会的、文化的、そしてアイデンティティの危機は勿論、分離した現象ではなく、近代性の異なった局面である。これら全ての分野は政治的である。人種主義は危機の結果としてではなく、むしろ危機の現れの一つの形と見られるべきかもしれない。(9)

（1） Castles, 2000, pp.174-175. カースルズによれば、人種主義の三つの特徴は、以下の通りである。①人種主義は、個人の異常や病理の結果ではない。言説や慣行の一群の集合体であり、近代の歴史、伝統、文化に根ざし、多様な形態をとる。国民国家を形成する上で、誰を自分たちの内に含め、また排除するかの道具となり、決定的な役割を果たす。経済社会秩序が作り出す階層化や分離化に、普遍と平等のイデオロギーを一致させる点で、民主主義に結びつく。②人種主義は、社会集団が他のグループを遺伝的特徴、文化的標章、出自をもとに、異なったもの、劣ったものとして、分類する過程である。この過程では、経済的、社会的、政治的な力を使って、他集団の搾取や排除を正当化する。支配集団は、被支配集団の固有の異質性と劣性のイデオロギーを作り上げる。その力は、法律、政策、行政措置を開発することで、持続化される。この型の人種主義は「制度的人種主義」と呼ばれる。一方、より自発的な偏見や差別は、人種主義文化から出るが、「非公式の人種主義」である。二つは密接に関連し、支配集団の力や優越性を表す。〝個人的人種主義〟の概念は誤りである。人種主義は常に、集団的な過程である。③人種主義の強さは様々で、多様な形態をとる。常識や日常の人種主義の形は温和だが、受容すれば、より暴力的になる場合もある。偏見的態度、職業等での差別、口頭や文章での虐待、煽動、脅しや侮辱での嫌がらせ、物理的暴力、虐殺がある。個人、集団、そして組織が行うのであれ、人間の自由と自己実現を制限し、究極的には物理的な暴力が背後に存在している。

（2）　国連の世界人権宣言は、国を離れる権利を認めるが、しかし他の国家は入国の許可を与えることを義務づけられてはいない。もし難民がいかなる地位も与えられないならば、彼らは搾取や人種的反感にさらされる。事態打開のためには、経済変化、政治イデオロギーと世論の態度の分析が必要となる。一九五一年難民条約は、国際法の中で難民への移動の権利を認める唯一の法である。

その他、関連する法律に、次のものがある。「人種差別撤廃条約」（the 1965 International Convention on the Elimination of All Forms of Racial Discrimination),「国際人権規約」（the 1966 International Covenant on Civil and Political Rights, the 1966 Covenant on Economic, Social, and Clutural Rights),「女子差別撤廃条約」（the 1979 Convention on the Elimination of All Forms of Discrimination against Women).これらの法律や条約は、平等と公正を締結国の国内及び締結国間で進めるための広範な政策を締結国に求めている。しかし、実施状況はまだ不十分である。

（3）　Castles, 2000, p.183. 極右勢力は、スキンヘッドやサッカーファンのような労働者のサブカルチャー層から、主として人員を勧誘する。地元住民と移民の摩擦は、労働者階級の住む地域で起きている。これに対し、エリート層の人種主義は、例えば、ナチスへのドイツ工業界の支持や、白豪主義へのオーストラリアエリートの支援があったが、事例はすでに過去のものとなった。しかし、人種主義の言説や考えが、エリートの間で支持を失ったわけではない。むしろ、エリートは、労働者ほど直接に脅威にさらされていないので、公けに暴力的な形をとらなくなっただけだと考えられる。彼らには、より巧妙に脅威を封じ込める力があるからである。

(4) *ibid.*, p.164.
(5) *ibid.*, p.172.
(6) Richmond, 1994, p.111.
(7) *ibid.*, p.94.
(8) Castles, 2000, p.173.
(9) *ibid.*, p.183.

おわりに

この章が明らかにしたかった根本的な問題は、国家はどのような条件の下で活発に再定住に取り組むことができるかであった。再定住計画は、第一次庇護国の庇護制度にどんな影響を持つのか？ 時の経過で負担の分担があるということを知って、庇護国では難民に、より多くの事例で庇護が提供されるようになるのか、それとも対処不可能な磁石効果になるのか？ 場所によって異なる可能性があるし、各事例ごとに評価が必要である。また、再定住の発展は、他の定住国にどう影響を与えるのか？ など、まだ未解決の問題は多い。

しかし、何よりも一番大切なのは、国家の政治的意思である。資金への関与と計画を最善に機能させる仲間を作り、参加させる必要がある。意図的であれ、ないにしろ、外部の行為者（先進国）が難民創出に関わっているという認識は、難民の負担を分担するという計画に西側国家が参加する倫理的な基礎を与える。[1] 他者を害しない義務は、絶対的義務のうち、最も容易なものである。なぜなら、行為を省略すればよい、[2] からである。非道国家ですら、国際社会の支援で存在している。また元来政治的に不安定なところに、ネオ・リベラル経済政策や構造調整政策が強制され、世界経済でのその国家の位置と結びついて、当該国家を益々不安定化し、難民が流出しているのなら、それ自身が経済的な力の犠牲者である原因国よりも、先進国の方へ目を向けるのが理にかなっている。好ましくない結果は、程度の差はあるが、世界経済に参加している全ての国の責任である。各国は何らかの意味で関与しているとすれば、「なぜ人を助けるか」は、先進国の責任から説明されうる。

ＥＵでは国民人口の高齢化、少子化で移民の労働力への需要が高まっている。その一方、国民の間で移民・難民に対する敵意がある。両者の緊張関係は、将来のＥＵの移住政策に二つの問題を突きつけている。(3)一つは、主に中道左派や実業界が望む、より寛大な移住政策が作れるのかどうかである。国民の多くと右翼政党がこれに反対している。二つ目は、そうした政策は他の移民や難民にどう影響するのかである。移民問題が高度に政治化される中で、政党はより制限的な入国管理・移住政策を国民に約束することで、選挙での支持を得たいと願っている。

ＥＵは一九九七年のアムステルダム条約の広範囲にわたる協調という事項にもかかわらず、再定住に関しては沈黙を続けている。大量流入時には一時的な保護で、加盟国間の連帯が強調されるだけで、世界的な負担分担の仕組みとしては働いていない。(4)今のところ、ＥＵ諸国を横断した統一的な移民・難民政策の形成は、各国の独自性、主権、自治権にからみ、政治的に微妙な状況である。経済的に発展した国々は、労働力や技術が必要な時には難民を含め、一時的移民や永久移民を歓迎するが、一貫性のある政策がないのは、グローバルな変化への一時しのぎの対応からきているためである。グローバルな制度の中で、社会的生存は、生物的、経済的、政治的、社会的、文化的、心理学的生存の局面を持つ多面的で複雑な営みである。移住は文字通り、抑圧政権と暴力状況を逃れた人々の生と死の問題である。

移民は、社会階層化と民族対立という世界制度の一部だと見られている。[5]移民と難民は、この再編過程の重要な一部である。工業主義と、民主主義と権威主義による国家形成の二〇〇〇年は、世界中で言語、宗教、少数民族の自決の願いを抑えることができなかった。国民国家は益々、異質と多様性の問題に国内でさらされ、同時に多元的な流れの中で、国家としての集団的な独自性を新たに作り出そうとする、国内外からの圧力に直面させられている。ジレンマの解決は、ナショナリズムや国家といったものへの強調を少し減らし、グローバル社会の中で、普遍的な人間福祉と平等とともに、民族的少数者の権利や彼らの自由への関心を示すことを意味する。

視点を転じて、目を地域社会に移すと、日本を含む先進国社会では今後、難民の自立と「民間の保証人制度」に向けて、いくらか寛大な原則が立てられるべきである。移民は新しい社会の見知らぬ人でも部外者でもない。定住難民は、再定住国へ到着時に長期的な法的地位を与えられるべきである。社会行為者としての「難民」の認識が大事である。彼らは長期の居住者で、社会の活発な一員であり、新しい国の労働力となり、文化生活の一員である。統合の過程は、社会ごとに大きく異なるので、政策を実施して得られた教訓の移転の際には、常にいくらかの危険が伴うことをあらかじめ認識しておかねばならない。難民の個人的な対処戦略を損なうことなく、難民が集団として異なった場合でも援助可能な、革新的で、柔軟な方法を開発することが重要となっている。国家はしばしば、移住への責任を忘れる。世界的な力が、市民の利益と外部者のニーズに軋轢を持ち込む世界では、これらの責任を認めることは、国家の入国政策のあり方に深い意味を持つものとなる。

リッチモンド（Anthony Richmond）によれば、経済的に発展した国々は、労働力や技術が必要な時には難民を含め、一時的移民や永久移民を歓迎するが、経済や政治状況が変化すると、制限を加える。先進国は制限的な移民・難民政策を使ってグローバル・アパルトヘイト（global apartheid）を実行している、という。[6] 現在の世界制度は、たまたま文化的に異なり、十分な市民権や該当するその他の権利にふさわしくないと見られる多くの人々に、一時的にか永久的にか、避難所を与えるようにはなっていない。人種主義は、近代世界で中心的で、永続性のある要因である。[7] しかしその現れ方は、時間と状況に応じて変化する。そうした認識の上で、国家は、国際条約と人道主義という価値のために、難民の定住の必要に応え、国内での人種主義に反対する義務があると考えられる。いくつかの国では、若い世代が生まれた国（多くの場合、第一次庇護国）でその国の国民と同じ平等な権利を持つことなしに、成人に達している。国内には、完全な市民、制限された市民権の所有者、不安定な法的地位を持つそれ以外の人々（不法移民など）に分かれて住んでいる。法的地位の違いは、社会の分割と少数民族への人種主義を強めるだけである。[8]

ＥＵなど先進国で明らかになった事実は、入国制限、厳しい国境管理、厳しい庇護制度のみでは、歓迎されざる流入の問題は解決しないことである。複雑で相互作用する社会制度の中で、単一の政策や計画、そして単一の型の防止策では完全ではない。政策分野では、数多くの方策が考えられる。例えば、先進国は、移民・難民管理政策の外界と見られる事柄に意を用いる必要がある。特に、移住管理のための国際協力の考え方である。長期計画は、人権、人道、開発協力、投資・貿易の政策である。これら全ての分野は、政策と実施の間に隙間がある。貧困削減、安全保障、難民移住などは、互いに分離し、しばしば軋轢を生じるやり方は、費用的にも高価で逆効果である。これは部分的には資金不足のためだが、より重要なのは政策の不一致である。例えば、強い経済利害が存在した場合、人権や貧困削減政策に優先度が与えられると、利益を失うことにはとても耐えられない。ＥＵでいえば、加盟各国そして国内部局が、互いに矛盾した政策を時に追及している。[9] 移住と難民流出の根本原因に立ち向かうのは、望まない流入を止めるというより、はるかに人間的方法である。乏しい資源をめぐるゼロ・サム競争よりも、職業、住居、経済便益を作り出す活発な協力が重要である。政府はＮＧＯと協力し、援助をより効果的にするために、長期計画での協力が必要となっている。

移民・難民問題は、社会経済、政治、そして他の広範な分野に関わる問題である。しかし例えば、難民の再定住のような問題は、うまく管理されれば、その社会内での難民のイメージの向上に役立つ。関連する政策分野としては、移民、多文化主義、教育、住居、都市再開発、雇用、コミュニティ、司法、人権、差別是正措置、警察、企業者への情報提供などがある。恒久的解決として、そして保護の手段とからめて、再定住という方策は、世界にいる難民のわずかな人々に適用されている。例えば二〇〇七年にＵＮＨＣＲは、イラク難民のために大規模な再定住計画を打ち出したが、各国の受け入れ人数は非常に限られていた[10]。定住計画、すなわち再定住計画へ参加することは、明らかに何万人という難民に長期の保護を与えることになる。計画は第一次庇護国の支援となり、他の定住国との連帯となる。再定住計画は庇護制度の一部ではない。両者は国際難民保護制度の一部である。定住計画は、庇護に関する決定で影響され、立案されるが、庇護での決定に左右される必要はない。最も効果的には、庇護制度と定住計画は全く別個であることが望ましい。

（１） Gibney, 2004, p.56.
（２） *ibid.*, p.54.
（３） Boswell, 2003, p.2.
（４） Sianni, 2000, p.2.
（５） Richmond, 1994, p.107.
（６） *ibid.*, p.115.

（７）Castles, 2000, p.173.
（８）*ibid.*, p.195.
（９）Castles, et al., 2003, p.62. また、ＥＵとその加盟国内での政策形成について、力のある集団間の相違の分析は重要である。
（10）Cochetel, 2007, p.21.

第六章　日本におけるインドシナ難民定住制度

――強いられた難民受け入れと、その後の意味――

平和なところにいる人間ほど、難民の苦しみからは、ほど遠い。
難民問題を自分のものとすることが、今最も必要である。
なぜなら、地球は一つなのだから。

（アントニオ・グテーレス第一〇代国連難民高等弁務官）

はじめに

日本における難民の受け入れは、一九七八年の閣議了解「ベトナム難民の定住許可について」に基づく同年以後のインドシナ難民の受け入れ・定住と、一九五一年国連難民条約（以下、難民条約）への加入に基づく難民の認定（条約難民）による一九八二年以降の受け入れ・定住、の二つに分けられる。政府は、インドシナ難民については、難民条約上の難民認定とは関係なく、国連による「斡旋」難民として、一括して定住を認めてきた[1]。したがって、中には難民条約上の難民の定義に該当しない人々も含まれていた。インドシナ難民の国内での受け入れと、制度の創設では、過去に前例がないことから、関係者によれば「政府全体として取り組まれた一大事業」[2]であった。

条約難民の数に比べて、相対的にインドシナ難民の数（中でもベトナム難民の数が一番多い）が巨大だったことから、日本の難民政策の焦点は、一義的にインドシナ難民、とりわけベトナム・ボート・ピープルにあったといえる。日本政府は、国外ではインドシナ難民の救済のために大規模な資金協力を行い、他方国内では、同難民の一時庇護、受け入れ・定住、そして民間ボランティア団体の活動の活発化[3]という事態が、インドシナ難民問題と関わる中から出てきた。日本では、インドシナ難民の発生とそれを契機として、一九八一年に難民条約への加入が行われた。

難民にとって、「保護」[4]はその人権保障の前提条件である。難民条約に加入した国は、難民に対し、不法入国を理由に刑罰を科したりせず、また生命・自由が脅かされる国や地域に送還しないという義務を負う。加入した国は、難民と認められる者に対して、入国を許可し、人間らしい生存に最低限必要な生活条件を保証することが求められる。その際重要な点は、条約の字面ではなく、その精神を守ることである。

「難民問題」は、他国の問題が突然、自国の問題になる。難民が国境を越えてある国に流入すれば、国と国の関係、国際関係に影響し、次いで地域内の利害に関心を持つ他国の関心を呼ぶ。難民が流入した国（難民を追い返さず、受け入れた国を「第一次庇護国」という）は、事態に対処するため、行動を起こし（あるいは何もせず）、特定の難民政策を打ち出して、政策を実施したり、非公然の活動を行う。時には軍事的な行動をとることもある[5]。

一九七五年以降、東南アジアではインドシナ難民が巨大な数で途切れることなく続き、周辺国のマレーシア、タイ、インドネシア等の政府は、たまりかねて入国制止策を導入するか、さもなくば先進国が定住という形で負担を分担することを要求した。第三国定住の制度は、第一次庇護国に滞在している難民を「国連難民高等弁務官事務所」（ＵＮＨＣＲ）の仲介で、第三国が定住者として受け入れる制度である。

インドシナ難民の定住計画では、ベトナム戦争への関与の責任をとって、アメリカが計画全体の設計者となった。アメリカは、インドシナ難民問題に政治的にかなりの重点を置いて、自身は率先して、巨大な数の難民受け入れを表明した。アメリカは他の国々にも同じことをするように強く働きかけ、それができない場合には、少なくとも財政的に貢献するよう促し、他方東南アジアの第一次庇護国には、難民への入国の戸を開き続けるよう圧力をかけた。(6) アメリカの働きかけは、日本もその例外ではなく、次のようにアメリカからの強い要請があった。すなわち、一九七八年五月、時の福田赳夫首相はアメリカ訪問の直前、難民の受け入れを決定し、一年後の一九七九年五月、大平正芳首相はワシントン訪問の際、米首脳と会談し、インドシナの難民危機と地域の不安定さに懸念を示している。(7) 同月の東京サミットでは、各国首脳はインドシナ難民の救済と国際協力で「共同声明」(8) を出している。同声明を受けて開かれた一九七九年の「第一回インドシナ難民国際会議」（ジュネーヴ）は、歴史的に見ても、大規模な第三国定住計画を決定した。その中で、アメリカは大きな指導力を発揮した。(9)

日本では、難民条約加入前後には、難民への支援制度や仕組みなどについて様々な議論があったが、その後は難民の受け入れについて、包括的な議論や施策の見直しはなく、制度は十分に整備されないまま、今日に至っている。一九八〇年代に定住したインドシナ難民の中には、入国当初は「淡水魚が突然、海に投げ込まれた感じ」（あるカンボジア難民）で、大きな戸惑いがあった。難民の中には、依然として言葉や人間関係、さらには求職や住居の確保などの点で、日本社会の定着に困難を感じている人が少なくない状況があった。(10) 難民に、国や地方自治体での手続きについての情報を与え、少し優先度は下がるものの、地元住民に難民となった状況や彼ら難民の文化の情報を与えることが重要となっている。時の経過で、定住した一世の人々の中には、退職後の不安を感じたり、介護への不安が出てきている。市民社会への参加が難しい、日本国籍がとれない、という声もある。

UNHCRが二〇〇八年に行ったインドシナ難民の定住調査を分析すると、①言葉の習得と文化の理解、②就職・生活不安、という二つの主要な障害のあることが分かる。定住・統合の双方向性を考えると、語学能力の問題は、例えば医療のように、鍵となる情報の翻訳が不足することは、医療者にも難民にも難問となる。[11] 日本語が話せるようになることは、日本社会に溶け込む上で、中心的な事柄となる。言葉ができず、社会での相互接触と参加、経済統合が障害となっている。

日本は、かつてインドシナ難民を日本社会に受け入れた。その経験は、然るべく評価がなされているのであろうか。日本に定住したインドシナ難民を横断して、住居の状況、義務教育と進学、雇用の安定と職種、収入、医療制度の利用など、一体何が各分野を横断して、〝統合は成功した〟といえるのであろうか。インドシナ難民が日本社会で統合されるということは、一体どのようなことなのだろうか。「統合[12]」を理解する手立てとなる基準は何であろうか。難民側の期待とは何だろうか。これまで何がうまくいき、何がうまくいかなかったのだろうか。現在の日本では、〝成功した〟統合とは何か、ということの中心となる要因を見つけ出し、他の要因とのつながりを明らかにすることが、益々必要となっている。インドシナ難民の定住後、ほぼ三〇年となる今、政府及び市民社会は、これまでの経験の評価と学習が必要となっている。この章では、この点に関し、相互作用する〈難民〉と〈制度（政府その他）〉の間で、日本の難民定住制度への難民の反応を、主に制度的な側面から分析し、日本における難民の状況を描写してみたい。

（1）角崎、一九九二年、六一頁。

（2）相星、二〇〇二年、五二頁。当時の大平正芳首相自ら、「（インドシナ）難民問題は日本人にとって国際化への一つの扉のようなもの」と述べている。

（3）インドシナ難民問題の発生で、一九七〇年代末には、難民救済を目的にした、「日本国際ボランティアセンター」、「曹洞宗ボランティア会」、「難民を助ける会」、「幼い難民を考える会」など、いくつもの民間ボランティア団体が生まれた。NGOにとっても、この時期が「難民救済元年」である。

（4）「保護」は一般に、難民に対して亡命中、強制的に追い返されることなく、庇護される権利と、移動の自由を含め、様々な自由を持っていること、を指して使われている。他方、「庇護」は、個人が求めた保護の形を示すために使われる。

（5）ジェイコブセン（Karen Jacobsen）によれば、流入された国の政策に大きな影響を与えるのは、次の二つの要因である（Jacobsen, 1996, pp.662-663）。①国際難民制度、と②難民を流出させた国（原因国）。国際難民制度とは、難民福祉に関心を持つ組織と個人のことである。具体的には、UNHCR、国際救援組織、ドナー（主に先進国政府）、NGO、メディア、それに難民関係の法律家や学者のような個人。国際難民制度は、流入された国（受け入れ国）に対し、実際面（援助の供与やインフラ作り）で受け入れ・定住を促したり、規範面（人道的か否かという国際的な体面）で外交圧力やメディア（否定的広告）を使い、圧力をかけたりする。しかし問題は、受け入れ国の国家主権に関わる問題であり、国際難民制度の影響力（勧告、説得、要求、報酬）をもってしても、一定の限界がある。受け入れ国はまた、原因国との関係で難民の取り扱いを決め、実施しているのが見られる。受け入れ国に対しては、国内から、①流入により最も影響を受ける地域社会からの圧力、と②難民自身からの圧力が、加えられる。地域社会からの反応は、政治的、治安上から政府に影響を与え、難民自身からは、状況と資源にもよるが、受け入れ国に直接に影響を与えたり、政策を左右する他の要因に影響を与えたりする（*ibid.*, p.657）ことが、知られている。

（6）Suhrke, 1998, p.406. シューケー（Astri Suhrke）によれば、「一九七九年インドシナ難民国際会議」（国連主催・ジュネーヴ）は、ボート・ピープルの逃亡というマス・メディアの報道に触発された人道的理由のみでは、この時の難民定住計画が成立した背景を十分に説明していないといい、アメリカの決定的な指導力があったとする。

（7）*ibid.*, p.405. Akashi, 2006, pp.224-225.

（8）外務省、『わが外交の近況一九八〇年版』、四一一～四一二頁。サミットでの声明は、以下のようなものである。「ヴィエトナム、ラオス及びカンボディアからの難民の惨状は歴史的規模をもった人道上の問題を提起しているとともに、東南アジアの平和と安定にとって脅威となっている。現に起こっている悲劇と苦悩にかんがみ、この問題は即時のかつ大々的な対応を要する。……参加国政府は、国際協力の一環として各国における現在の社会的・経済的状況を考慮しつつ、より多くの難民を受け入れることを通じて、インドシナ難民の救済と再定住に対する寄与を実質的に増大する。各国元首及び首相は、国連事務総長に対し、具体的かつ積極的成果をあげることを目的とする会議をできるだけ速やかに召集するよう要請する。各国はこの目標を全面的に支持し、かかる会議に建設的に参加する用意がある。各国元首及び首相は、全ての国が参加して、この緊急問題に取り組むよう呼びかける」（インドシナ難民問題に関するサミットの特別声明、一九七九年六月二八日、東京）。

（9）Suhrke, 1998, p.406. シュールケーは前述のように、ボート・ピープルの悲惨さへの同情という人道上の理由のみでは、この大規模な定住計画の成立過程を説明できないとして、アメリカが果たした役割の大きさに注目する。「インドシナ難民国際会議」は、一九七九年（第一回）と一九八九年（第二回）の計二回開かれているが、会議の実効性を支えた要因として、シューケーは次の三点をあげている。①問題が関係国の間で、引き続き高い政治課題であったこと、②主要国が関与し続けたこと、③各国の政策が、少なくとも最低限、国際難民制度の主要な目的と矛盾しなかったことがある、という。インドシナ難民国際会議は、超大国が、個々の国家に強大な圧力をかけて先導し、各国それぞれの事情と手続き・基準に応じて分担できるようにした〝非公式な〟責任分担の会議であった。東南アジアという地域の中での難民の分配制度は、第二次世界大戦後の事例がそうであったように、移民の資格基準、人道的関心と政治的要因からなる、ある種の〝市場制度〟を通じて分配がなされた。

（10）高橋、二〇〇二年、五一頁。

（11）ただしイギリスの場合には、余りに便利な翻訳・通訳サービスが逆に、難民の語学習得を阻害し、社会への溶け込みを妨げる（Ager & Strang, 2008, p.182）、という批判が語られる。とはいえ、定住初期の段階では、難民への翻訳と通訳の支援は、決定的に重要である。

（12）「統合」は定義をめぐり、議論があり、まだ定まらない用語である。用語自体は多くの人に使われるが、異なって理解されている。一般に受け入れられた単一の定義はない。概念は個別的に扱われ、異なる文脈の中で使われ、定義の統一が難しい用語である。一つの国が採用した「統合」の定義は、その国のあり方、民族に対する文化的な理解であり、アイデンティティの問題につながっている。この感覚は、一定の価値を含んでおり、統合のやり方に大きな影響を与えている。
　しかしグローバル化する世界の中で、統合は、現実問題として、各国政府の重要な政策目標であり、プロジェクトの結果を評価する際の手がかり・指標として重要度を増している。現実には、統合に際し、最も影響力があるのは政府と見られているため、政治的側面から、機能的に語られる。主流社会の人々と難民の位置を比較し、職業、訓練、労働市場、教育、住居、医療、政治的代表者と参加のような客観的指標を使ってはかり得ると信じられているためである（Phillimore & Goodson, 2008, pp.308-309）。当面は、実務者が共通して成功と感じた事柄を煮詰めて、概念を作り出す作業が必要である。これらの分野で発展が見られることが、統合過程が始まる最低の必要条件だからである。研究の対象は、要因が相関するので、包括的に取り扱う必要がある。

第一節　インドシナ難民受け入れの背景と事情

インドシナ難民問題の全体的な流れを把握するために、まず時系列的に主な事柄を簡単に述べておきたい。

1　一時滞在のボート・ピープル

東シナ海を航行中の外国船に救助されたベトナム難民（ボート・ピープル）が日本に初めて上陸したのは、一九七五年五月のことである。それ以降もボート・ピープルの日本到着は続いた。難民の定住は認められず、通過か一時的な受け入れだけであった。彼らは一九七七年までは「水難上陸」という立場だった[(1)]。法律的にも行政上も、日本に難民受け入れ体制はなく、彼らの一時庇護は、カリタス・ジャパン、天理教、立正佼成会、救世軍などの宗教施設か、アジア福祉教育財団、日本赤十字などの「民間団体に全面的に依存していた[(2)]」。

日本に到着したボート・ピープルはＵＮＨＣＲの保護下に置かれたが、ＵＮＨＣＲは上記の民間団体との間で業務委託契約を結んで、実際の仕事を委ねた。施設収容の難民には、食費等の生活費、医療費、移動費、通訳代はＵＮＨＣＲが支払った。

初期には、収容施設は常に足りず、一九七七年九月に沖縄県与那国町に直接漂着したベトナム難民八六人は、約二ヵ月間、地元の公民館に収容された[3]。一時滞在難民の受け入れでは、宗教団体や日本赤十字社が果たした功績は極めて大きかった。

民間団体が運営する収容施設は、全国に約四〇ヵ所。大半が、すでにある建物を利用した。宗教団体は、独自に建物を改修・補修し、同関係者が管理・運営を行った。他方、日本赤十字の管理・運営する施設は一九七八年以降、厚生省から補助金が与えられ、その資金で収容施設の改修、借り上げが行われた[4]。

大半のベトナム難民は、「永住条件や社会保障の不明確な日本での定住は不安」だとして、アメリカなどの第三国にいくことを希望し、一九八一年頃までは民間施設から順調に出国していった。しかしアメリカなど第三国の政策変更で、年々、出国者が減少した。特にアメリカは、日本で渡航を待つ難民の受け入れには厳しい態度をとった。

また、一九八一年、八二年頃からインドシナ難民を数多く受け入れてきた欧州各国に「難民疲れ」が見られ、受け入れ数が激減すると、一時滞在施設での滞在が長期化し、収容能力も限界にあった。一九八二年には、四〇ヵ所の民間施設に約一九〇〇人が残り、さらに増加の傾向にあった。

日本に一時滞在の難民の救援で最も重要なのは、収容施設を確保することであった。一時滞在の難民の救援事業で、政府は上記のように日本赤十字に補助金を出して援助したが、民間団体からは、資金の補助だけでなく、「少なくとも部分的には直接、援護業務にも参加してほしい由のかなり強い要請」[5]があった。また、日本に到着したボート・ピープルに、「政府としての必要な措置もとらないまま、たまたま空いている民間団体の施設に直接収容する援護方式を改善してほしい由の政府への要請も根強いものがあった」[6]。

そうした状況下で、政府が一九八二年に「大村難民一時レセプションセンター」を開くまでは、一時滞在の難民は上記の民間団体が世話を続けた。政府はまた、一時庇護施設の設置を決め、主に民間の一時滞在施設に長期にわたって在留する難民を引き取り、施設にいる間、日本語教育と生活指導、職業相談を実施し、施設を出た後も、日本での自活ができるようにするため、一九八三年四月、東京都品川区に「国際救援センター」を設置した。

2　定住受け入れへ

インドシナ難民問題が深刻化するにつれ、「日本の対応の遅れに対する国内外の批判が高まり」[7]、難民の一時的受け入れだけでなく、「定住のための受け入れ」を認めるべきではないかという意見が強くなってきた。政府は、一九七七年九月、最初の閣議了解「ベトナム難民対策について」を出しているが、一九七八年四月、政府は次の閣議了解「ベトナム難民の定住許可について」で、日本に一時滞在しているベトナムからのボート・ピープルの定住受け入れを決定、同年九月に初めて定住許可を与えた。

日本での難民定住受け入れの決定は、一九七八年五月、時の福田首相の訪米の一ヵ月前になされた[8]。背景には、アメリカからの強い要請があった。一九七〇年代半ばに、日本は先進国首脳会議に参加するようになり、強い経済力を背景に、国際社会の主要構成員としての責任を求められていた。また日米関係も緊密になっていた。

一九七九年の年頭一月、タイ・バンコクで開催された「ASEAN拡大外相会議」では、「インドシナ問題」が主要議題となっていた[9]。同年六月の東京サミットでは、共同声明で、各国指導者と国連事務総長に、インドシナ難民についての会議の開催を呼びかけた。続いてインドネシア・バリ島で開催された「第一二回ASEAN閣僚会議」（六月二八日〜三〇日）と「日本・アメリカ・ECとASEANの外相会議」でも、難民問題が中心課題となった[10]。

次いで開かれた同年七月の「インドシナ難民国際会議」（七月二〇日〜二一日、ジュネーヴ）の演説で、園田外相は、日本でのインドシナ難民の定住促進を表明した。同外相は、難民救済への協力は「各国それぞれの事情に応じて行われるべきもの」といい、日本は「多大の国内的困難にもかかわらず、定住面でも国際的努力に参加している」と述べたが、外務省関係者によれば、園田外相の発言は、「日本は難民定住では十分協力できないが、資金協力には最大限努力する」との方針を反映していた[11]。会議では、ボート・ピープルへ一時上陸許可を与えること、第三国定住と引き取り保証が合意され、またベトナムからの「合法的出国計画」（ODP）への道も開かれた。こうして、「インドシナ難民問題は、一九七九年の国際政治の上で最も深刻な問題の一つとなった[12]」。

一九七九年のインドシナ難民の大量流出を契機として、日本はUNHCRなどへの資金協力を大幅に増やし、インドシナ難民の定住受け入れを進めることになった。一九七九年四月の閣議了解「インドシナ難民の定住対策について」で、五〇〇〇人の定住枠が設定され、ラオス、カンボジアを含むインドシナ三国の難民に対象が拡大、すでに日本に在留していたインドシナ出身の元留学生などの定住も認められ、「日本におけるインドシナ難民政策の基本的な方針と枠組みが作られ、定住促進事業が開始された[13]」（古屋昭彦・外務省国際社会協力部審議官＝当時）。

一九七九年七月、政府は内閣官房に「インドシナ難民対策連絡調整会議」を設置し、内閣官房副長官を議長に、直属の事務局を設けた。一九七九年は、インドシナ難民への本格的な支援が始まった年であった。決定を受け、政府から業務を委託された「アジア福祉教育財団難民事業本部」（以下、難民事業本部）が同年一一月に発足、同難民事業本部は、日本へ定住を希望する難民に対し、教育、健康管理、職業斡旋を目的に、一九七九年一二月に兵庫県姫路市、一九八〇年二月には神奈川県大和市に、「定住促進センター」を設置し、受け入れの整備がなされた。さらに政府は、前項で述べたように、日本に上陸したボート・ピープルへの援助活動を円滑に進めるために、上陸した難民の一時庇護のため、一九八二年、長崎県大村市に「難民一時レセプションセンター」を開設。一九八三年には、ボート・ピープルの流入増加と、彼らの滞在長期化で、東京都品川区に「国際救援センター」を開いた。

一九八〇年二月～三月には、タイなど東南アジア六ヵ国のインドシナ難民キャンプに、定住面接の調査団が派遣され、日本定住を希望する難民と面接した。調査団は、本人や家族の状況、健康状態、職歴を面接調査し、外務省を経由して法務省に報告された。法務省からインドシナ難民として定住を許可された人が来日し、定住促進センターに入所した。

日本に定住するには、二ヵ所ある定住促進センターを経由する場合と、民間施設から直接に地域社会に定住する場合と二通りあった。しかしセンターは、各々定員が約一一〇名で、希望者は海外のキャンプを含め、長期間待機させられていた(14)。

しかし、関係機関が頭を抱えたのは、国内の難民一時滞在施設からは日本への定住希望者が殆ど出ないという問題であった。彼らへの定住の許可条件は、東南アジアの難民キャンプからの日本定住よりも緩やかで、心身健康で就職可能な人なら、家族ともども定住することができた。にもかかわらず、定住希望者が少ないのは、仲間うちや海外の同胞から得た情報で、日本の事情に通じていたことがある。日本に待機中のベトナム難民一四〇〇余人のうち、九〇〇人がアメリカ行きを申請していた(15)。待機中の人々は、民間施設に滞在していたが、特例として施設を出て、就労しながら待つ人（〝自活難民〟といわれた）も少数ながらいた。日本で一時庇護を受けた難民は、一万三七七人（二〇〇五年一二月末現在、日本での出生者を含む）。そのうち、六八一六人（六六％）が、第三国へ定住するために日本を出国し、最大はアメリカの四〇一〇人で、出国者全体の五九％を占めた。[16]

日本政府はその後、徐々に定住枠を拡大し、最終的に枠を撤廃した。また対象を拡大（ベトナム人に限っていた定住をラオス人とカンボジア人にも拡大）し、さらに家族再会を目的とした「合法的出国計画」（ＯＤＰ）でのベトナムからの家族呼び寄せを認めるなど、定住の許可条件を緩和し、定住促進策を進めていった。

３　難民条約への加入

インドシナ難民の受け入れと並行して、難民条約への加入を求める議論も急速に高まった。インドシナ難民の受け入れは、日本にとって年来の懸念であった難民条約へ加入する契機となった。[17] 一九八一年三月、内閣で条約への加入が決定されたことで、同時に国内法を修正する必要が生じた。

条約加入にあたって最大の障害となったのは、条約が社会保障の適用について「内外人平等の原則」（第二四条）をとっているのに対し、日本の国民年金制度は日本国籍を持つ人しか加入できないことであった。加入を進めたい外務省と、国内に在日韓国・朝鮮人を抱え技術的に国民年金の加入は無理とする厚生省の間で問題が生じたが、[18] 最終的に国籍条項は取り除かれ、関連国内法である国民年金法など四法律（国民年金法、児童扶養手当法、児童手当法、特別児童扶養手当等の支給に関する法律）の適用が、難民はもとより、在日外国人へも認められることになった。

政府は、従来の出入国管理法に新しく、難民の認定手続きや難民旅行文書の交付などの規定を盛り込み、難民認定は、法務大臣が行う[19]、こととした。新しい法律の名前は「出入国管理及び難民認定法」とされた。同法は、翌一九八二年一月から施行された。

難民条約は、一九八一年六月、国会で承認され、一九八二年一月に発効した。条約加入で、法務省は入国管理局内に「難民認定室」を設け、地方入管局・支局に難民調査官を配置した。条約上の難民と認められなかった場合でも、インドシナ難民については「難民」に準じた取り扱いをする[20]、ことにした。

「出入国管理及び難民認定法」で、一時庇護のための上陸許可制度が新しく設けられ[21]、一九八一年七月の閣議了解で、「レセプション・センター」を国が設置すること、その主務官庁を法務省とし、運営をアジア福祉教育財団に委託する[22]、ことになった。この閣議了解で、大村市の大村入国者収容所の隣接地に、一九八二年二月「大村難民一時レセプション・センター」を開所した。

政府は、条約に加入したからといっても、従来通り、政治亡命は認めない方針をとり、直ちに政治亡命者の受け入れに道を開くものではなかったが、難民条約の「難民の定義」は、日本がこれまで認めてこなかった政治亡命を内容として含むものであり、将来受け入れに転じた場合には、法的な根拠になる、といわれている。日本の場合、法整備も含めた受け入れ体制が十分に整えられず、このことが後に多くの問題を残すことになった。

4　ベトナム・ボート・ピープルの再流出と〝偽装難民〟の漂着

一九八六年以降、ボート・ピープルの増加傾向は見られたが、一九八八年春ごろから、ベトナムからのボート・ピープルの流出が再び増加して、一九八八年七月、ＡＳＥＡＮ外相会議はインドシナ難民問題の解決のために、国際会議を開くよう要請した。日本でも同年後半から、南シナ海を航行する大型タンカーに救助されて上陸する人々が増加した。彼らは、BBCやVOA等の海外向けラジオ放送で、翌八九年、「インドシナ難民国際会議」が開かれることを知り、厳格な審査制度が実施される前に、駆け込み脱出をしてきた人々と見られた[23]。

一九八九年六月、「UNHCR第三九期執行委員会」と「第四三回国連総会」は、第二回目の「インドシナ難民国際会議」（ジュネーヴ）を開き、五六ヵ国が参加した。難民性の薄い、出稼ぎ目的のボート・ピープルという疑いから、難民認定の審査を行い、難民と非難民に分け、非難民の本国への帰還を奨励することや、ベトナムからの合法出国の促進などを骨子とした、「包括的行動計画[24]」（CPA）が決められた。

その席で日本は、東南アジア地域の難民キャンプに長期に留まるベトナム難民を三年間で一〇〇〇人引き受けることを約束した。国際救援センターは、一九九〇年七月からこれらの難民を海外のキャンプから受け入れた。一九九一年八月からは、ベトナムからの合法的出国計画（ODP）による定住者の受け入れも開始した[25]。日本では同じ時期、一九八九年六月〜八月中にボート・ピープルが、沖縄や長崎の離島に到着し出した。特に八月以降、急にボート・ピープルの直接漂着が増加した。一九八〇年代末の日本経済は好況であり、人手不足が深刻化していた中小企業から、求人が殺到した[26]。彼らの多くは、出稼ぎ目的で中国・福建省を船で出た中国人で、マス・メディアは〝偽装難民〟（難民と偽った人）と報じた。かつて中国からベトナムに渡り、現地で生活後、中越紛争で中国へ舞い戻ったベトナム華僑が、難民偽装に重要な役目を果たしていた[27]。それが一つの契機となって、一九八九年九月、日本でも難民審査制度が導入された[28]。

当初は、ベトナム人と推量されたので、入管での調査後、大村難民一時レセプション・センターに移されたが、一部の人々は民間の施設に再び移された。さらに収容しきれない人々は、品川の国際救援センターにバスで移送された。国際救援センターでは、すでに入所していたベトナム系の人々と、後から移送されてきた人々（中国系）との間で争いが生じ、入所者の一部を一時、東京都の施設へ移すなど、両者を分離し、問題の解決が図られた。彼らはその後、中国へ送還された。

一九九一年には、香港の難民キャンプを逃げ出し、船で日本に漂着し、上陸する人々がいたが、彼らの殆どはベトナム人であった[29]。真の難民ではないボート・ピープルの第二波は、日本の入管当局の難民及び庇護申請者への態度を硬化させた。一九九三年六月ころから、ベトナムのボート・ピープルがまた増え出した。彼らは、日本に行けば送還される時、二〇〇〇ドルがもらえると信じていた[30]。彼らの難民性は薄く、一九九四年ベトナムに送還された[31]。難民審査制度の導入後は、ボート・ピープルの流出は激減し、ベトナムでの政情も安定に向かったことから、日本は一九九四年三月、審査制度を廃止した。一九九四年一二月、政府はそれまで一万人だった定住枠を外し、以後は枠を設けず難民を受け入れることにした。CPAという国際的な対応の結果、一九九六年には、ベトナム難民の流出問題は、ほぼ終息した。

一九九六年以降日本では、合法的出国計画によるベトナムからの呼び寄せ家族を中心に受け入れが進められた。

5　阪神・淡路大震災で被災したベトナム難民

震災のあった一九九五年一月一七日、神戸市ではケミカルシューズ業界などに就職していた多数のベトナム難民が被災した。神戸市在住のベトナム人は、約七六〇人。うち約四六〇人が最も震災の被害が大きかった長田区に住んでいた。ベトナム語のラジオ放送はなく、日本語も分からないため、仮設住宅の申し込みなど必要な情報を入手できず、救援が遅れた。姫路定住促進センターには、かつての縁で、難民家族が逃れて、身を寄せた。長田区や兵庫区の小中学校などに二〇〇人以上のベトナム難民が避難した。難民事業本部は、長田区に「神戸事務所」を開設し、相談員がアフターケアにあたった。センターは、仮設住宅への入居手続きを助言した[32]。

６　日本総領事館（瀋陽）への〝脱北者駆け込み事件〟と、その後の影響

二〇〇二年五月には、中国・瀋陽にある日本総領事館構内に北朝鮮からの逃亡者が駆け込んだ事件で、領事館員の不適切な対応がマス・メディアにも大きく報じられ、国際的な問題となった。インドシナ難民の定住とは直接の関係はないが、難民への人道上の配慮をめぐり、政府の難民政策に大きな変化をもたらしたので、簡単に触れておきたい。

政府の立場は、現行の「出入国管理及び難民認定法」では、庇護申請ができるのは「本邦にある外国人」に限られており、在外の日本政府の公館で庇護の申請が出された場合には、ケースごとに状況を判断する[33]、としている。これに対し、アムネスティなどのＮＧＯは、「確かに現在、在外領事機関において、亡命希望者に庇護を与える権限・義務、あるいはそのような状況に対応するための国際的取り決めが存在していない。しかし、各国政府はこれまでも慣習的に領事機関において庇護を与えてきた[34]」と、主張した。

政府の言い分は、大事な点は在外公館で庇護申請を受け付けることではなく、庇護を必要とする人に、適切な対応がとれる体制であり、実際に受け付けているのは移民国など少数にすぎず、経済的にも困難だ[35]、とした。瀋陽の事件を受け、外務省は、出先の在外公館に詳細な対応マニュアルを渡した[36]。

事件をきっかけに、日本国内には難民の受け入れに関心が高まり、それに関連して条約難民の認定や定住支援の問題が、各政党や政府で検討された[37]。事件の直前には、アフガン人難民認定申請者が収容され、身近な国内の難民問題に対する波紋はこれまでも続いていたし、庇護国、あるいは難民の定住国としての日本の果たすべき役

割についての議論も行われていた。しかし、瀋陽事件では、駆け込みの映像がマス・メディアで繰り返し流され、その衝撃は大きかった。

二〇〇二年八月には、閣議了解「難民対策について」が出され、内閣の下に設置されていた「インドシナ難民対策連絡調整会議」は廃止され、新たに「難民対策連絡調整会議」が設けられた。また難民条約に基づき定められた「出入国管理及び難民認定法」で、法務大臣が難民と認定した人々に、新たに定住支援が行われる(38)ようになるなど、大きな変化が起こった。インドシナ難民には六ヵ月間、日本語研修、職業訓練、職業斡旋といった定住促進の支援策が与えられ、定住後は生活相談などのアフターケアがあるが、条約難民にはそのような制度はなかった。

二〇〇三年三月、政府は、閣議了解「インドシナ難民対策について」で、ベトナムからの家族の呼び寄せ申請の受付を二〇〇四年三月末に終了、二〇〇六年三月に国際救援センターを閉じることを決定した(39)。それに伴い、条約難民の支援は、国際救援センターの閉所後は、アジア福祉教育財団難民事業本部が、都内に借り上げ方式で、「支援センター(40)」(Refugee Assistance Headquarters Center, RHQ Center)を開設することになった。

二〇〇三年一二月からは、難民認定申請者のうち、生活に窮し、宿泊場所がない人へ、収容能力自体は僅かだが、「緊急宿泊施設」(Emergency Shelter for Refugee Applicants, ESFRA)が用意された(41)。生活に窮した難民認定者には生活費の支援があるが、いったん難民に認定されると、「支援センター」(RHQ Center)での支援を除けば、条約難民は自分の力で、あるいは民間団体の援助のみで、日本での生活を始めねばならない。

二〇〇五年五月からは、難民認定申請者への「仮滞在制度」や「難民審査参与員制度」が導入された。日本では、難民認定の申請が出されると、法務省入国管理局が一次審査に加え、異議申し立ての審査もしており、透明性と妥当性に疑問の声がある。また、難民認定と在留資格を与えることにつながりのないことに懸念の声がある。[42] 審査業務を行う難民調査官の数の不足がいわれるし、十分な訓練の必要性もいわれる。一九八二年一月に難民認定制度が導入されてから、二〇〇六年までの申請件数は四八八二件、うち条約難民として認定を受けたのは四一〇人、人道的配慮による在留は四三四人[43]となっている。

アムネスティは日本の政策を評して、かつて次のように述べていた。

「日本の庇護政策とその実務が制限的なのは、歴史的に移民受け入れ国ではなかった日本へ、難民と庇護申請者が巨大な数で押し寄せることへの怖れがあり、現行の厳しい入管政策を緩めることに日本政府は気乗り薄である[44]」と。

難民の地位は、受け入れ国によって異なる。先進国は大半が難民条約に加入しているが、難民認定の手続きを、条約は規定しておらず、基本的に各国の裁量であるため、実際の受け入れ制度では、多種多様となっている。日本では、難民認定の申請者が増加する傾向の中で、彼らへの定住促進の措置をとることが必要になっている。二〇〇一年三月には、「国連人種差別撤廃委員会」から日本政府に対し、インドシナ難民以外の条約難民や全ての庇護申請者にも、実質的な支援を与えるよう「勧告」が出されている。今後、これらの法改正が行われる必要があるが、同時にまた、社会福祉の充実が伴われなければならない。法的に不安定な地位にある難民認定申請者の生活面や医療への配慮と、認定制度の一層の透明性が求められている。

7　インドシナ難民の居住地と職種

現在日本には、関東と関西地区を中心に、約一万八〇〇〇人のインドシナ難民が住んでいる。神奈川県、兵庫県とこれらの周辺地域に居住者が多く[45]、横浜市や姫路市など、インドシナ難民用の「専用相談窓口」を設けている自治体もある。インドシナ難民の大半を占めるベトナム人は関西にも多いが、全国に散らばっている。一方、カンボジア人の八二％、ラオス人の六四％が神奈川県内に住んでいる。定住した人々の一部は、アメリカなど第三国に向けて出国したり、日本国籍をとって帰化をしている。約九〇〇〇人以上が元の国籍のままで、日本に居住していると見られる。

難民の殆どが、機械関係、建設関係、電気機器関係の職を希望し、就職先は、中小企業を中心に全国各地に散らばり、職種は主に、機械工、電気器具組み立て、金属プレス、溶接、自動車整備など、電気、機械の製造業の仕事が多い。その他、看護婦やソフトウェア技術者も見られる[46]。

(1)　アジア福祉教育財団難民事業本部、一九九六年、九頁。
(2)　角崎、一九九二年、五二頁。「(当初) 一番たくさんお世話していたのは、カリタス・ジャパンであったと思います。ここはもう満杯だ、しかし建物があればお世話をしますよというので、当財団 (著者注――アジア福祉教育財団) からお金を出して、宮崎の方に建物を造って、難民のお世話をしていただいたこともありました」(アジア福祉教育財団、二〇〇九年、一〇頁)
(3)　アジア福祉教育財団難民事業本部、二〇〇六年、一八頁。
(4)　同上。
(5)　同上、二〇頁。
(6)　同上。
(7)　アジア福祉教育財団難民事業本部、一九九六年、三六頁。

（8）Akashi, 2006, p.224.

（9）ASEAN拡大外相会議（一九七九年一月一三日、バンコク）の「インドシナ問題に関する共同声明」では、次のように述べている。「東南アジア地域の平和と安定に対する現下の脅威に対し、……安保理に対し、この地域における平和、安全及び安定を回復するため、必要かつ適切な措置を講ずるよう強く要請した」（外務省、『わが外交の近況一九七九年版』、四五〇～四五一頁）。

（10）外務省、『わが外交の近況一九八〇年版』、三六三頁。

（11）角﨑、一九九二年、五二頁。日本は、UNHCRのインドシナ難民救済計画の一九七九年分経費の半分を負担することを決定した（外務省、『わが外交の近況一九八二年版』、九二頁）。

（12）外務省、『わが外交の近況一九八〇年版』、九二頁。

（13）アジア福祉教育財団難民事業本部、一九九六年、七頁。

（14）アジア福祉教育財団難民事業本部、二〇〇六年、四八頁。

（15）朝日新聞、一九八〇年五月四日付け。UNHCR駐日事務所によれば当時、このうち一五〇人は見通しがあるが、残りの人々はまず不可能ということであった。ベトナム人がアメリカを含め、日本以外の第三国を希望した理由は、①ベトナム人の多い欧米の方が暮らしやすい。②日本の定住政策は、永住や国籍取得につながらない。③定住後の社会保障が不安定、というのがその理由であった。

（16）アジア福祉教育財団難民事業本部、二〇〇六年、二一頁。アメリカに次いで多い順に、カナダ七四九人（一一％）、オーストラリア七二七人（一一％）、ノルウェー七〇二人（一〇％）、ベルギー一三二人（二％）、イギリス一一二人（二％）などである。出国のための旅費は、「国際移住機関」（IOM）からのローンであった。

（17）相星、二〇〇二年、五三頁。

（18）神奈川新聞、一九八一年三月一四日付け。外務省の主張に対し、厚生省は約二〇〇〇人の難民だけならともかく、日本に七八万人（当時）もいる在日韓国人・朝鮮人など、全ての在日外国人に国民年金の加入を認めるのは困難だ、と主張した。しかし園田厚生相が条約加入に積極的な姿勢を見せたことと、厚生省内にも「厚生年金が在日外国人に認められている以上、国民年金だけ国籍主義をとっているのは説明がつかない」という考えが出て、最終的に、条約の社会保障の規定は、留保条件をつけることなく国籍要件の撤廃で落ち着いた。

（19）同上。法務省は、政府の難民条約加入の決定を受けて、難民の認定や在留に関する条文を新設するための要綱を決めている。それによれば、①難民条約にいう「難民」に該当するかどうかの認定は法相が行う。②難民に対する永住許可の要件は、一般外国人よりも緩和する。③難民の再入国を容易にするための「難民旅行文書」を交付できるようにする、などがその主な内容である。

(20) 外務省、『わが外交の近況一九八二年版』、一〇四頁。

(21) この制度により、ボート・ピープルは、一九八二年からは日本上陸で「一時庇護」が与えられた。なお、ボート・ピープルが再び増加した一九八九年からは、審査制度（スクリーニング）が導入され、入国する人々は「仮上陸」扱いとなり、難民と認められた人だけが、「定住許可」を与えられた。一九九四年三月からは閣議了解で、ボート・ピープルに対する特別措置がなくなり、以後は不法入国者の扱いになった。

(22) アジア福祉教育財団難民事業本部、二〇〇六年、二〇頁。

(23) アジア福祉教育財団難民事業本部、一九九五年、五～六頁。彼らは、救助されるまで様々な困難に遭遇したが、助かったのは、体力のある若者や三〇代～四〇代の男性たちであった。

(24) その内容は、①資格審査（スクリーニング）を導入し、②難民の自主帰還を進め、③帰還した人々には社会復帰計画を講じ、④合法出国計画の基準を緩和し、⑤ベトナム国内への広報を行い、⑥難民キャンプの滞在者を第三国に早期に引き取ること、などであった。日本も審査制度を導入し、以後日本への新たな上陸者は、「仮上陸」扱いとなった（アジア福祉教育財団難民事業本部、一九九八年、一〇頁）。

(25) アジア福祉教育財団難民事業本部、二〇〇六年、一四頁。

(26) 日本経済新聞、一九八九年九月二六日付け。

(27) アジア福祉教育財団難民事業本部、一九九五年、六〇頁。そのほか理由としてあげられたのは、一九八九年六月の天安門事件後、国内での締め付けが厳しくなったことや、就業生として日本へきて稼いだ後、帰国して家を新築する場合が目立ったこと、などがある。中国政府は、中国人と確認できれば、前向きに対処と帰国に応じた。処理にあたった入管職員二名が過労のため亡くなった。

(28) 角崎、一九九二年、五四～五五頁。

(29) アジア福祉教育財団難民事業本部、一九九五年、六頁。

(30) 神戸新聞、一九九三年八月二六日付け。ベトナム北部の港町ハイフォンで流れた噂話、「難民として日本に行くと帰還時に二〇〇〇ドルもらえる」、「日本は定住できる」が原因と推測された。

(31) 同上。彼らベトナム難民の送還をめぐり、ベトナム外務省は「ベトナムは秩序ある帰還を望んでいる」といって、一方的な強制送還には難色を示した。ベトナム側は、二国間で帰還協定を結び、問題を解決することを望んだ。

(32) 神戸新聞、一九九五年一月二九日付け。サンケイ新聞、一九九五年一月二六日付け。姫路定住促進センターの関係者によれば、「センターは、ベトナム語に訳した紙を配布するしか手段がない」「ここに来ている人はまだいい。頑張っている人は、しっかり情報を入手して、権利を主張してほしい」という状況であった。

(33) 政府の立場は、以下の通りである。「在外公館で庇護希望が表明された場合には、個々の事案ごとに具体的対応ぶりが異なることもあり、庇護希望者の人定事項等の事実関係や同人の希望等を確認のうえ、生命・身体の安全確保等の人道上の観点や関係国との関係等を総合的に考慮し、対応を検討する」(高橋恒一・外務省、二〇〇二年、五五頁)。

(34) アムネスティ日本、二〇〇二年五月一三日付け、ニュースリリース。

(35) 外務省関係者はいう。「なお、一部には法律を改正し、在外公館においても難民認定申請を受け付け得るようにすべきではないかとの意見も聞かれるが、要は真に庇護を必要としている外国人に対し適切な対応を取り得る体制になっているか否かであり、実際にも在外公館で受付を行っているのは、在外公館に移民審査の体制を有している移民国家等少数の国にすぎず、わが国の場合には、費用対効果の観点からも、その必要性は乏しいと考えられる」(高橋、二〇〇二年、五五頁)。

(36) 高橋、二〇〇二年、五五頁。瀋陽総領事館事件の以前から、外務省は、北朝鮮からの脱出者が駆け込みそうな場所には、対処方法の指示をしていた。しかし、事件を受け、対応についてなお一層、周知徹底する必要が生じた。外務省は、庇護申請者が館内にいる場合と、館外にいる場合に分けるなど、詳細な指示を日本政府の全ての出先機関に伝えた。

(37) 例えば、第一五四回外務委員会第二五号(二〇〇二年七月二六日)によれば、「瀋陽総領事館事件を契機として、現在内閣を中心に関係省庁で我が国の難民、それから亡命者等の受け入れ政策の対応について見直しが行われております」(高橋・政府参考人＝外務省)と、政府での検討を述べている。

(38) アジア福祉教育財団難民事業本部、二〇〇八年、二二頁。二〇〇三年から、条約難民とその家族にも、インドシナ難民と同じように「国際救援センター」で日本語教育や就職斡旋などが提供されることになった。

(39) アジア福祉教育財団、二〇〇九年、六六頁。閣議了解を受けて、難民対策連絡調整会議は二〇〇三年七月、インドシナ難民の受け入れを二〇〇五年三月で終了することを決めた(「平成一八年度以降の難民に対する定住支援策の具体的措置について」二〇〇三年七月二九日、難民対策連絡調整会議決定)。

(40) アジア福祉教育財団、二〇〇六年、一四頁。同施設は、二〇〇六年四月から事業を開始した。定住支援計画の実施期間は、一八〇日間とされた。

(41)　アジア福祉教育財団、二〇〇九年、六二頁。
(42)　相星、二〇〇二年、五五頁。
(43)　アジア福祉教育財団難民事業本部、二〇〇七年—a、一一頁。
(44)　Amnesty International, 1993, p.1.
(45)　インドシナ難民の定住状況（アジア福祉教育財団難民事業本部、二〇〇七年三月末現在調べ）を見ると、全国九八三四人中、①神奈川三四九一人、②兵庫一六一六人、③埼玉一一八八人、④東京一〇一三人、⑤群馬五三〇人、の順となっている。兵庫を除く、これらの関東地区に、さらに千葉（三一三人）、栃木（二〇〇人）、茨城（九一人）を加え、兵庫のある関西地区に大阪（四八九人）を加えれば、関東地区にはインドシナ難民全体の六九％の人が住み、関西地区に二一％が住み、彼らの大都市への居住傾向が分かる。
(46)　アジア福祉教育財団難民事業本部、一九九八年、二五頁。

第二節　難民政策の基盤——外交青書などに見る受け入れの理由

外務省の年報『外交青書』にインドシナ難民問題が登場したのは、一九七九年版（第二三号、一九八〇年）が最初である。[1] 翌一九八〇年版、一九八一年版と記述が増え、一九八一年版（第二五号、一九八二年）ではさらに、アジア地域での「インドシナ難民問題」という独立項目での記述のほかに、国連関係の場所に「難民問題」と新しく項目を立てて、記述されている。ただし、この項目自体の中身は、アフリカ難民問題への言及もあり、インドシナ難民問題のみに焦点を絞ってはいないが、後年の世界の難民問題を相手にした政府の取り組みへの、はしりを見ることができる。難民問題が、外務省での外交の対象として「しかるべき地位を占めるようになった[2]」のは、この時期以降であり、極めて新しい事柄である。

表6―1　外交青書の「難民問題」の記述内容

1979年版	「インドシナ難民問題」の項目が登場（人道問題であり、アジア・太平洋地域の不安定要因）
1980年版	「1979年の国際政治上、最も深刻な問題の一つ」。東京サミット、続くジュネーヴ国際会議で日本の定住促進を表明。記述頁数が増える
1981年版	アジア地域での項目「インドシナ難民問題」と、新たに「国連の活動と国際協力」の中で、一般的な「難民問題」の項目が登場。アフリカ難民問題の出現。難民の発生源に手を打つ西独提案の「新たな難民の流出を回避するための国際協力」を支持
1982年版	インドシナ難民問題の「長期慢性化」、「援助疲れ」、「移民的な“経済難民”の増加」、一時庇護国での難民の「焦げつき」傾向
1983年版	アメリカなど「主要国での定住受け入れの鈍化」。日本の一時滞在難民の「滞留数の漸増」
1984年版	主要四ヵ国による「環太平洋閣僚級会議」(1983年8月、米・ホノルル）でインドシナ難民の定住受け入れの続行を確認。日本の一時滞在難民の定住・自活化
1985年版	西側諸国での定住受け入れが困難。国連の「大量難民流出防止政府専門家会合」で流出原因を討議
1986年版	インドシナ難民問題は長期化
1987～88年版	「国連の活動と協力」の項目の中で、アフリカ難民、アフガン難民など、世界の難民の中での、インドシナ難民の扱い
1989年版	難民問題は「平和のための協力」。「インドシナ難民国際会議」(1989年6月、ジュネーヴ）で「包括的行動計画」が決まる
1990年版	日本は「難民資格認定審査」(スクリーニング）を開始（1989年9月)。包括的行動計画の経費の最大の拠出国
1991年版	国際社会での日本の役割の強調。「人類共通の課題」の下、難民という表題はなくなり、災害援助などと共に「人道上の問題」としての扱い。「日本の責任が増大する中で、難民問題に対応するのは当然の務め」。取り組みの強化は、主要先進国との協力になる。物資協力から、人の面での日本の貢献が課題。NGOへの政府の期待
1992年版	「国際平和協力法」の成立（1992年6月）で、国際救援活動での人的貢献ができる体制へ
1993年版	難民問題は、「人権・人道上の問題」の項目の中へ。国連人道問題局(DHA）の新設など、国連の人道援助活動が積極的だとする
1994年版	未刊行
1995年版	政治・安全保障での地域紛争への包括的取組み（緊急援助、国際刑事法、難民・国内避難民、平和維持軍、地雷、女性・子供の保護など)。地球規模問題の中の「人道上の問題」としての捉え方

1996年版	地球規模問題の中で、「難民」の項目のみ。旧ユーゴ難民等が語られるのみ
1997年版	地域紛争への日本の取り組みの中での「難民問題」。政治的紛争解決、ＰＫＯなどの軍事措置、難民の保護・救済の人道援助、帰還と再定住の開発援助を統合した取組み。インドシナ難民問題の終息と「包括的行動計画」の終了
1998年版	まず政治的手段による紛争予防措置が必要。紛争発生後は、緊急人道援助、復興援助、開発援助への円滑な移行
1999年版	同上
2000年版	日本は「人間の安全保障」の観点から、難民・国内避難民への人道支援は、国際貢献の重要な柱の一つ
2001年版	政治・安全保障分野の「世界の平和と安定」の中で、独立項目「難民問題」としての記述
2002年版	「人間の安全保障」の中での扱い。難民の項目はなし
2003年版	同上。人間の安全保障の実現のため、紛争と開発・貧困に至る課題を包括的に捉える。平和の定着の取組みで、 ODAを使い、人道・復旧から開発まで切れ目ない援助
2004年版	難民への記述はほとんどなし
2005年版	「人間の安全保障の推進に向けた地球規模の諸課題への取組」の独立項目「人道支援」の中で、難民に言及。従来の主張の繰り返し
2006年版	同上
2007年版	地球規模課題を含め、国際協力の推進。難民の項目はなし
2008年版	戦略的に国際協力を進め、効果的に実施。外務省内の「国際協力企画立案本部」が地域、分野、課題ごとに援助方針

（出所）筆者作成
（注1）1986年版までは、『わが外交の近況』の表題。それ以後は、『外交青書』の名称。
（注2）外交青書は、例えば1986年版は、翌1987年に出版されることになるが、まれに同じ年に出版されることもある。

外務省の中に初めて、「難民」という言葉がつく部署ができたのは、一九七九年二月のことである。アジア局の中の「東南アジア難民問題対策室」がそれである。その五年後の一九八四年七月には、国連局に人権難民課を設けて、人権と難民の分野での国連の活動を担当させている。それまで難民関連の国際機関への拠出金などの事務は、国連局内の企画調整課と政治課が扱い、個別の「亡命」事件は、政治的に機微な所があり、関係する地域の局や課が処理にあたっていた(3)。

表６－２　外務省の難民関係部署

1979年	アジア局の中に「東南アジア難民問題対策室」が誕生（2月）
1984年	国際連合局に「人権難民課」を設置（7月）
1993年	総合外交政策局の国際社会協力部の下に、「人権難民課」と「難民支援室」（難民分野の政策の企画立案。情報収集と調査研究）を設置（8月）
1995年	経済協力局の中に「民間援助支援室」（NGOへの資金援助と情報の提供）を新設
2001年	国際社会協力部の下に「人権人道課」を設置（4月）

（出所）　筆者作成

外務省の担当官は、当時の状況を次のように描写している。

「島国であり、かつユーラシア大陸の極東の端に位置する日本は、その歴史を通じて（七世紀の百済人、一三世紀の南宋人の流入などの例外はあったのであろうが）難民を含む大量の人口移動にはほとんど遭遇しなかった。またつい一五年ほど前まで（一九七〇年代頃まで）、わが国国民・政府は世界各地で発生した難民問題に関心を払うほどの余裕もなかったし、政府は世界の難民問題にかかわらなかったからといって、国際的に批難を浴びることもなかった。[4]」（角﨑利夫・元外務省国連局人権難民課長）

「わが国では従来から、日本は同質性の高い社会であって難民を含む異質な民を受け入れる土壌はない、あるいは人口密度が高く、難民・移民を受け入れられる余裕はないといった社会政策上の配慮に基づく否定的発想が根強かった。それがインドシナ難民の発生により、国民世論とわが国をとり巻く国際環境（世論）が変化した結果、……（従来の）考慮を凌駕し、インドシナ難民のわが国定住が始ま（った）。[5]」（同上）

それでは日本は、どのような理由・根拠から難民問題に取り組んでいったのだろうか。『外交青書』や外務省関係者の書いたものを読むと、例えば「わが国はアジアの一国として、人道的見地及び国際協力の観点より、問題解決への貢献をおこなった」[6]「わが国のインドシナ難民の定住受け入れは、人道上及びアジアの安定のための国際協力の観点から、わが国が難民条約に加入する以前から、同条約とは異なった立場において実施しているものである」[7]等の文言が頻繁に出てくる。それらの表現を概括すれば、〝インドシナ難民問題は、人道上の問題であるばかりではなく、周辺の東南アジア地域の平和と安定に関わる重要な国際政治問題として、国際社会が協力して解決することを迫られ、日本も難民問題に対する国際協力の一環としてこの問題に対処した〟というのが、意図された内容であろう。キーワードは、アジア、人道、国際協力、貢献、である。

それでは、当時の状況はどうであったのか。インドシナ難民の流出が続き、東南アジア諸国では、難民キャンプに滞在する難民の数が増大していた。インドシナ難民問題は、東南アジアの第一次庇護国では、流出により被った衝撃と、事態の認識には濃淡があるものの、それまで何とか、国境を管理し、外部からの衝撃に反応し、適宜、政策を選択してきた。東南アジア諸国の場合には、難民条約に未加入であっても、人道的配慮から、あるいは国際社会からの圧力を背景に、難民の一時的受け入れに応じてきた。しかし事態の規模は大きく、その速度も速かった。これらの国々は、自国のみでの行動能力への限界を感じ始めていた。タイ、マレーシアなどいくつかの国では、社会的、民族的に敏感な問題であることから、インドシナ難民、特にベトナム人に対し、制約を加える行動が起きていた。その結果、否定的な難民政策がとられていた。

インドシナ難民問題はアジアで起きており、日本にはそれが「アジア・太平洋地域の不安定要因になっている」との認識があった[8]。政府としては、日本から地理的に離れた遠い世界で発生した難民問題と同列に扱うわけにはいかなかった。国内のマス・メディアや日本国民のインドシナ難民への関心は高まっていた。域内にある日本が、課題を無視して行動をとらず、放置しておくわけにはいかなかった。

一般的にいえば、難民発生で潜在的に難民を受け入れることになる国には、事態への対処法として、大雑把に三つの選択肢がある。第一は、何もせず傍観する。第二は、難民問題に消極的・否定的に反応する。第三は、問題に積極的に取り組む、である。より単純化すれば、受け入れを拒否し否定的な態度をとるのか、積極的に国内へ受け入れるのかを決定せねばならないことである。受け入れるとなれば、もう一つの決定（入国する人は審査するのか、それにはどんな条件が必要か）が必要になる。

インドシナ難民（特に、ベトナム難民）の定住の問題は、アメリカが指導力を発揮して、「難民割り当て」に基づく政治解決が図られた[9]。影響力のカギを握るアメリカが、人道的及び様々な政治的な理由を動機として持っており、その目的達成のため、他国へ圧力を加える必要があった。状況は、決して日本にとってだけ、特異なものではなかった。アメリカは、「先進国首脳会議」（サミット）、「インドシナ難民問題国際会議」やその他の機会を捉えて、集団的行動の規則を作り、応分の負担（大量の難民受け入れ）を行った。西欧諸国の側にも、アメリカの意向を受け入れる理由は存在した。当時の国際環境は冷戦の最中であり、反共主義とベトナム戦争参戦の記憶があり、これらの国々に難民を寛大に受け入れる政策をとらせていた。日本に対しても、アメリカからの強い圧力がかけられ、外務省関係者に「難民問題に対する相応の貢献が国際的に求められているとの政府内部の認識から、インドシナ難民には従来とは段違いに積極的にかかわるようになった[10]」と、いわせている。

日本は、難民流出が急増した一九七九年六月には、サミットを東京で初めて開き、翌七月には園田直外相がインドシナ難民国際会議に参加して演説している。ある外務省担当者は、「わが国としてそういった場で相当の貢献を公約せざるを得ない状況にあった[11]」と、外部から強制されたことを述懐している。さらに彼は、既述のように「そのような状況での園田外相の上記発言は、日本は難民定住では十分協力できないが、資金協力には最大限努力する、との方針を反映するものであった」といい、「残念ながらインドシナ難民問題が国際的にもっとも注目された当初の段階での比較的消極的な対応が、日本は難民の定住を受け付けないとのイメージを広め、……ほとんどの欧州諸国は従来よりきびしくなったとはいうものの、インドシナ難民以外の難民をわが国以上に受け入れているので難民受入政策全体でみれば、わが国は依然消極的といわざるをえない[12]」と事態を分析している。

日本の場合、一九七〇年代は強い経済力を背景に、アメリカを中心とする国際社会から応分の責任を果たすよう、強く求められていた。日本が難民政策を立てる際には、地政学的な役割とイデオロギー的な考慮が反映されていた。

そうした考え方は、後年、難民問題を〝地球規模の問題[13]〟と捉える中で、一層強められていく。例えば一九九四年の『ODA白書』は、「第三章　二一世紀に向けての展望」の中の「二　ODAの新フロンティアへの挑戦」で、「(一) 地球規模の問題への取り組み」の「(八) 冷戦後の難民・被災民問題への対応（人道援助）」で、「我が国は、難民問題は人道上の問題であると同時に世界の平和と安定に影響する問題であると考え[14]（る）」と記している。外務省の難民担当者も以下のように、同じことを述べている。「難民は環境や麻薬問題と並んで世界が地球的規模で取り組むべき課題、とくに国際人道協力の問題であるとともに、難民の発生は周辺地域の平和と安定に悪影響を及ぼしかねないという意味で、難民問題の解決は平和への協力でもある[15]」。（傍点は筆者）

我々は先に、日本が難民政策を立てる際に、地政学的な役割とイデオロギー的な考慮を見たが、他に要因はあったのかどうかである。政策に影響を与える、基調をなす動機付けを理解することが重要である。一般に、難民政策に影響すると見られる要因は、大きく次の四つの要因[16]がある。経験上知られているのは、第一は、政府官僚による選択（官僚の政治をめぐる争い。また政策決定者間での争いを含む）、第二は、国際関係への配慮、第三は、地域の受け入れ社会の能力と受け入れで生じる社会的コスト（正負の衝撃があり、地域社会の吸収能力についての政治的計算と社会予測）、第四に、国家安全保障への考慮、である。

まず、第一点目から。日本では、難民の入国をめぐって、外務省と法務省という二つの官庁が関与し、国際的な配慮を重視する外務省と外国人の入国を管理したい法務省という、両者の間に立場と見解の相違があり、〝争いと妥協〟は避けられなかった。しかし、国民の間で、難民問題は初めてであり、彼らへ国民の情報が不足していて世論からの意見は強くはなかった。利害もないということで、政党選挙の争点にもならず、官僚というエリート間の合意での政策形成は避けられなかった。難民の国内受け入れは、大国から強いられた結果であり、国内政策での難民問題の重要度は低く、官僚の動きは鈍かった。

第二の国際関係では、難民を受け入れるコストと利益を考えた場合、受け入れによる利益の方が、受け入れコストを上回り、日本にとって有益だと政府が判断したことがある。主要国（特にアメリカ）との良好な関係を維持し、ＡＳＥＡＮの第一次庇護国との関係でも、彼らが直面する課題を除去・軽減することで、大きな役割を果たすことができる。

第三の国内要因から見ると、日本では当初、インドシナ難民の受け入れをめぐって、国土が狭小で、人口が多く、資源にも恵まれないことから、過去移民を送り出しこそすれ、伝統的に他国からの移民を受け入れた経験がない、ということがいわれた。〝同質性の高い〟日本社会での外国人の適応の難しさが受け入れへの消極的理由の一つにあげられたが、当時としてもグローバル化の進む世界で、十分に説得力のある説明というわけではなかった。吸収能力とは、日本の地域社会が難民を喜んで吸収できる、そうならずとも、無関心でいられる程度のことである。また、次に述べる安全保障とも関連するが、通常受け入れでの主要な要因とされる経済的状況も、当時の受け入れをめぐる状況の中では、政府側からは語られなかった。難民に対する国内世論も、圧力団体となりうるNGOもまだ十分に育っておらず、政策担当者には配慮の必要がなかった。

第四の国家安全保障に関しては、日本の場合、安全保障が、通俗的な理解では、国内外で発生する軍事的な脅威に基づくとすれば、外敵から身を守るという戦略上からも、民族問題や階層分裂、政党間の争いといったものはなく、国内治安を維持する能力という制度上からも、差し迫った懸念としては知覚されていなかった。先進国として、難民受け入れで、日本人が職業機会を奪われるといったことや、ましてや基本的な資源（食糧、水、居住地）が奪われるという特別の事情もなかった。安全保障上の考慮は、日本の当時の難民受け入れでは、人道的感情を打ち負かせるほどの主要な障害とは見られなかった。

以上四点から見ると、日本の難民政策の基礎にあるのは、第一と第二の要因であることが分かる。要約すれば、アメリカからの強い圧力の下、イデオロギー的な考慮を払い、自ら存在する地であるアジアでの地政学的な役割を果たしたという、政治・社会経済的な理由が出てくる。難民政策は主に、国内あるいは地域政治で決定されるといわれるが、日本の場合、むしろ国際政治と地域政治で決定されたといいうる。

ところで日本は、難民問題解決のために積極的に貢献しているという。例えば、『外交青書　平成二年版』では、次のように述べている。

「具体的には、……国際会議への参加及び、国連難民高等弁務官（UNHCR）、……などの国際機関を通じた援助及び関係各国に対する二国間援助などである。……また、わが国はインドシナ難民の受入れに伴う香港やASEAN諸国の負担を軽減するため、包括的行動計画の実施のための経費について関係国中最大の拠出（九〇年五月末までに総額四〇六〇万ドル）を行うなど、インドシナ難民問題解決のための世界最大の資金協力を行っている。[17]」

外務省の担当者によれば、日本の難民支援は、①資金援助（食糧などの物質援助を含む）、②知恵の面での協力、③人材協力（指導的地位に日本人を送り込む）、④汗をかく協力、の四つの形態で行われている、[18]という。続けて、外務省の担当官はいう。

「わが国は、難民・避難民等に対する人道支援を国際貢献の重要な柱の一つと位置づけ、[19]（……ている）。」（高橋恒一・外務省元国際社会協力部長）

「インドシナ難民は日本として難民保護の側面において、どの程度国際協力するかとの見合いにおいて難民「援助」を決定している。[20]」（角崎利夫・外務省元国連局人権難民課長）

これらを読むと、日本の難民援助とは、海外に出ていって何かすることであるように見える。国内での難民への支援という視点は、限りなく希薄である。

また外務省の担当官は次のようにもいう。

「わが国が金儲け第一主義の経済大国として批判的にみられがちな時に、難民援助を飛躍的に伸ばすことは、……「人道大国」として自己アピールするとともに、紛争周辺地域の平和と安定の維持という政治的役割を拡大するものであり、二重の意味で世界に貢献しうることになる。[21]」

さらにまた、

「また世界から日本にはその行動の芯となる価値観がない、日本の行動の予測可能性が低いと見られているとき、難民援助を多面的に強化することは「人道国家」をわが国の行動の指針、価値観として形成していくことに通ずる。[22]」

難民援助は人道的行為であり、日本の進むべき方向として「人道国家」「人道大国」という言葉が使われる。そして、援助の目的は何か、なぜ援助するのかという援助全般の話では、すでに一定程度、いわゆる〝狭い国益〟を超越した根拠から語られる。

すなわち、

「わが国にとり、援助は直接の見返りを期待する利己的なものでもなければ、国際社会で生きていくために止むを得なく支払うコストでもない。援助の拡充を通じ我が国がその国力にふさわしい積極的な貢献をすることは、経済大国となった我が国の歴史的使命といっても過言ではなかろう。[23]」（傍点は筆者）

また、こうもいう。

「援助の原点は、……人間が人間らしく生活していくことを困難にしている状況を座視しえないという人道主義にある。[24]」

ここで問題になるのは、「人道」の意味である。援助を語る際に必ずといって良いほどつけられる枕言葉としての〝人道〟は、万人が使うが、その中身が厳密に法的に定義されているわけではない。万人がそれぞれ異なった意味で使い、使われた途端、相手が反駁できなくなる魔法の言葉である。〝人道的〟という言葉が、意味的に〝膨張〟したために、〝曖昧さ〟が生じ、実際の行動では〝ごまかして〟使い、批難から逃れることができるようになっている。そして、その包括的で、不確かな性格を持つ〝人道的実践〟が難民保護を「危機」に陥れている。[25]

開発援助の世界では、援助を行う根拠として「人道的考慮」を特に強調した『ピアソン報告』(一九六九年)や『ティンバーゲン報告』(一九七〇年)が出され、人類が世界共同体という連帯意識に立って、開発途上国の開発問題を共同事業として進めよう、という認識が確立されてきた。[26] こうした考え方は、『ブラント報告』を経て、最終的には「相互依存関係の認識」と「人道的配慮」という、援助の必要性を理由づける二つの国際的な基本理念として、その後、援助国にほぼ共通の援助理念として定着していった。[27] この場合の「人道的考慮」とは、富める国が貧しい国に人道的観点から援助せねばならない、というものである。

日本では一九八〇年、外務省職員で構成された「経済協力研究会」がまとめた『経済協力の理念—政府開発援助をなぜ行うのか』では、日本の経済協力の基本理念として、「人道的・道義的考慮」と「相互依存の認識」の二点をあげている。[28] 二〇〇三年八月、政府は「ODA大綱」を一一年ぶりに改定。新大綱では、政府開発援助(ODA)の目的を「国際社会の平和と発展に貢献し、これを通じて我が国の安全と繁栄の確保に資すること」とし、ODAを通じての取り組みは、平和を希求する日本にとって国際社会の共感を得られる最もふさわしい政策と位置づけられた。また個々の人間に着目する「人間の安全保障」の視点を導入した。[29]新しいODA大綱では、地球規模の問題は、「ODAを通じてこれらの問題に取り組む[30]」と位置づけられた。ODAが取り組む課題として、「貧困削減」、「持続的成長」、「地球的規模の問題への取り組み」、「平和の構築」が重点とされたが、近年特に日本が力を入れている「平和構築」で、紛争予防・平和構築の中の緊急人道支援として、難民・避難民問題が制度の一部に組み込まれた捉え方がされている。[31]背景には、冷戦終結後日本にとって、これまでの援助のやり方を大きく変える必要があったことと、「今後益々注目を集めることが予想され[32]」、援助の強化を求められたことがある。

難民支援は、一義的に「国際協力」や「国際貢献」なのだろうか。開発援助では、資源や貿易の点から、経済安全保障ともいえる「日本と途上国との相互依存」が重視されている。日本ならずとも、援助に外交的配慮は当然存在する。アメリカの援助制度の中に、途上国の開発ニーズもさることながら、外交的配慮を優先した援助のやり方が見られる。[33]国家のような強力な組織は、国益という観点から、援助という手段を通じて目的を遂げようとする。しかしその際、難民救援は通常の援助とは性質が全く異なることである。生命の危機にある個々人の境遇に注意を払わず、通常の開発援助のように、マス（集団）としての対応をすることは、意図に反するどころか、個人の利益に反して、〝機械的に〟分類やラベルを難民に貼り付けることにつながる。日本による人道の意味は、開発援助的な捉え方のように見える。

経済以外の手段を持ち得ない日本としては、援助は、殊の外重要な手段である。ODA大綱を定め、理念・原則を明確にし、それに基づき政策をたて、効果的・効率的な援助を実施しようとしている日本だが、こと難民に関しては、国益とマスとしての見方が優先しているように見える。日本の難民援助は、国際的な開発援助の一般理念に従い、それを日本をめぐる状況に具体的に合わせ、独自性を加えた、開発援助的な性格がぬぐえない。それでは、「国益」に基づく合理的な選択ですらない。国際基準に沿わないことは、長期的に国の名誉を損なう。

人道主義は、政治的に自分たちの利益とぶつかるかどうかではなく、人が「それが大事だ」と思ったら、すぐ救援を実施する点に特徴がある。人道主義は、他の人々の目的を達成するための手段ではなく、それ自身を目的として扱うべきことにある。確かに、難民として種々のグループの人々を支援するかどうかの決定は、常に一定程度、外交政策上の決定を意味するし、政策実施のために、人道を定義することは、「政治的選択」と「道徳的価値判断」のバランスを要求する。とどのつまり難民政策は、「政治的含み」を欠くことはできないが、しかし真に人道的目的が達成されるのなら、政治要因は支配的な動機とはなり得ない。普遍的な価値の名の下に、自分の正当性で動く国は、身勝手で、不可解で、尊大と見られる。

（1）外務省、『わが外交の近況一九七九年版』、一九八〇年、一九頁。「第一部　総説」の「第三章　わが国の行った外交努力」の「第一節　各国との関係の増進」の「第一項　アジア地域」の（八）に「インドシナ難民問題」という項目が見える。「……インドシナ難民の流出は跡を絶たず、人道的見地から放置し得ない問題であるとともに、アジア・太平洋地域の不安定要因となっている。……この問題の重要性に鑑み、更に積極的に対処していくための方策を鋭意検討中である」と書かれている。また、「第二部　各説」の「第一章　各国の情勢及びわが国とこれら諸国との関係」の「第一節　アジア地域」の第九項に「インドシナ難民問題」の項目がある。

（2）角﨑、一九九二年、四九頁。その意味で、政府がインドシナ難民への取り組みを始めた一九七八、七九年は、「わが国難民政策の元年」（同論文、五一頁）であった。

（3）同上、四九～五〇頁。

（4）同上、五〇頁。

（5）同上、六一頁。

（6）外務省、『わが外交の近況一九八〇年版』、一九八一年、九二頁。
（7）高橋、二〇〇二年、五一頁。他に「人道的配慮に基づく国際協力及びアジア地域の平和と安定への寄与という見地から、……」（外務省国際社会協力部参事官・赤阪清隆氏、アジア福祉教育財団難民事業本部、一九九八年、七頁）。「難民をめぐる問題は人道上の問題であるとともに地域の平和と安定に影響を及ぼしかねない問題である」（外務省経済協力局、『我が国の政府開発援助』、一九九二年、五頁）。「日本政府も人道的配慮に基づく国際協力およびアジアの安定への貢献という観点から日本国内への定住を認める方針に転換し、……」（相星、二〇〇二年、五三頁）。「インドシナ難民については人道上あるいはアジアの安定という国際協力の観点から、難民条約とは異なった立場において受け入れているものであり、……」（外務省総合外交政策局国際社会協力部人道支援室、二〇〇二年、五七頁）。
（8）角﨑、一九九二年、五一頁。
（9）Suhrke, 1998, p.413.
（10）角﨑、一九九二年、五一頁。
（11）同上。
（12）同上、五二～五三頁。
（13）地球規模の問題とは、環境、人口・食糧・エネルギー、災害、感染症、テロ、麻薬・組織犯罪、国際的規範作り、平和の構築などが、それに該当する。
（14）外務省経済協力局、『我が国の政府開発援助』、一九九四年、八五～八九頁。
（15）角﨑、一九九二年、五八頁。
（16）Jacobsen, 1996, p.660.
（17）外務省、『外交青書 我が外交の近況 平成二年版』、一九九一年、一一四～一一五頁。
（18）角﨑、一九九二年、五八頁。
（19）高橋、二〇〇二年、四七頁。
（20）角﨑、一九九二年、五八頁。
（21）同上。
（22）同上。
（23）外務省経済協力局、『我が国の政府開発援助 上巻』、一九八八年、三一頁。

(24) 外務省経済協力局、『我が国の政府開発援助 上巻』、一九九〇年、三六頁。
(25) 詳しくは、小泉、二〇〇五年、三四三〜三四五頁を参照。
(26) 外務省経済協力局、『我が国の政府開発援助 上巻』、一九八八年、二五〜二六頁。
(27) 外務省経済協力局、『我が国の政府開発援助』、一九九二年、五四頁。
(28) 外務省経済協力局、『政府開発援助白書』、二〇〇四年、四二〜四三頁。さらに同白書は、日本として特に、①平和国家であること、②今後も発展を継続する経済大国であること、③対外的な経済依存度が極めて高いこと、④非西洋の近代国家として途上国から特別の期待を寄せられる立場にある、という独自の点から、途上国援助を積極的に推進する理由は、他の先進国以上に強いこと、を強調している。
また同じ時期に、大平首相の政策研究会で「総合安全保障」という視点から、経済協力が取り上げられた。
(29) 外務省経済協力局、『政府開発援助白書二〇〇四年版』、二〇〇四年一〇月、六二頁。
(30) 外務省経済協力局、『政府開発援助白書二〇〇三年版』、二〇〇四年三月、四四頁。
(31) 同上、四五頁。
(32) 外務省経済協力局、『我が国の政府開発援助』、一九九七年、九四頁。白書は、この分野での政策作りには、科学的知見の活用が不可欠であるとし、専門家の見解を踏まえ、援助政策に生かす制度作りをするよう、求めている。
(33) 外務省経済協力局、『我が国の政府開発援助 上巻』、一九八八年、二八頁。

第三節　国民世論

それでは、一般国民の難民問題についての意識はどうであろうか。難民の定住数がインドシナ難民約一万人強(二〇〇九年現在)という少ない数字であるので、世論調査など各種の調査でも調査の優先順位が高くないことが予想される。難民事業本部が、過去数回行った定住調査を除けば、総理府の世論調査は、殆ど実施されていない。それゆえここでは、日本国民が外国、外国人一般をどう見ているかに焦点を合わせたい。使用するのはおおむね、全国二〇歳以上の男女計三〇〇〇人を対象に実施された総理府の調査である。年度はいずれも、公表された年を表す。

あなたは、日本と外国との関係や外国のできごとについて関心があるほうですか、ないほうですか。

あるほう　五四・三％
ないほう　三七・〇％
わからない　八・七％

（『外交に関する世論調査』、総理府一九八三年、回答率七九・二％、個別面接聴取法）

総理府の世論調査『外交に関する世論調査』は、国際協力で何が大事と思うか、という同じ質問項目を一九九六年から連続して、複数回答で聞いている。年度により多少の順位の入れ替わりと新しい項目が入ることもあるが、殆ど順位もパーセンテージも変わらない。難民援助は常に五、六番目である。難民援助の場は海外と見られる。例として、二〇〇七年の調査をあげておく。

あなたは、日本が国連を通じた国際協力を積極的に推進していく上で、どの分野が重要だと思いますか。いくつでもあげてください。

国際平和と安全の維持　七〇・二％
テロ対策　五四・七％

環境問題　四九・〇％
軍縮・不拡散　四〇・七％
災害対策（津波等）　三六・七％
難民援助　三五・一％
（『外交に関する世論調査』、総理府二〇〇七年、回答率五八・五％、個別面接聴取法）

同じ調査の別項目の質問で、具体的に支援内容をたずねると、二〇〇五年～二〇〇七年まで連続して、難民・避難民への支援をあげている。三位までの順番は全く変わらないが、例として二〇〇七年の調査結果をあげる。

あなたは、日本は国際社会で、主としてどのような役割を果たすべきだとお考えになりますか。二つまであげてください。

人的支援を含んだ、地域紛争の平和的解決に向けた努力などの国際平和の維持への貢献　四九・三％
地球環境問題などの地球的規模の問題解決への貢献　四二・八％

難民・避難民（特に子供、女性）に対する人道的な支援　二五・一％
世界経済の健全な発展への貢献　一九・七％
自由・民主主義や人権のような国際的に普遍的な価値を守るための国際努力　一五・三％
（『外交に関する世論調査』、総理府二〇〇七年、回答率五八・五％、個別面接聴取法）

こうした判断の基礎となる外国情報の入手先は、圧倒的にテレビ（九四・五％）、新聞（八一・九％）で、以下ラジオ（一九・〇％）、一般雑誌（一六・二％）、インターネット（一〇・七％）の順である。[1]

総理府はまた、毎年ほぼ同じ質問項目で、全国の二〇歳以上の人々、一万人に次のようなアンケート調査を実施している。回答率は常に七〇％前後である。

あなたは、現在の世相を一言で言えば、良い意味では、どのような表現があてはまると思いますか。この中からいくつでもあげてください。
平和である　四五・八％
特にない　三〇・二％

安定している　　　　　　　　　　　　　　　　一五・八％
（『社会意識に関する世論調査』、総理府二〇〇六年、回答率六五・九％、個別面接聴取法）

順位は、殆ど変わらないが、一九九六年の調査で「平和である」は七〇・三％あったが、徐々に下降し、上記のように二〇〇六年には四五・八％まで下降している。そして一九九六年に「安定している」（三二・二％）に次いで三番目であった「特にない」（二一・九％）が、一九九九年に二位に上がり、以後、数を増やし、三〇％台に達している。同じ『社会意識調査』（二〇〇六年）の別の質問項目「**あなたは、現在の世相を一言で言えば、暗いイメージとしては、どのような表現があてはまると思いますか。この中からいくつでもあげてください**」に対し、「無責任の風潮が強い」（五二・六％）「自己本位である」（四五・八％）「ゆとりがない」（三二・六％）「不安なこと、いらいらすることが多い」（三〇・八％）「連帯感が乏しい」（二九・三％）のように、他人への関わりが薄くなっている。

同じ調査の別項目、「**国民は、「国や社会のことにもっと目を向けるべきだ」という意見と、「個人生活の充実をもっと重視すべきだ」という意見がありますが、あなたのお考えは、このうちどちらの意見に近いですか**」に対し、「国や社会のことにもっと目を向けるべきだ」（四五・七％）「個人生活の充実をもっと重視すべきだ」（三一・五％）「一概に言えない」（一九・二％）「わからない」（三・七％）といった具合で、考え方が内向きの傾向が読み取れる。

難民ではないが、『外国人労働者の受入れに関する世論調査』（総理府二〇〇六年、全国二〇歳以上三〇〇〇人、回答率六九・二％、個別面接聴取法）があるので、参考までに見てみたい。「**あなたは、最近、身の回りに、働い**

ている外国人が増加してきていると感じますか」に対し、「ある程度感じる」（三三・四％）「あまり感じない」（二八・三％）「大いに感じる」（一七・五％）「ほとんど感じない」（一七・三％）「わからない」（三％）となっている。

また、「**最近、外国人労働者の問題が議論されることが多くなっていますが、あなたはこの問題に関心がありますか**」に対し、「ある程度関心がある」（四一・二％）「あまり関心がない」（三二・〇％）「ほとんど関心がない」（一三・七％）「大いに関心がある」（一一・九％）「わからない」（一・二％）で、それほどの関心事項ではない。「**外国人労働者を受け入れるにあたって、外国人労働者に求めるものとして何が一番重要だと思いますか**」に対し、「日本語能力」（三五・二％）「日本文化に対する理解」（三二・七％）「専門的な技術、技能、知識」（一九・七％）「わからない」（九・三％）で、おおむね専門的よりも熟練度の高くない職業に就くことを考えているのかも知れない。

二〇〇一年三月、先述のように国連の「人種差別撤廃委員会」で、政府はインドシナ難民と条約難民に対する待遇の違いについて、是正措置をとるよう勧告されたが、国民の人権意識はどうであろうか。『人権擁護に関する世論調査』（総理府二〇〇四年、全国二〇歳以上三〇〇〇人、回答率六八・六％、個別面接聴取法）は、「**日本に居住している外国人は、生活上のいろいろな面で差別されていると言われていますが、外国人の人権擁護について一つだけ答えてください**」に対し、「日本国籍を持たない人でも、日本人と同じように人権は守るべきだ」（五四・〇％）「日本国籍を持たない人は日本人と同じような権利を持っていなくても仕方がない」（二一・八％）「どちらともいえない」（一五・七％）「わからない」（八・五％）と、外国人の人権への意識が不足するように見える。次の項目ではそれが一層明らかになる。

「日本に居住している外国人が不利益な取扱いを受けることがありますが、あなたはこのことについてどう思いますか」に対し、「外国人に対する差別だ」（三〇・四％）「風習・習慣や経済状態が違うのでやむを得ない」（二八・三％）「日本の事情に慣れるまでトラブルがあっても仕方がない」（一九・八％）「わからない」（一六・八％）。

同様な調査をいくつかの自治体が実施している。『人権に関する市民意識調査』（神奈川県川崎市市民局二〇〇七年、全国二〇歳以上三三〇〇人、回答率六〇・七％、郵送法）では**「あなたは社会の中で外国人市民に対する偏見や差別があると思いますか」**に対し、「時々あると思う」（五〇・一％）「よくあると思う」（一八・八％）「あまりないと思う」（一七・四％）「わからない」（一〇・七％）。

それでは**「外国人市民に対する偏見や差別がどのような場合にあると思いますか」**に対し、「住まいを探す時」（六〇・六％）「社会保障制度の面で」（四九・〇％）「仕事上で」（三一・三％）「結婚する時」（三〇・六％）「近所の人とのつきあいの中で」（二九・八％）と、偏見・差別の存在を認めている。

東京都の『人権に関する世論調査』（東京都政策報道室二〇〇一年、東京都二〇歳以上三〇〇〇人、回答率七〇・六％、個別面接聴取法）は、**「人権にかかわる国際的なことがらで、あなたが見聞きしたことがあるものをすべてあげてください」**に対し、「世界人権宣言」（六〇・五％）「アパルトヘイト」（五八・七％）「人種差別撤廃条約」（五二・六％）「女子差別撤廃条約」（四三・二％）「児童の権利条約」（四〇・一％）「難民条約」（三八・一％）である。言葉としての知識は、高いことが見てとれる。

次いで**「日本に住む外国人の人権が尊重されていないと思うのは、特にどのような場合ですか。二つ以内でお答えください」**に対し、「就職・職場で不利な扱いを受けること」（四一・七％）「アパートなどの住居への入居が困難なこと」（三七・三％）「地域社会の受け入れが十分でないこと」（三三・九％）「わからない」（一九・七％）であった。職場、住居や地域社会での生活に問題が感じられる。

「難民」ということばに焦点を合わせると、日本人の「難民」という人々への理解が進んでいない。世論調査ではないが、難民事業本部によれば、例えば、難民の人々からは、次のような言葉が聞かれる。「一般の日本人、特に若者たちは私たちのことをまだ理解してくれません。私たちを経済的理由で来日している外国人労働者と同じだと見ているようです。よく「あなたは、二、三年間稼いで、お金を貯めて、帰国したら、いい生活ができるでしょう」「いつベトナムへ帰りますかなどと、聞く人がいます[2]」（ベトナム出身、食品会社勤務）。

難民は、生きていくために必要な物質（住居、食糧、水）や教育、保健・医療の機会を入手するために苦闘している。ただし、難民を流出させている国からきた人が、全員難民なわけではない。また、事業や残してきた家族との関係で、庇護に該当する場合でも、難民とされることを望まなかったり、公的機関と接触を避ける場合もある。

日本という受け入れ社会が、難民という人々を認識し、彼らに接触するやり方は、〝経済難民〟（彼らは、真の意味で難民ではない）という用語の持つ意味に影響されている。〝経済難民〟といった、経済的事由で国を出た場合には同情は少ない[3]が、祖国で真に生命が危険だと信じられる人と知れば、地域住民はより好意的になり、援助が与えられるかもしれない。難民という用語の持つ意味はまた、広く捉えれば、文化的・宗教的な要因（例えば、イスラムの人々の習慣）、歴史的な要因（中国・北朝鮮出身者に対し）、によっても影響されている。後述するように、日本の地域社会が、彼らの祖国の状況をよく知り、彼らが国を離れた原因を十分に理解し、納得する状況がある場合には、社会の同情は高まるであろう。

元駐米大使を務めたことがある斉藤邦彦氏が、かつてインタビューに答えて述べたことがある。

「日本の取り組み、国際貢献が明らかに足りないと思う分野がふたつありまして、ひとつは安全保障での分野なんです。……もうひとつは移民・難民の受け入れであります。私は著しく遅れている分野だと思います(4)」

また、後に国連難民高等弁務官を務めることになる緒方貞子氏も同じようなことを述べている。

「インドシナ難民は日本に対し、大変大きな刺激を与え、その結果われわれが人道問題について国際社会の一員として考え、行動するようになった。」(民間団体主催の難民関連シンポジウムの席で、一九八三年)

しかし、こうした意識が出てきたのは、つい近年のことであり、時期的には一九七〇年代末ということになる。それまでは、難民問題は遠い世界の事柄であり、以下のような状況が一般的だったのである。

「わが国は戦後復興に手一杯であったこと、また欧州のように大量難民が直接自国に庇護を求めてくることもなかったことなどから、難民問題は大きな外交上の問題として認識されず、国民も「対岸の火事」的な関心しかなかった(5)。」

(角崎利夫・元外務省国連局人権難民課長)

難民問題は、政治エリートにすら、問題としてあまり認識されず、まして国民の意識の上では、殆ど存在していない。こうした状況下では、情報に通じた政治エリートが下す決定は、難民政策の形成に大きな役割を果たすことになる。

確かに、それまで日本では、地理的位置、歴史的経緯、経済的発展の状況と日本の国際的地位の要因が影響していた面はあるかもしれないが、根底にある大きな要因として、日本社会に根強い「同質性」を重視する風土と「血統主義」（純血主義）をあげる人は多い。政府も、難民の受け入れには慎重である[6]。

今日でも難民問題といえば、日本ではアフリカのスーダン、ソマリアや中東のイラク、アフガニスタンなど世界の紛争地域で発生している人々の話であり、UNHCRやNGOによる海外での救援活動を思い浮かべるかもしれない。紛争後の社会で、復興のために日本のODAを使う[7]、という話の方が、理解されやすい。援助といえば、海外の話かもしれない。

援助団体に入って海外に行く人はいるのに、国内で難民の援助活動をしようとする人は少ない。地理的にも心理的にも遠くなりがちなこの問題について、難民の定住国として、難民を国内に受け入れるという点になると、国民の関心はかなり低くなってしまう。行くあてもなく難民キャンプに長期滞在を余儀なくされる難民にすれば、難民キャンプに援助するのではなく、新しい生活を約束する「定住を」というのが、偽らざる気持ちである。その意味では、政府が推し進める「人間の安全保障」は真の意味で、難民の人間としての権利の尊重とは結びついていない。

日本のような民主主義国家では、難民の受け入れに限らず、政府は国民への説明責任を強いられ、難民政策の立案に際し、国民の意向に影響を受けるはずである。二〇〇二年五月の瀋陽事件の際、国会で川口外相が答弁している。

「難民の受け入れの問題というのは、これは、文化や宗教や言語や生活習慣や、そういった様々なものが異なる人たちを我が国の社会に受け入れていく、そして一緒に暮らしていくということですから、我が国の社会の基本的な問題にかかわる問題であるわけです。こうした中長期的な課題につきましては、政府はもちろんのことですけれども、広く国民の皆様とともにこういった問題については検討を重ねていく必要がある。」（第一五四回国会外務委員会　第一五号。二〇〇二年七月二六日。傍点は筆者）

ここから読み取れるのは、「受け入れ」には国民の支持が必要だということである。そしてついでにいってしまえば、国民に対し透明性のある手続きで、国民が参加して計画を進め、難民に定住権を与えることが重要になってくる。もし、定住しても日本社会に統合されていかないとすれば、日本人社会の側の制度なり、性格に、より大きな原因があるということである。

日本では、中国・瀋陽での事件を契機として、難民政策の見直し機運が高まり、自民党と公明党、それに民主党が政策提言を発表した[8]。政府部内でも早急に改善を要するもの、中長期的に検討が必要なものまで、課題の整理と検討がなされた。それより先、二〇〇一年春にはＵＮＨＣＲの活動に賛同する「ＵＮＨＣＲ国会議員連盟」ができていたが、「難民の話」は選挙で票にならない、という事情は存在している。

（1）内閣府大臣官房政府広報室、二〇〇五年、八五頁。
（2）アジア福祉教育財団難民事業本部、一九九五年、一六頁。
（3）難民と他の移民（〝経済難民〟を含む）との重要な相違点は、二つある。①理論的には、難民として利用できる保護と援助による違い。移民には、これが与えられない。②難民の大半は、個人的に暴力的紛争や拷問、他の人権侵害を被り、長く困難な旅を経験している。この経験は、人々に物理的病、精神的な病にかかりやすくする。また、結核などの感染症のリスクもある。移民には一般的に、こうした状況にはない。

（4）アジア福祉教育財団、二〇〇八年、七頁。

（5）角崎、一九九二年、五〇頁。

（6）上述の斉藤邦彦氏は、こうした政府の態度に苦言を呈する。「慎重論は分るんですけれど、何といっても基本的にとにかくお断りというのがまずありましたね、少なくとも、今までは。それはそういつまでもやってられない、日本自身のためにもずっとこのままではいけないんだと思います」（アジア福祉教育財団、二〇〇八年、八頁。傍点は筆者）。

（7）日本は二〇〇二年七月、『「紛争と開発」に関する日本からの行動』を発表し、紛争予防―緊急人道支援―復旧・復興支援―紛争再発防止・本格的な開発支援、という一連の紛争サイクルを想定し、その全ての段階でＯＤＡを使って、包括的に支援することを表明した（外務省経済協力局、『政府開発援助白書』、二〇〇六年、一二八頁）。しかし、現実問題として、対象となる社会は〝慢性的に〟紛争状態にあるので、このモデルは事態を単純化しすぎているきらいがある。

（8）二〇〇二年七月、まず自民党が難民問題への基本原則を発表し、公明党は難民政策の改正での政策提言をした。同年八月には民主党が、難民の生活扶助の中間報告書を出した。参考までに公明党の『難民政策の見直しに関する政策提言』（二〇〇二年七月二日）をあげておく。同党は、在外公館での難民・亡命者への人道的対応でのルール作りは必要とするが、主眼点はむしろ、現行の難民認定制度、難民申請者と認定難民への支援で、「質の改善」を図ることに力点がある。改善点は、次の一〇項目である。①在外公館での政治亡命等への対応、②難民、亡命者についての調整組織の設置（政策調整の組織を作り、総合的な難民対策を実施する）、③アジア福祉教育財団難民事業本部の事業拡大、④難民認定体制の拡充、⑤難民申請期間の延長、⑥認定を申請中の人への処遇の改善、⑦不認定の判定理由の情報開示、⑧難民情報センター（仮称）の設置（地方自治体、ＮＧＯ、在日外国人コミュニティ組織と連携して、難民申請者、認定難民に必要な情報を与える）、⑨就労斡旋業務の改善（職員への難民対応の研修、きめ細かな就業斡旋）、⑩認定難民の本国帰還への支援体制の整備。

第四節　官僚的選択――インドシナ難民対策連絡調整会議での決定

第二次世界大戦後の日本で、国内への大量の外国人の受け入れの「決定」というのは、インドシナ難民が初めてであり、政府当局者に大きな衝撃を与えた。すでに述べたように、政府は一九七九年七月、内閣官房に「インドシナ難民対策連絡調整会議」（議長は、内閣官房副長官）を設置、[1]関係省庁が参画する政府全体としての体制を整えた。田中官房長官（当時）は、難民問題への取り組みは、「日本の国際的役割の試金石の一つと外国から注目されている[2]」、と職員を激励している。

ところでこの場合「決定」とはまた、難民に与えられる権利と制約、保護の程度、そして誰がこの保護に責任を持つのか、を決めることである。具体的にいえば、難民の入国に関しては、法務省が、難民認定を含め「出入国管理及び難民認定法」に基づき、実施する。その他の事柄は外務省というふうに、この二つの省を中心に政策が進められる[3]ということになった。

そして、さらに重要な点は、政府が法的・行政的に決定を行うが、政府各機関に難民への責任をどう割り振るか、という点である。関係する省庁の数が多く、難民定住という総合的な取り組みを実施するために、政府全体の枠組み作りが必要となった。つまり、難民の定住の各局面で、どこが責任を持つのかという、責任の割り当てである。その際、難民を世話するという単一機能を持つ公的組織にするのか、既存の省庁に分散して責任を与えるのか、という制度上の政治的側面が重要な点である。

政府は思案の末、同会議の決定により、インドシナ難民への日本語研修、職業訓練・斡旋などの定住促進の実際の業務は、「財団法人アジア福祉教育財団難民事業本部」に委託するというやり方を選んだ。政府はまた、難民申請者（asylum-seekers）、不法外国人（illegal aliens）と、難民（refugees）を区別するために、難民の法的定義を決定せねばならず、難民条約の加入と国内立法の改正が必要であった。

日本の場合、難民政策は、確かにサミット等で注目され、外務省にとって一時、外交政策の重要な課題の一部ではあったが、〝高度の〟政策ではなく、また他省庁からの関心も、あまり高くはなかった。政策が、積極的か否かは、充当される予算に表れるが、建設された定住促進センターは二～三年程度を想定した粗末なものであった。[4] この法的・行政的決定は、以後の難民政策の決定で重要な影響を与えることになる。

この数年後、実際上、難民政策の立ち遅れが問題となり、行政管理庁は、難民政策の検討と緊急対策に取り組むよう『行政監察結果に基づく勧告』（一九八二年七月）を出している。それによれば、政府の実施している難民行政は、対策が一時的であること、部分的なこと、役割分担が不明確なこと、民間へ過度に依存し過ぎている欠点があるなどとして、対策を改善するようにというのが主旨であった。日本での一時滞在難民は、既述のように、日本赤十字、カリタスなど民間四団体の二六施設に収容されていた。同勧告は、外務省など関係省庁に対し、難民のために「長期滞在施設」を設置すること、そして「各省の分担を明確化」した定住促進策を勧めている。[5] 合わせて、インドシナ難民以外の個別難民についても、衣食住を含めた支援体制の整備を求めている。難民が個別に保護を求めてきた場合、主務官庁が定まっておらず、必要な予算措置もないことから、支援体制の整備が必要だ、[6] と述べている。

難民政策の見直しはまた、中国・瀋陽での日本総領事館事件を契機に行われた。政府は、在外公館での庇護申請への対応を厳格化する一方で、二〇〇二年八月には、「難民対策について」が閣議了解され、難民条約に基づいた「出入国管理及び難民認定法」により、法務大臣が認定した難民（条約難民）に、新たに定住支援の措置がとられることになった。二〇〇三年から、条約難民とその家族にインドシナ難民と同様に、政府の救援センターで、日本語教育や就職斡旋などをすることになった。それまで難民といえば、インドシナ難民を指し、難民一般に対する政府の枠組みはなかったが、ここに初めて新たな取り組みが始められることになる。

またこの閣議了解では、前述のように、従来の「インドシナ難民対策連絡調整会議」に代えて、新たに「難民対策連絡調整会議」[7]を設置し、条約難民への定住支援を決定した。難民対策連絡調整会議では、条約難民の定住支援のために、国際救援センターを再整備したり、代替施設を探し、業務委託をどうするか、さらに難民認定申請者の支援が検討されることになった。そうした中で、難民対策連絡調整会議は二〇〇三年七月、インドシナ難民の受け入れを二〇〇六年三月で終了することを決定した。それに伴い、「国際救援センター」は二〇〇六年三月末に閉じられた[8]。条約難民の世話は、既述したように、難民事業本部が運営する「支援センター」に移された。

瀋陽事件以後の難民政策の見直しの一環として、法務大臣の「私的懇談会」は、認定制度に関わる問題点を検討した[9]。報告にはいくつか前例のない考えが盛り込まれていた。政府は、この報告を踏まえて制度を見直した。政府にしてみれば、国内外で失われた名誉の回復には、制度は進歩的であることがあらかじめ要請されていた。

その後日本では、二〇〇七年九月からUNHCRの第三国定住計画を通じた難民受け入れについて、関係省庁間で検討会が進められ、二〇〇八年一二月、アジアで初めての第三国定住での難民受け入れを声明した。計画では、二〇一〇年から受け入れを始め、最初の三年間は試験的に、年三〇人前後[10]の受け入れを目指すとされている。

日本では、法務省が難民認定の一連の過程を独占している[11]、という声がある。当初、外務省、UNHCRやNGO関係者を審査に参加させるということが国会内で話し合われたことがあったが、法務省入管局は純粋に法律事項なので、第三者の関与はできない、と強く反対している。「法務省高官は折にふれ、UNHCRや外務省と協調するというが、現実に法務省は、既得の管轄権に第三者が入ることを長いこと拒んできた[12]」、といわれる。省自体の派閥主義が難民政策に埋め込まれている、という批判である。

日本入国にあたって一義的に責任を主張するのは、上述のように法務省である。法務省が根拠にあげる役割分担についいては、以下の法務省入管局の中尾氏の国会での答弁がわかりやすい。

「日本の場合は、昭和五六年（一九八一）の三月に閣議了解がございまして、難民認定業務はどこの部署に取り扱わせるかということにつきまして閣議了解がございました。そのときの関係でございますが、難民条約への加入に当たり一つの機関が統一的に難民の認定を行うことにしたい、出入国管理行政を担当する法務省において難民認定に関する事務を担当することが妥当であるということで関係省庁の意見の一致を見たわけであります。」（中尾　巧・入国管理局長の答弁、外交防衛委員会、二〇〇二年七月二日）

「基本的には私どもは難民認定するまでが私どもの所管事務でございますので、難民認定を受けた者に対する各種支援はそれぞれの、教育の面では文部科学省、労働の面そういう面については厚生労働省、あるいはその他の支援については外務省とか、そういう形になっているのが現状でございます。」（同上）

難民政策の策定では、最初の法的・官僚的決定が以後の難民政策を決定する上で、大きな影響を与える。つまり、最初の政策の方針が、次の政策措置を生み出す。消極的といわれる日本の難民政策だが、グローバリゼーションの時代では、UNHCRやNGOの意見を取り入れて、これまでの政策を大胆に見直し、難民への責任を適切に果たすことが一層重要な事柄になってきている。

（1）　アジア福祉教育財団難民事業本部、二〇〇八年、五頁。
（2）　朝日新聞、一九七九年七月一八日付け。
（3）　当時のものではないが、例えば後日、次のような話が国会で話されている。「今までも政府内で、国内の難民政策のあり方についてはは外務省、法務省を中心に行われて参りました……」（逢沢一郎・外務副大臣の答弁、衆議院予算委員会第三分科会（法務省、外務省所管）第一六二回第一号、二〇〇五年二月二五日）といい、二つの省が中心であることが分かる。

（4） 関係者の一人は、当時の様子を次のように語っている。「当初二～三年内に終了する臨時応急的対策とされた定住促進事業は、関係者の誰もが未経験の分野で、準備不足も重なり、初期における多少の混乱は免れ得なかった」（小守虎雄・初代難民事業本部長）（アジア福祉教育財団難民事業本部、一九九六年、三七頁）。

（5） 難民の長期滞在施設の設置計画はかねて政府部内にあったが、所管官庁がはっきりしないことから、計画は宙に浮いたままだった。新しい施設では、日本語教育は文部省、職業関係は労働省、保健医療は厚生省が扱うなどとされ、それ以外は外務省が担当することとなった（日本経済新聞、一九八二年七月六日付け）。現在は、内閣官房の他に八省三庁が調整会議のメンバーだが、主な省庁の役割分担は、以下の通りである。法務省（難民認定手続き、在留資格の付与）、外務省（在外公館でのビザの発行、難民申請中の人への援助事業）、厚生労働省（医療・保健、住居、就労）、文化庁（日本語教育、初等教育）、そして総務省（地方自治体）は、外国人登録証明、行政サービスの窓口、となっている。

（6） 産経新聞、一九八二年七月六日付け。

（7） メンバーは、内閣官房のほか、八省三庁であったが、主な省庁は、法務省、外務省（総合外交政策局人権人道課）、厚生労働省（職業安定局）、文化庁（文化部）である。

（8） アジア福祉教育財団難民事業本部、二〇〇七年、一頁。

（9） 高橋、二〇〇二年、五六頁。問題点とは、①いわゆる「六〇日ルール」（難民認定の申請は、やむを得ない場合を除き、上陸した日から六〇日以内にしなければならない）、②難民認定申請者の法的地位、③異議申し立ての仕組み、である。懇談会のメンバーは、法律家、学者、企業経営者、労働組合の代表者などからなっていた。二〇〇二年六月～二〇〇三年一一月まで、計一八回開催され、法務省に最終報告書を提出した。この報告書を基に法律改正案が作られ、二〇〇四年国会に提出され、二〇〇五年五月に発効した。

（10） 朝日新聞、二〇〇八年一二月二〇日付け。受け入れ数についてはUNHCR側も了解済みで、「まず支援体制を整えてから受け入れ枠を拡大すべきだ」（グテーレス国連難民高等弁務官、二〇〇八年一二月）、「受け入れ態勢の質の方が、数よりも大切」（同上）と、日本政府に理解を示している。「日本でのUNHCRの役割は、日本政府と市民社会による庇護制度の改善に向けた取り組みの支援が目的である。日本はアジア地域の国々の模範である」（ヨハン・セルスUNHCR駐日代表、二〇〇八年一〇月）、といわれている。定住に関しては、複数の省庁が予算の概算要求に関連費用を盛り込み、受け入れの際の選考規準、人数、研修施設など、具体的な内容を詰めている。

（11） Akashi, 2006, p.227.

（12） *ibid.*, p.233.

第五節　定住上の理論的枠組みと主要因

難民の定住問題が複雑なのは、難民と非難民の間を分類し区別したい、という制度面からの必要性があるためである。この制度は、次の三つの段階に分けられている。まず第一に、国際社会の段階で、難民条約は、難民の処遇について各々の締結国の行動を規定し、難民の権利に関する国際基準を全般的に確立することを目指している。考えられる権利としては、人間としての尊厳、平等性、文化的な事柄の選択の自由、公正、安全、独立などが含まれる。

同条約はまた、第二の国家段階で、難民が社会生活を送る上での各種の保護措置を定めている。特に、権利と市民権の分野は、政策形成の基礎となる考えや原則の土台となる部分である。国民としての地位、市民権、権利の概念は状況ごとに異なるが、全てにおいてその状況下で、原則を守り、実施する上での基礎となる。難民の権利という第一の権利から派生する、第二の権利ともいえる、市民権、家族再会、法の下での平等は、それ自体、難民の定住・統合を定義しないが、統合についての重要な前提である。(1)

そして最後に、第三の地域社会段階で、国の難民定住政策は、難民の人々や地域の共同体が潜在的な行動力を最大限に発揮する上で、重要な役割を演じることが可能である。具体的には、雇用、社会福祉、教育、住居といった観点から、難民の社会権として難民条約で述べられている分野である。経済的、社会的な欠乏が、人権の区分と一つに結びつく場合、恵まれない人々の集団は、気がつけば広い社会から締め出されている。換言すれば、難民が、法的助言を受けたり、福祉サービスを利用する際に、地元民と平等だという感覚を持てるかどうかである。難民の市民権への申請率は、市民権や権利が難民にどう理解されているかを示す重要な指標[2]である。

かくして政府は、国民としての地位、市民権、かくして難民に与えられる権利について、政策を明確にする必要がある。そうした考慮を払うことは、難民政策を決定する規準となる枠組みに根本的なものであり、結果が満足するものとなるために、根本的に重要な点である。難民の権利を明確化することは、定住政策の基礎を定めることである。

政策の基礎となるのが、難民の状況分析だが、よく行われるのは「生計枠組み」(the livelihoods framework) 分析である。ジェイコブセン (Karen Jacobsen) によれば、この枠組みには、①社会的脆弱性、②生計を立てる上での資産、③結果として生じた事態、の三つの要素がある[3]。以下、簡単に要約すると、

①は、受け入れ国の法律と政策の具合と、実施状況で決まる。公及び民間の組織が難民を管理し、支援する。受け入れ国民が持つ難民への支配的な感情・見方である。同情から外国人嫌いまでと、幅広い。

②は、社会資本。同国人による物的、精神的支援や助言、就職へのツテ、資金の入手先のことである。しかし難民は、社会資本を増やそうとするので、その範囲は同族社会を越える。社会資本は、他の資源に近づく鍵となり、政治的な利点(組織力、指導力、集団を代表し、制度を動かす知識など)も含む。利点はまた、祖国での政治的地位に関連している。

③は、受け入れ社会にとっての結果である。難民研究者やＮＧＯが、幾分期待をこめて「難民が受け入れ社会にとってプラスとなる」というのは、その社会で働く権利や自由に移動する権利を認められ、社会に統合される場合である。地域社会が活性化され、市場規模が拡大し、新しい技術がもたらされ、国境を越えたつながりができる場合である。

国政段階、地方段階、地域社会段階での状況を知るためには、より小規模で具体的ないくつかの指標（指標セット）が必要となる。指標は、定住国の国民とのつながりで、難民の地位・立場を理解する重要な手段となる。難民の権利の保護という文脈の中での、物質的援助である。しかし、実際のプロセスは、複合し多元的で、多様な要因が介在する。プロセスを理解するには、指標の相互の関係を調べ、否定的な影響要因を調べねばならない。ライアン（Dermot Ryan）らの「資源モデル」(4)（the resource-based model）は、難民個々人の必要や目標、欲求からの理解が重要だ(5)、としている。彼らは、難民が適応する上で、資源は中心的であり、資源の種類・性質・状況・程度は、個々人の必要、目標、欲求を見るべきだという。人間が生きるには、一定の基本的ニーズが満たされねばならない。このニーズを満たすのが資源である。だから「資源」という概念は、個人にニーズを満たし、目標が追求できるようにするために欠かせない。

資源を具体的な場に即して述べれば(6)、①精神的な適応では、移動前、逃亡中、そして移動後の一時的な状況を考慮に入れる必要がある。②難民は絶えず資源の流失状態にある。逃亡で、個人的資源、物質的資源、社会的資源を失うとともに、ホスト社会の新しい社会文化環境に入ることは、自らの文化資源（社会的地位、学歴、職業・技術、経験など）の価値を減じたり、喪失することになる。③ホスト国の当局は、雇用、教育、正当な法的地位といった主要な資源の入手に制限を加えるかもしれない。とりわけ入国後の時期に、資源利用や入手が制限される、といったことが起こり得る。資源を持つ日本社会は、社会経済的立場、法的地位、性別、民族別（在日朝鮮人・韓国人など）に構成されている。日本社会のこれらの違いが、社会の成り立ちの違いを映し出している。以下、この「資源モデル」を参考にしながら話をすすめる。

（1）Ager & Strang, 2008, p.175.
（2）*ibid.*, 2008, p.177.
（3）Jacobsen, 2006, pp.280-284.
（4）「資源モデル」は有効であるが、ここでは他のモデルについても触れておきたい。トラウマに基づく「医療モデル」(the medical model) の欠点は、トラウマは難民心理の一部にもかかわらず、余りにもトラウマに力点を置き、人間の回復する力を見ようとしない点に問題があると見られる。定住以前の出来事に焦点を合わせすぎて、定住に入った難民の現実の生活での基本的な必要物が見えにくくなる。同モデルはまた、現実の適応過程や受け入れ国の社会環境からの影響については殆ど言及しない。次に「社会心理ストレスモデル」(the psychosocial stress model) は、心理的資源と社会的資源を強調する点に特徴がある。このモデルの利点は、「医療モデル」を超えて、個人的悩みは病気ではなく、適切な資源の入手ができない中で、生活上の主な変化への正常な反応だとしていることである。これはベリー（J. W. Berry）の異文化間接触の心理要因につながる「文化変容モデル」(the acculturation model) の枠組みである。ただし、この社会心理ストレスモデルの欠点は、ストレスの衝撃は究極的に、個人の知覚力と対処能力次第として、状況管理に失敗したのを個人の責任だとして、社会の持つ構造的な不平等さの視点を欠いている、ことにある。一方、文化変容モデルの欠点は、適応過程での文化要因を誇張しすぎだ、という批判がある。定住初期の難民の適応という差し迫った要求を、文化変容ストレスとして誤って記述して、誰もが民族・文化背景とは無関係に、失業、家族との分離といった懸念に心理的にさらされる事実を見逃している、と批判されている。医療モデルと社会心理ストレスモデルは、ともに難民についての量的な調査を行っているが、現実の難民の話や声が反映されていないきらいがある。
（5）Ryan, Dermot, Dooley, Barbara & Benson, Ciaran, 2008, p.15.
（6）*ibid.*

第六節　政府の定住政策と実施措置

日本は、インドシナ難民の受け入れを決め、難民条約に加入したことで、受け入れ施設の整備とともに、きめ細かな受け入れ対策を作ることが課題となった。すでに見たように、一九七九年四月の政府の閣議了解を受けて、「財団法人・アジア福祉教育財団」（一九六九年一二月、外務省が設立認可）は一九七九年一一月、同財団の中に「難民事業本部」を設置した。難民事業本部は、政府から難民救援事業を委託された唯一の組織であった。[1]

難民事業本部は、姫路と大和に「定住促進センター」を開設し、日本語教育などを実施した。二つのセンターには、①東南アジア諸国などの難民キャンプから日本定住の許可を得て来日した人、②日本に上陸したボート・ピープル（一時滞在難民）で、日本への定住を希望する人、③ベトナムからの呼び寄せ家族、が入所した。

姫路には、ベトナム人とラオス人。大和は、ベトナム人、ラオス人、カンボジア人が入所した。後に開設された「国際救援センター」には、民間施設に長期に滞留したボート・ピープルが入所したが、後には海外キャンプや家族呼び寄せで来日したベトナム人が入所した。

日本の難民定住では、社会に入る前に、語学・教育、職業訓練を受け、社会適応に必要な準備のために、センターに入所する制度をとっていたので、以下にセンターでの状況を若干細部まで眺めておきたい。

1　〈姫路定住促進センター〉

姫路は、最初の定住促進施設として、一九七九年一二月に開設され、同月一〇日、最初のインドシナ難民三五

表６—３　定住促進センター関連での出来事

1979年	姫路定住促進センターを開設（12.11）
1980年	大和定住促進センターを開設（2.29）
1982年	難民条約上の難民として26人が初認定（10.19）
1985年	難民相談員制度が発足（10.1）
1988年	センターでの日本語教育が3ヵ月から4ヵ月に延長（4.1）
1989年	“偽装難民”の上陸（6月～8月）。国際会議で、今後3年間に1000人のベトナム難民の受け入れを表明（6.13～14）。閣議了解で、「難民資格認定審査制度」を開始（9.12）。大村センターからの中国人3名の逃亡で、地元町内会からセンター撤去の要望書が出される（12.23）
1990年	大村難民一時レセプションセンター内での偽装難民による施設破壊。東南アジアのキャンプから、国際救援センターに定住難民の受け入れを開始（7.16）
1991年	香港の難民キャンプから船で漂着したベトナム人を大村入国者収容所に移送。国際救援センターにODPでの家族受け入れを開始（8.20）
1992年	旧南ベトナムと北ベトナム出身者のグループ間で、入所者同士の暴力事件
1993年	北ベトナムから船で漂着した人々が、大村センター内で騒動
1994年	閣議了解で、ボート・ピープルの「難民資格認定審査制度」を廃止、以後不法入国扱いとなる（3.4）
1995年	大村難民一時レセプションセンターを閉じる（3.31）
1996年	姫路定住促進センターを閉じる（3.31）
1998年	大和定住促進センターを閉じる（3.31）
2004年	家族呼び寄せの申請受付を終了（3.31）。難民対策連絡調整会議で、難民認定申請者への支援を決定（7.8）
2006年	国際救援センターを閉じる（3.31）

（出所）アジア福祉教育財団難民事業本部

人を受け入れた。入所期間は、六ヵ月。姫路でのインドシナ難民の受け入れが、日本の難民定住政策の原点であり、出発点といえる。開設には、カトリック淳心会、姫路市、兵庫県が協力した。センター用地は、カトリック淳心会の土地を借用した。センターは、カリタス・ジャパンの施設として運営されているベトナム難民キャンプに隣接していた。(2) 日本語教育は、開設時は三ヵ月間であったが、後に四ヵ月間（五七二時間）に延長された。対象は、六歳以上の全員である。上達のレベルを日常生活に最低限必要な会話の能力と読み書き能力とした。日本語教育は、政府のインドシナ難民対策連絡調整会議事務局と文部省が準備し、大学等の専門家グループに委嘱された。また、日本社会での生活習慣や社会規則を学んだ。就職では、これまで難民といわず外国人を雇った経験の少ない日本の企業社会があり、他方難民側には、日本事情に疎いという複雑さがあった。就職援助では、職業相談員が公共職業安定所と連絡をとりながら職を斡旋。工場等で働くのは初めての人も多く、六ヵ月の職場適応訓練を受けた後に就職する人や、一年間の雇用開発助成援助の適用を受けてから職についた。センターが紹介した就職による退所の場合には、移転への援助金として、交通費、着後手当と移転料も支給された。姫路では、課程を修了した一期生三五人のほぼ全員が中小企業に就職した(3)。職種は主に、機械工、電気組立工、金属プレス工等の製造業が多かった。

センターは、難民の企業定着率を調べるために一九八四年、初めての追跡調査を行ったが、結果は七割という高率(4)であった。その一方で、難民側の甘えを指摘する声もあった。障害はやはり言葉で、職をやめた約三割の難民は、言葉が通じなかったり、生活習慣の違いなどから退職していた。センターの難民相談員が、定住者の雇用先、住居の雇用促進住宅、小・中学校の巡回相談を行った。一九九五年一月の阪神・淡路大震災の時は、難民相談員がバイクで各戸を回った。

政府は、当初の受け入れ目標は五〇〇人で、三年程度で終了する見通しだったが、次々と目標数がかさ上げされ、一万人を超えた。それにつれて同時に、様々な問題が発生した。センター内での入所者同士の暴力事件(5)、深夜の逃亡、すでに退所した定住者の不法侵入、入所者・定住者の無免許運転でのスピード違反や事故、デパート・スーパーでの万引き、センター付近の農家からの野菜・果物の無断採取、パチンコ店での不正行為など(6)が起こった。一九九三年には、香港からの難民が持ち込んだ伝染病（赤痢）が発生した。

日々、職員の奮闘が続いた。「何分にも初めての経験だけに「打ち付け本番」の対応で、本部職員の指示を受けながら、五人の職員が一体となり泊まり込みで頑張ったものです」（藤本高男・初代所長）。「今少し良い建物に出来なかったのか、とおこがましくも感じていた」（松本峻平・第六代所長＝閉所時所長）「殆どの職員が非常勤嘱託。……教育施設であるところから日本語教師も多数で、その勤務形態も派遣業務に類似しており、職員管理が大変な所という印象が強かった」（同）「衣類や暖房には特に配慮しましたが、風邪をはじめ病人の続出には宿直者が悩まされた。……施設の不備やら、寒さの中で、当時は三ヵ月の日本語教育でしたが、諸先生の並々ならぬ努力により無事修了を迎え、修了証書を受け取る笑顔は忘れられない」（藤本高男・初代所長）。

センターは一九九六年三月末に閉所、総入所者数は二六四〇人（ベトナム人二二〇一人、ラオス人四三九人）を数えた。閉所で在日ベトナム人らのアフターケアは、難民事業本部の関西支部（神戸）に移った。姫路センターは、政府が乗り出したものにしては、当初から民間依存の性格が強かった。肝心の就職がそうだし、自立を早める社会教育活動でも民間の自発的な援助が必要とされた[7]。職員も多分にボランティア的性格が強かった。「人道的や博愛的とかの精神よりも「そこに彼らがいる」ということだけで頑張ったとみる方が的を得ているのではなかろうか」（松本峻平・閉所時所長）。

2 〈大和定住促進センター〉

一九八〇年二月、神奈川県大和市の新興住宅地の中に同センターは開設された。敷地は、ここでもカトリックの横浜司教区から土地を借用した。ベトナム、ラオス、カンボジアの三民族が入所した。開設時の様子は、後に閉所の際の所長になる職員によれば、次のようなものであった。「ある日出張を命じられて大和市南林間のはずれにある大和定住促進センターを訪れた時、粗末なプレハブ造りの施設を見て、それがいかにも短期間運営用の施設だと実感したものである」（下平和雄・閉所時の所長）。事業は、二〜三年で終了と考えられていた。

また、地元の状況はといえば、「当時の大和市長は国からの要請を受けたが、地元が許容するならという態度であったため、必然的に地元自治会役員が対応することになり、自治会長職にあった私が中心になって、地域住民への説得活動を行った」（遠藤・地元運営協議会顧問）という具合で、ここでも民間の力添えがあった。センター事業に関与したのは、神奈川県、大和市、地元小・中学校、警察署、雇用主、各民間団体、個々のボランティアであった。

センター運営で生じる諸問題を解決するために、大和市、地元自治体と難民事業本部の三者による協議機関（地元運営協議会）が設置された。覚書が、大和市南林間自治会連合会会長と難民事業本部長の間で取り交わされた。

入所者には、生活援助費が支給された。昼食と夕食はセンターが提供したが、朝食は各自で自炊した。自国の好みに配慮したメニューをという難民側の声も強く、食事は、最大の関心事だった。看護婦が健康管理を担当した。入所者にはカリキュラムがあり、日本語を中心に各種の教育が行われた。日本語授業の柱は、基礎作りと実践力をつけることに置かれ、退所後の進路を考え、年齢のみのクラス分けはなされなかった。サバイバル・クラス（老人、妊婦、識字教育未修者）、一般成人クラス（一六歳以上、職場・家庭での実践力養成）、年少者クラス（児童クラス・進学クラス）が設けられた。年少者クラスは、六歳〜一五歳までで、退所後すぐに学校に入学しても困らない程度の日本語能力をつけることが目的とされた。保護者がセンターを出るまでの間、その後の定住先での中途入学を円滑にするため、市立南林間小学校で特別クラスが編成され、体験入学が実施された。(8) 初期には、学歴・職歴の高い人が多く、日本語の上達が見られた。しかし、その後海外キャンプに長期滞留した人々が入所すると、習得が困難な人たちが出てきた。家族呼び寄せが増えると、年配者や年少者の数が多くなり、教育内容の変更を迫られた。定住難民が呼び寄せた花嫁が入所してきた。

生活指導として、ゴミの出し方、衣服の着方、布団・寝具の使い方が教えられた。寄贈された衣類は、季節ごとに分類され配布された。(9) 社会生活に適応するため、公共施設の見学や消防署の指導で消火訓練が実施された。また「日本在住インドシナ人の墓」や公園、駅前広場、老人ホームなどで清掃ボランティアの活動が行われた。近くの小・中学校との交流会、スポーツ競技会への参加や自治会主催のお祭りにも参加した。地元住民と入所者の相互理解を深めるため、定期的に交流会が開かれた。県や市の関係者、学校関係者や民間支援団体からの見学者を受け入れた。ボランティアの人々がセンターにきて、子供に勉強を教えたり、親に日本食の作り方を教えたりした。センターは、地域に密着する形をとり、「全般にこじんまりして、職員の目がいき届き、家庭的な雰囲気であった」(浦崎政祥・第二代所長)。

就職の際には、日本の労働慣行や職場でのあいさつから、保険制度、給与の仕組みが教えられた。求職者は事業所からの求人票をもとに斡旋され、実際に、工場などを訪れ、作業を見学、先輩難民の就職者から体験を聞いた。さらに単に職業の斡旋だけでなく、受け入れる企業に住居の確保を依頼するとともに、引っ越しの運送屋の交渉、住居近くのスーパー、商店街、学校、病院などの位置確認の手伝いが行われた。退所の日には、就職先の事業主などに迎えられてセンターを後にした。同時に、役所での外国人登録証明書の記載事項の変更手続き、学校の編入手続き、電気・水道の開始連絡、ガス開栓時の立会い、口座引き落としの手続きなども職業相談の一環として行われた。

一方、事業主や雇用主には、受け入れにあたっての助言、合わせて職場環境を整えるよう依頼が行われた。職場での計画的な訓練や技術研修をすることも、センター側から依頼が行われた。会社の中には、仕事の関係上、昼休みを利用し、定期的に言葉や、仕事についての勉強会を行うところもあった。また会社によっては、昼食会を兼ねた懇親会を、難民従業員と企業管理者、そしてセンター職員と合同で開催するところもあった。

難民側の労苦は勿論であるが、短期間で言葉、習慣を教育して、社会の一員として送り出す仕事は、センター側にとっても苛烈であった。(10)

3〈大村難民一時レセプション・センター〉

大村難民一時レセプション・センターは、一九八二年二月に業務を開始した。一九八一年七月の閣議了解で、レセプション・センターを国が設置することが決まり、主務官庁を法務省として、実際の運営はアジア福祉教育財団に委託された。仕事の内容は、日本または第三国へ難民の定住を進めることであり、健康診断と必要な治療を行い、一定期間滞在した後、日本赤十字や各宗教団体が運営する一時滞在施設、または姫路定住促進センターなどに人々を送り出すことであった。定住先が決定するまでの一〜三ヵ月間、短期滞在した。難民の日本到着後、とりあえず保護を行い、民間団体の負担軽減が意図されていた。(11)このセンターは、日本では唯一つの「難民一時収容施設」であった。

センターでは、『入所者心得』があり、入所した人々には働くこと、外出すること、酒を飲むことなどが禁止された。(12)行く先（処分）が決定するまでの仮住まいとして建物が作られたため、教室のような教育施設はなかった。開所当初から、「審査を待つだけでは時間が無駄すぎる。日本語を勉強したい」という入所者の強い声が聞かれた[13]。

単調な生活に潤いをという配慮と、将来に希望を持たせるという考えから、センター独自の日本語教育が行われた。地元の小・中学校を退職した教師の団体がボランティアで教室を開講した。

長期に時間を無為に過ごす人々への対応は、困難を極めた。民間の一時滞在施設への移動を拒否する人々が出たり（一九八三年）、入所者の中にヒステリー症状を合併した精神分裂病の患者が発生し、国立長崎病院の精神科病棟に二度にわたり入院（一九八七年）した[14]。入所者の健康状態は入所後、改善が見られたが、寄生虫のいる人、皮膚病にかかっている人が多数認められた。入所者には、精神的、肉体的な疲労の蓄積と衰弱が観察された。センターはその後、ボート・ピープルの日本到着がなくなったため、一九九五年三月末、閉所された。

4 〈国際救援センター〉

国際救援センターは、難民の一時滞在施設として、国内の一時滞在施設に長期に滞留していたベトナムからのボート・ピープル（彼らは、第三国出国が目的）の入所が中心であった。彼らは、日本に定住する、しないにかかわらず、入所することができた。場所は、品川区の国鉄大井貨物ターミナル敷地内（現ＪＲ東日本）を借りて、一九八三年四月に開かれた。ボート・ピープルの流入が増えたことと、国内の民間団体施設での難民の滞在が長期化したことに対処するため[15]、であった。センターは、ベトナム難民初の本格的な受け入れ施設であり、後には国内最大の定住促進施設となった[16]。二〇〇六年三月末に閉所するまでの期間、子供を含めた総入所数は、六二四二人。当初は、「センターに入ると、日本定住を強いられる」といった誤解もあり、多くの難民がセンターに入るのを拒否、民間の一時庇護施設にとどまった[17]。外部委託の完全給食で、入所者の食事情を考慮しながら、日本食にも慣れるようなメニューが準備された。医師が月二回訪れ、看護婦が常駐した。

センターでは重要な活動として、日本語教育と職業訓練・斡旋が行われた。日本語学級は週三〇時間、四ヵ月（五七二時間）、毎日宿題が課せられた。[18]日本での定住の基礎となる自活能力を高めることが目的とされた。開設当時は、アメリカなど第三国行きを希望する人が大半で、日本語を学ぶ動機が低いために、授業前に教室で講師を待つ人は少なかった。[19]就学年齢の児童・生徒（六歳～一四歳）は、日本語教育修了後、センター近くの小・中学校に通学した。[20]

特別活動として、センター全職員が参加して、「会話の日」と「学習成果発表会」が行われた。会話の日には、学習者が日本語教師以外の日本人と自然な会話を楽しむ一時間余りの活動をした。学習成果発表会は、各期の最後に行う全クラス合同の発表会である。発表は、グループ発表、スピーチ、寸劇、紙芝居からなっていた。

二〇〇三年から条約難民を中心とした受講生に、通常授業が終了した午後四時～五時の一時間計一五回、「日本語教育特別補講」が始められた。条約難民の入所者は、それまで日本社会で一定の生活経験があり、彼らを対象とした特別補講では、ニーズに配慮したプログラムが組まれた。またパソコンを使って、必要な情報を検索し読み取る力をつけるクラス、身近な日本語情報源から必要な情報を入手するクラスが作られた。

日本語教育が修了し、社会生活適応の時間が始まると、本格的な就職活動が開始された。言葉が不自由なので、三〇分以内で電車などの乗り換えが一回までの企業探しであった。企業探しの方法は、センターへの求人、インターネット（ハローワークなど）、就職情報誌と新聞などの折り込み広告である。本人の希望は室内作業なのに、求人は屋外での作業という場合も多く、希望と現実には落差があった。雇用を進めるために、事業主に集まってもらい、「雇用促進協議会」や「雇用促進懇談会」が開かれた。毎年一一月は、「雇用促進月間」に設定され、キャンペーンが実施された。雇用に理解ある企業や長年勤続した難民は、難民事業本部で表彰された。センターによれば、閉所までの二三年間（一九八三年～二〇〇六年）、延べ二四四八人が職に就いた。[21]バブルが崩壊した一九九〇年代初めは、職場と住居を確保することが困難であった。家族呼び寄せできた人の場合には、すでに定住している身元引受人の住居の近辺に限定して職を探す傾向が見られた。[22]自転車で通える範囲という希望が多く、日本人と比べかなり範囲が限られた。条約難民の入所者には、彼らの希望を聞いて職の斡旋が行われたが、概して母国での学歴や職歴が高く、職種でも希望が高くなりがちであった。

難民事業本部は、「社会福祉法人・日本国際社会事業団」（ＩＳＳＪ）の協力の下に、一九八〇年から養子縁組と里親の斡旋事業を行っていたが、一九九七年末まで五四人を数えた。センターからは五人であった。[23]

このセンターの状況は、発足時から、先に設置された定住目的の姫路、大和のセンターとは大きく異なっていた。センターの事業記録には、以下のような記述が見える。「救援センターには荒々しいボート・ピープルが三〇〇人位いて、毎日が職員と入所者が格闘しているといった感じだった」[24]（あるセンター職員）。「一人で二役も三役も掛けもちしていました。また職員の入所者に対する対応もまだまだ暗中模索といった状態でした」[25]（あるセンター職員）。

当初は、このような血気盛んな若者の多くが、第三国定住（特にアメリカ）を強く希望して、自活のための訓練を受けながら、その機会を待っていた。彼らの殆どはセンターを退所して自活に切り替えた。彼らの在留資格は、「一時在留許可者」ということで、一年ごとに資格を更新した。[26]

一九八九年からは海外の難民キャンプからも、日本への受け入れが始まった。同年にはまた、難民を偽装した中国系の人々が入所し、食堂には長い列ができ、その列は食堂からはみだした。最大七二〇名収容のセンターは、同年七月には六二四人から、倍の一二五四人になった。

センターでの長期滞留が再び問題となったのは、一九九〇年以降、東南アジア（香港、マレーシア、フィリピン）の難民キャンプから受け入れた定住者たち（大半は若者）であった。彼らは、長期間のキャンプ暮らしで日本社会へ適応する上で、様々な問題を抱えていた。[27]

一九九一年からは、一九八一年日本が受け入れを認めた「合法的出国計画」（ＯＤＰ）による「家族呼び寄せ」の人々、一九九四年からは一般入国による呼び寄せ家族が入所した。一九九一年以降の入所者の大半は、日本に定住した人の呼び寄せ家族なので、週末には呼び寄せた人の許へ戻った。入所者の男女比も、合法的出国計画で、差がちぢまり、一九九四年九月には逆転し、女性の方が多くなった。家族再会のための呼び寄せ申請と調査、ベトナムでの面接調査は、日本政府の手で二〇〇五年八月まで続けられた。

一九九四年以前に日本に直接上陸したボート・ピープルは、大村難民一時レセプション・センターに入り、そこから民間の一時滞在施設か国際救援センターを経て、第三国に定住する人、日本定住を希望し、定住促進センターないし国際救援センターに入る人、自主帰還で母国に戻る人などがいた。一九九八年七月からは政府が難民認定した条約難民九人が、試行的に受け入れられた。彼らには、定住手当の支給はなかった。二〇〇三年からは正式に条約難民の入所が始められた。

センターでは、センターの斡旋の場合を除き、アルバイト、内職、商業行為、その他報酬を得る活動は禁止された。センター外の人々との交流の場が必要であったが、センターの場所は交通の便が悪く、付近に民家もないため、地元住民との交流は難しかった。

センターを出た後も、無断で侵入する人々がいた。[28] 彼らの中には、離職して身寄りもなく、センターに潜り込む人たちだった。彼らには、再就職を斡旋する必要があった。そのため、センター退所後に、様々な理由で社会にうまく溶け込めなかった難民を改めて入所させ、必要に応じ、治療や生活への助言をした後、職業と住居の斡旋をして再度社会に送り出す「再入所制度」（心のケア）が一九九八年四月から始められた。

以上、四ヵ所のセンターの概観を眺めてきた。難民キャンプの病的に管理された生活から、日本に定住のためやってきた彼らを待ち受けていたのは、また新たな管理に囚われることであった。「毎日、長時間を教室で過ごすことは、多くの入所者に「頭痛」として保健室に通うことが多かった」[29]（大和センターのある職員）。「病院で接してみて感じるのは、身体的な病気だけでなく、三割ぐらいは精神的な悩みがある。母国語さえ書けない人が多いのに、それで日本語を覚えようというのは大変」[30]（元カンボジア難民看護婦）。またセンター内では、生活習慣、考え方、価値観の違いもさることながら、「難民の処遇」についての日本側の指針が不明瞭なために、日々いざこざが絶えなかった。日本での、定住受け入れという経験不足や、管理上の未熟さもあったが、何より難民という人々への知識不足[31]と、戦略を欠くやり方だ[32]、と批判されても仕方のない面があった。その結果、職員も難民も現場で、悪戦苦闘を余儀なくされた。将来は、場合によっては、難民定住者が直接、地域社会に入るといった、収容・入所に代わる選択肢が考えられる必要がある。

（1）アジア福祉教育財団難民事業本部、二〇〇八年、一二頁。インドシナ難民の定住事業の予算は、外務省、文部省、労働省の委託費とUNHCRからの交付金であった（アジア福祉教育財団難民事業本部、一九九六年、九頁）。
（2）アジア福祉教育財団難民事業本部、一九九六年、三六頁。
（3）朝日新聞、一九八〇年五月四日付け。

（4）神戸新聞、一九八四年九月一一日付け。
（5）例えば、入所していたベトナム人とラオス人の間で、歴史的なわだかまりもあり、「シャワー室を覗いた覗かない、テレビのチャンネル争いなど、色々な問題が生じ、（関係者は）その都度融和には神経を使った」（当時のセンター職員）。
（6）アジア福祉教育財団難民事業本部、一九九六年、四三頁。
（7）神戸新聞、一九七九年一二月一三日付け。
（8）しかし、始めから素直に受け入れられたわけではない。日本語でたどたどしく自己紹介する子供を笑って冷やかしたりする子供もいた。次のように、センターと学校の協力があった。「自然な形でセンターの子供たちを受け入れられるようになったのは、年一回のセンターとの交流会に負うところが大きかったといえます。難民のことやセンターのことを事前に学び、センターの所長さんのお話を聞く機会を持ち、全校の子供たちが交流会の狙いを理解し、参加しました」（斉藤淳子・大和市立南林間小学校長）（アジア福祉教育財団難民事業本部、一九九八年、五四頁）。
（9）ただし、「家族呼び寄せ」で来日した人々は、日本に定住した親族から仕送りがあったため、母国での学歴や生活の良かった人も多く、全国から届く衣類などの寄贈品は、説得しないと受け取らなかった。センターでの修了式の服も寄贈品ではなく、母国から持ってきた色鮮やかな民族衣装を着る人が多かった（アジア福祉教育財団難民事業本部、一九九八年、四五頁）。
（10）センターの最後の所長であった、下平和雄氏はいう。「何事もスタート時は様々な問題や障害にぶち当たって大変なものであるが、当センターも例外ではなく、そこで働く職員たちは筆舌に尽し難いご苦労をされたものと思う」（アジア福祉教育財団難民事業本部、一九九八年、四四頁）。
（11）センター設置の背景には、業務を肩代わりしていた民間団体から、政府への強い要請があった。政府系の難民事業本部はいう。「一時滞在難民の援護事業に関しては、政府は日本赤十字社に補助金を支出して来ましたが、資金の補助にとどまらず、政府は少なくとも部分的には直接援護業務にも参加してほしい旨のかなり強い要請がなされていました。一方、我が国に到着したボート・ピープルを政府としての必要な措置もとらないまま、たまたま空いている民間団体の施設に直接収容する援護方式を改善してほしい旨、政府への要請も根強いものがありました」（アジア福祉教育財団難民事業本部、二〇〇六年、二〇頁）。
（12）当時センターに勤務したある職員（その後、福岡入国管理局に勤務）は、この『心得』に批判的な見解を述べている。「この『入所者心得』には問題点があった。「……してはならない。」式の禁止事項がその内容の殆どを占めたことから、読んでみて圧迫感が残り、窮屈な感じが否めなかった。必然的に入所者によっては抵抗感が強く、スムーズに受け入れられなかった事もしばしばあった。もし将来、国がかつてのレセプション・センターのような難民施設を管理運営することになった場合には、もう少し読み易く抵抗なく（束縛感なしに）受け入れられるような『入所者ガイドブック』を内容的に吟味したものを検討する余地があろう」（アジア福祉教育財団難民事業本部、一九九五年、一三〜一四頁）。難民の人権への配慮が伺える。

(13) アジア福祉教育財団難民事業本部、一九九五年、一四頁。

(14) 同上、五頁。

(15) アジア福祉教育財団難民事業本部、二〇〇七年―b、一二頁。

(16) アジア福祉教育財団難民事業本部、二〇〇六年、四七頁。品川駅より大井町東口行きバスに乗り、一五分余りで着くセンターは、産業地区の一角にあった。その名称のために、救急病院と勘違いされることもあったという。当時のセンターをめぐる状況を、関係者は次のように回想している。「日本の社会はアジア人の大量流入に拒否的であり、ましてベトナム難民の大量入居に対しての反対結束は固く、そのために品川の国鉄跡地という無人の埋立地に国の権威を背景にやっと建設されたのであり、その建物を囲む塀の上には鉄条網が張られ、それは内部の難民を守るという理由と共に、周辺の日本人住民に安全を保証するしるしでもありました」（粕谷甲一・センター顧問＝当時）。いずれにしろ、設置にあたっては、無人の埋立地への立地といい、塀の上の鉄条網といい、関係者側の、地元住民に対する、過剰なまでの配慮が読み取れる。

(17) 同上、五〇頁。

(18) 同上、二六〜二七頁。一クラス一〇人以内の編成。面接とプレイスメント・テストの結果で、三つのレベルに分けられ、六歳〜一二歳の学齢児童を対象に児童クラス、事情により特別レベルが作られた。日本語で教授する直接法で、最初の一ヵ月間、教科書を使わない教え方をした。日常生活に最低限必要な基礎的・基本的な日本語の聞き、話し、読み、書きの力をつけることとされた。難民側からは、「老若男女問わず教科書をもち教室に入り、一緒に勉強している風景は何か奇妙な感じがした」という声も聞かれた。

(19) 同上、五二頁。彼らはセンターを仮の住まいと考えて、時間をもてあまし、施設を抜け出したり、禁止されている酒を持ち込むなどして問題を起こした。夜間、居住棟の消火栓のベルを押して、大騒ぎをすることも再三であった。

(20) 同上、八四頁。品川区八潮小学校が、一九八三年四月に開校。同年五月に、ベトナム人児童八名を受け入れて日本語学級が一学級できた。開校間もない八潮小学校には、マイクロバスでセンターから通学、後に都営バスが特別に運行した。

但し、受け入れ数には制限があり、通学できない子供たちがブラブラしていた。NPO法人「芝の会」はそうした子供たちに、寺子屋式で国語と算数を教えた。徐々に受け入れ数が増え、その後は学生グループと組んで、学校の宿題を手伝い、放課後に学童を預かった。

(21)　同上、三三～三九頁。求人は、従業員三〇〇人以下の中小企業が中心である。主な職種は、金属工作機械工二三二人、金属プレス工一八二人、自動車組み立て工一三三人、溶接工一二二人、である。就職後は、職業相談員が計画的に職場定着のための助言を行い、離職・転職を避けるようにした。「雇用主懇談会」では、雇用主から難民を雇用した経緯や実態、問題点と意見が聴取された。会合は、雇用主、職業安定機関、難民相談員、日本語教育相談員、日本語講師などが出席して、毎年定期的に開催された。

(22)　同上、二九～三〇頁。

(23)　同上、三〇頁。

(24)　アジア福祉教育財団難民事業本部、一九九八年、四一頁。

(25)　アジア福祉教育財団難民事業本部、二〇〇六年、五二頁。

(26)　同上、一九頁。彼らには一九八三年以降、日本での就労が許可され、自活しながら、UNHCRの協力の下に、第三国への定住斡旋を待った（いわゆる、自活難民）。しかし、アメリカ、オーストラリア、カナダなどでの受け入れ数の削減で、第三国定住を希望する人々の、日本での滞在が長期化した。カナダは、渡航費と当座の生活費は本人負担であったため、働いてお金を貯めねばならない人もいた。しかし、仕事は見つけても住居確保は難しく、センターに無断で居住し、仕事先に通う人もいた。また日本が一九八一年に難民条約を批准し、定住枠を広げたことで、家族再会や単独未成年者の場合を除き、日本以外での定住は困難になった。

センターでの入所期限は、日本定住希望者は原則六ヵ月以内、第三国定住希望者は原則一年以内と決められていた。センター職員が苦労したのは、第三国定住の可能性が全くないのに、日本への定住を拒み続けた人たちだった。一九八七年末に一二四人でピークだったが、その後は一九九一年四月時点で、一年以上の滞留者数が約七〇人（在所者の二〇％）と減少した。残った人は、センター職員の説得もあり、就職を斡旋されるなどして、自活から日本定住を選ぶことになった。

(27)　同上、五五頁、六一～六三頁。難民キャンプに長期に住むことを強いられた人々は、受け入れられてもその国で自分たちの憤りを発散する傾向がある。当時を回想して関係者は、次のようにいう。「しかし、このグループは初期の難民たちとは全然違っていました。物凄い犯罪の記録が私のノートにあります」（藤井一夫・センター管理部長＝当時）。一九九一年六月〜九五年四月までの間に、犯罪事件は一七七件、主に万引き・窃盗傷害であった。薬物使用、偽造紙幣の使用、変造テレカの使用もあった。パチンコ店での犯罪も多く、大井町のパチンコ店には「外国人の方お断り。特にベトナムの人」と大きな張り紙を貼られた。一九九二年には、酒を飲んでいての喧嘩でセンター内で殺人事件も発生した。特に一九九一年四月、香港キャンプからの二〇歳代の若いベトナム人グループが事件を起こした。犯罪の問題は、懸案事項のトップクラスの一つであった（遠山精一・第三代所長）。

(28) 同上、六二〜六三頁。一九九一年頃、退所後、社会に適応できず、センターの塀を乗り越えて舞い戻り、時々事件を起こす少年たちがいた。侵入者問題は、施設破壊、暴力行為から、盗品売買、薬物乱用、傷害致死事件にまで及んだ。NPO法人「芝の会」が母親代わりとなって、手作りの昼食を持参して彼らと昼食をする〝里親昼食会〟を開いた。少年たちは、自然に社会復帰していった。次いで、家族呼び寄せで来日した女性たちが多くなると、すでにセンターを出た独身男性たちが、外から柵を壊して侵入した。宿泊棟の窓ガラスを割ったり、入所中の女性に付きまとう問題が発生した。繰り返される侵入にセンター側も手を焼き、「対策プロジェクト・チーム」を作り、宿泊棟の一斉点検などを行ったが、関係者によれば、その効果は一時的でしかなかった。問題は、一九九七年頃には沈静化した。

(29) アジア福祉教育財団難民事業本部、一九九八年、四五頁。難民のストレス解消のため、センターによっては、スポーツ振興の機会が設けられた。

(30) 神奈川新聞、一九八七年一〇月二四日付け。

(31) 特に開設当初は、インドシナでの歴史的経緯から生ずる民族同士の事情に疎かった。その結果、「（姫路）センター内で南ベトナム人、北ベトナム人の紛争が絶えず」（アジア福祉教育財団難民事業本部、一九九六年、四二頁）、また「（大和センターでは）子供によるテレビの席争いから、ラオス、ベトナム難民同士の争いがあった」（アジア福祉教育財団難民事業本部、一九九八年、三八頁）といった具合で、深刻な問題を生じた。大和センターには、地元から民族ごとの分離収容の要望が出された。難民事業本部は、原則として分離収容はしないとしたが、大和センターには、主にカンボジア人とラオス人を、姫路センターには、ベトナム人を入所させることを決めた。

(32) サービスは、熟慮された計画・方法に基づくというより、目前の〝緊急で〟、〝その場限りで〟、〝受け身的に〟配布された。資金は不足し、職員は頻繁に異動した。

第七節　指標及び、各分野間のつながり

一九九四年三月以降、来日するインドシナ難民が減り続ける中で、難民事業本部は、センターでの教育中心から、すでに日本社会で暮らしている難民の生活相談事業など、アフターケアの充実に方向転換した。(1) 難民事業本部は、〝地域に密着したケア〟を旗印に、アフターケアの充実を謳った。同本部は、すでに一九八五年から「難民相談員制度」を始め、神奈川、兵庫、大阪府の市役所など五ヵ所の地域難民相談コーナーに、「難民相談員」を派遣し、個別に難民定住者への対応と情報提供を行っていた。(2) アフターケアでは、自治体、福祉事務所でも、市民と同様に相談にのっていた。(3) 定住後のアフターケアとして実施されている難民相談では、求職や住居、在留手続き、さらには生活保護、精神障害についての相談件数がとび抜けて多い。(4) 定着に依然困難な人が多いことが分かる。難民の居住する地域の住民や自治体関係者からも、生活相談員や通訳の手当について要請がある。(5)

1　生活で困っていること—生活実態調査から

難民事業本部が国から委託された事業は、難民に日本語を教え、住居と職場を斡旋し、自立を促進し、定住後の諸問題については地域社会が支援することを原則として組立てられていた。しかし実際に、定住センターからの定住者が各地に居住し始めると、本人はもとより、その職場、地域の役所、学校、団地の管理者などから、悲鳴にも似たSOSが届くようになった。(6) 難民はむしろ、定住後にこそ多くの問題を抱えている。難民事業本部は、二〇〇〇年にインドシナ難民の「生活実態調査」を行っている。(7)「生活で困っていること」を複数回答で聞いた

表6—4　難民事業本部による地域コミュニティへのアフターケア

1982年	「第1回定住インドシナ難民を励ます会」を開催（1月）
1983年	難民事業本部にアフターケアで初予算
1984年	難民相談員制度を開始。難民事業本部から順次、各センターと地域に数人ずつの配置。センターから、地域での定住指導の一元化へ
1987年	日本定住のベトナム難民が初めて一時帰国（8.28～9.18）
1988年	日本定住のカンボジア難民が初めて一時帰国（12.22）
1994年	難民コミュニティの活動を支援する事業を開始
1995年	阪神・淡路大震災でベトナム人約700人が被災（1.17）。総理府がインドシナ難民フォーラムを開催（10.26）
1996年	難民事業本部が神戸市に、関西支部を開設（6.18）。西日本のインドシナ難民定住者のアフターケアと連絡調整
1998年	神奈川県民センター、大和市役所、八尾市役所内に難民相談コーナーを設置（4月）
2001年	インドシナ難民定住者コミュニティ・リーダー懇談会を開催（6.24）

（出所）アジア福祉教育財団難民事業本部

ところ、①日本語（三六％）、②経済困難（三一・五％）、③住居（一八・八％）、④役所の手続き（一五・六％）、⑤仕事・職場（一三・六％）、の順であった。日本での「暮らし全体の満足度」をたずねると、十分満足・まあ満足・普通を合わせると、七〇％以上であった。「困った時の相談相手」を複数回答では、①家族（五一・九％）、②同国人の友人（三二・三％）、③日本人の友人（二四・九％）、④難民相談員（二〇・五％）、⑤職場の人（一六・一％）であった。

「生活で困っていること」では、日本語と経済状況である。センターの課程を修了しても、周囲の偏見や不十分な日本語などのため、定住難民の置かれている状況はまだまだ厳しい。社会に適応できず、精神的に追い詰められ、躁鬱病、精神分裂病を発症、自殺する場合もあった。[8] 夢見ていた理想と現実のギャップから、転職を繰り返したり、病気になる、犯罪にはしるなどが続いた。[9]

センターを出た後の難民のアフターケアは、センターに配属されている相談員、ボランティアが、職場や家庭を訪問して、定着指導するのが中心であった。しかし、「入所者の世話で手が一杯で、退所者のケアまで手が届かないのが現実で、患者の多くは就職した事務所から解雇され、生活保護を受けていた」[10]。難民の親世代は中高年となって、言葉の壁により、子供の教育、医療、就労、老後の生活、法的身分に不安を感じている。特に、難民の高齢化で難病・生活習慣病（高血圧、糖尿病、心臓病など）や精神疾患など、医療面での相談が増加している。病院、施設への同行と併せて、生活費、住宅、介護などの問題も多い。年金の相談も増加した。職業相談は、労働災害補償保険など、専門性の高い相談が出てきた。定住が進み生活が安定してくると、家族関係の悩みが出てくる。家庭不和、子供の非行などの問題もある。寄せられる相談は深刻で、解決に時間がかかるものが増えている[11]。

上記の生活実態調査に使われ、見出された指標は、政策担当者に有用な枠組みを提供し、統合の様々に異なる次元を気づかせ、多面的な状況を考えさせる出発点となる。それに援助側の協力がつながれば、包括的な統合パッケージの配布が実現するかもしれない。指標には、「量的指標」と「質的指標」がある。ただ、注意しなければならないのは、数量を測る一群の指標からは、今ある雇用が個人の希望や技能に即しているのかや、個人が持つ能力を生かせず、意識が内向する、内的・外的要因については分からない。統合の〝目印〟として、単純にこれらの分野での指標の達成のみを見ることには問題がある。目印として働きはするが、それとともに統合への「潜在的な手段」ともなっている認識が重要である。同時に、質的な指標の分析が重要である。質的指標は、分野によっては立てるのが難しいこともある。

2　各分野と指標

統合過程を調べるために、雇用、住居、教育、保健医療を分野として設定する。分野と見るのは、難民条約の記述を基にしている。その際、雇用率、進学者数など各分野のそれぞれの指標は、互いに孤立して存在しているわけではない。統合過程が始まり進展すれば、機能的な指標の間では相互に作用する。重要な指標の間には、分野内で、そして分野を超えて相互関係がある。機能効率の単純な探求という次元を超えて、各分野がどう相互作用をするかを調べることは、統合過程の理解につながる。それは、指標の間の相互作用の理解につながり、統合の経験的な側面を理解するのに役立つ。例えば、〝家であると感じること〟は、難民に最も重要な（質的）指標だ、といわれている。[12]

それでは、日本に定住したインドシナ難民には、市民権や基本的な権利原則と、雇用、住居、教育、保健医療のような分野とその指標の間に、どのようなつながり方が見られたのであろうか。まず、**雇用**から。雇用は、日本のインドシナ難民が困っていることのトップに掲げる項目である。生活の基礎を固め、自立できれば、他の諸活動（語学能力の向上、文化習慣の理解、社会とのつながりと役割、安全の意識）の実施を容易にする。雇用は、統合を考える際、最も調査される分野である。経済的に独立できれば、自尊心が回復され、日本人と対等に付き合える。未来への計画が立てられる。雇用と労働市場への参入は、社会への統合にとって、不可欠である。具体的なデータとなる指標は、雇用率・失業率、自営業率、所得額である。しかし現実に調べてみると、昇任制度や賃金のあり方に不慣れで不満がある。また、難民の自国での技術は、時代遅れか価値が低い。学歴や職業的証明書が日本では認められない。すでに定住センターの所で見たように、低いレベルの職種に就く人が大半である。以前の資格・技能は認められず、医師であった人が、工場のラインで働いている。受け入れ側である日本の制度上の問題が原因で、外国人であるがゆえに、力を弱められてしまう。離・転職者からの求職相談もあるが、日本語能力、職歴、年齢、景気動向などから、就業は厳しい。経済不況の中、一般に労働者には、より高い能力が求められ、事務所側からは、難民へ日本語能力とともに仕事への真摯な姿勢が求められている[13]。労働基準局が定める地域別最低賃金を下回る給料で難民を雇用しようというのは論外だが、難民側にも日本での仕事の内容と技能について理解が足りない面がある。経営者側には、難民との相互理解の努力を怠らず、日本人と同じ条件で雇用する、日本語の学習機会を与えるなどの心構えが必要となっている。就職では、日本人と同列で競争させるのではなく、難民の特殊性（不利な立場）に配慮して、何らかの特別措置をとる必要がある。改善には、技能・資格を認定するか、職業訓練や教育で、同様ないし類似した資格取得の便宜を図ることが考えられる。難民が社会に参加するという、有意義な変化を生むことは、考えと態度の転換であり、単に柔軟性に富んだ労働政策の選択メニューを増やすことではない。雇用問題など、まだまだ行政などが関わらないと解決できない問題がある。

住居は、インドシナ難民の就職には、即住宅の問題がからんだ[14]。センターを出ると同時に、職場と住居の確定が必要となった。特に民間アパートの確保は難しく、そのため難民を受け入れる企業が住宅を手配できない場合には、採用がお断りになることもあった。難民は、家賃が高く、一方部屋は狭いという。その点、地方自治体が公営住居の入居要件を緩和したことは、住宅確保につながった。低賃金の職に就いている難民世帯は、選択肢が限られ、賃貸住宅か公営住宅となった[15]。雇用促進住宅は、家賃も安く入居できる利点があった。

住居が適切だと思われることをはかる具体的指標は、物理的大きさ、品質、設備、金額、所有権などである。インドシナの人々特有の大家族にはふさわしい住居がなかったり、友人や家族と住居を共有し、過密な所もある。清潔さや快適さはなく、実際には住宅街ではなく、立地条件は下がるかもしれない。しかし現実には、こうした物理的な条件よりも、定住者たちは周囲の安全や同族の人たちが近くにいるか、近隣住民とのつきあいができるかに関心があった。インドシナ難民には、安全で安定という精神的な落ち着きが欠かせなかった。仕事で住み込み（束縛）、慣れない環境でストレスを感じるより、アフターケアを得て公営住宅の〝我が家〟に住んだ方がいい（あるカンボジア定住難民）、ということであった。一時的で不安定な住居事情は、難民に地域社会への溶け込みを促す上ではマイナスである。地元民から見ても、難民が定着せず移動を繰り返す様子は、地域としての「まとまり」と「落ち着き」の点で、地域社会に否定的な影響を与えてしまう怖れがある。耐久性のある適切な住居がない人たちは、対等な条件で日本の社会に参加することは殆ど不可能である。安全は、難民が統合へ踏み出す際の基盤である。迫害・紛争を逃れた難民には、安全な社会で生活できる意味は非常に大きい。しかし、〝家〟の持つ意味は、文化的にも論議があり、個人・集団ごとに異なる。統合の他の指標との関連を見る際には、郷愁につながる〝家〟と、物理的な住居は分けて考える必要がある。

教育、とりわけ日本語教育は、職を得るための技術・能力となる。重要度は、支援側と難民自身の間で異なるかもしれないが、もし教育を日本語学習の重要性に拡大するなら、教育が定住援助で最も重要な要因となる。日本語学習については、後述する。生活ができるようになった後、最も親が心配しているのは、子供の教育である。多くの親が、「教育は、将来の安定した生活へのカギ」だと信じている。具体的な指標は、難民子弟の学業成果、進学率、職業教育の資格取得者の数である。学校は難民にとって、子供の通学を通じて、地域社会に住む人々との触れ合いの場であり、様々な情報が得られ、社会に根づくきっかけになるかもしれない。しかし、難民の親が学校からの配布物を読めず、十分に利用できていない。[16] わずかな日本人「資源」（頼もしい日本人の友人）の存在が重要となっている。インドシナ難民とその家族の人数は、配偶者の呼び寄せと日本生まれの二世の増加で、年々増え続けている。少年・少女時代に来日した難民の子供は「一・五世」といわれる。日本語習得に悩んで、進学を断念したり、非行に走ったりする場合も多い(17)。日常の日本語では不自由しない二世も、学業ではつまずく場合があり、進学率は高くない(18)。親が不得手なため、幼少期から絵本の読み聞かせや宿題を見てもらっていないなど、学習面で不利がある。日本の高校、大学に入りたい若者も増え、日本語学習の要求も多様である。近年の日本語教育相談では、日本語習得だけではなく、進学に向けた日本語の進学・就学相談が増えている。日本語の支援から、教科学習の支援に移っている。教育が、個人の生活に与える影響や地位の改善の程度については情報がない。

保健医療は、統合では中心的な要因とは見られないが、心身が健康であれば、活発な活動のための資源と見られる。具体的な指標は、罹病率、死亡率。しかし語学が不十分なために、医師との会話に不便を感じている。精神的な悩みが高じ障害が起きても、アジア人として、自分から精神科への受診はむずかしい。性別・文化習慣面での配慮が必要になる。その際、難民用の特別施設を作るのではなく、普通の医療機関で治療が行われることが必要と考えられる。難民やその社会が、社会的に統合されるためには、その成員が保健医療施設、学校といった公けの制度体を共有することが重要である。制度体の共有は、住民間の社会的な連帯意識につながる。

生活実態調査を読むと、日本では、雇用、住居、教育、保健医療の各分野ごとに細かな数値のデータが得られる。データを見た人は、その数字を良い方に変えればよいと考えるかもしれない。しかし先にも述べたように、数値だけでは、統合という多元的な状況の測定には限界がある。また、各分野間のつながりも考慮されていない。政策上では、難民への保護、自文化を守る重要性、平等で同じ市民だ、ということもいわれる。統合の過程は、双方向である。実際には目に見えやすい、量的で、機能的な指標、とりわけ雇用率、住居の規模といった経済面ばかりが強調されてはならない。難民の日本滞在の基礎となる、法・行政面や社会面をどう改善し、そして個人が持つ人間の希望・未来への力をどうつけるかといった視点を持つ必要がある。過程がおろそかにされ、結果に焦点が合わせられ、とりわけ定住者の大事なニーズに応じ、制度を新しく作り変えようという考え方が希薄であってはならない。

加えて調査には、難民が住む地域社会の状況と難民の状況とを比べる視点がないために、日本人との平等の問題が見過ごされている。文化保持に必要な社会的絆への考え方は弱い。強調されるのは、雇用、住居、地域社会組織への包含や、言語習得の評価に重点を置く〝同化〟となっている。市民社会への参加という視点は見られない。人それぞれの、年齢、性別、集団の規模、学歴などで、サービス（日本語・雇用・医療）の利用が違うことは避けられない。託児施設が利用できなければ、活動範囲は狭められる。個人ごとに、異なる指標が重要である。指標がサービスのやり方を改善し、実際の場面で使われるには、まだまだ考慮すべき点がある。

3　インドシナ難民の法的地位

ここで、インドシナ難民の日本での生活の基礎となる「法的地位」について見てみたい。センターを出た後、難民に法的な制限を課し、市や司法当局との交渉に時間と労力を使わせるのは避けねばならない。難民は日本社会の中で、日本人と同等で、平等な立場から、社会への関わりをどの程度認められたか、がポイントである。難民を社会に統合し、市民権を推進する方向である。統合の概念をめぐっては、すでに述べたように、用語の解釈・捉え方で違いがあるが、政策として適用が可能なものもある。(19)

インドシナ難民は、閣議了解に基づき、法務大臣から定住許可を受けており、殆どの人が個別に難民としての認定（条約難民の認定）を受けていない。自ら難民認定の申請を行った人を除き、難民条約上の審査は行われず、殆どの人々は「条約難民」に認定されていない。いわば、政治的な視点から〝難民に準じて受け入れられた人々〟である（〝中途半端な受け入れ〟という人もいる）。難民としての身分を証明する「難民認定証明書」「在留資格証明書」「入国許可証」など、身分を証明する書類は発行されていない。インドシナ難民は、条約難民とは法的地位が異なり、永住許可に必要な国内居住期間も内規の運用で緩和され、「難民」に近づけられている。日本国籍はない。ここから多くの問題が発生する。国籍問題は、帰化申請や婚姻届けの時に起きてくる。婚姻や帰化の際、インドシナ難民であることの確認を求められた時に困難が生じる[20]。日本生まれの二世の事実上の無国籍状態が続いている[21]。一九九〇年の入管法改正で、国籍取得は以前より容易になったが、難民は、このことを知らないでいることもある。帰化要件が難しく、また手続きに時間がかかる、と感じている。「ベトナムの名前だと子供がいじめにあうから、国籍を取得したい」「安全にベトナムに旅行するため、帰化した」という人がいる一方、「帰化には高いレベルの日本語能力が必要なので、あきらめた」「将来、年金が受け取れるか心配で、帰化せずにいる」という人まで、様々である。インドシナ難民の地位に関する問題は、数は多くないが依然相談が絶えない[22]。不安定な法的地位は、難民の統合を難しくする。帰化人数は[23]、計九八四人（内訳は、ベトナム人六〇二人、ラオス人一二五人、カンボジア人二五七人、二〇〇七年三月末現在）である。

政治に参加するのは、自由な民主国家の土台である。難民は政治過程に関わる必要な資源を欠くため、積極的に政治参加ができない。自分たちの意見や必要物を政治の検討課題に組み込めない。日本に合法的に滞在するインドシナ難民は、原則として日本人と同様の社会保障制度が適用されることになっている。

4　カギを握る日本語の習得

アンケートでインドシナ難民が「困っているもの」の一番にあげるものが、日本語である。難民事業本部は、定住難民に日本語についてのアンケート（一九九六年八月）をしている。「どんな時に日本語がわからなくて困ったか」（複数回答）で、「仕事・職場」（四八・八％）というのが最も多い。次いで「役所の手続き」（三四・四％）、「病気」（三二％）、「学校・公共のお知らせ」（三〇・六％）の順である。[24] 日本語ができないため、同僚との会話や生活が思うにまかせず、雇用も打ち切られそうになる。企業側も意思の疎通ができず、悩むことになる。事業主懇談会、難民懇談会などの場での具体的要望は、日本語教育期間の延長、教育内容の充実（職場への適応、遅刻、社会関係の重視、言葉使い）、アフターケアの実施といったものが最も多かった。

日本語の習得は、日本社会への同化・統合を容易にするものであり、媒介する手段である。難民が、社会に溶け込めるか否かは、政策の実施措置次第である。政府の役割は、適切な手段を与えるなどの便宜を図り、統合の過程を容易にすることである。言葉の習得は、社会との接触、経済的な自立と社会参加に欠かせない。

すでに見たように、定住促進センターの仕事の中心は、日本語教育と職業訓練である。例えば、姫路センターの場合では、三三人の講師が基本語彙約一〇〇〇語、漢字四〇〇語といった、日常生活に最低限必要な日本語を教えている。[25] センターを出た後も、日本語を学べるよう、日本語ボランティア団体を紹介したり、難民事業本部が開発した教材を定住者に無料で配布している。難民事業本部は、学校・民間団体・企業などからの日本語教育相談[26]に応じ、日本語学習の情報提供や専門的な指導・助言を行っている。難民定住者の病院での日本語使用を前提に、「医師との会話帳」や「医療用語集」が各国語で作られている。支給金額はわずかだが、入学・進学では、「教育訓練援助金」がある。

しかし実際は、難民にとって、センターの日本語学習だけでは不十分であった。[27] 支援の不足は明らかになったが、センターで基礎的な日本語を学んで出た後は、継続的に日本語を学習する機会が少ない。民間ボランティア団体の指導に頼るほかはなかった。[28] 民間団体の中には、活動資金や場所の確保に苦労し、保護者や学校など子供たちを取り巻く人たちとの関係作りが大きな課題であった。[29] 他方、クラスに出たい難民も多いが、現実には仕事で忙しく、疲れて出ることができない。一九八九年から、難民事業本部はセンター退所者を対象に、通信教育や、事業所への教材配布と研修会を行っているが十分ではない。地域のボランティア教室を調整する専門家の育成や、企業内に講師を派遣して日本語を教える方法が提案されている。[30] 学習は、費用ではなく、時間と機会の問題である。従って、会社で運良く、人間関係がうまくいけば、日本語は上達する。運が悪ければ、流れ作業の仕事をするため、生活範囲は狭く、日本語を覚える機会は殆どない。[31] さらに、ベトナム人の同僚が沢山いれば、日本語はあまり使わず、言葉は上達しない。生活に慣れると、日本語が「分かった」気がする。難民側にも、日本語学習の重要性を軽視する傾向が見られる。難民事業本部は、本部と関西支部に日本語教育相談員を置き、定住者やボランティアからの問い合わせや相談に応じたり、また難民子弟が通う小・中学校や地方自治体と連携しているというが、横の関係での援助というより、縦割りの印象がぬぐえない。

繰り返しになるが、定住難民の一般的な問題点は、何といっても日本語能力不足である。関係者の中には、「一に言葉、二に言葉。二年目、三年目まで教えるべきだ」という人もいる。言葉の不足を個人の問題と捉えれば、自治体が関与する意識は薄れる。難民が高齢化し、子供が成長し、家庭内、社会内で意思の疎通がむずかしいといった問題（日本の小・中学校へ通う難民の子供は、日に日に母国語を忘れていく）[32] への長期的な視点もない。いくつかの学校では、難民子弟のために特別の語学クラスを設けている。横浜市泉区の市立いちょう小学校では、

図6—1　統合への概念図：日本の場合

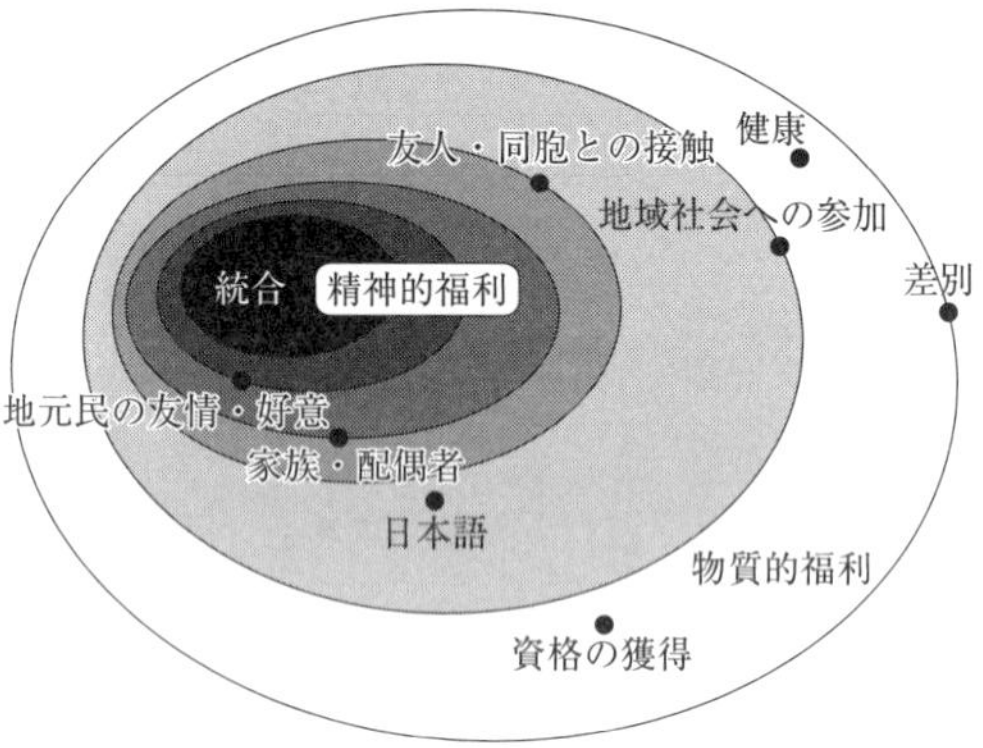

（出所）Ryan（2008）らの図を修正して使用

日本語が不得手な児童には別室で特別に指導し、放課後はボランティア団体などが、日本語教室や補習で支援している[33]。しかしこれにも程度があり、過剰なサービスは土地の子供と交わる機会を制限する怖れがある。行政と学校、企業、民間団体が連携して、学習の場を提供する必要があるが、基本は行政であろう。

5　資源の獲得——難民側の視点から考える

日本社会と制度へ、難民がどう適応するのかのような、統合の他の側面を難民側の視点から探る必要がある。あるカンボジア難民女性（一六歳）は、「何をしたいかときかれたことがなかった」という。料理を勉強したくてきたわけではないのに、意見は聞かれず、連れていかれて勧められたという。義務教育を子供に与えたい、あるカンボジア難民は、「年齢がどうであれ、小学、中学校で学びたいか、聞いてもらいたい」といった。ある難民相談員はいう。「難民のケアは勤務をおえて帰宅した難民の家庭を訪問し、「じっくり」話を聞いてやる。夜遅くまで相談にのり、帰宅が一一時、一二時になることもありました[34]」。彼らが必要としているものは何かを、率直に聞くことの大事さが分かる。

定住者の中には、依然日本語が不自由、あるいは精神的損傷を受け、自立した生活が困難な人が少なくない[35]。

ある青年は、失業を怖れて持病を隠し続け、突然発作に襲われて死亡した。また、ある人は、「難民だったことを知られたくない」と、カメラを避ける[36]。適応で「何らかの危険がある人々」とは、自己の資源をわずかしか持たず、定住に入った人々である[37]。彼ら弱者は、日本社会に入っても、資源が少なく弱いだけではなく、最初に困難な目にあたると、将来まで失う怖れがある。難民の新しい環境への適応は、例えば個人への社会的支援のような、失われた資源を再び取り戻し、難民個人という限界はあるが、日本の地域社会の新しい資源、例えば日本語の習熟という資源を獲得することにかかってくる。日本で難民たちは、新しい資源をいかに手に入れるかで、様々な障害に出会う。例えば、母国の伝統社会での女性の役割といった、内面化された文化価値とある種の行動を禁止する信念（個人的制約因）と、彼らを取り巻く社会環境の問題点、例えば過去の資格・履歴を認めないといった行政措置や政策（環境的制約因）である。

適応とは従って、基本的に難民に、「資源」の入手を容易にするのか、逆に制限するのかの要因を調べること[38]である。資源は、個人が必要を満たし、欲求を処理し、目標を追求する手段である。適応過程の調査では、個人的資源、物質的資源、社会的資源、文化的資源の四つに分類できる[39]。四つの資源が、どう相互に関わっているかが重要である。例えば、難民は新しい社会で、彼らが残してきたものと新しい環境を比較してしまう。難民は何もない生活から、日本での〝物があふれる状況〟への変化で喜ぶが、時の経過で周囲の住民との生活格差を感じる。相対的に所得が少なければ、物質的欠乏を味わうだけでなく、社会的、心理的、情緒的に欠乏感を味わうかもしれない。そうした経験は、存在の意味、自尊心、楽観主義、希望の気持ちを損ないうる。

ただ、難民は一様ではない。家族の死、家庭破壊、重傷のように、資源の深刻な喪失は永続するものもあるが、他は時間とともに回復する。影響の強さと時間的長さは、相互に関連しているが、日本社会での資源の入手で和らげられる。精神的・肉体的に健康な人々は、社会関係、教育、雇用のような様々な資源を入手できる。若い人々は、新しい環境に適応する上で高い資源を持つ傾向がある。財力のある人は、大したストレスもなく、例えば法律扶助といったサービスを利用でき、家族全員が一緒である人々は、強い社会的絆に支えられている。資源の獲得に有利な立場にあり、一つのカギとなる資源は、しばしば他の資源とつながっている。

難民と「貧しさ」は、強くからまっている。しかし、難民の貧しさの原因がもっぱら制度や社会構造にあるとする議論を無批判に受け入れることには慎重でなければならない。貧困者が自らの困難な状況を単に、受動的に認めていることになるからである。貧しさは、恵まれない境遇にいる人々に働く、単なる社会的影響力の結果ではない。過酷な境遇にいる人たちでさえ、自らの境遇を改善する機会をすばやく捉えることができる。人間の行為・能力が持つ変化を生じさせる力を過小評価すべきではない。

6　精神的福利

精神的な苦痛は、必要が満たされず、目標を失ったり、その達成を妨げられたり、要求が自分で管理できない場合に起きる。「入所生も日本語の勉強に対するストレスがたまり、色々の訴えがありますが、病院に行きますと、殆ど薬を飲まなくても治ります。自分の望みが聞き入れられると安心して凡てが治ります」[40]（姫路センターのある健康管理スタッフ）。基本的な必要物を満たすことが、移り住んだ社会での満足感に大きな影響を与える[41]。目標喪失の程度が高く、個人的目標の達成が難しく、ストレスにさらされれば、難民は新しい環境で〝異邦人〟と感じる。精神が否定的になるのは、日本社会が制約要因を置いたり、難民の持つ資源を減じたり費消した際に起きる。「初期の入所者で精神障害者となった患者に会社の要請で面接すると、日本語は不自由なく、勤勉で有能な青年でした。その後次第に精神疾患を持つ者が増え、ある病院では常時四〜五名が入院、その殆どが単身者でした」[42]（ある難民相談員）。一般に難民には、情報不足があり、貧しさがあり、家族の庇護がなく、子供の教育に支障があり、老後に不安を抱えている。そこから潜在的な危機として、精神的な不安定や孤独感が出てくる。言葉の面もあって、自分の人権を守れず、子供との意思疎通は困難で、難民も子供世代も社会上昇は難しくなる。それだけホストたる日本社会の側には、難民に好ましい環境を作る必要性は高まる。難民の精神的幸福を調べる時には、数多くの変数を考慮する必要がある。

7　両者の社会的接触状況

接触は、難民と地元住民の双方向だということで、統合のポイントは、両者の「順応過程」と見られる。両者の間の社会接触の状況を考える必要が出てくる。受け入れ社会と難民との関係は、三つの分野に区別できる[43]。①国・地方自治体との関係、②地域社会との関係、③家族・同国人・同宗教の人々との関係（社会的絆）、である。三つは競合するが、定住の中で重要な意味を付け加える。

①では、国は、政策と制度で資源の入手を管理している。難民が利用する資源は、政府の政策や制度で、左右される。例えば国家は、難民の資源入手（住居、食料、金銭、医療、教育、語学学級、職業訓練、労働許可、在留許可）には強大な管理ができる。難民の定住・統合についての文献の多くは、国が難民の権利をどう保護するかばかりを述べ、国の責任だけに関心を払う[44]、といわれる。確かに国は、事業を先導すべきだが、定住・統合が〝成功〟するかどうかは、参加団体全ての働き次第である。地域社会に定住する難民への種々のアフターケアは、難民事業本部の相談員のみで対応するのではなく、地方公共団体や地元のボランティア・グループと連携し、ネッ

トワーク作りをすることが欠かせない。日本の多くのNGOは、海外での活動に目を向け、国内で難民を支援するNGOは数も少なく、小規模で活動も弱い[45]。ボランティア団体の強みは、行政には難しい個人的な援助ができ、地域に密着して時間、曜日に関係なく活動できることにある。政府の「難民対策連絡調整会議」は、「難民に対する情報提供体制の整備について」（二〇〇三年七月）を出し、インドシナ難民や条約難民が多数居住する地域で、地元の官民の連携を強化し、難民が必要とするものに的確に応じるために、地域での支援ネットワーク化の検討に入っている。

②の、難民と地域社会の関係は重要である。地域社会は直接、難民を助けることができ、地域社会の反応は、政府の難民政策に影響を与える可能性が高い。政府の定住センターでは、社会生活への適応を図るため、日本社会の基本的な仕組みや決まりの学習（住居の住み方、掃除の仕方、ゴミの出し方、隣人との交際、町内会組織など）が、日本語教育修了後、約一ヵ月間見学や実習を通じ行われた。その際、現場では、日本の習慣を強制ではなく教えることの難しさが[46]、報告されている。姫路市の県営団地のうち、ベトナム人が比較的多かった三団地では、「夜遅く騒いだりして住環境が乱される」として、入居が制限されたこともあった[47]。難民は、地域の人々などに、母国について誤解や差別を受け、悔しくても言葉が不自由なため、反論できない。「今は隣の人と大家さんの話がわかりますから、大家さんは優しくて親切になりました」（あるインドシナ難民）。地域社会の人々は、難民はどういった人か知らないために、難民を犯罪や暴力と結びつけて考えるかもしれない。難民への住民側の否定的な考えは、彼らを管理できるかという〝心理的な怖れ〟にある。知らないということは、不安と心配を必要以上に大きくする。住民に対し、難民の背景、文化を知らせることは欠かせない。難民の抱える問題を広く知らせるために、講演会や学校・大学での講座もあるが、まだまだ数が少ない。一般に、地域での定住は、インドシナ難

民の場合、当初は準備不足で、目前の事態への対応に追われ、援助側の団体間にも意思の疎通が不足していた。

現代の日本では、共同社会としてのコミュニティは、職場や学校の方が重要性が高い。学校は、難民の子供にとって、そして多くの場合、親にとっても、地域住民と接触する最も重要な場である。学校は、最も重要な日本人のコミュニティとなっている。学校を通じて知り合った支援グループが、地域での諸々のサービスの情報を教えてくれたり、社会参加へのきっかけとなる。[48] しかし同時にいくつかの壁もある。学校が十分な目配りをしなかったり、できない場合には、難民子弟は、友達ができない、いじめにあう、さらには差別にあうかもしれない。

難民への住民側の態度は不変ではなく、地域社会が受ける影響（費用と便益）次第である。地域での反応が常に政府の意向と同じというわけではないが、地域社会の受容性が高い所では、政府の援助政策への反発も少なくなる。地域社会の受容性次第といってもよい。[49] その地域社会の働きかけ次第で、住民側の態度は、否定的にも肯定的にもなる。民間援助団体その他は、住民の態度を変えようとして活発に活動している。例えば、障害者への思いやり、地域社会への感謝を示すために、大和センターでは、難民とセンター職員による「難民ボランティア活動」が行われた。清掃を通じて、地域住民・入居のお年寄りとの交流が生まれた。[50] 自治会組織を通じ、地元住民と密接につながり、多くのボランティアに力強く支えられたことが背景にあった。

繰り返せば、地域社会の反応は、難民を直接助けるのが地域社会であることと、政府の政策に影響を与える可能性があり、重要である。地域の受容力は、住民側の受け入れへの気持ちと実際に受け入れ可能の程度である。受け入れの容量はあっても、様々な理由から受け入れを断るかもしれない。受容性自体は時の経過で変化するが、最初に難民を歓迎した社会は、それが長持ちすることが経験上知られている。[51] 多くの場合、難民の大半は、彼らが最初に受け入れられた地域社会を越えて移動することはなかった。

「私は外国人が日本で生活していく上で一番大切なのは、日本の文化や生活習慣になれ、日本語を理解して、上手にコミュニケーションをとれるようになることだと思います[52]」（あるベトナム人定住者）という殊勝な声もあるが、「他者を助けるのはうまくいかなくて当たり前。一五年経っても支援が必要な場合がある」（ある援助団体スタッフ）。「難民の人たちは、やむを得ず日本で暮らすのであって、日本人になりきれとは言えない」（ある日本人ボランティア）という気持ちが、私たちには必要であろう。

③の絆は、家族のつながりを中心に、友情、尊敬、同じ考え方といった価値の共有で、精神的な落ち着きを得る。家族とは、文化的習慣が共有でき、親密な関係を維持できる。家族への帰属が、精神的な安定を支える。配偶者を見つける機会も持つことができる。しかし、とりわけ単身者には、そうした助けが得られない。家族による社会的支援は、友人、民間団体、地域社会の人々の支援で代用できるかもしれない[53]。彼ら難民が、独自の価値観を持つからといって、彼らが住む広い日本社会の持つ価値との違いを否定したり、他の集団のアイデンティティを損なうわけでもない。同国人を通じた社会資本（ネットワークや信頼）は、新たな道を見つける上で、力を発揮する。

日本では、インドシナ難民の社会的なネットワークが乏しいか希薄に見える。難民自身の自助組織（難民コミュニティ組織ともいう）への参加・創出が遅れたのはなぜか。いくつか自助組織側の意見を聞いてみよう。「私たちのような自発的な活動グループは、組織力や活動基盤などは今でもないですが、大和センターができた当時には、全く担当者の目には止まらなかったと思います[54]」（かながわベトナム親善協会）。「カンボジアのことはカンボジア人同士がお互いをよく理解しあえるし、また助けあえる。しかし私たちの協会はパワーもないし、知識もない。だから難民は協会を信じてくれなかったのです[55]」（在日カンボジア難民協会）。「残念ながら、センターは大切なことを忘れてしまいました。それは難民が困っている時や緊急の時、お互いに助け合える力をつけられなかったことです。センターはそれらの仕事を日本人のやり方でやっていました……センターが中心となって様々な仕事や問題を引き受けてしまいます。だから、難民たちが日本社会に出た時、最初は自分自身の力をうまく出せないことがありました。そういうことの全ての問題を、センターと私たちが理解しあい、解決できなかったのは大変残念なことです[56]」（在日カンボジア難民協会）。「私たちがセンターと本格的につき合ってきたのは七〜八年前からです。しかしセンターはずっと前にできていたのです。今振り返って考えれば、不思議だと思っています。まずセンターは、行政機関のような組織だという印象がありました。つまり、朝九時から夕方五時まで開いて、土、日は休みであること。しかし問題の発生や相談したい人々は、夜か休日に多かったのです[57]」（かながわベトナム親善協会）。

要約すれば、自助組織自体が弱体で、それさえ分裂してまとまりを欠いていたこと、そして援助側にも育成の意思が強くなかったこと、があげられよう。難民自助組織の重要性は、難民の声を知らせてくれることにある。孤立した個人との接点となり、問題に対処する専門的意見を持っている。その対応は、柔軟で文化に機微な反応が期待できる。その他、自分たちの言語を使って、習慣や宗教を維持し、伝統行事を祝い、文化・社会活動の場となる。母国のニュースを交換でき、同国人との関係は精神衛生にも良い[58]、という利点がある。

難民事業本部は、それまでセンターから離れた地域を対象に、相談と懇談会をしていたが、遅まきながら一九九五年からコミュニティ活動を支援している。難民定住者が自分のコミュニティ作りを発展させるために、彼ら自身の活動を支援している[59]。定住者のコミュニティでは、言語を含む母国文化の継承の機会や、次世代リーダーの育成が嘱望されている。同国人の助け合いの中心として、コミュニティ・センターの設立、グループ・ホームの設立の話もある。[60] 難民自身が主導権をとれるようにすることが、難民を日本社会の社会経済資産にできる環境にする。「在日年数が二〇年以上になっても、本当の意味で日本社会に溶け込める人たちは多くはない。インドシナ難民の中には、溺れかけている人たちが沢山います[61]」（あるベトナム難民）。インドシナ難民の生活環境は様々で、また重層化してもいるが、定住者の精神安定を保つ仕組みが、難民の社会的周辺化を防ぎ、日本社会への〝統合なき長期滞在〟を和らげるかもしれない。

周辺化は、固有の社会問題を作り出す。「少数民族の居住地区」（エスニック・エンクレイブ）は、ゲットーとは違う。ゲットーは、経済活動の程度が低く、家は一時的というより、むしろ恒久的になる。民族への帰属（社会的絆）という社会資源は重要である。社会への同化・統合を阻害しない形での、民族的アイデンティティの維持は必要である。

社会とのつながりは、生活の場で統合過程を進めるものである。この過程は、マクロ的に見れば、他の集団の中に別の集団を〝挿入〟することである。期待されるのは、両者の関係の「深さ」と「質」である。難民にとって、日常的に地域が〝家〟と感じられず、親密感が持てないといった事情は、障害となる。世界でも、難民への社会政策は、彼らの社会的凝集を促し、相互依存のネットワークを育み、人々の自助能力を最大限に高めることに関心を寄せ始めている。

（1）　朝日新聞、一九九四年一二月二八日付け。
（2）　アジア福祉教育財団難民事業本部、二〇〇七年―b、一五頁。相談員は、ボランティア団体、インドシナ三国の「民族扶助協会」（日本在住ベトナム人協会、在日ラオス人協会など）と連携して、定住難民の〝心のよりどころ〟の役割が期待された。制度は、さらにケアへの対応の必要が出て、定住難民が多く住む全国四ヵ所に「地域駐在相談員制度」が一九九九三年に作られている。アフターケアは、彼らの自立を進めるためのものであり、難民事業本部の難民相談員、職業相談員、日本語教育相談員が連携し、難民定住者自身が主催するコミュニティ活動の支援も行われた。難民にとっては、自分たちの生活の中での問題（家族との分離、法的地位、労働許可、居住状況）の解決は、心理的な安定に重要な意味を持っている。

例えば、横浜市泉区と大和市にまたがる大規模な県営・市営のいちょう団地にはインドシナ難民が多数居住している。泉区役所内の「インドシナ難民相談窓口」では、毎週金曜日にベトナム語を話せる相談員が母国語で相談に応じている。内容は、書類の説明、記入、県営住宅の諸手続き、国民健康保険や国民年金である。生活保護についての相談が最も多い。病院や公的機関への同行・通訳依頼もある（アジア福祉教育財団、二〇〇九年、七二頁）。

（3）　アジア福祉教育財団難民事業本部、一九九六年、二〇頁。

（4）　アジア福祉教育財団難民事業本部、二〇〇七年―a、五頁。例えば、難民事業本部の「難民相談業務報告年間集計」（二〇〇六年四月～二〇〇七年三月、二万二四六七件）を調べてみると、〝職業〟の相談件数一三二六件中、求職五〇一件、次いで訓練・センター入所三一三件。〈家族・生活〉では五四六一件中、コミュニティ活動一六五四件、生活保護八八九件、結婚六九七件、保育・児童相談四四六件。〈教育〉は一三〇六件中、奨学金・援助金四〇一件、日本語三〇四件。〈住宅〉は一三三三件中、民間住宅五一四件、公営住宅三八〇件。〈医療〉は三二〇一件中、精神障害一〇八四件、病気・怪我九三五件。〈事故・犯罪〉は五二六件中、交通事故三五一件、犯罪・裁判一四〇件。〈国籍・入管〉は三四〇二件中、仮放免六三五件、帰化六一八件、在留手続き五八九件、家族呼び寄せ四五二件。〈情報提供〉は一四〇四件中、ボランティア事業五九一件、難民事業本部の活動三〇四件、となっていた。

なお二〇〇七年の相談件数は年間一万八二八二件、これはインドシナ難民だけの数字ではないが、内容は難民申請が、四四八五件で最も多く、次いで家族・生活四一四五件、医療二六〇二件、国籍・入管二三四四件の順（アジア福祉教育財団難民事業本部、二〇〇九年、五九頁）であった。

（5）　相星、二〇〇二年、五三頁。

（6）　アジア福祉教育財団難民事業本部、二〇〇六年、五六頁。曰く、「言葉が通じない」「仕事場で喧嘩が絶えない」「偽装結婚（偽装家族）だから家を分けて」「〝潜り外国人労働者〟とインドシナ難民をどうやって見分けるの」「怪我、病気です」「万引き、泥棒」「どこでもゴミを捨てる」「若者が群れて大騒ぎでうるさい」など。

（7）　アジア福祉教育財団難民事業本部、二〇〇七年―a、五頁。全国三五八三世帯にアンケートを送り、七八九世帯一五九三件の回答を得た。

（8）毎日新聞、一九八八年六月二四日付け。

（9）産経新聞、一九九六年三月二三日付け。

（10）毎日新聞、一九八八年六月二四日付け。

（11）アジア福祉教育財団、二〇〇九年、六八頁。

（12）Phillimore & Goodson, 2008, p.316. 一九九一年に始まる旧ユーゴ紛争を脱出し、英バーミンガムに定住した難民を調査したフィリィモア（Jenny Phillimore）らは、「住居」が最も重要な指標だと述べている。難民たちの多くは、しかるべき地区に、永続し、質の高い、安全で、きれいな家を求めて、苦闘していた。住居は彼らにとって、安全と安心という〝生活の質〟に深く関わっていた。

（13）アジア福祉教育財団難民事業本部、二〇〇九年、三頁。

（14）アジア福祉教育財団難民事業本部、二〇〇六年、六八頁。

（15）アジア福祉教育財団難民事業本部、一九九六年、一一頁。センターを出た後の住居形態は、多い順に、①民間アパート、②都道府県営、③雇用促進住宅、④社宅、である。ただし、公営住宅に外国人が住めるようになったのは近年のことで、長い間、国は「公営住宅は、日本国民が対象で、外国人には入居資格がない」としてきた。国民と外国人を分ける考え方は、自治体にも強く影響していた。

（16）大和センターから、難民子弟は周辺の学校に通学したが、学校関係者の話では、「（子供は）日本語の上達も速く、センター退所の時には日本人のように話せました。子供の適応の速さにはいつもびっくりさせられました」（アジア福祉教育財団難民事業本部、一九九八年、五四頁）。他方、母親は殆ど日本語が話せない。「親がベトナム語で話し、子供が日本語で返す。親子なのにうまく意思疎通できない場合があちこちで起きている」「長男は小さな頃はベトナム語が上手でしたが、現在は殆ど忘れてしまい、親も子も会話はチンプンカンプンで、お互いに理解できない」。親子はそれぞれの言語能力の関係で、子供の指導はおろか、言葉の壁があって会話がうまくいかない。宿題は、日本人学生ボランティアに指導をお願いするが、母国の伝統文化の教育やアイデンティティでは怪しくなる。意識の上でも「私（親）は（ベトナムに）帰りたいが、子供は（日本に）残りたい」と違いが生じる。

大和市では、市内の小・中学校でインドシナ難民を対象に、子供たちの日本語教育は勿論、その父母を含めた「教育相談制度」を設け、家庭生活活動を行った。それにより言葉の未熟さや生活習慣の違いで起こる悩みやトラブルの相談に応じた。神奈川県内で同様な制度を持つ自治体は、他に横浜市、川崎市、相模原市、綾瀬市と愛川町である。

(17) 朝日新聞、二〇〇八年八月二七日付け。

(18) アジア福祉教育財団、二〇〇八年、六八頁。例えば兵庫県では、日本人子弟の高校進学率は九八％以上に対し、難民を含む外国人子弟は約五〇％。自立・自活に必要な学力をつけるため、高校進学は最低限の目標となっている（同上、八三頁）。

(19) Phillimore & Goodson, 2008, p.306. イギリスでは、難民統合の戦略が考案されている。代表的なものは、内務省が二〇〇二年、エイガー（Alastair Ager）とストラング（Alison Strang）に依頼、彼らによる『統合の指標―最終報告書』（*Indicators of Integration: Final Report*, 二〇〇四年）と内務省自身の『統合―統合のための国家戦略』（*Integration Matters: National Strategy for Integration*, 二〇〇五年）である。エイガーらの指標には柔軟性があり、使う人が自由に自分の分野に適用できるように考えられていた。彼らの枠組みは、集めるべきデータの種類に示唆を与え、分野によってはデータは得られないことを述べている。実際の使用を想定して、国や地域段階での政策の再検討、改善個所の発見、サービス目標の設定に役立つよう作られていたため、英国政府の難民統合戦略に大きな影響を与えた。後者の内務省報告は、エイガーらの枠組みを基礎に、サービスを評価し、難民の達成具合をはかるためにいくつかの指標を示し、統合のためのポイントとなる行動を提案している。ただし、内務省はエイガーらの報告書を主として、地域社会の結束という人種関係の視点から捉え、難民の公正・安全や地元住民と同程度のサービスを行うことよりも、むしろ難民側の社会への貢献とか、サービスの評価に重点を置いたため、より同化的姿勢が強い、と批判されている。

(20) 帰化の際には、国籍証明書を提出する必要がある。研修生として来日するインドシナ出身者も増加し、難民定住者との婚姻の場合もある。希望者には、支援者に手助けされて、「定住経歴証明書」が代わりに発行されている。

(21) インドシナ難民には、難民条約に定められた、「難民旅行文書」が交付されず、前もって法務省から「再入国許可証」を取得していないと、日本に帰国できない。また再入国許可証では渡航できない国も数多くある。海外への修学旅行は、無国籍の難民二世の子供たちに困難な状況にある。海外に出る際、「再入国許可書」が発給され、ビザ取得に時間がかかることがある。欧米人（白人）ではないインドシナ難民の草の根での受け入れが必ずしも順調ではないことから、帰化を決意する人もいる。「私たち家族は五年前に日本に帰化しました。娘たちの将来のためです。外国人ということが子供たちの夢や希望の妨げになると思い決心したのです」（あるラオス難民女性）（アジア福祉教育財団、二〇〇九年、七八頁）。

(22) アジア福祉教育財団、二〇〇八年、六八頁。

(23) アジア福祉教育財団難民事業本部、二〇〇七年、一一頁。
(24) アジア福祉教育財団難民事業本部、一九九八年、一六頁。
(25) アジア福祉教育財団難民事業本部、一九九六年、一七頁。四ヵ月間(五七二時間)、朝九時半~午後三時四〇分まで、能力別、年齢別に一〇名位のクラスで、講師から日本語のみを使った授業が行われた。生徒たちは、学歴・職歴など背景が異なり、極端に不揃いであった(同上、三七頁)。また、大和センターでの日本語教育は能力別のクラス分けだったが、受講者の年齢、学歴、社会的地位、民族の違いなどが多様で、何かと配慮する必要があった(アジア福祉教育財団難民事業本部、一九九八年、四八頁)。
(26) 例えば、国際救援センターの日本語教育相談の受理件数(二〇〇四年)は、一四一件中、一〇三件が学習法についての問い合わせであった(アジア福祉教育財団難民事業本部、二〇〇六年、七頁)。
(27) アジア福祉教育財団難民事業本部、二〇〇九年、七頁。「日本の中学校、高校へ入る力もなく、奨学金制度の知識もなかったのです。お金がなくて、学校へ行きたくても、行けない人がいっぱいいます」(あるベトナム難民女性)。
(28) 民間団体にも、問題がないわけではない。土地のボランティアが、難民に無料で日本語を教える教室を開いているが、教える内容や、レベル、方針にも違いがある。教える側も主婦、会社員、元教師、学生といった具合で、幅があり、必ずしも言葉の学習の目標や意義が理解されているわけではない。ボランティアの中には、読み書き能力は重要ではなく、話せるだけで十分と考えている人もいる。生活言語は進歩したが、学習言語は不十分である。その結果、「学習の中身が低く、プライドを損なう」(あるカンボジア難民)こともある。運営も、メンバーの能力、熱意、考え方次第である。難民側よりも教えるボランティア側の都合が優先されている場合も見られる。
(29) アジア福祉教育財団難民事業本部、二〇〇八年、八三頁。
(30) アジア福祉教育財団難民事業本部、二〇〇九年、三頁。
(31) 同上、七頁。
(32) 神奈川新聞、一九八九年九月七日付け。神奈川県は、県内に四九〇人のラオス人がいたが、中でも綾瀬市は、一五一人でトップ。日本で生まれた子供が多く、日本語しか話せない子供が殆どである。学校という社会を通して、日本に同化している。すでに日本語が母語となっており、日本語で思考している。そこから親と子の、考え方に違いが出てくる。個人差はあるが、日本語と母国語の二重性は、子供のアイデンティティを不安定化する。あるカンボジア難民の子供はいう。「今の生活は、父と母はいつも仕事で忙しく、……ぼくは学校に行って日本語の勉強をしています。カンボジアが平和になったら、父と母は故郷に戻りますが、ぼくは一生、日本で生活していきたいと思っています」（アジア福祉教育財団難民事業本部、一九九八年、六三頁）と、すでに日本への帰化を決意している。子供に引きずられる形で、住居を購入すれば、親の定住化のきっかけになる。

（33）朝日新聞、二〇〇八年、八月二八日付け。同小学校の近くには、ベトナム人がまとまって住む神奈川県営いちょう団地がある。全校児童二〇二人の約三割がベトナム系である。

（34）アジア福祉教育財団難民事業本部、一九九八年、四九頁。

（35）インドシナ難民定住者の約一％が、心の病を持っているといわれる（山岸進・国際救援センター所長）。社会福祉法人・黎明会が設けている、救護施設「黎明寮」は、身体や精神に障害があり、経済的な問題も含め、日常生活を送ることが困難な人たちを受け入れて生活を支援している。生活保護を受けていることが前提条件である。基本的に日本人だが、定住資格を持つ外国人は準用されている。また二〇〇五年三月から、ベトナム人単身者で、精神障害を患う人たちの「仲間作りの会」がある。彼らは毎日、病院や作業場の人しか会えない。同胞のベトナム人には相手にしてもらえないように感じ、寂しさを募らせる。常に何らかの不安感がある。周囲の人は、どう対応してよいか分からず、自然に避けるようになる。障害者の支援には、安心して憩える場があるのが、何よりの精神安定となる。母国料理を味わいながら、望郷の思いを語りあい、自分たちが生活で困っていることや解決したことなどを話したり聞いたり、専門家からの助言ももらう。精神障害を持つ人たちを集めて、将来「グループ・ホーム」を目指す動きもある。

（36）アジア福祉教育財団難民事業本部、一九九六年、七五頁。あるラオス難民の作文がある。「同化しようといつも必死でした。日本人になりたくて仕方がなかったです。私はラオスにいても外国人。日本にいても外国人。次第に両親を尊敬できなくなり、自身がラオス人だということに劣等感を持つようになりました。ラオス人であることを隠し、日本人として生きて行くようになりました。……その後大学に通い、考え方も変わりました。もし私が両親の立場だったら、両親が経験した苦労に耐えられるだろうか。未だにあいまいなものがアイデンティティです。正直、もう私自身は中国人でもカナダ人でも何人でも良いと思っています。国籍はいくらでも変えられますが、私自身は変わらないからです。ただ、私自身のルーツがラオスにあること、両親がラオス人であることは事実です。その事実を受け止めようと思っています」（アジア福祉教育財団、二〇〇八年、七九頁）。

（37）Ryan, Dermot, Dooley, Barbara & Benson, Ciaran, 2008, p.14. 彼ら弱者は、単身の年少者、老人、未亡人、受け入れ社会の文化からは遠い人々など、である。

（38） *ibid.*
（39） *ibid.*, pp.7-8.「個人的資源」は、物理的資源（健康、可動性、エネルギー）と心理的資源（技術＝問題解決技術と社会的技術、個人的特性＝自尊心、楽観主義、希望など。これらは不変ではなく、ストレスのある環境に応じ変化する）に分かれる。「物質的資源」は、金銭、財産、輸送手段、個人的所有物である。「社会的資源」は、個人的なつながりで利益となるもの。ネットワークへの所属意識、アイデンティティ、仲間からの情緒的、情報的、具体的な支援である。「文化的資源」は、技能、知識、特定の文化背景の中で学んだ信念、がある。文化的資源には、語学技能、読み書き能力、学歴、コンピュータ技能、職能がある。文化的資源と心理的資源は、いくらか重なりあい、文化的知識は、公共輸送機関、銀行など特定の文化環境への新密度を含め、広く考える必要がある。文化的信念は、人生に意味を与える宗教的、哲学的な考えである。
（40） アジア福祉教育財団難民事業本部、一九九六年、四七頁。
（41） 人間が幸福だと感じるのは、「生理的必要」と「精神的必要」が満たされた時である。生理的必要とは、食料、水、住居、適温である。各々は生存のための重要性で、優先度をつけることができる。これらが欠けると、精神的な悩みが出てくる。また、外界から、自分の持つ技術や能力が評価されなかったり、効果的に使われていないと感じた人々は、自分の感覚を否定的に内向させて、疎外を感じる。しかし、現実はむしろ、予期せず、個人の必要物でも目標でもないことに資源を動員して解決にあたらねばならないことがある。例えば、金銭などの過剰な負担、自分では管理不能な病気、事故、差別や、失業、子育ての必要で働けないなど、がある。個人が、基本的な必要物を手に入れる可能性があり、意味ある目標を目指して、自己の望む物を管理できるとすれば、「精神的幸福」がある。
（42） アジア福祉教育財団難民事業本部、二〇〇六年、六〇頁。
（43） Ager & Strang, 2008, p.178.
（44） *ibid.*, p.175.
（45） その一方で、国内の難民及び難民認定申請者の支援に取り組む、諸団体間の連携・協力は始まっており、NGO及びUNHCRの間での連絡会議である「パリナック」（Partnership in Action, PAR in AC）に、日本国内の難民保護に関する分科会として、二〇〇〇年一月に「国内難民支援分科会」（Working Group on Refugee Assistance in Japan）が、発足した。しかし、支援団体は組織・資金面で依然脆弱である。
（46） アジア福祉教育財団難民事業本部、一九九八年、四八頁。例えば、インドシナからきた彼らには、日本式の風呂に入る習慣がない。シャワーの利用である。

(47)　朝日新聞、一九九四年一二月二八日付け。住民側の苦情はそのほか、「他人の駐車場に無断で車をつっこむ」「料理の香辛料の臭いがきつい」などである。その後、一つの団地では受け入れが再開されたが、住民の反対感情は根強かった。

(48)　外国でも状況は同じである。イギリス・グラスゴーでは、教会が、新着の人々に入門指導を与える「立ち寄り場」となった（Wren, 2007, pp.403-405）。教会は、難民にとって地域社会との最初の接触の場所になり、女性・子供が主な利用者となった。援助側は、地域社会の中心で、支援と情報が与えられ、素早く効果的に、地域の資源を動員できる利点があった。個人的で人間的なサービスが与えられ、地域社会の既存のサービスの上に、新たなサービスが発展した。言葉を越えたつながりが作られ始めた。友情は立ち寄り場を通じて発展した。ただし、難民は、社会に慣れると来なくなるので、そういった点で教会は、初期的なサービスという限界と、専門的知識がないため、行政サービスの代用にはならないし、またすべきではないが、重要な役割を果たした。

(49)　直接にインドシナ難民というわけではないが、在日韓国・朝鮮人が多く住む川崎市が「人権に関する市民意識調査」（二〇〇五年一一月、二〇歳以上三三〇〇人、回答者二〇〇六人（六〇・七％）、郵送法、複数回答）を行っている。「外国人市民が日常生活で困っていることにはどんなことがあるか（あなたが外国人市民なら、どんなことに困るか）」の問いに、「言葉の問題」（七五・四％）、「病院・医療」（四二・七％）、「偏見・差別」（三九・二％）、「仕事」（三八・七％）、「情報の不足」（三一・三％）、「住居」（三一・三％）であった。「日本人と外国人が市民として同じ地域で暮らしていく上で問題があるとしたら、それは何だと思いますか（二つだけ）」では、「生活習慣の違い」（四二・五％）、「宗教や文化・価値観の違い」（四二・一％）、「言葉が通じない」（四二・〇％）、「どんな人なのかわからないこと」（二四・四％）、「漠然とした不安」（一一・四％）。「あなたは外国人市民への偏見や差別をなくすためには、何が必要だと思いますか」は、「外国人市民も日本の制度や習慣を尊重する」（六一・二％）、「互いに認め合う教育に力をいれる」（四七・五％）、「外国人市民の生活習慣・文化を尊重する」（四七・二％）、「日本人と外国人が率直に話し合う」（三三・六％）、「イベントなどで交流する」（三〇・三％）。「日本人と外国人が市民として町作りを行っていくために、どのような情報やサービスがあれば良いと思うか」に対しては、「外国人市民向け生活講習会」（六三・二％）、「多言語での情報提供」（五二・一％）、「多言語相談窓口の設置・拡充」（三二・七％）、「通訳ボランティアの紹介・派遣」（三二・〇％）、「識字・日本語学校の拡充」（二一・九％）となっている。回答の選択肢があらかじめ与えられているとはいえ、住民側の問題の所在把握とその解決への理解が見てとれる。川崎は、昔から公害と朝鮮人の多い町で、朝鮮人と仲良くしていくことが必要になっていたという事情もある。

(50) アジア福祉教育財団難民事業本部、一九九八年、三九頁。大和市は、国際化模範都市といわれ、四四ヵ国の人が住み（一九九八年一月現在）、市民も学校もその人々を自然体で受け入れている。その礎になったのが、難民定住促進センターだった（同上、四二頁）、という。センターができたことで、市内の小・中学校に外国籍児童生徒のための国際交流学級を開き、教育相談員や日本語指導員などを配置して対応した。子供の仮入学を認める特別学級も作られた。地元小学校や自治会では、センターとの交流会を毎年定期的に開催し、地域住民と難民との相互理解や国際化への意識が啓発された。

(51) Jacobsen, 1996, p.668.

(52) アジア福祉教育財団、二〇〇九年、七九頁。

(53) 地域で難民に、故郷のように〝気楽に暮らせる〟重要な要因は、日常で出会う人々の〝ちょっとした親密感情〟である。難民の人々が、近所の他人に認められ、挨拶されることは、非常に大事である。友情を示す〝小さな好意〟が、知覚として大きな意味を持つ。住民からの親密の情は、難民に安心を感じさせ、怒りの対象ではないことを知らせる働きをする。あるカンボジア難民は、「小学三年まで同じ担任だった」ことで、学校側のやさしい心遣いに感謝している。反対に、「一〇のうち九いいことがあっても、一よくないことがあると差別感情が残る」（あるインドシナ難民）。難民の人々には、ちょっとした心遣いが必要である。「日本にいても、自分の言葉で周りの日本人とコミュニケーションをする自信のない人がたくさんいます。誰かが声をかけてあげると喜ばしいです。特に子育てのお母さんたちに、助けが必要な時、力を貸してあげてください」（あるベトナム難民）（アジア福祉教育財団、二〇〇九年、七頁）。

(54) アジア福祉教育財団難民事業本部、一九九八年、六二頁。

(55) 同上。

(56) 同上、六一頁。

(57) アジア福祉教育財団難民事業本部、一九九八年、六二頁。

(58) Ager & Strang, 2008, p.178. 難民自助組織が利用できない人の場合には、鬱になる危険が三～四倍高くなるという報告もある。

(59) アジア福祉教育財団、二〇〇九年、六〇頁。具体的には、活動費の助成、会場確保（母国語の勉強会や伝統芸能の練習会）の支援、情報提供などで、費用の一部を支援し、継続的な側面支援が行われている。彼らの行う「情報交換及び地域社会との交流」「生活向上のための生活実践講座」「母国文化や母国行事（お正月行事など）の継承活動」「スポーツ大会」「コミュニティ機関誌の発行」などの支援である。三〇数年が経過し、難民事業本部は、難民コミュニティの自立は進んできたと見ている。

(60) アジア福祉教育財団難民事業本部、二〇〇六年、七九頁。アフターケアに関わるコミュニティ・センターのような組織を作り、各種の相談・援助を行うことが、地域社会、事業主、難民の三者から求められている。例えば、子供たちがベトナム語を学ぶ場は殆どない。家ではベトナム語、学校では日本語。そんな環境で育つ難民二世や三世の大半は、ベトナム語をあまり話せない（朝日新聞、二〇〇八年八月二八日付け）。小学校などで学習支援をする傍ら、難民の母語・文化に触れさせようとしている。難民支援団体によると、そうした試みは、藤沢、姫路、大阪・八尾など数ヵ所にとどまっている。

(61) アジア福祉教育財団難民事業本部、二〇〇九年、七頁。

おわりに

日本でのインドシナ難民の受け入れは、難民の社会統合という長期の問題にも、日本社会全体としてのまとまりと方向性にも応えない、極めて〝短期的な考え〟に基づいていた。その背景には、日本に住むインドシナ難民は、あくまで〝アメリカをはじめとする国際社会の都合〟で、日本が受け入れを余儀なくされた人々であり、平等な立場で日本社会に招かれたわけではないことが潜んでいる。作られた制度は、不十分であり、施設は粗末だった。事業は二～三年を想定し、臨時応急的な対策だった。関係者の誰もが未経験で、準備も不足した。しかしその後、その制度の枠内という限界はあったが、年を追って着実に改善された。具体的には、難民事業本部の予算の内容が多様化され、組織改革が行われ、人員が増やされた。合わせて、施設の増改築が行われ、設備の整備と改善が実施され、運営上の改善（日本語教育の期間延長、教材提供、アフターケア事業）が図られた。

しかし、制度を支える考え方そのものは、あまり変わらなかった。その結果、政府の資金手当ては短期的で、民間団体へは過剰ともいえる依存状態が継続した。センター運営の際、立地条件と運営の仕方で、難民の生活環境は大きく異なる。民間施設を訪問することは良い経験となったはずだが、「当時、センター所長以外、誰も民間施設を訪問したことがなかった」[1]。不十分な政策枠組みの中で働く、現場の職員には欲求不満がたまった。

事態は、難民がセンターを出て、地域社会に入った時に、一層明らかになった。難民条約で国際的に定められた難民へのサービスの不十分さを埋めるために、インドシナ難民の受け入れという、日本が国際的に果たした責任の多くは、民間団体や地域社会の組織に委ねられた。政府が動かない時、NGOが動くべきではあろう。難民は外国人一般に対する施策とは、理念及び目的が違う。日本では、国際協力（ここでは、いわゆる人道援助）、即外務省という考えが強いが、もし厚生・労働を扱う社会福祉局の管轄であれば、難民はソーシャルワーカーの世話を受け、より柔軟で、より人間的な待遇を受けられたかもしれない。日本独自のきめの細かい支援が期待できたかもしれない。

滞在の長期化にもかかわらず、インドシナ難民の日本社会への統合は進んでいるようには見えない。言葉で不利なために、日本人と対等に競争できず、一般の労働市場からも締め出され、特殊な労働市場に閉じ込められている。「貧しさ」は、彼らが社会に貢献できる人々というより、むしろ依存し、脆弱な集団として烙印を押される可能性がある。彼らが日本社会から排除される「第二の難民」にならないための工夫も求められる[2]。適応が不十分な場合には、生活の拠り所となる自分たちのコミュニティが重要な支えとなる。しかし肝心のコミュニティがあまり育っていない。コミュニティといえるのは、せいぜい呼び寄せた兄弟や親戚などの親族や友人からなる至近な人々の集まりであり、それが「最後のセーフティネット」となって、重要な役割を果たしている。定住数一万人という母数が少ないこともあるが、例えばベトナム難民といっても、母国での政治的な立場の違い、宗教、学歴、出身地などで様々である。あるベトナム人はいう。「私たちベトナム人が、日本で集まって結束するのは難しいです」。政治的な立場の違いは、それゆえに難民となった原因であり、同じ民族とはいえ、他人がいうほど安易に妥協できるものではない。

支援のあり方は、理想的には「個々のケースごとに、個別の取り組み」である。あるカンボジア難民はいう。「私たちはインドシナ難民という名前ではありません。ちゃんと一人ひとり名前があるのです」。インドシナ難民として一まとめにするのではなく、個々人それぞれの現状を把握して、人間として対等に接することである。苦しみの中にいる人に対する自然な敬意が必要である。難民が望んでいるのは、「自立までのささやかな援助」であり、「人間として対等に見られる」ことである。人間はまた、自尊心と自分は必要とされていると感じ、社会に属しているという感じを持つ必要がある。日々の生活で、意味ある活動に参加の必要がある。社会で役に立っていると感じること、努力に値する目標を持つこと、自分の生活と運命を自分で決められる、と感じることが重要である。必要とするものと目標には、重複する所がある。

難民が権利を認められ、日本で生産的な生活が送れれば、積極的な結果につながる。難民が、内から自分でどう力をつけられるかである。支援の際には、資源を手に入れる上で、最も困難を感じるグループを見出すことである。地域社会の中で住民サービスを調べると、パンフレットは沢山出ている。しかし家計の収入不足に加え、女性の場合は、育児と家事で多忙である。孤立しがちな生活様式では、日本語は伸びにくい。ボランティアの日本語教室は貴重な学習資源だが、系統的な日本語学習としては不十分である。到達目標を低く設定しているボランティアの意識は改める必要がある。自治体による具体的な日本語学習支援が、是非とも必要である。それには、国・自治体による難民の日本語習得の権利を保障することが重要であろう。日本語学習ひとつとっても、情報の発信の仕方を高めれば、言語習得の意欲の後押しになる。問題は、難民の要望を入れているのか、彼らに情報を与え尽したのか、である。難民政策といわず制度といわず、住民が要求すれば、地元で実現できることも随分とある。

ところで、日本の「市民社会」は、難民を「外国人」と見ており、「地域住民の一員」という認識が薄い。彼らへの関わりは、国際交流であり、国際協力であり、何かしら「国際」の言葉がつく。悪くいえば、友好・親善という〝おつきあい〟である。異質な他者を地域に新しく受け入れ、ともに地域社会を作っていくという考えではない。〝準市民〟の扱いである。難民は、地域社会の〝異物〟と見られ、あるのは同化か、異化の二つしかない。これは、難民の人々を長期にわたって排除に導く可能性がある。幼児世代からの人権教育、教育者の教育が重要である。国の役割は、これらの障害を取り除き、統合へと進むようにすることである。また本章ではあまり触れなかったが、日本の場合、おおむねマス・メディアの難民への好意的報道が大きな役割を果たした、といえる。

成功には時間がかかる。日本より、定住事業で進んでいるカナダでも、今でも結論は出ていないという。むりやりの強制はダメで、難民側に、どうしたら自分たちは歓迎されている、という気持ちを起こすかだ（あるカナダ人ボランティア）、という。統合の過程は、心理的な過程である。実現できれば、大した資金もいらず、受け入れる日本社会の負担・不利にもならない。社会全体が、難民定住に参加してゆける仕組みを、政策の初めの段階から導入し、自立可能な社会支援のあり方を整備することである。統合の過程は、難民の到着で始まり、難民が日本国民と対等な位置に達した時に終わる。受け入れ時点は、特に重要で、社会への統合過程は、この時点から始められるべきである。勿論、統合には難民側の努力もいる。難民には、自分たちの権利と、「現実」を伝える(3)べきであろう。日本社会の生活に適応するために、難民の準備と覚悟が必要とされる。時の流れは、人の努力や能力、機会に恵まれたか否かなど、様々な要因で生活面に格差を生み出す。

すでに見たように、国は、難民が必要な資源を入手する上で、巨大な管理力を及ぼす。国は、住居、食料、金銭、保健、教育、言語クラス、職業訓練、就業許可、滞在許可のような資源の入手を管理する。国がその力で、将来の国民（難民）の、人間としての尊厳をないがしろにしたり、基本的な人権を侵害しても良い、という正当な理由は見当たらない。難民に声を出す機会を作ることに加え、資源喪失を抑え、回復する効果的な方法を見出すことである。私たちは、受け入れ社会として、私たちの態度や政策、難民が持つ資源の使い方、日本社会側の難民への影響力の大きさといった、自身のあり方を見つめる必要があるかもしれない。

政府の主要な関心事項は、政府や国民への費用を最小にし、国益を最大化することにある。ポイントは、難民による負担を最小化することにある。政策は、国際的な負担分担という義務を果たすことでの損得の計算をしながら、周辺国（流出国を含む）との関係を考慮し、国内の受け入れ容量を考え、治安を要因として含んでいる。政府の難民政策に、理想的な結果を期待することは難しい。しかし、世界が高度な人口移動社会になっていく中で、人の生死に関わる難民問題は、外国人労働者問題とは同列には論じられない。定住・統合一つとってみても、難民事業本部が毎年主催する「日本定住難民とのつどい」には、二世、三世の人々の参加が増えた。グローバル化の中で、既述したように、元ラオス難民の若者のように「国籍と民族は別」といった意識が出ている。帰化イコール同化という考え方にも変化が見られる。

難民政策は、地域社会（国内）と国際社会の双方で起こる変化が、政策形成に影響を与える。九・一一以降、世界は内向きになり、寛容さを失いつつある。本来、難民の保護と援助を担当する部局の仕事が、今では難民の選別と虚偽の申請の発見になってしまっている。各国の政策は、政治的関心から、難民への責任を拒否しているように見える。日本の難民政策は、国民の見方の反映ではなく、官僚的な硬直性だ(4)、という人もいる。日本外交の特色の一つとして、人道援助が定着するためには、日本型モデルを作り出さねばならない。国際基準を守れというより、政治から問題を切り離す伝統を作ることである。先進国日本は、国益ということをいうべきではなく、国際法を遵守し、国際基準に則った政策と実施措置を全面に出すことが求められている。日本の場合、国際的な立場からして、内圧よりも外圧が強いといえるが、これまでのように受け身ではなく、主体的に取り組み、国際基準を高める努力が欠かせない。他国、特にアジアでの人権侵害（主要な外交政策上の懸念）に日本が関わり、そうした国家の侵害に声をあげることは、将来の包括的な難民政策の不可欠な要素である。「難民問題」を政治的に〝二次的問題〟としていることは、今後政府が、積極、消極のどちらの方向にも、政策上で実施可能だということを意味している。良くも悪くも、今後の政策の運用次第である。

国内でも、自治体によっては対応の早い所とそうでない所がある。政策と実務をより良いものにするには、理想的にはあらゆるレベルで、全ての関係者の間の協議と意見交換が必要となる。行政と民間が、いかに信頼関係を築き、役割分担を明確にし、補完関係を高められるか、である。意見交換という行為はそれ自体、前向きだが、理想的には相互の情報交換を進めながら、相互理解を進め、論議は変化に焦点を合わせることになろう。

条約難民の定住措置はまだ始まったばかりであり(5)、増加する難民認定申請者に、定住を含めてどう対応していくのか、課題は残っている。彼らを含めた、難民一般を網羅した政府全体の考え方と枠組み（包括的な難民政策）はまだない。インドシナ難民定住の経験は、国内で今後条約難民の待遇の改善に役立たせる必要がある。

現代では、世界的な〝テロへの戦い〟があり、それが即難民流出の全ての原因ではないにしても、その結果としての、人々の避難、人道援助、そして定住・統合というつながりが見られる。各国は、入国する外国人に、難民資格が認められるかどうかを「入国管理」という、いわば入口の段階で〝振るい分け〟ようとする。日本政府は二〇〇八年一二月一八日、紛争や迫害を逃れて周辺国で暮らす海外の難民を、毎年恒常的に受け入れる「第三国定住」を二〇一〇年から実施する、と表明した。(6) 初年度は、タイの難民キャンプからミャンマー（ビルマ）難民を三〇人程度、受け入れる。関係の各省庁は、そのための計画を作成中である。

最後に、インドシナ難民の定住で得られた知識と経験は、今後とも批判的に検証されるばかりでなく、学問的な取り組み自体の検証も必要である。分析の果実として得られたものは、生かされるよう望みたい。

（1）アジア福祉教育財団難民事業本部、二〇〇六年、四八頁。たまたま用事で訪れた国際救援センターの職員は、次のように述べる。「民間施設の定員は、二〇名程度から二〇〇名程度まで様々ありましたが、職員二～六名程度で運営されていることには驚いたものでした」。管理ではなく、世話というやり方との違いであろう。

（2）朝日新聞、二〇〇八年七月二四日付け。適応が遅々として進まず、滞在が長期化すれば、日本社会の中で、埋没し、マイノリティ社会の性格を帯びていく。

（3）受け入れ側にも、現場で大きな戸惑いがあったという。大和市で難民を健診したある医師は、なぜ自分が難民の人々の健診をしなければならないのか疑問があった、という。「彼ら（難民）を見つめる病院内の雰囲気が決して理解に満ちたものとは言えなかった。それはインドシナの人々を取り巻いていた当時の日本の状況、日本人の一般的感情とよく似ていた」（大和市立病院のある勤務医）（アジア福祉教育財団難民事業本部、一九九八年、五六頁）のだ、という。

（4）Akashi, 2006, p.221.

（5）条約難民の認定後の定住支援はまだ不十分で、彼ら難民は、日本語教育と就職斡旋を希望している。条約難民と難民申請者が今後とも増加していく中で、二〇〇八年一二月、難民事業本部の予算は底をつき、支援は停止された。当面、政府はどれだけ予算手当ができるかにある。

（6）朝日新聞、二〇〇八年一二月一九日付け。アジアの国々の中では初めての試みであり、当初三年間は、毎年三〇人前後を受け入れ、定住状況を見ながら、受け入れ人数を拡大するか検討する、という。

日本でのインドシナ難民関係の主な動き

年	月・日	国内	月・日	海外
一九七五	五・一二	米国船救助のベトナム難民九人が初めて千葉港に上陸		
一九七七	九・二	閣議了解「ベトナム難民対策について」		
一九七八	四・二八	閣議了解「ベトナム難民の定住許可について」		
	九・三	日本に一時滞在の難民家族三人に対して、初めて定住許可		
一九七九	二・七	外務省アジア局に「東南アジア難民問題対策室」を設置		
	四・三	閣議了解「インドシナ難民定住対策について」。五〇〇人の定住枠を設定		
	七・一三	内閣に「インドシナ難民対策連絡調整会議」を設置	七・二〇〜二一	第一回インドシナ難民国際会議開催（ジュネーヴ）
	八・一	UNHCR駐日事務所を設立		
	一一・二	アジア福祉教育財団に難民事業本部が発足		
	一二・一一	姫路定住促進センターが開所		
一九八〇	二・二	民間団体が「インドシナ難民救援連絡会」を発足	一・一〇	第一回日本定住条件適格者調査団を東南アジアの難民キャンプに派遣
	二・二九	大和定住促進センターが開所		

	六・一七	「合法的出国計画」（ＯＤＰ）によるベトナムからの家族呼び寄せを認める		
一九八一	四・二八	閣議了解で定住枠を一〇〇〇人から、三〇〇〇人に拡大。元留学生などを定住枠に含める		
	一〇・三	難民条約に加入		
	一二・一七	ＯＤＰによる家族呼び寄せで、ベトナム人二〇人の初来日		
一九八二	一・一	難民条約が発効 「出入国管理及び難民認定法」施行		
	一・一四	大和定住促進センターで、精神衛生のカウンセリング開始		
	二・一	大村難民一時レセプション・センターを開所		
	三・二七	姫路定住促進センターに、ＯＤＰによるベトナムからの呼び寄せ家族が初めて入所		
	七・六	行政管理庁による「難民行政監察結果に基づく勧告」		
	一〇・一九	難民条約での難民に、二六人が初認定		
一九八三	四・一	「国際救援センター」を開設		
一九八四	七月	外務省国連局に人権難民課を設置		
	八～九月	姫路センターで、第一回定住難民の就業実態調査		
一九八五	一〇・一	難民事業本部、難民相談員制度を発足		
一九八六	四月	難民を含む外国人に国民健康保険が適用		
	一〇・一九	持ち家購入者、第一号		

一九八七	八・二八～九・一八	日本定住ベトナム難民、初めて一時帰国		
一九八八	四・一	定住センターでの日本語教育期間を三ヵ月から、四ヵ月に延長		
	一二・二二	日本定住カンボジア難民、初めて一時帰国（～一九八九）		
一九八九	四・一	難民事業本部、定住難民に日本語学習への援助を開始	六・一三～一四	第二回インドシナ難民国際会議で、「包括的行動計画」（CPA）が採択。日本は、今後三年間にベトナム難民一〇〇〇人の受け入れを表明
	六～八月	中国人の〝偽装難民〟船が大量に漂着		
	九・二一	国際救援センターのベトナム難民が、中国系難民との分離を要求		
一九九〇	七・一六	定住難民の就業実態調査。改正入管法施行 東南アジアのキャンプから定住難民の受け入れ開始		
一九九一	五～一〇月	香港の難民キャンプを逃げ出したベトナム人が、船で大量に漂着。ベトナムへ帰還		
	八・二〇	ＯＤＰによる、ベトナムからの呼び寄せ家族が、初めて国際救援センターに入所		
一九九二	一〇月	難民事業本部、インドシナ難民定住状況調査を実施		
一九九三	一～一一月	ベトナム北部からの就労目的のボート・ピープルの大量漂着と施設での騒ぎ		

一九九四	三・四	閣議了解で、ボート・ピープルの審査制度廃止、以後は不法入国者扱い	一一月	ベトナム航空、ホーチミン―大阪間に日本初乗り入れの直行便を開設
	四・一	難民事業本部は難民コミュニティ活動の支援を開始		
	一二・六	閣議了解で、定住枠一万人を廃止		
一九九五	一・一七	阪神淡路大震災で、姫路センターに被災難民を一時受け入れ		
	三・三一	大村難民一時レセプションセンターが閉所		
	四月	難民事業本部、難民認定申請者の保護業務と日本語通信教育事業を開始		
	一〇・二六	総理府が、インドシナ難民フォーラムを開催		
	一〇・二七	外務省が、インドシナ難民国際セミナーを開催		
一九九六	三・三一	姫路定住促進センターを閉所	一・一四～二・三	ODPのためのベトナム現地面接調査を開始
	六・一八	難民事業本部が関西支部を開設	三・五～六月	インドシナ難民国際会議「第七回運営委員会」でCPAの同年六月末終了を決定
一九九八	三・三一	大和定住促進センターを閉所		
	四月	横浜市・神奈川県民センター、神奈川県大和市役所		

		（～一九九九・三・三一）、大阪府八尾市役所内に地域難民相談コーナーを設置		
	一二・一二	インドシナ難民定住関係の代表者懇談会の開催		
一九九九	四月	横浜市泉区役所内に地域難民相談コーナーを設置		
	八・一	アジア太平洋地域・国際人道センター（e-center）を開設		
二〇〇二	五・八	閣議了解「難民対策について」。内閣の下に、「難民対策連絡調整会議」を設置	八・七	日本総領事館（中国・瀋陽）、〝脱北者駆け込み事件〟が発生
二〇〇三	四・二	神奈川県央地区行政センターに、地域難民相談コーナーを設置		
二〇〇四	七・八	難民対策連絡調整会議で、難民認定申請者への支援について決定		
二〇〇五	五月	改正入管法の施行		
二〇〇六	三・三	「難民対策連絡調整会議」幹事会で、国際救援センター廃止後の新難民定住施設での支援プログラムの申し合わせ		
	三・五	難民定住者コミュニティリーダーとＮＧＯの懇談会		
	三・三一	国際救援センターを閉所		
	四月	ＲＨＱ支援センターを開設		

（出所）アジア福祉教育財団難民事業本部などの資料から、筆者作成

参考文献

序章

Adelman, Howard (2001), "From Refugees to Forced Migration: The UNHCR and Human Security", *International Migration Review*, Vol.35, No.1, the Center for Migration Studies, New York, pp.57-78.

Bakewell, Oliver (2008), "Research Beyond the Categories: The Importance of Policy Irrelevant Research into Forced Migration", *Journal of Refugee Studies*, Vol.21, No,4, Oxford University Press, pp.432-453.

Betts, Alexander (2011), "Introduction: Global Migration Governance" and "Conclusion", in *Global Migration Governance*, edited by Betts, Alexander, Oxford University Press, pp.1-33 & pp.307-327.

Black, Richard (2001), "Fifty Years of Refugee Studies: From Theory to Policy", *International Migration Review*, Vol.35, No.1, the Center for Migration Studies, New York, pp.57-78.

Chimni, B.S.(2009), " The Birth of a "Discipline: From Refugee to Forced Migration Studies", *Journal of Refugee Studies*, Vol.22, No,1, Oxford University Press, pp.11-29.

Colson, Elizabeth (2004?), *Imposing Aid*, pp.1-25.

Global Commission on International Migration (2005), *Migration in an Interconnected World: New Directions for Action*, Geneva.

Global Policy Forum (2013), United Nations High Commissioner for Refugees, Top 10 Donors: 1974-2011. Accessed on 24

May 2013. Available at http://www.globalpolicy.org

Harrell-Bond, Barbara E. (1998), *Refugee Studies at Oxford: Some History*, Presented at the Conference, The Growth of Forced Migration: New Directions in Research, Policy and Practice, Wadham College, University of Oxford.

Helton, Arthur C. (2001), "Bureaucracy and the Quality of Mercy", *International Migration Review*, Vol.35, No.1, the Center for Migration Studies, New York, pp.192-225.

International Migration Institute (2006), *Towards a New Agenda for International Migration Research*, James Martin 21st Century School, University of Oxford.

King, Russell, Black, Richard, et al. (2010), *The Atlas of Human Migration: Global Patterns of People on the move*, Earthscan, UK, pp.61-71.

Koser, Khalid (2007), "Refugees and asylum-seekers", in *International Migration: A Very Short Introduction*, edited by Koser, Khalid, Oxford University Press, pp.70-89.

Loescher, Gil and Milner, James (2011), "UNHCR and the Global Governance of Refugees", in *Global Migration Governance*, edited by Betts, Alexander, Oxford University Press, pp.189-209.

Martin, Susan F. (2001), "Forced Migration and Professionalism", *International Migration Review*, Vol.35, No.1, the Center for Migration Studies, New York, pp.226-243.

Schmeidl, Susanne (2004), "The early warning of forced migration: State or human security?", in *Refugees and Forced Displacement*, edited by Newman, Edward and van Selm, Joanne, United Nations University Press, pp.130-155.

Turton, David (2003), *Conceptualising Forced Migration*, RSC Working Paper No.12, Refugee Studies Centre, University of Oxford.

第１章

Betts, Alexander (2008), "Historical lessons for overcoming protracted refugee situations", in *Protracted refugee situations: Political, human rights and security implications*, edited by Loescher, Gil, Milner, James, Newman, Edward & Troeller, Gary, United Nations University Press, pp.162-185.

—— (2009), *Forced Migration and Global Politics*, Wiley-Blackwell, UK, pp.60-79.

Brown, Dayna & Mansfield, Kathryn (2009), "Listening to the experiences of the long-term displaced", *Forced Migration Review*, No.33, Refugee Studies Centre, University of Oxford, pp.15-17.

Chimni, B. S. (2004), "Post-conflict peace-building and the return of refugees: Concepts, practices, and institutions", in *Refugees and Forced Displacement*, edited by Newman, Edward & van Selm, Joanne, United Nations University Press, pp.195-220.

Dion, Adele (2009), "Comprehensive solutions: a 'whole-of-government' approach", *Forced Migration Review*, No.33, Refugee Studies Centre, University of Oxford, pp.28-29.

Durieux, Jean-francois (2009), "A regime at a loss ?", *Forced Migration Review*, No.33, Refugee Studies Centre, University of Oxford, pp.60-61.

Fagen, Patricia Weiss (2004), "The long-term challenges of reconstruction and reintegration: Case studies of Haiti and Bosnia-Herzegovina", in *Refugees and Forced Displacement*, edited by Newman, Edward & van Selm, Joanne, United Nations University Press, pp.221-249.

Ferris, Elizabeth (2008), "Protracted refugee situations, human rights and civil society", in *Protracted refugee situations: Political, human rights and security implications*, edited by Loescher, Gil, Milner, James, Newman, Edward & Troeller, Gary, United Nations University Press, pp.85-107.

Fielden, Alexandra (2008), Local integration: an under-reported solution to protracted refugee situations, *NEW ISSUES IN REFUGEE RESEARCH*, Working Paper No.158, Policy Development and Evaluation Service, UNHCR.

Frost, Mervyn (2004), "Thinking ethically about refugees: A case for the transformation of global governance", in *Refugees and Forced Displacement*, edited by Newman, Edward & van Selm, Joanne, United Nations University Press, pp.109-129.

Harrell-Bond, Barbara E. (unknown), *Enhancing and Promoting the Protection of Refugees in the South: The Southern Refugee Legal Aid Network (SRLAN)*.

—— (unknown), *Building the Infrastructure for the Observance of Refugee Rights in the Global South.*

Loescher, Gil (2004), "Refugees as grounds for international action", in *Refugees and Forced Displacement*, edited by Newman, Edward & van Selm, Joanne, United Nations University Press, pp.31-49.

Loescher, Gil & Milner, James (2008-a), "Understanding the problem of protracted refugee situations", in *Protracted refugee situations: Political, human rights and security implications*, edited by Loescher, Milner, Newman & Troeller, United Nations University Press, pp.20-42.

—— (2008-b), "A framework for responding to protracted refugee situations", in *Protracted refugee situations: Political, human rights and security implications*, edited by Loescher, Milner, Newman & Troeller, United Nations University Press, pp.353-376.

—— (2009), "Understanding the challenge", *Forced Migration Review*, No.33, Refugee Studies Centre, University of Oxford, pp.9-11.

Loescher, Gil, Milner, James, Newman, Edward & Troeller, Gary (2007), Protracted Refugee Situations and Peacebuilding, *Policy Brief*, No.1, United Nations University.

—— (2008), "Introduction", in *Protracted refugee situations: Political, human rights and security implications*, edited by

Loescher, Gil, Milner, James, Newman, Edward & Troeller, Gary, United Nations University Press, pp.3-19.

Mattner, Mark (2008), “Development actors and protracted refugee situations: Progress, challenges, opportunities”, in *Protracted refugee situations: Political, human rights and security implications*, edited by Loescher, Gil, Milner, James, Newman, Edward & Troeller, Gary, United Nations University Press, pp.108-122.

Mooney, Erin (2009), “When ‘temporary’ lasts too long”, *Forced Migration Review*, No.33, Refugee Studies Centre, University of Oxford, pp.64-66.

Morris, Eric & Stedman, Stephen John (2008), “Protracted refugee situations, conflict and security: The need for better diagnosis and prescription”, in *Protracted refugee situations: Political, human rights and security implications*, edited by Loescher, Gil, Milner, James, Newman, Edward & Troeller, Gary, United Nations University Press, pp.69-84.

Nassari, John (2009), “IASFM 11 CONFERENCE REPORT: Refugees and Forced Migrants at the Crossroads: Forced Migration in a Changing World”, *Journal of Refugee Studies*, Vol.22, No.1, Refugee Studies Centre, University of Oxford, Oxford University Press, pp.1-10.

Newman, Edward (2004), “Refugees, international security, and human vulnerability: Introduction and survey”, in *Refugees and Forced Displacement*, edited by Newman, Edward & van Selm, Joanne, United Nations University Press, pp.3-30.

Newman, Edward & Troeller, Gary (2008), “Resolving protracted refugee situations: Conclusion and policy implications”, in *Protracted refugee situations: Political, human rights and security implications*, edited by Loescher, Gil, Milner, James, Newman, Edward & Troeller, Gary, United Nations University Press, pp.377-385.

Noll, Gregor (2004), “Securitizing sovereignty? States, refugees, and the regionalization of international law”, in *Refugees and Forced Displacement*, edited by Newman, Edward & van Selm, Joanne, United Nations University Press, pp.277-305.

Ongpin, Patricia A (2009), “Refugees: asset or burden ?”, *Forced Migration Review*, No.33, Refugee Studies Centre, University of Oxford, pp.37-38.

Scalettaris, Giulia（2009）, "Refugees and mobility", *Forced Migration Review*, No.33, Refugee Studies Centre, University of Oxford, pp.58-59.

van Selm, Joanne（2004）, "Refugee protection policies and security issues", in *Refugees and Forced Displacement*, edited by Newman, Edward & van Selm, Joanne, United Nations University Press, pp.66-92.

Sharpe, Tammi & Cordova, Silvio（2009）, "Peacebuilding in displacement", *Forced Migration Review*, No.33, Refugee Studies Centre, University of Oxford, pp.46-47.

Slaughter, Amy & Crisp, Jeff（2008）, "A surrogate state? The role of UNHCR in protracted refugee situations", in *Protracted refugee situations: Political, human rights and security implications*, edited by Loescher, Gil, Milner, James, Newman, Edward & Troeller, Gary, United Nations University Press, pp.123-140.

Suhrke, Astri（2004）, "Human security and the protection of refugees", in *Refugees and Forced Displacement*, edited by Newman, Edward & van Selm, Joanne, United Nations University Press, pp.93-108.

Troeller, Gary G.（2004）, "Refugees and human displacement in contemporary international relations: Reconciling state and individual sovereignty", in *Refugees and Forced Displacement*, edited by Newman, Edward & van Selm, Joanne, United Nations University Press, pp.50-65.

Verdirame, Guglielmo & Harrell-Bond, Barbara（2005）, "Conclusions", in *Rights in Exile: Janus-Faced Humanitarianism*, edited by Verdirame, Guglielmo & Harrell-Bond, Barbara, Berghahn Books, USA, pp.332-339.

第11章

Adams, W. F.（2005）, " Tibetan refugees in India: integration opportunities through development of social, cultural and spiritual traditions", *Community Development Journal*, Vol.40, No.2, Oxford University Press, pp.216-219.

Ager, Alastair（1999）, "Perspectives on the refugee experience", in *Refugees: Perspectives on the Experience of Forced Migration*, edited by Ager, Alastair, Continuum, New York, pp.1-23.

Ager, Alastair, Strang, Alison & Abebe, Behailu（2005）, "Conceptualizing community development in war-affected populations: illustrations from Tigray", *Community Development Journal*, Vol.40, No.2, Oxford University Press, pp.158-168.

Bach, Robert L.（1993）, "Recrafting the Common Good: Immigration and Community", in *Migration and Social Cohesion*, edited by Vertovec, Steven, Elgar, An, Reference Collection, U.K., 1999, pp.157-172.

Banki, Susan（2004）, Refugee integration in the intermediate term: a study of Nepal, Pakistan, and Kenya, Working Paper No.108, *NEW ISSUES IN REFUGEE RESEARCH*, UNHCR Evaluation and Policy Analysis Unit.

Boswell, Christina（2003）, *European Migration Policies in Flux: Changing Patterns of Inclusion and Exclusion*, The Royal Institute of International Affairs, Blackwell Publishing, pp.1-9, pp.99-127 & pp.138-141.

Castles, Stephen（2000）, *Ethnicity and Globalization*, Sage Publications, London, pp.163-207.

Castles, Stephen, Crawley, Heaven & Loughna, Sean（2003）, *States of Conflict Causes and Patterns of Forced Migration to the E U and Policy Responses*, ippr, London, pp.33-65.

Cochetel, Vincent（2007）, "Resettlement", *Forced Migration Review*, Special Issue, pp.21-22.

Crisp, Jeff（2004）, The local integration and local settlement of refugees: a conceptual and historical analysis, Working Paper No.102, *NEW ISSUES IN REFUGEE RESEARCH*, UNHCR Evaluation and Policy Analysis Unit.

Duncan, Christopher R.（2005）, "Unwelcome Guests: Relations between Internally Displaced Persons and Their Hosts in North Sulawesi, Indonesia", *Journal of Refugee Studies*, Vol.18, No.1, Oxford University Press, pp.25-46.

The European Council on Refugees and Exiles（1998）, *Statement to the Annual Tripartite Consultations on Resettlement, 22-23*

June 1998, pp.8-10.

Gibney, Matthew J. (2004), *The Ethics and Politics of Asylum: Liberal Democracy and the Response to Refugees*, Cambridge University Press, Cambridge, U.K., pp.23-58.

Griffiths, David, Sigona, Nando & Zetter, Roger (2005), *Refugee Community Organisations and Dispersal: Networks, resources and social capital*, the Policy Press, University of Bristol, U.K., pp.1-9 & pp.11-36.

Hammar, Tomas (1993), "The 'Sweden-wide strategy' of refugee dispersal", in *Geography and Refugees: Patterns and Processes of Change*, edited by Black, Richard and Robinson, Vaughan, Belhaven Press, London and New York, pp.104-117.

Heisler, Barbara Schmitter (1999), "The Future of Immigrant Incorporation: Which Models? Which Concepts?", in *Migration and Social Cohesion*, edited by Vertovec, Steven, Elgar, An, Reference Collection, U.K., 1999, pp.117-139.

Hirschon, Renée (2000), "The creation of community: well-being without wealth in an urban Greek refugee locality", in *Risks and Reconstruction*, edited by Cernea, Michael M. & McDowell, Christopher, pp.393-411.

The International Institute of Humanitarian Law and Spanish National Committee for UNHCR (1997), *Resettlement of Refugees: Current Issues and Future Prospects, Madrid, 22-24 May 1997*, pp.1-13.

Korac, Maja (2003), "The Lack of Integration Policy and Experiences of Settlement: A Case Study of Refugees in Rome", *Journal of Refugee Studies*, Vol.16, No.4, Oxford University Press, pp.398-421.

Kymlicka, Will (2003), "Immigration, Citizenship, Multiculturalism: Exploring the Links", in *The Politics of Migration: Managing Opportunity, Conflict and Change*, edited by Spencer, Sarah, Blackwell Publishing, Oxford, pp.195-208.

Moraes, Claude (2003), "The Politics of European Union Migration Policy", in *The Politics of Migration: Managing Opportunity, Conflict and Change*, edited by Spencer, Sarah, Blackwell Publishing, Oxford, pp.116-131.

Migration Policy Institute (2003), *Feasibility of Resettlement in the European Union*, pp.i-xiv & pp.189-199.

Richmond, Anthony (1994), *Global Apartheid: Refugees' Racism, and the New World Order*, Oxford University Press, Toronto, pp.89-129 & pp.155-187.

Sianni, Areti (2000), *Reflection on the Changing Nature of Resettlement and the Impact upon the Operational Environment, Annual Tripartite Consultations on Resettlement*, Geneva, 3-4 July 2000, pp.1-3.

Tapp, Nicholas (2004), "Hmong Diaspora", in *Encyclopedia of Diasporas*, pp.103-113.

Turton, David (2000), *Highlights Summary: Improving Policy Outcomes and Protecting Human Rights in Resettlement Projects*, Department for International Development, ESCOR funded Project No.R7305, pp.1-5.

UNHCR Bureau for Europe (2007), "EU integration of refugees", *Forced Migration Review*, No.28, p.62.

UNHCR Resettlement Section (1997), *Resettlement: An Instrument of Protection and a Durable Solution*, pp.1-6.

Utterwulghe, Steve (2004), "Conflict Management in Complex Humanitarian Situations: Peacemaking and Peacebuilding Work with Angolan IDPs", *Journal of Refugee Studies*, Vol.17, No.2, Oxford University Press, pp.222-242.

Weil, Patrick & Crowley, John (unknown), "Integration in Theory and Practice: A Comparison of France and Britain", in *Migration and Social Cohesion*, edited by Vertovec, Steven, Elgar, An, Reference Collection, U.K., 1999, pp.100-116.

Weiner, Myron (1999), "Determinants of Immigrant Integration: An International Comparative Analysis", in *Migration and Social Cohesion*, edited by Vertovec, Steven, Elgar, An, Reference Collection, U.K., pp.375-391.

Zawacki, Benjamin (2007), "Kafkaesque rebranding of pro-US fighters as terrorists", *Forced Migration Review*, No.28, pp.40-41.

Zetter, Roger, Griffiths, David & Sigona, Nando (2005), "Social capital or social exclusion?: The impact of asylum-seeker dispersal on UK refugee community organizations", *Community Development Journal*, Vol.40, No.2, Oxford University Press, pp.169-181.

第三章と第四章

Betts, Alexander (2009), *Protection by Persuasion: International Cooperation in the Refugee Regime*, Cornell University Press, Ithaca, pp.1-22 & pp.143-174.

Boswell, Christina (2003), “Burden-sharing in the New Age of Immigration”, *Migration Information Source*, Migration Policy Institute, Washington, DC., pp.1-3.

Jacobsen, Karen (2003), “Local Integration: The Forgotten Solution”, *Migration Information Source*, Migration Policy Institute, Washington, DC., pp.1-4.

Honoré, Mette (2003), “Resettlement in the Nordic Countries”, *Migration Information Source*, Migration Policy Institute, Washington, DC., pp.1-3.

International Institute of Humanitarian Law (1997), *Resettlement of Refugees: Current Problems and Future Prospects*, Preliminary Background Document, prepared by the International Institute of Humanitarian Law & the Spanish Committee for UNHCR, Madrid.

Martin, David A (2004?), “ The United States Refugee Admissions Program: Reforms for a New Era of Refugee Resettlement”, *Executive Summary*, Migration Policy Institute, Washington, DC., pp.1-13.

Newland, Kathleen (2002), “Refugee Resettlement in Transition”, *Migration Information Source*, Migration Policy Institute, Washington, DC., pp.1-3.

Noll, Gregor & van Selm, Joanne (2003), “Rediscovering Resettlement”, *Insight*, Migration Policy Institute, Washington, DC., pp.1-35.

Refugee Studies Centre (2010), *Forced Migration Research and Policy: Overview of current trends and future directions*, Oxford Department of International Development, University of Oxford, pp.17-21.

Resettlement Section, Division of International Protection（1997）, *Resettlement: An Instrument of Protection and a Durable Solution*, United Nations High Commissioner for Refugees, Geneva, pp.1-6.

van Selm, Joanne（2003）, *The Strategic Use of Resettlement*, paper presented at the International Seminar, "Towards more orderly and managed entry in the EU of persons in need of international protection", Rome, 13-14 October 2003, pp.1-7.

——（2005-a）, "The Hague Program Reflects New European Realities", *Migration Information Source*, Migration Policy Institute, Washington, DC., pp.1-5.

——（2005-b）, European Refugee Policy: is there such a thing?, *NEW ISSUES IN REFUGEE RESEARCH*, Evaluation and Policy Analysis Unit, United Nations High Commissioner for Refugees, Geneva, Working Paper No.115.

van Selm, Joanne, Woroby, Tamara, Patrick, Erin & Matts, Monica（2003）, *Study on the Feasibility of Setting up Resettlement Schemes in EU Member States or at EU Level, Against the Background of the Common European Asylum System and the Goal of a Common Asylum Procedure*, Migration Policy Institute, Washington, DC.

Smyth, Geri, Stewart, Emma & da Lomba, Sylvie（2010）, "Introduction: Critical Reflections on Refugee Integration: Lessons from International Perspectives", *Journal of Refugee Studies*, Vol.23, No.4, Refugee Studies Centre, University of Oxford, Oxford University Press, pp.411-414.

UNHCR（2002）, *Refugee Resettlement: An International Handbook to Guide Reception and Integration*, Geneva, Switzerland.（ＵＮＨＣＲ駐日事務所（二〇一〇年八月）『難民の第三国定住―難民の受け入れと社会統合のための国際ハンドブック―』）

Working Group on Resettlement（1997）, *A Report of Working Group*, United Nations High Commissioner for Refugees, Geneva, pp.1-6.

Adams, W. F. (2005), "Tibetan refugees in India: integration opportunities through development of social, cultural and spiritual traditions", *Community Development Journal*, Vol.40, No.2, Oxford University Press, pp.216-219.

Ager, Alastair (1999), "Perspectives on the refugee experience", in *Refugees: Perspectives on the Experience of Forced Migration*, edited by Ager, Alastair, Continuum, New York, pp.1-23.

Ager, Alastair, Strang, Alison & Abebe, Behailu (2005), "Conceptualizing community development in war-affected populations: illustrations from Tigray", *Community Development Journal*, Vol.40, No.2, Oxford University Press, pp.158-168.

Bach, Robert L. (1993), "Recrafting the Common Good: Immigration and Community", in *Migration and Social Cohesion*, edited by Vertovec, Steven, Elgar, An, Reference Collection, U.K., 1999, pp.157-172.

Banki, Susan (2004), Refugee integration in the intermediate term: a study of Nepal, Pakistan, and Kenya, Working Paper No.108, *NEW ISSUES IN REFUGEE RESEARCH*, UNHCR Evaluation and Policy Analysis Unit.

Boswell, Christina (2003), *European Migration Policies in Flux: Changing Patterns of Inclusion and Exclusion*, The Royal Institute of International Affairs, Blackwell Publishing, pp.1-9, pp.99-127 & pp.138-141.

Castles, Stephen (2000), *Ethnicity and Globalization*, Sage Publications, London, pp.163-207.

Castles, Stephen, Crawley, Heaven & Loughna, Sean (2003), *States of Conflict Causes and Patterns of Forced Migration to the EU and Policy Responses*, ippr, London, pp.33-65.

Cochetel, Vincent (2007), "Resettlement", *Forced Migration Review*, Special Issue, pp.21-22.

Crisp, Jeff (2004), The local integration and local settlement of refugees: a conceptual and historical analysis, Working Paper No.102, *NEW ISSUES IN REFUGEE RESEARCH*, UNHCR Evaluation and Policy Analysis Unit.

Duncan, Christopher R. (2005), "Unwelcome Guests: Relations between Internally Displaced Persons and Their Hosts in

North Sulawesi, Indonesia", *Journal of Refugee Studies*, Vol.18, No.1, Oxford University Press, pp.25-46.

The European Council on Refugees and Exiles（1998）, ***Statements to the Annual Tripartite Consultations on Resettlement, 22-23 June 1998***, pp.8-10.

Gibney, Matthew J.（2004）, *The Ethics and Politics of Asylum: Liberal Democracy and the Response to Refugees*, Cambridge University Press, Cambridge, U.K., pp.23-58.

Griffiths, David, Sigona, Nando & Zetter, Roger（2005）, *Refugee Community Organisations and Dispersal: Networks, resources and social capital*, the Policy Press, University of Bristol, U.K., pp.1-9 & pp.11-36.

Hammar, Tomas（1993）, "The 'Sweden-wide strategy' of refugee dispersal", in *Geography and Refugees: Patterns and Processes of Change*, edited by Black, Richard and Robinson, Vaughan, Belhaven Press, London and New York, pp.104-117.

Heisler, Barbara Schmitter（1999）, "The Future of Immigrant Incorporation: Which Models? Which Concepts?", in *Migration and Social Cohesion*, edited by Vertovec, Steven, Elgar, An, Reference Collection, U.K., 1999, pp.117-139.

Hirschon, Renée（2000）, "The creation of community: well-being without wealth in an urban Greek refugee locality", in *Risks and Reconstruction*, edited by Cernea, Michael M. & McDowell, Christopher, pp.393-411.

The International Institute of Humanitarian Law and Spanish National Committee for UNHCR（1997）, *Resettlement of Refugees: Current Issues and Future Prospects, Madrid, 22-24 May 1997*, pp.1-13.

Korac, Maja（2003）, "The Lack of Integration Policy and Experiences of Settlement: A Case Study of Refugees in Rome", *Journal of Refugee Studies*, Vol.16, No.4, Oxford University Press, pp.398-421.

Kymlicka, Will（2003）, "Immigration, Citizenship, Multiculturalism: Exploring the Links", in *The Politics of Migration: Managing Opportunity, Conflict and Change*, edited by Spencer, Sarah, Blackwell Publishing, Oxford, pp.195-208.

Moraes, Claude（2003）, "The Politics of European Union Migration Policy", in *The Politics of Migration: Managing*

Opportunity, Conflict and Change, edited by Spencer, Sarah, Blackwell Publishing, Oxford, pp.116-131.

Migration Policy Institute (2003), *Feasibility of Resettlement in the European Union*, pp.i-xiv & pp.189-199.

Richmond, Anthony (1994), *Global Apartheid: Refugees' Racism, and the New World Order*, Oxford University Press, Toronto, pp.89-129 & pp.155-187.

Sianni, Areti (2000), *Reflection on the Changing Nature of Resettlement and the Impact upon the Operational Environment, Annual Tripartite Consultations on Resettlement*, Geneva, 3-4 July 2000, pp.1-3.

Tapp, Nicholas (2004), "Hmong Diaspora", in *Encyclopedia of Diasporas*, pp.103-113.

Turton, David (2000), *Highlights Summary: Improving Policy Outcomes and Protecting Human Rights in Resettlement Projects*, Department for International Development, ESCOR, funded Project No.R7305, pp.1-5.

UNHCR Bureau for Europe (2007), "EU integration of refugees", *Forced Migration Review*, No.28, p.62.

UNHCR Resettlement Section (1997), *Resettlement: An Instrument of Protection and a Durable Solution*, pp.1-6.

Utterwulghe, Steve (2004), "Conflict Management in Complex Humanitarian Situations: Peacemaking and Peacebuilding Work with Angolan IDPs", *Journal of Refugee Studies*, Vol.17, No.2, Oxford University Press, pp.222-242.

Weil, Patrick and Crowley, John (unknown), "Integration in Theory and Practice: A Comparison of France and Britain", in *Migration and Social Cohesion*, edited by Vertovec, Steven, Elgar, An, Reference Collection, U.K., 1999, pp.100-116.

Weiner, Myron (1999), "Determinants of Immigrant Integration: An International Comparative Analysis", in *Migration and Social Cohesion*, edited by Vertovec, Steven, Elgar, An, Reference Collection, U.K., 1999, pp.375-391.

Zawacki, Benjamin (2007), "Kafkaesque rebranding of pro-US fighters as terrorists", *Forced Migration Review*, No.28, pp.40-41.

Zetter, Roger, Griffiths, David & Sigona, Nando (2005), "Social capital or social exclusion?: The impact of asylum-seeker dispersal on UK refugee community organizations", *Community Development Journal*, Vol.40, No.2, Oxford University

Press, pp.169-181.

第六章

相星孝一（二〇〇二）「難民条約発効二〇周年―日本の難民受け入れの歴史」、『外交フォーラム』、四月号、五二～五六頁。

アジア福祉教育財団（二〇〇八）『愛』、第三一号。

――（二〇〇九）『愛』、第三二号。

アジア福祉教育財団難民事業本部（一九九五）『大村難民一時レセプションセンター一三年史』。

――（一九九六）『姫路定住促進センター一六年誌―日本で最初のインドシナ難民定住促進の役割を終えて―』。

――（一九九八）『大和定住促進センター一八年史』。

――（二〇〇六）『国際救援センターのあゆみ―難民受入れ二三年間の軌跡―』。

――（二〇〇七―ａ）『難民事業本部案内』。

――（二〇〇七―ｂ）『財団と難民事業本部のあゆみとこれから』。

――（二〇〇八）『財団四〇年、難民事業本部三〇年のあゆみ』。

――（二〇〇九）『ていじゅう』、難民事業本部ニュース、No.127.

外務省（一九七九～一九八六）『わが外交の近況』。

――（一九八七～一九九三、一九九五～二〇〇八）『外交青書―我が外交の近況―』。

外務省経済協力局（一九八八、一九九〇、一九九二、一九九四～一九九九）『我が国の政府開発援助』、（財）国際協力推進協会。

――（二〇〇二～二〇〇四、二〇〇六～二〇〇七）『政府開発援助白書』。

外務省総合外交政策局国際社会協力部人道支援室（二〇〇二）「日本における難民受け入れの状況」、『外交フォーラム』、四月号、五七～五九頁。

小泉康一（二〇〇五）『国際強制移動の政治社会学』、勁草書房。

高橋恒一（二〇〇二）「難民問題に対する日本の取り組み」、『国際問題』、No.513. 日本国際問題研究所、四六～五九頁。

竹内宏編（二〇〇六）『アンケート調査年鑑二〇〇六年版』、並木書房。

角﨑利夫（一九九二）「難民問題をめぐる日本の対応—過去の経緯と今後のあり方—」、『国際問題』、No.385. 日本国際問題研究所、四九～六三頁。

内閣府大臣官房政府広報室（一九八三、一九九六～二〇〇七）『世論調査年鑑』、国立印刷局。

Ager, Alastair & Strang, Alison（2008）, “Understanding Integration: A Conceptual Framework”, *Journal of Refugee Studies*, Vol.21, No.2, Oxford University Press, pp.166-191.
Akashi, Jun’ichi（2006）, “Challenging Japan’s Refugee Policies”, *Asian and Pacific Migration Journal*, Vol.15, No.2, Scalabrini Migration Center, Philippines, pp.219-238.
Amnesty International（1993）, *Japan: Inadequate protection for refugees and asylum-seekers*, March 1993, London, United Kingdom.
Banki, Susan（2006）, “Burmese Refugees in Tokyo: Livelihoods in the Urban Environment”, *Journal of Refugee Studies*, Vol.19, No.3, Oxford University Press, pp.328-344.
Dean, Meryll & Nagashima, Miki（2007）, “Sharing the Burden: The Role of Government and NGOs in Protecting and Providing for Asylum Seekers and Refugees in Japan”, *Journal of Refugee Studies*, Vol.20, No.3, Oxford University Press, pp.481-508.
Jacobsen, Karen（1996）, “Factors Influencing the Policy Responses of Host Governments to Mass Refugee Influxes”,

International Migration Review, Vol.30, No.3, Center for Migration Studies, New York, pp.655-678.

—— (2006), "Editorial Introduction: Refugees and Asylum Seekers in Urban Areas, A Livelihoods Perspective", *Journal of Refugee Studies*, Vol.19, No.3, Oxford University Press, pp.273-286.

Landau, Loren B. (2007), "Report: Can We Talk and Is Anybody Listening? Reflections on IASFM 10, 'Talking Across Borders: New Dialogues in Forced Migration' ", *Journal of Refugee Studies,* Vol.20, No.3, Oxford University Press, pp.335-348.

Phillimore, Jenny & Goodson, Lisa (2008), "Making a Place in the Global City: The Relevance of Indicators of Integration", *Journal of Refugee Studies*, Vol.21, No.3, Oxford University Press, pp.305-325.

Polzer, Tara & Hammond, Laura (2008), "Editorial Introduction: Invisible Displacement", *Journal of Refugee Studies*, Vol.21, No.4, Oxford University Press, pp.417-431.

Ryan, Dermot, Dooley, Barbara & Benson, Ciaran (2008), "Theoretical Perspectives on Post-Migration Adaptation and Psychological Well-Being among Refugees: Towards a Resource-Based Model", *Journal of Refugee Studies*, Vol.21, No.1, Oxford University Press, pp.1-18.

Suhrke, Astri (1998), "Burden-sharing during Refugee Emergencies: The Logic of Collective versus National Action", *Journal of Refugee Studies*, Vol.11, No.4, Oxford University Press, pp.396-415.

Wren, Karen (2007), "Supporting Asylum Seekers and Refugees in Glasgow: The Role of Multi-Agency Networks", *Journal of Refugee Studies*, Vol.20, No.3, Oxford University Press, pp.391-413.

あとがき

　私たちは、人の移動が国家の政治、社会、経済的な課題に重要な影響を持ち、急速に変化する世界に住んでいる。人の国際移動は益々、政治家、実務家、一般社会の注目を引いている。国家間、及び国内での安全保障や経済不安定に関連する問題は、国際的な法や政治的枠組みをより複雑にし、難民・強制移動民の権利の保護へ深刻な課題となっている。

　国境を超える他の多くの分野と違い、人の国際移動の分野には、一貫したグローバル・ガバナンスが欠けている。国連に移住機関は存在しないし、国家は比較的、移住関係の多国間条約に前向きではない。代わりに、各々が主権を持つ国家として自身の移住政策を決定している。国境を越えての人の移動は、新しい現象ではない。今、移動する人の全体的な数字は、数十年前とあまり変わらない。世界人口に占める一般的な移動民の数は、すでに見たように約三％である。変化したのは、いくつかの国々での環境悪化や北と言われる先進国での新しい労働移民のニーズである。移動経路や手段も変化した。いくつかの地域での新しい紛争の発生や途上国での急速な都市化、政策枠組みの変化がある。結果として、地理的移動には、おそらく人間の状況によって、形状、型、力学がある一方、移動の意味と影響は高度に文脈次第になる。

今日のような非常に高度に移動可能な世界では、移住は益々、ガバナンスの複雑な分野になってきた。経済、社会開発、国家の安全保障、人権、公共保健、国同士の協力のような政策的にカギとなる分野と複雑につながっている。気候変化から原子力産業、自然災害から増大する都市化。地形が地球上で先例がない規模で変形している。最も影響を受ける人々の多くは、危険にさらされるや否や、資源へのアクセスが不足し、権利が確保されない人々である。しかし、温暖化や開発プロジェクトのような理由で移動せねばならない人は、基本的な権利や自由を持っている。

グローバリゼーションは、人間移動の伝統的パターンを変えてきた。人口、経済、社会、そして環境的発展が変化の速度を早めている。国家は移住による経済利益を極大化するために、一層選択的な政策を追求している。私たちはどうすれば、避難と定住がより良く理解でき、移住というグローバルな避難の力学に対応できるのか。問題には、政治、法律、社会、経済の側面がある。現象には、戦争、迫害、環境変化、飢饉、社会・経済開発がある。しかし、難民の地位の法的資格と、そうした資格に該当しない人々の広範囲の避難過程は明確に区別されねばならない。現在まで、移動のグローバル・ガバナンスの論議には、何が実際、移動のグローバル・ガバナンスなのかという、分析上の明確な理解が欠けている。

中東、北アフリカは世界でも最大かつ最長の難民問題を抱えている。パレスチナ難民である。加えて、スーダン、イラク、ソマリア、そして近年はシリアである。コロンビアでは軍と武装集団の間の四〇年に及ぶ紛争で、四〇〇万人を超える人々が避難した。大半は暴力の対象になることを逃れて都市に避難した農村の人々である。しかしいくらかの人々は、暴力が都市区域にも広がると、再び移動を強いられた。国内避難民（ＩＤＰ）は、政府が援助するという憲法規定にもかかわらず、大半の援助事業はＮＧＯとＵＮＨＣＲが行っている。フィリピンでは何年もの間、軍が反政府勢力と闘ってきた。反政府勢力を支援していると疑われた市民には人権侵害が発生した。コミュニティ全体が長期に避難をよぎなくされた。

何百万人という人々が、戦争、暴力、政治危機、急激な社会変革、開発の失敗、社会的・民族的な排斥が互いに結びついて、難民やＩＤＰとして、慣れ親しんだ社会世界から強制的に追い出されている。援助は時として、政治的、軍事的利益を追求するために、武力紛争の当事者により、軍事物資として使われたり、資金獲得のために闇市で販売されたりする。こうした事態は、紛争状況を長引かせる怖れもあり、援助と紛争の関係は難しい。

ソマリア、アフガニスタンでは、人道活動の余地が狭くなっている。長期化する紛争は、難民が帰国できないことを意味し、難民の入国を制限する国家の政策は、解決策である現地統合や第三国定住の可能性を狭め、庇護制度を弱めている。ボスニア・ヘルツェゴビナでは、帰還という狭いアプローチ以外に、真の選択肢がない中で、避難がその後、解決がつかないまま滞留という状況に至った。同地では、紛争は一九九六年に終結、難民とＩＤＰの帰還はデイトン平和合意の中心目的だった。しかし、帰還を望む人々の一方には、多くの人々が帰還を希望しないか、不可能な状況があった。多くの場合、特に帰還すると、自民族が少なく、民族的少数者となり、安全面に不安があったからであった。

難民はたとえ、政治的、経済的危険があり、客観的に見て、帰ることが合理的な決定ではないとしても、家族の死や病気の結果として、戻ることを決めるかもしれない。帰還という難民の決定に影響を与える要因の多くは、経済状況あるいは政治的安定の程度への難民個々人の認識である。社会文化的、家族関連の要因も同様に重要であり、移住や帰国を動機づけるものと変わらない。カギとなるのは、帰還した難民が職を見つけられるか、政治的・社会的暴力にあわないか、帰還が紛争を悪化させて再び逃亡を強いられないかであり、これらに帰還した難民が持ちこたえられるか否かである。

帰還した人の正確な数をはかるのは難しい。統計上の数字は推定で、逃亡した人の人数以上に大きくなってしまう。同一人が一回以上帰還したり、帰還家族には国外で生まれた子供の数を含むからである。解決への伝統的なアプローチでは、難民は元の場所へ戻れることを想定するが、強制的な人の移動、地域の分割、民族浄化が起こる現在は、新しいアプローチが必要となっている。

解決が見出せない難民やIDPは益々、難民キャンプよりも利便性の高い、都市に住む傾向がある。彼ら〝都市難民〟(urban refugees)の国際的に認められた定義はないが、共通する特徴で言えば、彼らは都市的な背景を持つ人々で通常、学生、政治家、専門職、商人、熟練労働者、非農業労働者である。しかし、北アフリカ、中央アジアでは、背景にかかわらず、都市区域に住む難民を指している。都市難民は、決められた一定の場所に居住せず、一般に〝不法移民〟と呼ばれる巨大な数の人々の中で暮らしている。彼ら都市難民は秘密裏に暮らすため、援助しようにも発見が難しいが、自ら進んでUNHCRや庇護国に登録する人は、特別の理由があることが多い。理由としては、保護の必要があるか、援助物資の入手のためか、第三国への定住希望がある場合などである。ただし、都市難民が公的認知(登録)で得られる利益は、強制送還から保護されるぐらいしかない。登録を行っても、必ずしも人権関連法による諸権利は与えられていない。他方、無国籍者は、何百万人という人々が、地球上の全ての大陸に広く認められる。

〝難民〟の用語は、今では一般に、互いに異なる多くの人々を意味している。難民条約による定義後、ほぼ六〇年。強制移動の状況と性格は今日、以前とは大きく異なっている。強制移動民の多くは、公式の難民の範疇に容易に合致しない。難民条約では、難民とは、〝政治的迫害〟を逃れる人々として区別され続けており、定義以外の要因で逃亡する多くの人々が援助から取り残された。現場では、難民条約の定義の解釈をめぐって、事例は定義に該当するか否かで用語は常に問題にされ、研究者、政府、人道機関によって絶え間なく批評・論評されてきた。しかしこうした見方は、新しい意見ではなく、難民保護の管理のため、そうした視点から認識されてこなかっただけである。

国内避難民（ＩＤＰ）は、彼らが物理的に国内にいてさえ、自分たちを〝難民〟と呼びならわすのが普通である。アメリカ国連大使ホルブルック（Richard Holbrooke）は自身がアンゴラ視察から戻ると、国内避難民に対処するため、ＵＮＨＣＲの委任事項を拡大すべきだと言って、二〇〇〇年一月、当時の緒方難民高等弁務官に繰り返し提案している。[1]ホルブルックはＩＤＰを〝冷たく、官僚的な用語〟と考えた。

ＵＮＨＣＲは現在、難民、帰還民、庇護申請者、国内避難民、無国籍者といった、状況が互いに異なる人々を援助の対象者としている。しかし彼らは勿論、緊急に保護する必要性はあるが、実際の援助事業の基礎にある仮定や目的については批判的に考える必要がある。

避難（refuge）は、グローバルな力学に深く影響を受ける。九・一一以後、安全保障の論説が移住をテロとつなげている。現今の世界的な経済不況の中で、各国はテロや安全保障の懸念から、厳格な国境管理を実施し、移動民の保護は制限を受けている。ＥＵは、域内の国境の壁を取り壊しているが、外的な壁はさらに高くなっている。同じように、アメリカは自国の国境地帯に壁をどう配置するかを考えている。この傾向は、二つの地域に限られず、グローバルな世界のどこにでも見られ、国境の壁は一層高くなっている。アジアでは、インドがバングラデシュとの国境周辺にフェンスを設置した。

厳しい入国管理手段による、強制移動民への国境管理が強化されて、国内構造や公共政策の論理は変形している。これは、保護基準を低下させ、強制移動民の立場の脆弱性を増している。移住問題は政治化し、国家は他国から孤立して単独では移住問題には対応できないという認識が出て、論議は、どのような形態の国際制度と協力が国際移動の課題に対処する上で必要か、と問い直されている。

近年カナダでは、庇護制度の改革が行われたが、その骨子は難民審査の過程を早め、庇護申請者にとって制度自体を魅力のないものにすることで、申請者の数そのものを減らそうというものである。アメリカとカナダは、〝好ましくない〟移住を取り除くために互いに協力しあっている。欧州各国は、移住圧力が欧州国境で着実に増大し、域内移動が経済危機に伴い、増加している。加盟国が増えて二七ヵ国になったEUは、伝統的に移民の送り出し国であったが、今は過去半世紀、世界中からの移民、難民の主要な目的国になってきた。EUは、移住、庇護法制、庇護政策の点で、国際社会の中心的な場所である。EUでは、複雑な政策や法律が数多く、問題に対処するために作られ、とられてきた。欧州共通の庇護制度（Common European Asylum System）が発展している。しかし、国家は移住に対し、功利的なアプローチをとっており、一方で経済を発展させたいという願いと、他方で移動民を社会に統合させ平等な待遇を与えるという目的の両面で、バランスをとる必要が出ている。

異なる移動民集団への法的、社会的、経済的ニーズとは何か。性別、年齢、能力、人種、その他の要因はどのように定住に影響するのか。何が最良の実施策か。法的、行政的範疇の異なる一時移民が、権利と資格に違いのあるまま出現している。移動民の法的、経済的、社会的疎外を防ぐため、これらの政策を見直し、包括的な統合計画を推進する必要が緊急に出てきている。移住政策は、移動民の権利を組み込むために作られるべきで、人はどこに移動しようとも、彼らの地位がどんなものであっても、人権は奪われることがあってはならない。

強制移動と避難は、人権の深刻な侵害である。紛争の時には、国際人道法の侵害がある。それゆえ、難民やI

DPは、自分たちの避難状況を終わらせるために、三つの異なる恒久的な解決の中から、解決策を自由に選ぶ資格がある。これらの解決策の選択は各々、自発的に行われるべきである。しかし実際上、移行期の国家の政策や法律は、一つの解決目的に向け、明らかにそのことが優先するよう計画され、個々の難民やIDPには、殆ど選択の余地が残されていない。個人の選択は、彼らの解決が持続するように、注意深く、念入りに作られた支援策が伴われねばならない。

現代のような移動の時代は益々、社会的、教育的、人口学的な特性に彩られた新しい移動がある。ジェンダーは、移動の形態を示す決定的な変数である。難民は、男よりも女が多い傾向が見られる。移動民の女性化の一つの理由は、男は紛争や徴兵された結果、殺されたり、土地や財産を守ろうとして、危険を冒して家に留まるためである。男性難民はまた、必ずしも、援助の最良の受取人ではない。他の活動のために物資を現金化して、家族の食料を奪ってしまう怖れがある。可能な場合は、食糧や援助物資を直接、女性に配布することが好ましい、と今では考えられている。女性はまた、訓練されれば難民コミュニティ内で同胞への教育者になることができる。

実際、移住は難民を含めて、女性のエンパワーメントの過程として描かれる。女性難民は、比較的近年まで学術的関心が持たれなかった。女性はストレスを受けた夫の暴力や他者の性的暴行を受けやすく、健康面での危険性がある。女性が家長となる家族では、特にケアが必要となっている。移動民、特に女性の移動民は、自国よりも庇護国で多くの侵害に弱いので、政策はこの点を考慮に入れる必要がある。ジェンダー経験と搾取状況を理解することは、被害の苦労話を聞くだけではなく、対処戦略でもある。問題なのは、彼らが伝統的な家父長制社会に帰還すると、避難時の時に比べ、力を失う可能性があることである。

定住政策の長所と短所とは何か。社会統合を育む過程をどう推進できるか。地方、政府、雇用主、市民の役割は何か。保健、教育、社会福祉、雇用、法令施行のような問題に対処する様々な行為者間の一貫性と調整を可能にするにはどうすれば良いのか。定住、適応、統合の政策は、地域社会、国そして国際的な次元で、この状況に働きかけ、排除を防ぐための重要な役割を担う。

難民にとって、自己のアイデンティティは、多数の事柄や人とのつながりを通じて交渉され作られる。移動、それが自発的であれ強制的であれ、関係の個人の社会・心理段階で複雑な結果をもたらす。慣れ親しんだ、家、国、文化の安定から離れた後、移動民は他国で疎外され、孤立したと感じ、差別や基本的人権の侵害と闘わねばならない。どこかに所属するという課題は、性別、人権、階層、能力、年齢、言語などを通じて、様々な方法で明らかにされる必要がある。

過去から未来への自己のアイデンティティの交渉の過程は、難民を含んだ政策やサービスで実現されるとともに、地域社会によって援助される。強制移動民を〝救いのない犠牲者〟とする見方は、彼らの持つ力と交渉権を取り消すことになる。昨日の移動過程の仕組みは、今日のそれに影響を与える。私たちは現代という、歴史的、社会的過程に直面する中で、社会行為者としての移動民の役割を見る必要がある。

人が避難を決め、行動する要因について、独立し、客観的で、批判的な学識への必要がかつてないほど高まっている。強制移動の因果関係の理解や課題に取り組み、難民・強制移動民を助け、人々の根本原因に対処するため、効果的な実践的技術を開発することは重要である。

人類学、政治学、法律学、心理学、国際関係論、社会開発論など、様々な角度から強制移動の複雑な現象を見る必要がある。移動の社会・文化状況とともに、移動の異なる形態、因果関係の区別をし、現状や数字とともに事柄を歴史的に見なければならない。強制移動の過程とグローバリゼーションのパターンのつながりを分析し、資本、物の自由な移動と人の移動の障害の間の緊張に立ち向かう方法を考える必要がある。「強制移動研究」(the study of forced migration) は学問分野として認められるようになり、世界中の数多くの教育機関で研究が行われている。

本書は、過去何年か、国際強制移動とグローバリゼーションのテーマのもとに書いてきたものを元にして、構成されている。次に、初出を章ごとに掲げてみたい。

序　章　国際強制移動とグローバル・ガバナンス
　書き下ろし
第一章　忘れられた〝緊急事態〟—滞留難民、見すごされてきた紛争の〝源〟—
『大東文化大学紀要』第四十九号〈社会科学〉平成二十三年三月
第二章　社会資本か社会排除か?—主にEUの難民政策の比較分析を中心に—
『大東文化大学紀要』第四十七号〈社会科学〉平成二十一年三月
第三章　転機に立つ難民定住制度(上)—変質する〝負担分担〟の概念の中で—
『大東文化大学紀要』第五十号〈社会科学〉平成二十四年三月
転機に立つ難民定住制度(下)—変質する〝負担分担〟の概念の中で—
『大東文化大学紀要』第五十一号〈社会科学〉平成二十五年三月
第四章　構造的原因と戦略的定住—難民保護と定住の視点から—

書き下ろし

第五章　強制移動と社会結束―強制移動民の社会統合の決定要因―

『大東文化大学紀要』第四十六号　〈社会科学〉　平成二十年三月

第六章　日本におけるインドシナ難民定住制度―強いられた難民受け入れと、その後の意味―

『大東文化大学紀要』第四十八号　〈社会科学〉　平成二十二年三月

書籍として一冊にまとめるにあたり、近年の「強制移動研究」の新たな成果に目配りし、各章に最新の論点を盛り込むように努めた。全体の構成と配置を考えるとともに、原文に大幅な加筆・修正を施した。論点の重複はできるだけ避けるようにしたが、読者の理解という便宜を考えて、そのままにした所もある。ご寛恕いただきたい。

最後に、御茶の水書房編集部の小堺章夫氏には、本書の作成で大変お世話になった。やや大部の研究書という事情にもかかわらず、テーマの重要性を即座にご理解いただき、出版の道を大きく開いてくださった。厚く、感謝申し上げげたい。なお、本書の出版にあたっては、大東文化大学特別研究費研究成果刊行助成をいただいた。厚く御礼を申しあげたい。

二〇一三年一〇月

小泉康一

（1） Helton, Arthur C.（2011）, "Bureaucracy and the Quality of Mercy", *International Migration Review*, Vol.35, No.1, the Center for Migration Studies, New York, p.217. 緒方氏は検討することに同意し、二〇〇〇年三月、ホルブルックはＵＮＨＣＲに、詳細な提案を行っている。そして、対象となる人々をＩＤＰと呼ぶ代わりに、"internal refugees"とか、"in-country refugees"と呼んだ。しかし用語は、ＵＮＨＣＲの委任事項を混乱させるので、ＵＮＨＣＲ側に懸念を引き起こした。

人名・事項索引

ア　行

カ　行

サ　行

タ 行

ナ　行

ハ　行

ヤ　行

ラ　行

ワ　行

著者略歴

1948年　仙台市、生まれ
1973年　東京外国語大学インドシナ科卒業
1977年　東京外国語大学大学院修士課程修了
　　　　国連難民高等弁務官事務所（UNHCR）タイ駐在プログラム・オフィサー、英オックスフォード大学難民研究所客員研究員、ジュネーヴ大学国際関係高等研究所で研究に従事
現　在　大東文化大学国際関係学部教授
専　攻　難民・強制移動民研究
主　著　『「難民」とは何か』（三一書房、1998）
　　　　『国際強制移動の政治社会学』（勁草書房、2005）
　　　　『グローバリゼーションと国際強制移動』（勁草書房、2009）他

国際《こくさい》強制《きょうせい》移動《いどう》とグローバル・ガバナンス

2013年11月25日　第1版第1刷発行

著者　小《こ》泉《いずみ》康《こう》一《いち》

発行者　橋本盛作

発行所　株式会社　御茶の水書房
113-0033　東京都文京区本郷5-30-20
（営業）電話　03-5684-0751／FAX　03-5684-0753
印刷・製本　シナノ印刷㈱

ISBN978-4-275-01043-8　C3031　Printed in Japan